기려수필

송상도 宋相燾 1871~1946

본관은 야성(冶城), 자는 성소(聖韶), 호는 기려자(騎驢子)·미헌(眉軒)·연파(蓮坡)이다. 경상북도 영주 출생으로 송학영(宋學永)의 장남이다. 어려서부터 한학을 배웠으며 탄당(坦堂) 김영주(金永胄)와 동정(東亭) 이정호(李正鎬)에게 수학하였다.

그는 김영주 선생에게 명나라가 망한 뒤 성명을 숨긴 채 나귀를 타고 돌아다니며 순절지사의 사적을 모아 세상에 전한 기려도사(騎驢道士) 이야기를 듣고 1910년부터 30여 년 동안 애국지사들의 행적을 모아 《기려수필》을 편찬하였다. 광복 후 간행 계획을 세웠으나 그 완성을 보지 못하고 1946년 76세로 세상을 떠났다.

1986년 건국표창, 1990년 12월 26일 건국훈장 애국장이 추서되었으며, 그가 심혈을 기울여 편찬한 《기려수필》은 1955년 국사편찬위원회에서 한국사료총서 제2권으로 간행되었다. 1987년 영주에 '기려자 송상도 지사 추모 기념비'를 세워 그의 숭고한 정신을 기렸다.

이 책은 2010년도 정부재원(교육과학기술부 인문사회연구역량강화사업비)으로 한국연구재단의 지원을 받아 연구되었음(NRF-2010-322-A00022).

This work was supported by the National Research Foundation of Korea Grant funded by the Korean Government(NRF-2010-322-A00022).

騎驢隨筆

기려수필 2

망국의 한 기록으로 꽃피우다

송상도 지음
강원모 김도훈 이관성 이재숙 정만호 옮김

문진

차례

기려수필 1

3 • | 발간에 즈음하여 |

15 • 기려수필서騎驢隨筆序
23 • 범례凡例
27 • 이시원李是遠
49 • 홍재학洪在鶴
72 • 백낙관白樂寬
97 • 이경직李耕稙
108 • 이홍재李興宰
113 • 이봉환李鳳煥
116 • 유인석柳麟錫
124 • 이춘영李春永
128 • 안승우安承禹
134 • 홍사구洪思九
146 • 김백선金百先
151 • 나시운羅時雲
153 • 주용규朱庸奎
155 • 서상렬徐相烈
160 • 이범직李範稷
163 • 이진응李晉應
165 • 김경달金慶達
167 • 김복한金福漢
172 • 이설李偰
184 • 이세영李世永
194 • 안병찬安炳瓚
199 • 이근주李根周
205 • 권대일權玳一
210 • 권계술權繼述
215 • 한규설韓圭卨
228 • 장지연張志淵
234 • 민영환閔泳煥
244 • 조병세趙秉世

250 • 홍만식洪萬植
260 • 이한응李漢膺
266 • 김봉학金奉學
268 • 의비義婢
271 • 송병선宋秉璿
282 • 이승희李承熙
298 • 이건석李建奭
302 • 송수만宋秀萬
304 • 최재학崔在學
305 • 김하원金河苑
306 • 기산도奇山濤
307 • 김태근金台根
309 • 정재홍鄭在洪
311 • 우용택禹龍澤
314 • 반종례潘宗禮
319 • 장인환張仁煥
전명운田明雲
329 • 채광묵蔡光默
332 • 김덕진金德鎭
336 • 류준근柳濬根
349 • 최익현崔益鉉
375 • 임병찬林炳瓚
396 • 양한규梁漢奎
401 • 김현규金顯奎
402 • 이국선李國善
404 • 이상설李相卨
411 • 이준李儁
420 • 박성환朴星煥
423 • 남상덕南相悳
425 • 민긍호閔肯鎬
429 • 이강년李康年
438 • 김상태金尙台
441 • 이인영李麟榮
446 • 이은찬李殷瓚
451 • 노병대盧炳大
456 • 석창문石昌文

기려수필

2

11 • 이석용李錫庸
28 • 전수용全垂鏞
34 • 정환직鄭煥直
41 • 이한구李韓久
46 • 이석李錫
50 • 이재윤李載允
66 • 안중근安重根
80 • 우덕순禹德淳
84 • 이재명李在明
92 • 안명근安明根
96 • 김순흠金舜欽
101 • 김택영金澤榮
104 • 홍범식洪範植
108 • 오강표吳剛杓
113 • 조장하趙章夏
118 • 이학순李學純
124 • 황현黃玹
130 • 박병하朴炳夏
137 • 정동식鄭東植
141 • 장태수張泰秀
151 • 이만도李晩燾
162 • 이면주李冕宙
168 • 송주면宋宙勉
172 • 박세화朴世和
178 • 이중언李中彦
182 • 권용하權龍河
187 • 유도발柳道發
192 • 정재건鄭在健
197 • 이현섭李鉉燮
202 • 반하경潘夏慶
203 • 김근배金根培
209 • 박능일朴能一
212 • 김석진金奭鎭
220 • 조정구趙鼎九

225 • 김지수金志洙
234 • 안효제安孝濟
243 • 최우순崔宇淳
248 • 김영상金永相
255 • 박태영朴泰泳
259 • 하석환河錫煥
261 • 유병헌劉秉憲
267 • 이철영李喆榮
276 • 신태학申泰學
278 • 박영철朴永哲
281 • 김제환金濟煥
288 • 장기석張基錫
291 • 장병회張秉晦
294 • 송병순宋秉珣
301 • 이승칠李承七
304 • 김도현金燾鉉
306 • 김성진金聲振
310 • 장재학張在學
313 • 박무조朴武祚
315 • 이씨 부인李氏夫人
316 • 김씨 부인金氏婦人
317 • 조씨 부인曺氏婦人
319 • 백성흠白成欽
321 • 유신영柳臣榮
323 • 김기순金奇順
325 • 이만규李晚煃
335 • 이내수李來修
341 • 대한임시정부大韓臨時政府
347 • 이승만李承晚
356 • 노백린盧伯麟
361 • 여운형呂運亨
386 • 이시영李始榮
390 • 이석영李石榮
394 • 신규식申圭植

399 • 김창숙金昌淑
418 • 박은식朴殷植
423 • 서왈보徐曰甫
426 • 전협全協
432 • 김마리아金瑪利亞
442 • 송현근宋賢根
445 • 송진탁宋振鐸
446 • 김승현金昇鉉
448 • 김준관金俊寬
449 • 이용갑李容甲
451 • 김성조金聖祚

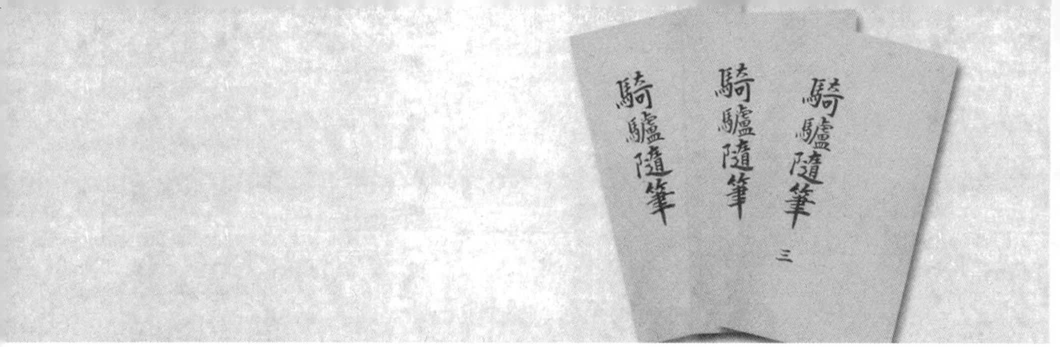

기려수필

3

11 • 강우규姜宇奎
22 • 이수택李壽澤
26 • 이성우李成宇
29 • 김시현金始顯
38 • 서상한徐相漢
42 • 이득수李得壽
45 • 현순을玄淳乙
47 • 오학수吳學洙
49 • 최창선崔昌善
53 • 김예진金禮鎭
58 • 안경신安敬信
62 • 박재혁朴在爀
64 • 박치의朴治毅
66 • 이창덕李昌德
68 • 최일호崔一浩
69 • 양승우楊承雨
73 • 박선일朴善一
75 • 이종암李鍾巖
82 • 고인덕高仁德
84 • 최경학崔敬鶴
87 • 김도원金道源
92 • 황동률黃東律
94 • 윤의병尹誼炳
95 • 조선은행 회령지점사건 鮮銀會寧支店事件
96 • 양애심梁愛心
97 • 양근환梁槿煥
103 • 김신근金信根
105 • 김익상金益相
112 • 안창남安昌男
116 • 백남준白南俊
119 • 박준혁朴俊赫
121 • 김좌진金佐鎭
130 • 김상옥金相玉

137 • 전인학全仁學
142 • 전덕원全德元
145 • 윤응념尹應念
147 • 박열朴烈
175 • 문창숙文昌淑
177 • 김지섭金祉燮
186 • 김창균金昌均
이희준李羲俊
189 • 이시운李時運
190 • 이진무李振武
198 • 김창준金昌俊
199 • 윤우열尹又烈
202 • 장진원張鎭元
208 • 김일산金一山
215 • 방한상方漢相
220 • 공산당共産黨
248 • 고려혁명당高麗革命黨
259 • 송학선宋學先
266 • 김영덕金永德
267 • 병인만세丙寅萬歲
276 • 이수홍李壽興
286 • 나석주羅錫疇
296 • 장진홍張鎭弘
306 • 이동길李東吉
307 • 조명하趙明河
310 • 김용재金用才
312 • 광주학생사건光州學生事件
345 • 양태성梁泰成
347 • 이호원李浩源
349 • 장원제張元濟
이규성李奎星
이종순李鍾淳
김준택金俊澤
351 • 최여정崔汝貞

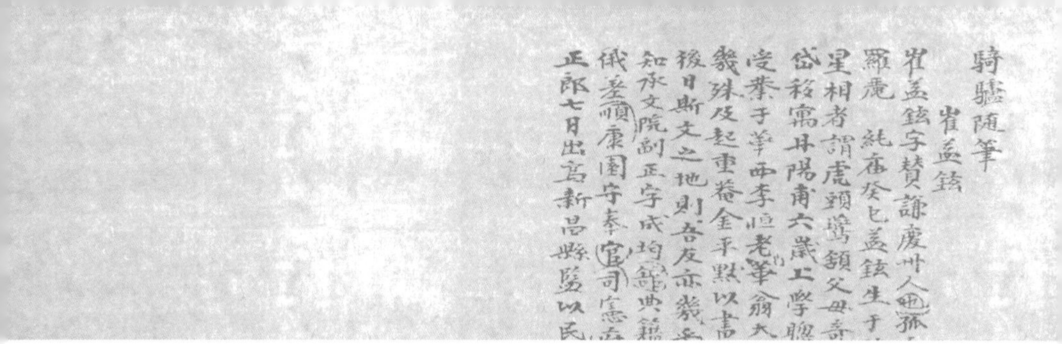
騎驢隨筆
崔益鉉

353 • 이주석李胄奭
354 • 이봉창李奉昌
360 • 윤봉길尹奉吉
370 • 이덕주李德柱
372 • 이청천李青天
376 • 변낙규邊洛奎
381 • 조용하趙鏞夏
384 • 신병항愼秉恒
385 • 김방우金邦佑
안정득安貞得
387 • 노석성盧錫聖
388 • 윤공흠尹公欽
391 • 발문跋

395 • | 부록 | 인명색인

일러두기

1. 이 책의 번역 대본은 1955년 국사편찬위원회에서 간행한 한국사료총서 제2권 《기려수필》이며, 독립기념관에서 소장하고 있는 《기려수필》과 대조하여 오자와 탈자를 바로잡았다.

2. 수록 순서는 국사편찬위원회의 간행본을 따랐다.

3. 운문(韻文)은 원문을 병기하였다.

4. 맞춤법과 띄어쓰기는 한글 맞춤법과 표준어 규정을 따랐다.

5. 짧은 역주는 간주(間註)로, 긴 것은 각 기사 뒤에 미주(尾註)로 처리하였다.

6. 인명과 지명은 일본어의 경우 일본발음으로, 나머지는 한자음대로 표기하였다.

7. 동일한 단어라도 원문의 어세(語勢)에 따라 표현을 달리하였다. '日人'을 일본인, 일본사람, 왜놈 등으로 표현한 것이 그 예이다.

8. 이 책에서 사용한 부호는 다음과 같다.

( ) : 번역문과 음이 같은 한자를 묶는다.
〔 〕: 번역문과 음이 다른 한자 및 인용한 원문을 묶는다.
" " : 대화 및 인용문을 묶는다.
' ' : " " 안의 재인용 또는 강조 문구를 묶는다.
《 》: 책명 및 각주의 전거(典據)를 묶는다.
〈 〉: 책의 편명 및 운·산문의 제목을 묶는다.

이석용 李錫庸

이석용의 자는 경항(敬恒)이다. 연재 송병선 공이 그에게 졸렬하지 말라고 경계하면서 살던 집의 편액을 '졸(拙)'이라고 지어주었다. 뒤에 '정(靜)'으로 편액을 고치면서 망령된 실수가 없도록 하겠다고 맹세하였다. 그의 본관은 전주이며 시조는 신라 대사공(大司空) 휘 이한식(李翰寔)이다. 후에 고려에 들어와 시중을 지낸 이단신(李端信)[1]과 이용부(李勇夫) 형제가 출생하였다. 이용부의 손자가 목조(穆祖)인 이안사(李安社)[2]로 왕족의 가계가 여기에서부터 시작된다. 공은 이단신의 후손이다. 고려 말에 이문정(李文挺)이 판비서 감사(判秘書監事)를 지냈는데 뒤에 단성(端誠)에 봉해졌다. 그 당시 나라에서 불교를 숭상하고 학교를 폐지하였다. 또한 거상 기간을 100일로 줄였다. 이에 이문정은 소장(疏章)을 올려 불교를 배척하고 학교를 다시 세우며 거상을 3년으로 회복할 것을 아뢰었다.

조선에 들어와 이목(李穆)[3]이 출생하였는데 그는 남도병마평사(南道兵馬評事)를 지냈다. 그 당시 윤필상(尹弼商)[4]이 상용사(相用事)로 있었다. 가뭄이 들자 이목은 소장을 올렸는데 윤필상을 죽여야 하늘이 비를 내릴 것이라는 것이 그 소장의 요점이었다. 윤필상은 또다시 성종에게 불교를 숭상하라고 권하였는데 이목은 또다시 소장을 올려 그를 간귀(奸鬼)라고 지목하였다. 이로 인해 이목이 곧은 인물이라는 명성이 세상에 널리 알려졌다. 연산군 4년(1498) 윤필상이 무오사화를 일으키자 그는 김일손(金馹孫)과 함께 화를 당하였다. 당시 28세였다. 그 뒤로 그의 자손은 대대로 벼슬을 하였다.

이석용의 아버지 이봉선(李鳳善)은 고종 무인년(고종15, 1878) 11월 29일 임실군 성수면 삼봉리 자택에서 이석용을 낳았다. 그는 다른 사람보다 매우 총명하였다. 겨우 네댓 살에 어른을 따라다니다가 옛사람이 충의를 크게 드러내 몸을 바치는 이야기를 듣고 밤새 눈물을 흘린 경우도 있었다. 어느 날 이석용은 자신의 아버지가 도박하는 도구를 잡는 것을 보고 무엇이냐고 물었다. 아버지가

"이것이 골패라는 것이니 곧 잡기다."

라고 하자 이석용은

"아버지께서 잡기를 하시면 자식은 무엇을 해야 합니까."

라고 하였다. 그 후로 아버지는 죽을 때까지 골패를 하지 않았다. 여덟 살이 되자 비로소 책을 받고 글을 배웠는데 한 번 읽으면 곧바로 외웠다. 조금 더 자라자 항상

"수많은 병사를 거느리고 서쪽 오랑캐를 평정하겠다."

라고 말하였으며, 또

"문장을 세상에 크게 떨치고 국가의 표준을 만들겠다."

라고 하였으니 그의 기개가 이와 같았다. 그는 깊이 생각하거나 책을 많이 읽지 않아도 자질이 영특하여 이른 나이에 문장이 높은 경지에 올랐다.

갑오년(1894) 겨울, 외삼촌인 겸재 김관술(金觀述)의 문하에 나아가 학문을 배웠다. 그 다음해 11월, 왜놈이 강제로 머리를 깎으라는 단발령이 내렸다는 소식을 들었다. 글공부를 그만두고 눈물을 흘리면서

"이것이 무슨 변란이란 말인가. 임진년(선조25, 1592) 두 왕릉을 도

굴[5]한 원수를 아직 갚지 못하였는데, 올해(1895) 8월에 또다시 국모(國母)를 시해한 변란[6]이 일어났으니 백성 된 자의 지극한 아픔을 어떻게 갚을 수 있겠는가. 맹세컨대 임금의 원수와는 같은 하늘 아래 살지 않을 것이다. 백성 된 자가 어찌 죽음을 각오하지 않고 복수할 수 있겠는가."

라고 하였다. 겸재 김관술 선생이 말하기를

"선비가 조정에 벼슬하지 않으면 난리를 피해 도망가는 것은 그르지 않다. 너는 어찌하여 이런 말을 하느냐?"

라고 하자 이석용은

"사람은 누구나 가슴 속에 도리를 가지고 있습니다. 그러므로 어려움에 처한 임금을 편안하게 바라볼 수 없는 것입니다."

라고 대답하였다.

이에 이르러 비로소 옛사람이 말한 남에게 보이지 않고 자신의 수양에 힘을 쓰는 학문이 있다는 것을 알게 되었다. 날마다 많은 책을 읽었으며 법도로 자신을 다스렸다. 몇 년 동안 무릎을 꿇고 지내니 다리의 터럭이 모두 빠져 버렸다. 본성이 악을 싫어하였기에 불의를 저지르는 사람이 있으면 곧바로 꾸짖어 용서하지 않았다. 그렇기 때문에 많은 사람들이 그를 좋아하지 않았으나 그런 것에 신경 쓰지 않았다.

해마다 멀리 유람을 떠났는데 일찍이 남한산성에 올라 삼학사[7]의 절개를 기렸으며 진주를 유람하며 삼장사(三壯士)[8]의 유적을 찾아가 그들의 영혼을 위로하였다. 이때 유적지를 이리저리 거닐며 오열하면서 날이 다하도록 떠나지 못하였다. 지나는 길에 혹 명현의 묘나 충열각이 있으면 비록 바쁘더라도 반드시 절을 올리고 그곳에 기록된 글을 읽었다. 길게 탄식하면서 긴 글이나 짧은 문장을 지어 자신의 마음속에 간직한 불평을 쏟아내었다. 길을 다닐 때 찻집이나 술집에 들어가지 않았으며 기생들은 바라보지도 않았다.

일찍이 그의 아버지 효자공(孝子公)의 지극한 행실이 사라져 전해지지 않을 것을 걱정하여 당대의 문장가에게 아버지에 관한 글을 지어 달라고 하였다. 또한 상석을 마련하여 무덤에 세웠다. 친척 가운데 고아이거나 가난하여 장가들지 못하거나 장례를 치르지 못하는 사람이 있으면 그를 도와 결혼하게 하고 장례를 치르게 한 경우가 한두 번이 아니었다.

당시에 좌의정을 역임한 입재 송근수와 연재(淵齋) 송병선(宋秉璿), 간재(艮齋) 전우(田愚)와 송사(松沙) 기우만(奇宇萬) 등이 서당을 열어 도를 강론하였는데 이석용은 걸어 다니며 그들을 좇아 학문을 배웠다. 또한 영남의 계남(溪南) 최숙민(崔琡民)과 남려(南藜) 허유(許愈), 그리고 애산(艾山) 정재규(鄭載圭) 등 여러 선생을 두루 찾아 인사를 올리고 의리를 강론하며 문장에 대해 논의하였다. 그들이 이석용의 학문을 인정하고 더욱 노력하라고 장려하였다.

신축년(광무5, 1901) 2월에 면암(勉庵) 최익현(崔益鉉)을 찾아뵈었는데 면암이

"그대는 지금 세상에 무엇이 가장 중요한 의리라고 생각하는가?"

라고 묻자 그는

"개화의 주장을 쳐부수는 것[劈破開化] 네 글자입니다."

라고 대답하였다. 이에 면암은

"이 정도면 한 시대의 중요한 일을 경륜할 수 있다. 이런 말을 한다면 반드시 이런 뜻을 가지고 있다. 이런 뜻을 가지고 있다면 비록 귀머거리나 절름발이라도 남들보다 100배의 기운을 지니게 된다."

라고 하였다. 이석용이 떠날 때 면암은 시를 지어 주고 그를 권면하

였다. 임인년(1902) 2월, 이석용은 연재 송병선을 찾아뵈었다. 연재가 상중에 의병을 일으킨 의암(毅庵) 유인석(柳麟錫)에 대해 논의하기를

"의병을 일으킨 것은 훌륭한 일이다. 다만 상중에 의병을 일으킨 일은 내 마음에 들지 않으니 매우 한스럽다."

라고 하였다. 이석용은

"나라에 급한 일이 있으면 임금은 어떤 개인이 자신의 상사(喪事)에 달려가 치르는 것을 허락하지 않습니다. 의암의 경우도 상사에 달려가지 못할 의리가 있지 않겠습니까. 이런 의리로 미루어 본다면 의암이 국가의 급한 일 때문에 자신의 상사를 돌보지 않은 것은 아마도 용서할 수 있을 것입니다."

라고 대답하였다. 이에 연재는

"의암은 벼슬에 나아가지 않은 사람인데, 벼슬에 나아간 사람처럼 나라의 급한 일을 위해 상사에 달려가지 않으니 이것이 옳은 일인가?"

라고 하자 다시 이석용은

"이것이 바로 임시방편으로 일을 처리하는 방법입니다. 하늘과 땅이 뒤집어지고 위아래 모든 사람이 두려워할 때 중요한 일을 맡은 대신이 허둥지둥하며 벌벌 떨고 있으니, 어쩔 수 없이 평범한 백성이 난국타개를 도모하는 것입니다."

라고 하였다. 연재가 다시 상사에 달려가 치르지 않은 것을 비난하면서 다음과 같이 말하였다.

"이것이 비록 어쩔 수 없이 그렇게 하였다고는 하지만 어찌 천리(天理)와 인정(人情)에 합당한 일인가. 대개 부모에 박절하게 하면서 임금에게 충성을 다한 사람은 없다. 옛날에 이윤(伊尹)이 은(殷)나라에서, 제갈량이 촉한(蜀漢)에서 정치할 때,[9] 만약 자신들에게 상사(喪事)가 일

어났다면 비록 나라의 군대를 맡고 있더라도 자신의 마음에 편안하게 여기는 것을 추구하였을 것이다. 그렇다면 모든 관원을 자신의 관할 아래에 놓고 때때로 사람을 보내 행정이 어떻게 돌아가는지 확인하면서 자신은 상을 치르는 데 집중하면 된다. 그런 뒤에야 공적으로나 사적으로 잘못되어 후회하는 일이 없을 것이다."

정미년(융희1, 1907), 왜놈이 고종을 협박하여 왕위를 아들 순종에게 물려주었다.[10] 이석용은 그 소식을 듣고 눈물을 흘리면서

"내가 비록 보잘것없는 선비이지만 전주 이씨 가문으로 나의 6대조 이상은 모두 나라의 녹을 받았던 신하이다. 또한 두 스승께서 차례대로 순국하였다. 이 원수를 갚지 못한다면 나는 선왕의 죄인이며 선조의 죄인이다. 만약 이 왜적을 토벌하지 않는다면 맹세컨대 돌아오지 않겠다."

라고 하였다. 드디어 부모에게 울면서 작별하며 다음과 같이 아뢰었다.

"아버지와 자식은 사랑을 앞세워야 하는데 나라에 대한 의리를 내세워 인연을 끊으려고 하니, 어찌 사람으로서 차마 할 수 있는 일이겠습니까. 지금 왜놈이 임금을 협박하여 왕위를 물려주었으니 임금과 백성은 벼랑 끝에 매달린 상황입니다. 살아 있는 모든 사람들 중 어느 누가 왜적을 섬멸하고 원수를 갚으려는 생각이 없겠습니까. 못난 자식이 비록 벼슬을 하지 않지만 왕가의 집안이니 이제 문을 나서서 원수를 갚으려고 합니다. 원컨대, 아버지께서는 저를 잊어버리십시오."

이에 대해 아버지는 탄식하며

"네가 큰 뜻을 품은 것을 알고 있으니 지금 어찌 억지로 만류하겠느냐. 다만 조심스럽게 행동하여 우리 가문을 더럽히지 마라."

라고 하고는 마침내 허락하였다.

8월 26일 이석용은 글을 지어 선조의 묘소에 아뢰고 집을 떠났다. 드디어 동지들과 더불어 상이암(上耳菴)에 모여 왜놈을 토벌할 방법을 계획하고 무기를 모았다. 사방에 격문을 보내 사람들을 의병에 참여하도록 고무시켰다. 9월 12일 진안의 마이산으로 가 단(壇)에 올라 서사문(誓師文)을 읽어 군중을 격동시키고, 노래를 부르고 대중의 의기를 일으켰다. 다음날 곧바로 진안읍으로 쳐들어갔는데 왜놈 호리구치 겐자부로〔掘口源次郎〕는 탄환에 맞고 팔이 부러진 채 달아났다. 이에 일본 군대가 보유하던 복장, 서양총, 시계, 비단, 20여 부(負)의 종이, 혁대 등 수천 종류를 다 태워버렸다. 군대 안에 명령을 내려

"우리 동포들의 마을을 지나갈 때는 아주 조금도 그들을 범해서는 안 된다. 그렇지 않으면 마땅히 법대로 다스릴 것이다."

라고 하자 모든 군사가 두려워하며 복종하였다. 또한 원근의 백성들은 이에 안도하였다.

다음날 용담의 심원사(深源寺)로 들어갔는데 용담의 의병장 김동신(金東臣)이 사람을 보내 연합하자고 요청하였다. 의병의 세력이 약하다고 판단한 이석용은 마침내 김동신의 요청을 허락하였다. 이 당시 적병이 뒤를 쫓아왔는데 김동신은 싸울 의사는 없고 다만 미적거리고 있었다. 이석용은 이미 일은 틀어졌고 그가 빨리 부대를 다시 나누려는 것을 알았다. 이에 김동신을 만나 계속 간청하자 마침내 부대를 나누지 않게 되었다. 왜놈은 진안에서 패한 뒤로 의병을 두려워하여 완주부에 있는 모든 병사들을 동원하여 내려왔다. 김동신은 조금도 싸울 의사가 없었고 다만 군권을 장악하려 하였다. 용담과 고산 지역의 의병을 지칭한 무뢰배들이 모두 김동신을 추대하여 대장으로 삼았다. 이에 이석용은 근심하며

"이번 일은 실패하였다. 호남에 의병을 일으켰다는 소리가 없으니, 군대를 나눠 네 곳으로 갈라져 병사를 모아 세력을 키우는 것이 가장 좋을 것 같다."
라고 주장하였다. 지휘부가 어떤 방법이 좋고 나쁘다고 서로 주장하다가 한낮이 되도록 결정하지 못하였다.

이윽고 왜병이 몰래 산 위에서 내려왔다. 이석용은 군대를 지휘, 공격하여 10여 명의 왜적을 죽였다. 이때 김동신이 공포감에 싸우지 않고 달아나 버리자 병사들도 두려워하였다. 왜병은 우리에게 지원군이 없는 것을 알고 다시 전투를 걸어왔다. 비처럼 탄환이 쏟아지자 의병은 전투에 패하여 달아나게 되었다. 포장(砲將) 박만화(朴萬華)가 분격하여 몸을 돌보지 않고 곧바로 적의 후방을 습격하여 두 명을 총으로 쏴서 죽였다. 그러나 그도 탄환에 맞고 땅에 쓰러져 죽었다. 불행히도 소년인 강철규와 허천석도 죽었다. 이석용은 산마루로 피신하였는데 넓적다리와 엉덩이에 탄환을 맞았으나 간신히 죽지 않았다. 이 지경에 이르러 군대를 산개하여 다른 한 곳에서 만났다. 의병들은 서로 부둥켜안고 눈물을 흘리면서

"한스럽다. 이 대장의 말을 따르지 않아 이 지경에 이르렀구나."
라고 하였다. 그들은 분해 마지않으면서

"공(公)은 참으로 대장감이로다."
라고 하고, 모두 그에게 복종하였다.

20일에 칠봉(七峰)을 지나다가 길에서 어머니를 만났다. 어머니와 아들이 서로 껴안고 울었는데 어머니가 집으로 돌아가자고 하였다. 이에 이석용은

"나라를 위해 집을 떠난 자가 집안 사정 때문에 들어갈 수 없습니다."

라고 하고는 절을 올리고 이별하였다. 그믐날에 군대를 이끌고 지리산으로 들어가 휴식을 취했다. 10월 8일, 흩어졌던 군대를 모아 마리(馬里)의 산을 출발하여 노령(蘆嶺)을 넘어 급히 남정동으로 가려 하였다. 도중에 산골짜기에서 나온 들사람을 만났는데, 그가

"왜적이 산 정상에서 의병이 오기를 기다리고 있습니다."

라고 하자 의병들은 크게 놀랐다. 이에 왼쪽 길을 따라 화암리 쪽으로 산을 오르려고 할 때 갑자기 한 발의 총소리가 났다. 앞서 골짜기에서 나온 자는 바로 왜적의 첩자로 의병을 왼쪽 길로 유인한 것이다. 이에 의병은 깜짝 놀라 대오가 흩어져 버렸다. 선봉장인 안관서(安寬瑞)가 홀로 총 한 발을 쏘았을 뿐이다. 이석용은 소나무 사이에 엎드려 몸을 피하였다. 밤이 되어 총소리가 약간 누그러지자 이석용은 어둠을 타고 곧바로 산꼭대기로 올라갔다. 그 당시 선봉장 안관서는 탄환에 맞아 손은 부러지고 눈은 보이지 않은 채 피를 흘리고 있었다. 새벽이 되자 잡방산(雜芳山)에 이르러 마을 사람에게 간호를 부탁하였다.

다시 둔전리에서 나와 순창에 진을 쳤다. 그러나 대군인 적의 세력이 매우 거세어 소수의 아군으로서는 상대할 수 없었다. 이에 간신히 왜병의 포위를 뚫고 달아났다. 장수로 들어가 머무르고 있었는데 날씨가 매우 차갑고 많은 눈이 내렸다. 의병이 왜적의 성을 습격하니, 왜적은 성을 비우고 달아났다.

무신년(1908) 봄에 남원으로 진출하여 주둔하였는데 여러 차례 전투를 치르면서 상황이 좋지 않았다. 이에 임실로 군대를 돌려 군사들을 배불리 먹이고 휴식을 취하게 하였다. 자정에 전투를 벌여 세 명의 왜놈 대장을 죽이자 나머지 왜놈은 달아나 버렸다. 사거리에 방(榜)을 내걸어 왜놈의 열 가지 죄를 따졌다.

1. 일본왕인 메이지가 도적의 힘을 빌려 자신의 아버지를 죽인 것[11]
2. 이토 히로부미가 왕을 죽이고 권력을 탈취하였으며, 강한 국력을 믿고 이웃 나라를 협박한 것
3. 몰래 흉악한 왜적을 보내 우리 중전을 살해한 것
4. 청나라와 이간질시킨 것
5. 고종을 폐위한 것
6. 우리 강토를 탈취한 것
7. 우리 갓과 옷을 훼손시킨 것
8. 우리 재산권을 강탈한 것
9. 병사를 곤궁하게 하고 무기를 팔아먹은 것
10. 외국에 뇌물을 바쳐 만국공법을 받아들이지 않은 것

또한 일본 왕에게 장문의 편지를 보내 중화 문명국과 오랑캐는 분명히 구분해야 하며 임금과 신하의 대의(大義)에 대하여 따졌다. 이런 소식을 들은 사람들은 칭찬해 마지않았다.

이후로 전주와 남원 등지에서 전투를 벌였는데 비가 내려 화승총을 사용할 수 없었기 때문에 어떠한 작전도 펼칠 수 없었다. 다만 분한 마음에 왜적에 대항하였으나 아군의 사상자만 대단히 많을 뿐이었다. 이에 이석용은 탄식하며

"하늘에 참으로 이치가 없나 보다. 어떻게 해야 한단 말인가."

라고 하였다. 어쩔 수 없이 뿔뿔이 도망간 군사를 다시 모아 험한 지형을 차지하고 적의 침입에 대비하였다. 그리고 전사자를 장사지내고 제문을 지어 제사지냈다. 이석용은 목욕하며 몸과 마음을 가다듬고 소장(疏章)을 작성한 뒤 수령과 관찰사에게 전달해 임금에게 올려달라고 부탁하였다. 그 소장의 대략적인 내용은 다음과 같다.

"갑자기 세상이 어지러워졌는데 난국을 타개할 인재가 없는 것을 저는 한스러워했습니다. 오랫동안 서책을 읽었지만 하루아침에 칼로 책상을 부숴버린 뒤 동지들과 의병을 일으켜 임금에게 충성하기로 맹세했습니다. 맨 처음 작년 8월에 죽기를 각오하고 식량을 짊어진 채 높이 의병의 기치를 내걸었습니다. 지금까지 세 명의 적을 죽였으며 왜놈에게 동조하는 자들을 열 명 이상 죽였습니다. 아군의 사망자도 30명이 넘으니 대단히 통탄스럽습니다."

이 당시 이두황(李斗璜)이 전라도 관찰사로 있으면서 이석용의 소장을 올리지 않아 끝내 황제에게 전달되지 않았다. 이에 공은 분함을 참을 수가 없어서 다시 황태자에게 소장을 올렸다. 그 대략은 다음과 같다.

"3천리 강토를 통감부가 호랑이처럼 침을 흘리며 바라보고 500년 종묘를 오랑캐가 고양이처럼 기회를 노리고 있습니다. 우리 조선을 집어삼켜 식민지로 만들어 일본 놈들을 이주시키는 것을 급선무로 삼고 있으며, 우리 민족의 씨를 말리기 위해 강제로 결혼시키는 정책을 차례대로 진행하고 있습니다. 이런 사태를 초래한 것에 대해 반드시 책임을 질 사람이 있으니 바로 황제 각하의 정승 자리에 있으면서 녹봉을 대단히 많이 받는 자들입니다. 이들은 오랜 세대를 거쳐 높은 벼슬자리를 차지한 자손들로 구성된 이른바 오역(五逆)이나 칠적(七賊)[12]들의 앞잡이에 해당합니다. 한 조각 종이 위에 기록된 오약(五約)이니 칠조(七條)[13]니 하는 것은 어떠한 공문서이기에 경솔하게 조인하고 마음대로 저들에게 주어 보잘것없이 교활하기만 한 왜놈들이 세계 많은 나라가 모여 회담하는 장소에서 입을 마음대로 놀리게 한단 말입니까. 임금에게 충성하고 나라 위해 목숨 바칠 각오가 되어 있는 2천만 동포는 어느 누구도 그 자리에 참여하지 못하였습니다. 폐하가 전날 한가한 시간에 이 일이 역사를 더럽힐 것을 알았다면, 어찌 영민하게 생각하시어 그 종이 조각을 찢어버리지 않았겠습니까. 소신은 본래 죽음을 두려워하지도 않으며, 또한 죽음을 가볍게 여기지도 않습니다. 그러면서 주제넘게 천하를 경륜하려는 마음을 가지고 있습니다. 온갖 어려움으로 단련하고 정신을 가다듬어 상황을 정확히 판단하며 만 번 죽을 각오로 노력하고 있습니다. 늙으신 부모와 애처롭게 울어대는 아이들을 떠나 크고 작은 전투를 열다섯 번에 걸쳐 벌였습니다. 그러나 적군은 많고 아군은 적어 형세가 더욱 곤란하였습니다. 이에 병사를 쉬게 하며 시간을 버는 작전을 펼쳤습니다."

이석용은 길옆의 나무 껍데기를 벗겨 내고 하얀 내피에 한 수의 시를 적었다.

호남의 4월에 흰꽃이 날리는데	湖南四月白花飛
나라 저버린 서생은 쇠갑옷 벗는다	負國書生解鐵衣
산새들도 이 일이 그른 줄 알고	山鳥亦知時事去
밤새 나에게 돌아가라 울어댄다	終宵訴我不如歸

이 시를 짓고 그는 병사를 해산시켰다.

뒷날 이 나무 곁을 지나가는 사람이 '네 가지 두려움[四畏]'이라는 두 글자를 그 나무에 썼다. 그리고 사외(四畏)의 아래에 또한 가는 글씨로 다음과 같이 기록하였다.

"그 일이 두려울 만하며, 그 의리가 두려울 만하며, 그 문장이 두려울 만하며, 그 숨어버린 것이 두려울 만하다."

이석용에게는 시집간 누이가 있었다. 일찍 자식도 없이 과부가 되어 홀로 시댁에 있었다. 왜적이 이석용을 다급하게 체포하려고 그 누

이를 먼저 잡아들였다. 이석용이 있는 곳을 다그치자, 그 누이는

"나는 다른 집안에 시집갔던 과부이다. 집안 동생이 의병을 일으킬 때 어찌 나하고 상의하였겠는가. 옛날에 섭정(聶政)의 누이가 섭정의 이름을 세상에 드러내고 자결하였다고 하는데,[14] 설령 내가 동생이 있는 곳을 안다고 하여도 어찌 차마 사지(死地)로 그를 불러들이겠는가."

라고 하고는 왜놈을 꾸짖자 왜놈 또한 대단한 사람이라고 칭찬해 마지않았다.

계축년(1913) 겨울에 다시 의병을 일으키려고 하였는데, 곧바로 임실에서 체포되어 전주 감영에 갇혔다. 곧이어 대구로 압송되었다. 여러 차례에 걸쳐 수많은 방법으로 그를 협박하며 모욕을 주었다. 이석용은 큰 소리로

"나는 차라리 대한의 닭과 개가 될지언정 원수인 왜놈의 신하가 되지는 않겠다."

라고 꾸짖었다. 옥 안에서 매일 《중용》과 《대학》, 《논어》, 《맹자》 등의 책을 외우며 자신을 달랬다. 매 공판마다 왜적을 꾸짖는 소리가 그치지 않았다. 일찍이 죽음으로 맹세하며

"문천상[15]과 사방득[16]이 내가 본받아야 할 사람들이다."

라고 하였다.

평소 마음속으로 생각해 두었던 사람에게 편지를 보내 자신의 살신성인의 뜻을 보이고 자신이 죽은 뒤의 일을 부탁하였다. 또한 자신의 부모와 처자 및 두 누이와 그들의 자식에게 편지를 보내 영결을 고하였다. 그 편지 가운데

"머리를 깎지 않고 온전하게 죽으면 하늘과 땅을 바라보더라도 부끄럽지 않을 것이다. 삶과 죽음, 영화와 욕됨을 어찌 말할 필요가 있겠는가."

라고 하였다. 마침내 갑인년(1914) 4월 4일에 죽임을 당하였다. 그의 아들 이원영(李元泳)이 시체를 수습하여 남원으로 돌아와 장사지냈다. 운구가 돌아오던 날에 죽은 이석용의 안색은 평소와 같아 사람들이 기이하게 여겼다. 제문을 짓고 부의(賻儀)를 하는 친구들이 매일 끊이지 않았다.

외사씨는 다음과 같이 말한다.

"필부(匹夫)로 마음과 힘을 다하여 만고에 변하지 않는 큰 벼리〔大綱〕를 책임지며, 선비로서 창을 움켜잡고 국가의 변란에 맞닥뜨려 승냥이와 이리 굴 같이 일본 놈이 장악한 세상에 몸을 바치기로 결심하였다가 온전하게 목숨을 유지하며, 또한 머리를 깎이지 않고 죽어 하늘과 땅에 부끄럽지 않은 사람이 존재한다는 말에 대해, 나는 그런 말을 듣기는 했지만 직접 보지는 못하였다. 그런데 지금 의사 이석용의 전기를 읽으니, 아, 이석용은 그런 지경에 거의 도달한 사람이구나.

어떤 사람이 위로 임금이 그 사람에게 애통한 말로 부탁하는 어떠한 조서도 내리지 않았고, 아래로 자신이 벼슬을 맡지 않았으므로 목숨을 바칠 아무런 책임도 없는데, 자기 마음대로 의병을 일으켰으니 선비의 올바른 행위가 아닌 것 같다고 하였다.

이에 대해 나는 그렇지 않다고 생각한다. 군자의 행동거지는 때에 맞게 할 따름이다. 지금 세상은 어떤 때인가. 나라가 망하는 것을 오히려 두 번째로 중요한 일이라고 여기고 있다. 저 일본 놈들이 우리의 갓과 옷을 짐승이 입는 것으로 바꾸고 우리의 인의(仁義)를 거름으로 만들었으며 우리의 백성을 노예로 만들고 우리 국민을 어육으로 만들었으니, 이것은 500년 동안 소중화(小中華)를 지켜온 조선이 너무나도 변해버린 것이다. 이른바 선비의 갓과 옷을 착용한 이들이 긴 소매로 높은 자리에 앉아 내 몸이나 잘 지킨다고 자처하지만, 이것은 양백자의 행위를 면하지 못한 것이며 선성(先聖)과 선왕의 죄인이다.

오호라, 이석용이 의병을 일으킨 행위는 해와 달처럼 밝게 빛나니 얼마나 밝은 지 알 수가 없는 것이며, 태산보다 높아 그 높음을 설명할 수 없는 것과 같다. 누가 그 가치를 제대로 알아 숭상하겠는가."

1 이단신(李端信) : 이한식의 14대손으로 고려 명종 때의 명신이다.

2 이안사 (李安社) : ?~1274. 조선 태조 이성계의 고조부로 조선 태종 때 목조(穆祖)로 추존되었다.

3 이목(李穆) : 1471~1498. 자는 중옹, 본관은 전주, 호는 한재이다. 연산군 때 문과에 장원 급제하였으며 일찍이 김종직에게 글을 배웠다. 늘 바른 말 잘 하기로 유명하였는데 이로 인해 공주에 유배된 적도 있다. 무오사화 때 윤필상의 모함을 받아 김일손, 권오복 등과 함께 사형을 당했는데, 형장에 나갈 때 조금도 안색이 변하지 않고 스스로 절명(絕命)의 노래를 짓고 죽으니 그때 나이 28세였다. 그는 일찍이 공주에 귀양 갔던 인연으로 공주의 인사들이 충현서원을 세우고 제사하였다.

4 윤필상(尹弼商) : 1427~1504. 본관은 파평, 자는 탕좌(湯佐)이다. 세조가 즉위하자 원종공신 2등관에 녹훈되고 그 뒤 문과에 급제하여 동부승지와 도승지를 지냈다. 1498년 유자광(柳子光) 등과 함께 무오사화를 주도하여 김일손(金馹孫), 권오복(權五福), 정여창(鄭汝昌) 등 신진사림파를 숙청하는 데 가담하고 정적을 숙청하였으나 그 자신도 폐비윤씨 폐위사건에 연루되어 진도로 유배갔다가 사사되었다.

5 임진년……도굴 : 임진왜란 당시인 1592년 4월 왜군은 9대 성종의 능인 선릉과 11대 중종의 능인 정릉을 파헤쳤다.

6 국모(國母)를 시해한 변란 : 1895년 명성황후를 시해한 사건을 말한다.

7 삼학사 : 병자호란 당시 청나라와의 화의(和議)를 반대하고 척화를 주장한 홍익한, 윤집, 오달제를 말한다.

8 삼장사(三壯士) : 임진왜란 당시 진주대첩에서 일본군과 전투를 벌이다 순국한 김천일, 황진, 최경회를 말한다.

9 제갈량이……때 : 원문의 '비(非)'자는 아마도 오자인 듯하다. 역자가 보기에는 약(若)자의 오자가 아닌가 한다.

10 정미년……물려주었다 : 1907년 6월, 고종은 일제의 강압에 의해 순종에게 왕위를 물려주었다.

11 일본왕인……죽인 것 : 일본 제121대 천황 고메이천황〔孝明天皇, 1831～1867〕 재위 당시, 도쿠가와 막부는 재정 악화와 쇼군〔將軍〕 승계가 자주 단절되어 통치력이 약화되었다. 이 틈을 타고 사쓰마와 조슈 등 번주들은 그동안 굴종했던 막부에 대항하기 위하여 유명무실했던 천황의 권위를 되살려 자신들의 입지를 강화하고자 하였다. 그러나 막부가 미국의 압력에 굴복해 개항을 결정하자, 서부의 세력은 양이(攘夷)를 주장하며 막부 타도에 나섰다. 고메이 천황은 존왕양이의 입장이었지만 현실에서는 막부의 정책을 지지하였다. 양측의 내전 와중에 1867년 1월 고메이 천황이 급사하였다. 병명은 천연두로 발표됐지만 궁중의 막부 반대세력이 독살했다는 소문이 퍼지기 시작하였다. 그런데 당시 일본은 황국주의였으므로 천황독살설을 입에 담는 것을 금기시하였다. 메이지 천황 또는 조슈번 출신 이토 히로부미가 천황을 암살했다고 한 것은 바로 이 사건을 지칭한다.

12 오역(五逆)이나 칠적(七賊) : 을사오적과 정미칠적을 말한다. 을사오적은 1905년 일제가 강제로 체결한 을사조약에 찬성한 다섯 명의 대신인 이완용, 이지용, 박제순, 이근택, 권중현이며, 정미칠적은 1907년 7월 체결된 한일신협약에 찬성한 내각대신 일곱 명, 즉 이완용, 송병준, 이병무, 고영희, 조중응, 이재곤, 임선준이다.

13 오약(五約)이니 칠조(七條) : 을사조약과 정미조약을 말하는데 을사조약은 5개조이고 정미조약은 7개조이므로 흔히 을사5조약, 정미7조약이라 하였다.

14 섭정(聶政)의……하는데 : 한(韓)나라의 엄중자가 섭정에게 복수를 요청하자, 효자인 섭정은 어머니가 돌아가실 때까지 약속을 유보하다가 어머니가 돌아가시자 그의 요청대로 복수를 하였다. 재상인 협루를 죽이고 자신의 정체를 알아볼까

봐 얼굴의 가죽을 벗기고 눈알을 판 뒤 자결하였다. 이러한 그의 시체는 누구인지 정체를 알 수 없게 되었고, 협루의 부하들은 그의 시체를 시장에 버렸다. 그러나 그의 누이는 죽음을 무릅쓰고 그의 시체를 껴안고 울다가 자결하였다. 《사기(史記) 자객열전(刺客列傳) 섭정(聶政)》

15 문천상 : 중국 남송 말기의 재상으로, 자는 송서(宋瑞), 이선(履善), 호는 문산(文山)이다. 1255년 진사에 수석으로 급제했다. 당시 증대하고 있던 원(元)나라 몽골족의 압력에 대해 시종 강경책을 주장하고 천도를 반대한 이유로 면직되었으나 그 후 복직되었다. 1275년 의용군을 조직하여 원의 군대에 대항했다. 원과의 강화(講和)를 위해 원의 진중(陣中)에 파견되었을 때 포로가 되었으나 탈출하여 각지를 전전했다. 남송이 멸망한 후 원나라에서 벼슬하는 것을 거절했다. 도종(度宗)의 장자 익왕(益王)을 도와 남송 회복에 노력했지만 실패하고, 다시 체포되어 대도(大都 : 지금의 베이징)로 유폐되었다가 3년 후 처형되었다. 시문(詩文)에도 뛰어나 옥중에서 지은 장시(長詩) 〈정기가(正氣歌)〉가 유명하다. 저서로 《문산전집(文山全集)》 20권이 있다.

16 사방득 : 송(宋)나라 말의 충신이다. 원(元)나라 군사와 신주(信州)에서 싸우다가 성이 함락되자 건녕(建寧)의 당석산(唐石山)으로 피신하였으며, 송나라가 멸망한 뒤에는 민중에서 원나라 대도(大都)로 잡혀 와서 출사(出仕)를 누차 권유받았으나 끝내 응하지 않고서 단식 자결하였다. 문집으로 《문장궤범》 등이 있다.

전수용 全垂鏞

전수용의 자는 기홍(基洪), 자호는 해산(海山), 본관은 천안(天安)이니 문평공 전문식(全文軾)의 후손이다. 중간에 전두(全斗)가 진보 현감(眞寶縣監)을 지냈다. 이후로는 가문이 떨치지 못했다. 고조는 전성행(全聖行), 증조는 전경백(全慶伯), 조부는 전만업(全萬業), 아버지는 전병국(全炳國)이다. 무인년(고종15, 1878)에 어머니 경주 김씨(慶州金氏)가 임실현(任實縣) 남석촌(南石村) 본가에서 전수용을 낳았다.

전수용은 자라면서 글에 능하고 담론을 잘했으며 뜻이 크고 기개가 있어 때로는 술과 시로 자신의 감정을 위로하였다. 계묘년(광무7, 1903) 봄에 연재(淵齋) 송병선(宋秉璿)과 면암(勉庵) 최익현(崔益鉉) 두 선생이 많은 선비들과 임피(臨陂)의 낙영당(樂英堂)[1]에서 강설할 때 전수용이 감정이 격하여 시를 읊었다.

낙영이라 하였으니 그 의의 가볍지 않고	樂英爲號義非輕
태산처럼 우러르니 원근의 정을 알 수 있네	山仰從知遠近情
세상은 어지러워 깨끗한 곳 없으니	四海風塵無淨地
명백하여라, 무슨 말로 제생들에게 답할지	可明何說答諸生

이 시에는 그가 세상을 걱정하여 풍자한 뜻이 잘 드러나 있다.

정미년(융희1, 1907)에 칠적의 변[2]으로 인하여 전국에서 의병이 봉기(蜂起)하여 적을 토벌하고 복수하려 하였다. 이때 이석용(李錫庸)도 호남에서 의병을 일으켰다. 무신년(1908) 정월에 전수용이 말을 달려 이석용을 찾아갔다. 이석용은

"내가 그대를 얻으니 매우 기쁘다."

라고 하면서, 전수용의 막힘없는 문장을 아껴 기록을 담당하게 하고 늘 옆에 있게 하였다. 전수용은 점에도 능하여 길흉을 잘 판단하였으므로 이석용은 크든 작든 반드시 길흉을 들어 알게 되었다.

이때 적들은 많고 아군은 적어 전세가 자주 불리했다. 해산 전수용은 마침내 검을 들고 남쪽으로 가 호남 의병장 조경환(曺京煥)을 만나 그의 군사 수백 명을 얻었다. 얼마 후 조경환이 전사하자 의지할 곳 없는 군사들이 전수용을 의병장으로 추대하니 호령이 분명하고 엄숙하여 의로운 명성을 크게 떨쳤다.

참위(參尉) 정원집(鄭元集)이 일찍이 경성(京城) 결사대로 활동하다가 잡혀 가까운 곳에 유배되었는데 전수용의 의로운 명성을 듣고 탈출하여 전수용의 부대에 가담하였다. 전수용은 정원집을 만나자 곧 선봉을 삼았다. 전수용의 후대(厚待)에 감격한 정원집이 전투마다 솔선하니 의병들이 용기백배하였다.

8월부터 부하를 거느리고 광주(光州)와 장성(長城) 등 수십 군(郡)을 휩쓸면서 만나는 적마다 격파하니 위세가 점점 성하였다. 홍재도(洪在道), 신창학(申昌學), 김여회(金汝晦), 심남일(沈南一)의 여러 군진과 앞서거니 뒤서거니 하며 때로는 흩어지고 때로는 합하여 수없이 승리하였다. 특히 대치(大峙) 전투를 사람들이 더욱 장하게 여겼다.

9월에 이석용이 싸움을 그치고 잠행(潛行)하여 전수용의 부대로 왔다. 전수용은 주먹을 불끈 쥐고 더욱 분발하여 곳곳에서 적을 두렵게

하였다. 호남의 의로운 명성이 이 때문에 실추하지 않았다.

얼마 후 참위 정원집이 죽자 전수용이 믿고 의지할 만한 사람이 없게 되었다. 이를 알아차린 적이 대대적인 토벌을 감행하였다. 전수용의 군대는 일시에 패하여 흩어졌다. 전수용도 이를 어찌할 수 없었다.

기유년(1909) 3월이 되자, 군사를 해산하고 산으로 돌아갔다. 이때 적의 경계가 삼엄하여 정세가 매우 불리하였다. 이런 상황에서 전수용은 건장한 말에 긴 일산을 받쳐 들고 환한 대낮에 대도시의 저자거리를 의기양양하게 지나갔다. 적들이 이를 의심하지 않아 마침내 무사하니 사람들이 모두 그의 담력과 지략에 탄복하였다. 남원의 고래산(古萊山)으로 들어가 학교의 고용인이 된 지 수개월 만에 포로가 된 어떤 부하가 적을 대동하고 전수용의 부모를 잡아갔다. 전수용은 숨어 있던 곳에서 곧 돌아와

"나 때문에 내 부모를 구속하지 말라."

라고 하며 스스로 잡혀 영산포(榮山浦)에 구금되었다. 겨울이 지나 대구(大邱) 감옥으로 이송 수감되어 마침내 사형되었으니, 경술년(1910) 7월 19일이었다. 옥중에서 부모의 부음을 듣고 실신했다 깨어날 정도로 통곡하면서 한없이 애통해 하였으나 의리를 내세워 스스로 억제하였다. 수많은 어려움을 두루 겪었지만 조금도 내색하지 않았다. 임금을 사랑하는 한결같은 마음을 때때로 그가 읊은 시에서 엿볼 수 있다.

〈봄에 감상이 있어 읊은 시〔感春詩〕〉는 다음과 같다.

차가운 밤 꿈 깨어 지난 날 생각하니	夜冷夢回感昔年
밤은 깊고 달은 중천에 떠 있네	鍾鳴漏盡月當天

봄은 한창인데 망제(望帝)[3]는 소식조차 없으니　　春深望帝無消息
차마 빈 산 향해 두견새에게 절할까　　忍向空山拜杜鵑

〈가는 봄을 아쉬워하며 지은 시(餞春詩)〉는 다음과 같다.

눈보라 칠 때 감옥에 갇혀 봄을 보내고 있으니　　風雪來囚仍餞春
봄빛은 꿈인 양 생시인 양　　春光如夢復如眞
달은 어찌 저리 작을까, 오늘은 3월 그믐이라　　月何偏小今三晦
하늘은 우리 부모 오래 머물게 하지 않았네　　天不長留我兩親
서성에 피리 소리 이별을 재촉하고　　短笛西城催折柳
저물녘 외로운 배 돌아가는 사람 전송하네　　孤舟落日送歸人
누가 있어 두견화 핀 이 집에서　　有誰同此殘花屋
두견새[4] 우는 이 밤 다하도록 촛불 밝혀 함께 할까　　杜宇終宵秉燭新

전날 대구로 가던 중 뜻한 일을 펴지 못함을 안타까워하며 지은 시는 다음과 같다.

백주 대낮에 삼킨 울분 강처럼 흐르고　　白日呑聲江水逝
푸른 하늘에 흩뿌리는 눈물 비처럼 날리네　　青天揮淚雨絲飛

곧바로 스스로 독려하면서 다음과 같이 읊었다.

당당하게 세운 뜻 죽어도 그치지 않으리니　　立志堂堂死不休
장부로서 평소에 《춘추》를 읽었노라　　丈夫平日讀春秋
해동의 한 조각 노중련[5] 같은 달이 되어　　海東一片魯連月
나의 정신과 함께 천고에 흐르리　　共我精神千古流

일찍이 군진에 있을 때 지은 격문은 대략 다음과 같다.

"천하의 대의는 세 가지이다. 대대로 내려온 강토는 한 치도 적에게 내어줄 수 없고 소중화(小中華)의 우리 백성들은 한 사람도 오랑캐로 만들 수 없으며 예로부터 전해온 도학(道學)을 실추시켜서는 안 된다."

재판이 있을 때마다 '존화양이(尊華攘夷)'라고 크게 외치니 그 바르고 격한 말이 삼엄하고 곧고 간절하여 조금도 꺼림이 없었다. 심지어 적들이 분노하여 펄펄 뛰기까지 하였지만 당일 수감되는 사람을 포박하여 가혹하게 하는 관례를 깨고, 전수용에게만은 감히 그렇게 하지 않았다. 사형이 집행되기 전 북쪽 대궐을 향하여 만세 삼창을 하였다. 집으로 시신을 운구하자 부인 김씨가 당일에 자결하였고 선봉장 박영근(朴永根)도 동시에 절개를 지켜 죽었으니, 전수용의 훌륭한 인품은 천하 만세에 윤리 도덕을 바로잡기에 충분하다.

사씨(史氏)가 말하였다.

"전수용이 상중(喪中)에 시를 지은 것은 부득이 해서이다. 큰 화를 당해서는 마음에 슬퍼하지 않았고 대의를 펼 때는 예의에 얽매이지 않았다. 이것이 옛 사람이 말하는 '예는 의를 따라 수시로 변한다.'는 것이 아니겠는가? 가령 전수용이 정상적인 상황에 처했다면 예를 지킴이 분명 남보다 뛰어났을 것이다. 후대의 군자들은 전수용이 처한 상황을 안타깝게 여기고 전수용이 완비(完備)하기를 요구하지 않는 것이 바람직할 것이다."

1 낙영당(樂英堂) : 이 이름은 《맹자》 〈진심 상(盡心上)〉의 "천하의 영재를 얻어 교육하는 것이 세 번째 즐거움이다.〔得天下英才, 而敎育之, 三樂也.〕"라는 말에서 그 뜻을 빌렸다.

2 칠적의 변 : 정미칠적(丁未七賊)은 을사조약 체결 2년 후인 1907년 7월에 체결된 한일신협약 조인에 찬성한 내각 대신 일곱 사람을 가리킨다.

3 망제(望帝) : 촉왕(蜀王) 두우(杜宇)의 호(號)이다. 그가 선위(禪位)하고 떠나간 뒤 혼령이 변하여 두견새가 되었다고 한다. 《화양국지(華陽國志) 촉지(蜀志)》

4 두견새 : 두우(杜宇)는 전국 시대 촉왕(蜀王) 망제(望帝)의 죽은 넋이 변해서 새가 되었다는 두견새를 말한다.

5 노중련 : 노련(魯連)은 전국 시대 제(齊)나라의 고사(高士)인 노중련(魯仲連)이니, "진(秦)나라가 만약 방자하게 제(帝)를 칭한다면 동해에 빠져 죽겠다."라고 하였다. 《사기(史記) 권83 노중련열전(魯仲連列傳)》

정환직 鄭煥直

정환직의 자는 백온(伯溫), 호는 동엄(東广), 본관은 오천(烏川)[1]이다. 강의공(剛義公) 정세아(鄭世雅)의 10세손으로 철종 갑인(甲寅)[2]년(철종5, 1854)에 태어났다. 성품이 강직하고 뛰어났는데 처음에 침술을 익혀 서울에서 지냈다.

정해년(고종24, 1887)에 북부 도사(北府都事)에 임명되었고 무자년(1888)에 금부 도사(禁府都事)에 임명되었다. 갑오년(1894)에 동학농민군이 일어나 전국이 혼란하자 임금은 정환직을 삼남 참오령(三南參伍領)으로 임명하여 동학농민군을 토벌하게 하였다. 그 해 겨울, 북쪽지방에도 동학농민군의 활동이 전개되자 임금이 그를 불러 명을 내려 황해도로 보냈다. 정환직은 임금의 밀명을 받고 혼자 말을 타고 갔다. 당시 동학농민군의 무리는 구월산(九月山)에 있었는데, 정환직은 그 곳 금광의 일꾼들을 설득하여 동학농민군을 토벌하였다.

을미년(1895) 봄에 도성으로 돌아와 황해도 동학농민군을 토벌한 공을 인정받아 태의원(太醫院) 별입시(別入侍)에 임명되었다. 얼마 있다가 시종신(侍從臣)이 되었다.

기해년(광무3, 1899) 여름, 삼남 검찰 겸 토포사(三南檢察兼討捕使)에 임명되었다가 8월에 도성으로 돌아와 다시 예전의 시종신이 되었다. 11월 20일 밤, 종묘에 화재가 나서 궁궐 안이 매우 혼란했는데, 정환직은 금군(禁軍)을 불러 사대문과 궁궐을 봉쇄하였다. 임금이 특별히 그 일을 기특하게 여기고 정환직에게 명을 내려 종묘의 화재를 살펴보게 하였다. 정환직은 세찬 화염 속에 들어가 종묘의 신주를 모시고 빠져나와 다른 곳에 봉안하였다.

그때에 고종과 태자가 불이 난 곳에 이르렀는데, 정환직은 놀라며 임금께 아뢰기를

"불이 생각지도 않은 곳으로 번질 수 있으니 이곳은 폐하께서 계실 곳이 아닙니다. 빨리 피하십시오."

라고 하였다. 정환직은 고종을, 내시 나시환(羅時煥)은 태자를 업고 은밀히 임시거처로 피신하였다. 궁궐로 돌아오자 임금이 그 일을 훌륭히 여겨 옥배(玉褙)와 금·은 등의 패물을 하사하였고, 또 정환직의 초상을 그리게 한 다음 친필로 글을 써서 주었다. 그때 은밀한 논의가 있었으니 고종은 정환직에게 명하여 맥을 짚어보게 하면서 귀에 대고 조용히 말하였다. 이에 그 말을 듣고 정환직은 손에 밀지를 쥐고 나왔다.

경자년(1900) 여름, 원수부 위임 겸 삼남 시찰사(元帥部委任兼三南視察使)에 임명되었고, 겨울에 도찰사(都察使)로 승진하였다. 정환직은 경주(慶州)에 이르러 탐관오리인 경주 부윤을 쫓아냈다. 그곳 죄수들의 명부를 조사하려는데 어떤 봉세관(俸稅官)이 어명이라며 정환직을 붙잡아 가두었다. 아들 정용기(鄭鏞基)가 서울로 가서 살펴보니 정환직을 싫어하는 어떤 이가 이 봉세관을 시켜 임금의 명령을 거짓으로 꾸민 것이었다. 이에 임금이 그 사건의 내막을 알고 명령을 내려 정환직을 올라오게 하여 다시 이전의 직책에 임명하였다.[3] 정환직은 이때부터 벼슬에 나아갈 뜻이 없어 상소하여 사직하였다.

임금이 중추원 의관(中樞院議官)에 임명하였다. 을사년(1905) 정환직

은 서울에서 고향으로 돌아와 아들 정용기 및 이한구(李韓久)와 함께 의병을 일으킬 것을 도모하고 흥해(興海)와 청하군(清河郡) 등지에서 은밀히 의병을 모집하였다. 동래(東萊) 부산항에 이르러 이한구를 돌아보며 말하기를

"나라가 오늘 이러한 변을 만난 것은 처음 관시(關市)[4]를 열어준 것에서 싹튼 것이다."

라고 하고 한숨을 내쉬며 전 부사(前府使) 정현덕(鄭玄德)의 〈관해시(觀海詩)〉에 화운하여 시 한수를 지었다. 병오년(1906) 정월에 비로소 집으로 돌아왔다가 정환직은 다시 상경하였다.

정용기는 이한구, 손내숙(孫迺叔), 이경구(李景久)와 의병을 일으켜 좌우로 부대를 나누었다. 이한구로 하여금 먼저 동대산(東大山) 가운데로 들어가게 하고 자신은 한 무리의 군대를 끌고 우각(牛角)에 머물렀다. 다음날 아침, 한 마리 참새가 책상 위에 화살을 물고 왔다. 그것을 괴이하게 여겨 병사들로 하여금 엄하게 대비하게 하였다.

정오에 경주 병영의 군사들이 공격해오자 정용기는 위엄을 내세우고 국가의 신의로써 관군의 항복을 받아내려 했으나, 도리어 잡혀서 대구의 감옥에 수감되었다. 수감자는 통상 삭발을 했기 때문에 일본놈들이 역시 정용기의 머리를 깎으려 하였다. 정용기가

"목은 자를 수 있어도 머리는 깎을 수 없다."

라고 하며 크게 꾸짖으니 저들이 감히 정용기의 머리를 깎지 못하였다. 날마다 다과를 보내왔는데 가져다주는 것이 모두 일본 음식이었다. 정용기는 먹지 않고

"내 어찌 원수가 제공한 음식을 먹을 수 있겠는가."

라고 하였다. 이에 다시 조선 음식으로 가져다주었다.

심문에 이르러 정용기는 크게 화를 내며 말하기를

"종묘사직이 하루아침에 급박하게 되었는데, 나의 이번 거사가 어찌 참람된 행동이 되는가."

라고 하고는 두 주먹으로 의자를 내리치며 크게 꾸짖었다. 의기가 늠름하여 모든 사람들이 얼굴빛이 변하였다. 정용기는 8월에 비로소 석방되었는데, 일본인이 칭찬하며

"대한에 정용기 같은 사람이 열 명이 있다면 우리가 감히 이 나라를 넘보지 못했을 것이다."

라고 하였다고 한다. 옥중에 있을 때에 이한구에게 쓴 편지에

"면암 최익현 선생이 호남에서 잡혔고, 민종식(閔宗植)은 홍주(洪州)에서 패배하였으니 탄식할 일이다. 대구는 바야흐로 지키는 군사가 없어서 만약 1,000명을 이끌고 습격을 한다면 성을 점령할 수 있을 것이다."

라고 하였다. 이한구가 편지를 받고 탄식하며

"자신의 몸을 잊고 나라를 걱정하는 공의 마음이 죽음에 이르러도 변하지 않으니, 참으로 열혈장부라 할 만하도다."

라고 하였다. 정용기는 정미년(융희1, 1907) 4월, 다시 의병을 일으켰다. 이한구는 군대 혁파[5] 소식을 듣고 정용기에게 적을 토벌할 수 있는 계책을 물었다. 정용기는

"지혜와 힘이 부족하니 다만 죽을 각오로 싸울 뿐이다."

라고 하였다. 이에 병사를 이끌고 북쪽 동대산으로 들어갔다. 의병의 무리들이 정용기를 추대하여 대장으로 삼았는데, 당시 의병의 무리가 400여 명이었다. 청하(淸河)를 공격하여 적 한 명을 잡고, 청송(靑松)의 신성(薪城)에 이르러 또 적병 세 명을 죽였다. 영천(永川) 자양(紫陽)의 전투에서는 연병장 우재룡(禹在龍) 등이 적의 분파소장(分派所長) 및 적병 세 명을 추격해 잡았다. 마침내 그를 효수하고 쓸개를 갈라 이한

구와 함께 맛을 보고 말하기를

"을사오적과 이토 히로부미〔伊藤博文〕도 역시 이렇게 죽을 것이다."
라고 하였다. 다음날 적병이 단계(丹溪)에 이르러 정용기 본가에 불을 질렀다. 정용기는 군사를 돌려 추격하여 또 적 한 명을 죽였다. 9월 1일 척후병이 적병이 대규모로 이를 것이라고 보고하였다. 정용기는 좌영장(左營將) 이석(李錫)과 연습장(練習將) 우재룡 등을 보내 세 길로 나누어 막작령(幕雀嶺)에 매복시켰다. 그리고 다음과 같이 밀령을 내렸다.

"적병이 와서 입암(立巖)에서 야영을 하면 너희들은 밤을 틈타 몰래 빠져 나와 다시 광천리(廣川里) 상구(上口)에서 매복하고 기다려라. 내가 다음날 새벽에 포위하여 공격하면 적은 반드시 남쪽으로 달아날 것이다. 이때 너희들이 그 길을 차단하여 공격하면 적을 모두 소탕할 수 있을 것이다."

과연 저물녘에 적병이 이르렀다. 그러나 이석 등은 적을 가볍게 보고 곧바로 병사를 진군시켰고 미처 포위하기도 전에 뒤따라오던 군대가 총을 잘못 발사하였다. 그러자 온 병사들이 총을 쐈다.

정용기는 계획이 실패했음에 깜짝 놀라 이한구 등과 함께 입암 및 원촌(院村) 등지에서 병사들을 독려하여 매복시켰다. 밤이 깊어지자 부대의 앞쪽에서 소리치며

"적을 하나도 남김없이 죽여라."
라고 하였다. 정용기, 이한구, 손내숙, 권규섭(權奎燮) 네 사람은 마을의 민가에 들어가 군사들에게 먹일 음식을 마련하고 있었는데, 적이 몰래 침입하여 이들은 모두 총을 맞고 죽었다.

이 일이 있기 전날인 무자일(戊子日)에 정용기는 아무 까닭 없이 넘어져 차고 있던 칼이 부러졌다. 또한 폭풍이 크게 일어 대장기 깃대 두 개가 동시에 꺾여 땅에 떨어졌다. 그에게 상서롭지 못한 조짐이

이미 이 일에서 있었음을 알 수 있다.

도찰공(都察公) 정환직은 그 소식을 듣고 크게 놀라며

"아들이 순국했으니 내가 참으로 유감이 없다. 그러나 오늘의 원수는 공적으로나 사적으로 원한이 모두 깊다."

라고 하였다. 마침내 추전곡(秋田谷)에 이르러 흩어진 병사들을 거두어 이끌고 흥해(興海)와 의흥(義興) 두 성을 공격하여 점령하였고 적병 세 명을 죽였다. 마침내 청송의 두방리(斗坊里)에 이르렀는데 이때 많은 적병이 이르러 온 군사들이 놀라 흩어졌다. 이때에 이석이 소집한 의병을 거느리고 도착하자 여러 흩어진 병사들이 모두 모였다.

군대의 위용이 더욱 엄숙하였다. 흥해와 청하, 영덕(盈德)을 공격하여 적의 우두머리 20여 명을 죽였다. 마침내 양성리(良城里)에 이르렀는데 적병의 부대가 한 무리는 청하 쪽에서, 한 무리는 청송 쪽에서, 한 무리는 기북면(杞北面)을 통해 길을 나누어 진격해 온다는 소식을 들었다.

정환직은 크게 놀라 군대를 이끌고 금정리(金井里)에 이르렀는데 이때 적병이 갑자기 습격하였다. 장졸들은 서로 대오를 잃고 동대산으로 들어갔다. 7일 뒤에 하산하려 하는데 갑자기 총소리가 사방에서 들렸다. 미처 손쓸 틈도 없이 적에게 잡혔다.

정환직은 적을 계속해서 꾸짖으며 한 번도 무릎을 꿇지 않았다. 적장이 그를 후하게 대우하여 말을 나란히 하며 갔다. 영천에 이르자 정환직은 탄식하며 다음과 같은 시를 지었다.

몸은 죽어도 마음 변치 않을 것이니	身亡心不變
의리는 중하고 죽음은 오히려 가볍다네	義重死猶輕
뒷일을 누구에게 의지할까	後事憑誰託

말없이 새벽까지 앉아 있노라　　　　　　　　　　無言坐五更

14일에 대구로 갔다가 15일에 다시 영천으로 돌아온 후 사형을 당하였다. 정미년 11월 16일의 일이다. 사형에 임해 총소리가 갑자기 사방에서 울렸는데 원근에 총소리가 날 만한 일이 없었다. 모두 기이하게 여겨 하늘에서 나는 총소리로 여겼다.

정환직의 시신을 거두는 이가 없었는데 일현리(日見里)에 살던 이윤오(李潤五)가 앞장서서 가서 시신을 거두어 돌아왔다. 군수 이인선(李仁善)이 공의 아들 정옥기(鄭鋈基)에게 공의 유서를 전해주었다. 봉투의 겉면에는 '일사도무사(一死都無死)'라는 다섯 글자가 쓰여 있었다고 한다.

정용기의 자는 관여(觀汝)이고 철종 임술년(철종13, 1862)[6] 생이다. 이마가 넓고 턱이 조금 좁았다. 강개한 절개가 있었고 성품은 너그럽고 또 남을 잘 용납하였다. 살던 동네가 본래 거동(巨洞)이었는데 이후로 영천의 사림들이 고쳐 충효동(忠孝洞)이라고 하였다.

1　오천(烏川) : 경상북도 영일군의 지명이다.

2　갑인(甲寅) : 원문에 갑진(甲辰)년생으로 되어 있으나 오류이므로 갑인년으로 바로잡는다.

3　이전의 직책에 임명하였다 : 원문에 부연(復姸)으로 되어 있는데 부견(復跰)이 옳은 듯하다. 이는 이전의 직책에 다시 임명됨을 뜻한다.

4　관시(關市) : 국경지방의 관문에 서는 시장으로 여기서는 부산을 의미한다.

5　군대 혁파 : 1907년 8월 일제가 구한국군을 해산한 것을 말한다.

6　철종 임술년 : 원문에는 태황 임술년으로 되어 있으나, 철종 임술년이 맞다.

이한구 李韓久

이한구의 자는 한유(漢有), 본관은 여주이다. 회재(晦齋) 이언적(李彦迪) 선생의 12세손이다. 그는 연일군(延日郡) 지평리(芝坪里)에 살았고 태황 경오년(고종7, 1870)에 태어났다. 일찍 부모를 여의고 동생 하나만 있었는데 아직 어렸다. 이한구는 자신의 동생이 놀기만 하자 볼기를 때리면서

"우리 어머니께서 돌아가실 때 네가 세 살이었다. 우리가 이처럼 외로운 지경이 되었는데 지금 너를 때리는 것이 어찌 내 본심이겠느냐."

라고 하고는 눈물을 흘렸다. 동생이 종기가 나면 이한구는 항상 고름을 입으로 빨아 낫게 하였다. 평소 가난한 것이 감당할 수 없을 정도였는데 성품이 청렴하고 고결하여 남의 부귀함을 보고 멸시하는 듯하였고, 날마다 경전을 공부하며 지냈다.

을사년(광무9, 1905) 을사오적의 변란을 듣고 정용기(鄭鏞基)와 함께 의병을 일으킬 것을 도모하였다. 아우인 이순구(李純久)가 그만두라고 말렸으나 이한구는 이렇게 말하였다.

"내가 비록 벼슬은 없어도 500년 동안 이 나라에서 자란 백성으로서 분하고 원통하지 않겠는가. 주자께서 《춘추》의 〈전〉에 '난신적자는 사람이면 누구나 그를 죽일 수 있다.'라고 하였다. 지금 나라 안팎

의 도적들이 일으킨 변란이 이처럼 심한 지경에 이르렀는데, 어찌 벼슬자리가 없다고 해서 행하지 못하겠는가. 내가 마땅히 의병을 일으켜 선왕을 위해 죽을지언정 왜적[1]의 노예가 되지는 않으리라."

이한구는 병오년(1906) 4월, 의병을 일으켜 동대산(東大山)으로 들어갔다. 정용기가 우각(牛角)에서 잡혔다는 소식을 듣고 병사를 찾아가 말하기를

"오늘의 의병은 내가 이 사람과 함께 일으킨 것이다. 생사를 함께 하기로 맹세하였으니 의리상 나만 살 수가 없다. 정용기와 함께 나를 잡아 가라."

라고 하였다. 병사는

"나 또한 대한 사람으로 비록 먼저 의병을 이끌지 못했어도 어찌 감히 의사를 해칠 수 있겠습니까?"

라고 하며 마침내 이한구를 풀어주고 가버렸다. 이한구는 군대를 이끌고 주왕산(周王山) 속으로 들어갔다.

이때 또 이경구(李景久)가 약곡(藥谷)에서 함락되었다는 소식을 듣고 병사를 이끌고 쫓아갔다. 이한구는 이경구의 손을 잡으며

"그대가 지금 위태롭지만, 장부가 의롭게 죽는다면 무슨 한이 있겠는가."

라고 하고 함께 눈물을 흘렸다.

청하(淸河)를 공격하려고 덕성리(德星里)에 이르렀는데, 적병이 갑자기 습격하였다. 이한구는 병사들을 독려하여 산 위로 올라가 힘껏 싸워 여러 명의 적을 죽였다. 다음날 척후병이 적병이 북쪽의 의병진을 격파하였다고 알려왔고 신태호(申泰浩)가 이에 뒤따라 왔다. 이한구는 군사들에게 다음과 같이 말하였다.

"우리들은 힘을 다해 의병을 일으켜 만에 하나라도 성공하기를 바

랐다. 그러나 불행히 정용기 공은 잡혔고 또 신태호가 이미 패하였다는 소식을 들었으니, 남북의 각 진영에 온전한 사람은 오직 나 한 사람뿐이다. 적은 수로는 많은 적들을 대적할 수 없으니, 어찌 이기기를 바라겠는가. 진실로 일찍 흩어지지 않으면 국사에 무익할 것이고 한갓 백성만 혼란할 뿐이다. 또 병법에 '적의 기세를 틈타서 치는 것 보다는 후일에 다시 도모하는 것이 낫다.'라고 하였다."

그리고는 곧바로 군대를 해산하여 돌려보냈다. 군사들은 차마 흩어져 떠나지 못하고 모두들 눈물을 흘렸다.

정미년(융희1, 1907), 정용기와 함께 다시 의병을 일으켜 군대를 옮겨 청송(青松)의 신성(薪城)에 머물렀다. 밤에 적이 몰래 침입하여 파수병 이치옥(李致玉)을 죽이고 진영의 앞 쪽을 습격하였다. 이한구는 병사를 나누어 힘써 싸워 세 명의 적을 죽였다. 자양(紫陽)의 전투에서 이한구는 분파소장과 적병 세 명을 잡아 죽였다. 9월 1일에 정용기 등 세 명과 함께 입암(立巖)에 이르러 적의 탄환을 맞고 죽었다. 이 일이 정용기의 전(傳)에 실려 있다.

처음 최세한(崔世翰)과 함께 절친한 사이여서 이한구는 을사년(1905)에 최세한을 찾아가 의병을 일으키자고 설득하여 마침내 약속을 하고 돌아왔다. 최세한이 진영에 미처 이르기도 전에 이한구가 전사하였으니, 최세한이 그의 변고를 듣고 이르렀다가 통곡하며 돌아갔다.

무신년(1908) 봄에 이석(李錫)이 영부곡(領部曲)에 들어와 분전하여 적을 많이 잡았다.

최세한은 흰옷을 입혀서 이한구를 죽현산(竹縣山)에 장사지내 주었는데 이한구에 대한 만시를 지었다. 최세한에게 아들이 하나 있었는데 역시 적에게 잡혀 죽었다. 그 후에 전세가 자주 불리해지자 스스로 이길 수 없음을 헤아리고 마침내 군대를 해산하고 자신은 장기(長

髻) 등지에서 은거하였다. 신해년(1911) 가을에 또 잡혔다. 저들이 심한 형벌을 가하며 문초했으나 끝내 굴복하지 않았다.

그가 지은 절구시는 다음과 같다.

한(漢) 왕이 큰 법도가 있었는데	漢王有大度
무슨 일로 전횡(田橫)을 불렀는가[2]	何事招田橫
섬에 남아 있는 무리들 같은 날 죽었으니	島樹同日死
천고에 아름다운 이름 드리웠네	千古垂芳名

또 다음과 같은 시를 지었다.

나라가 무너져 망한 것이 이미 몇 년인데	國破家亡已有年
오히려 실낱같은 목숨이 푸른 하늘에 걸려 있구나	尙存一縷掛蒼天
남아가 이제 돌아갈 곳 알았으니	男兒從此知歸所
은나라에 백이·숙제와 제나라에 노중련 있었지	殷有夷齊齊有連

달성(達城)의 감옥에 갇혀 지금까지 석방되지 않았다. 최세한의 자는 성집(聖集)이고, 본관은 곡강(曲江)이다. 태황 정묘년(고종4, 1867) 생이고 대대로 흥해군(興海郡)에 살았다.

1 왜적 : 흑치(黑齒)는 이를 까맣게 물들인 자들이라는 말로 왜적을 가리킨다. "남쪽 오랑캐들은 종류가 많아 다 적을 수가 없는데, 크게 나누면 흑치(黑齒), 금치(金齒), 은치(銀齒)의 세 종류가 있다."라고 하였다. 《신당서(新唐書) 남만전 하(南蠻傳下)》

2 전횡(田橫)을 불렀는가 : 전횡은 전국(戰國) 시대 제(齊)의 왕족(王族)이다. 제나라가 한신(韓信)에게 멸망되자 자립하여 왕이 되어 5백 명을 거느리고 해도(海島)로 들어가 항거하였다. 유방(劉邦)이 사자를 보내 항복하기를 권하자 마지못해 부하 두 사람과 함께 낙양(洛陽)으로 오다 20리 못미쳐서 자살하니, 두 부하도 따라 죽었으며 섬에 남아 있던 자들도 그 말을 듣고 모두 자살하였다. 《사기(史記) 권94 전담열전(田儋列傳)》

이석 李錫

이석의 자는 사옥(士玉), 본관은 경주이다. 청송(青松) 오두산(烏頭山)에 살았는데, 선대에 경주(慶州)에서 살다가 옮겨왔다고 한다. 태황 임오년(고종19, 1882)에 태어났다. 이석은 키가 작았으나 담력이 있었다. 병신년(건양1, 1896), 시골에서 병사들이 봉기하였다는 소식을 듣고 총을 메고 찾아가니, 당시 이석의 나이 15세였다.

병사들이 해산하자 이석은 생업을 그만두고 산속으로 들어갔다. 돼지나 토끼를 사냥해 동지들과 함께 날마다 고기를 구워 먹으며 술을 마셨다. 이석은 도박을 좋아하였고 성품이 활달하였는데 하나라도 분명하지 않으면 남에게 강요하지 않았다.

을사년(광무9, 1905) 봄, 고을에 도적이 있자 경관이 직접 총을 가지고 대비하였는데 이석 또한 가서 참여하였다. 그해 겨울에 정용기(鄭鏞基)와 이한구(李韓久) 두 사람이 경주 동대산(東大山)에서 의병을 일으켰다는 소식을 듣고 이석은 그 무리들을 이끌고 가 초장(哨長)[1]이 되었다. 이석은 출전할 때마다 죽음을 두려워하지 않았는데 정용기가 그를 기특하게 여겨 좌영장(左營將)으로 발탁하였다.

정미년(융희1, 1907), 이석은 남석문(南錫文), 정순기(鄭純基)와 함께 청송과 영덕 등지에서 의병을 모으다가 병사에게 잡혔다. 남석문은 대구로 잡혀가 굴복하지 않다가 죽었다. 이석은 중도에 달아나 돌아왔고 정용기는 전사하였다. 정용기의 부친인 도찰공(都察公) 정환직(鄭煥直)이 그 무리를 이끌었고 이석을 중군(中軍)으로 삼았다. 그 후 또 정환직이 죽자 이석은 부하들에게 다음과 같이 말하였다.

"지금 대장께서 불행히도 돌아가셔서 모두들 의지할 곳이 없으니 낭패가 아닌가. 내 신분이 미천하고 나이가 어린데다가 또 아는 것이 없다. 공들과 함께 다시 대장이 될 수 있는 분을 구하여 대의를 돈독히 할 것이다."

이석은 항상 중영으로서 자임하고 감히 대장의 위치에 거하지 않았다. 이에 하얀 명주옷으로 이전의 대장이었던 정용기를 염하여 장사지내고 술을 따르며 목놓아 통곡하였다.

이석은 군대의 기강을 엄하게 세워 그의 의병이 지나는 곳에서 백성들의 재물을 노략질하지 못하게 하였다. 영천(永川), 경주, 장기(長鬐), 청하(淸河)의 사람들이 모두 그를 칭송하였다.

그 후에 장기를 공격하여 적병 20여 명을 죽였다. 청하에 이르러서는 또 네 명의 적을 죽였다. 울산(蔚山)을 공격하려다가 마침내는 병사를 이끌고 철수하였는데 중간에 복병을 만나 크게 패하였다. 이에 탄식하면서 이렇게 말하였다.

"온갖 고생을 하면서 싸워도 이길 수 있는 방법이 없고, 온 세상에 두루 구하여도 대장을 삼을 사람이 없으니, 어찌해야 하는가. 지금 병사들이 패한 이후에는 뿔뿔이 흩어져 군대의 위용이 아주 쇠잔해졌으니, 흩어져 고향으로 돌아가 다시 후일을 도모하는 것이 낫다."

그리고는 곧바로 군대를 해산하여 돌려보냈다. 무리의 병사들이 모두들 통곡하며 떠났다. 이석은 분통함을 이기지 못하여 동래(東萊) 여관에서 서울로 가 여러 달을 보내고 돌아와 삼유산(三踰山) 아래 도평촌(道平村)에서 숨어 지냈다. 기유년(1909) 7월에 마을 사람과 가게에서

술을 마시다가 적에게 잡혔다. 이석이 탄식하며 말하기를

"예전에 주장께서 항상 술 마시는 것을 경계하셨는데, 내가 술을 끊지 못하였으니 지금 내가 잡히는 것은 마땅하다."

라고 하였다. 청부(靑鳧) 감옥에서 한 달 정도 갇혀 있었는데, 일본인이 위협하여 그를 복종시키려고 모래사장에 잡아다가 앉혀놓고 수비병이 둘러싸고 서서 시험 삼아 공포탄을 쏘았다. 이석은

"죽이려면 바로 죽일 것이지 어찌 공포탄을 쏘는가."

라고 하고 끊임없이 꾸짖었는데 두 번째, 세 번째 탄환도 모두 공포탄만 쏘고 죽이지 않았다. 이석의 안색은 태연자약하였고 그가 계속 꾸짖어도 일본인들은 그를 죽이지 않았다.

대구로 압송되어 일본인이 심문하려고 하자 이석이 크게 노하며

"내가 의병을 일으킨 것을 너희는 안다. 우리 동지를 너희가 안다. 나의 대장이 모두 죽은 것도 너희는 반드시 알 것이다. 내가 자살하지 않으면 반드시 너희에게 죽을 것임을 나 또한 알고 너희도 안다. 더 무엇을 물어볼 게 있는가."

라고 하고 탁자를 들어 집어던지니 일본인이 무슨 일이 날까 두려워 감히 취조하지 못하고 30년 징역형에 처하였다.

이석이 감옥에 있으면서 스스로 말하기를

"오랫동안 이렇게 감옥에 있는다면 그 사이에 반드시 죽게 될 것이다. 비록 죽지 않더라도 늙어 의병을 다시 일으켜 적을 토벌할 수 없을 것이다."

라고 하였다. 이석은 크게 외치기를

"나를 죽이려거든 빨리 죽일 것이지 어찌하여 사람으로 하여금 이처럼 답답하게 하는가."

라고 하고 발을 들어 감옥 문을 차니 자물쇠 고리가 모두 끊어졌다.

함께 갇혀 있던 수감자 한 명과 도망쳤다가 이석은 마침내 잡혀서 사형되었다. 가까운 사람이 없어 누이가 가서 시신을 거두고 일본 사람이 80냥을 주어 운구하게 했다.

이석은 처 한 명과 두 명의 첩이 있었는데, 두 사람은 자식이 없고 한 사람은 아들 하나가 있었으나 혼자 생활할 수가 없어서 지금 재혼하여 죽창(竹倉)의 저자에 살고 있다고 한다.

1 초장(哨長) : 약 100여 명의 병사를 지휘하는 장으로서, 오늘날의 중대장과 같은 개념이다. 이강년이 기초한 〈속오작대도(束伍作隊圖)〉는 의병부대의 조직, 행진법, 진격후퇴요령 등이 망라되어 있는 의병부대 전술교범으로 알려져 있다. 이 〈속오작대도〉는 각 군을 영(營), 초(哨), 기(旗), 대(隊)로 나누고 1영에는 영사(營司)를 포함한 500여 명, 1초에는 초장(哨長)을 포함한 100여 명, 1기에는 기통(旗統)을 포함한 40여 명, 1대는 대장(隊長)을 포함한 10여 명의 병력을 배치하고 있다. 오늘날 군대의 편제에 비유해보면 대(隊)는 분대(分隊), 기(旗)는 소대(小隊), 초(哨)는 중대(中隊), 영(營)은 대대(大隊)의 개념과 같다.

이재윤 李載允

이재윤의 자는 성집(聖執)이니 이 분이 바로 미석(渼石) 선생이다. 이재윤의 본관은 완산(完山)이다. 인조대왕(仁祖大王)의 셋째 아들 인평대군(麟坪大君)[1]의 휘(諱)는 요(㴭), 시호는 충경(忠敬)이다. 인평대군이 복녕군(福寧君) 이유(李栯)를 낳고 복녕군이 의원군(義原君) 이혁(李爀)을 낳았다. 의원군은 안흥군(安興君) 이숙(李琡)을 낳고, 안흥군은 참판을 역임한 이진익(李鎭翼)을 낳았다. 이진익은 좌찬성(左贊成)에 증직(贈職)되었다. 이진익이 이병순(李秉淳)을 낳았는데 진사(進士)로 영의정(領議政)에 증직되었다. 영의정에 증직된 이병순은 세 아들을 두었다. 큰아들 이구(李球)는 은신군(恩信君) 이진(李禛)의 양자가 되어 남연군(南延君)에 봉해졌다. 둘째아들은 보국숭록대부인 이도중(李導重)이다. 막내아들 이휘중(李彙重)은 음관(蔭官)을 지냈다. 보국숭록대부인 이도중이 이원응(李遠應)을 낳았는데 역임한 관직은 자세하지 않다. 부인 박씨는 박관현(朴觀鉉)의 딸로 곧 공의 어머니이다. 음관을 지낸 이휘중이 이상응(李尙應)을 낳았는데 그의 관직도 자세하지 않다. 부인 유씨는 유명근(柳命根)의 딸로 공의 생모(生母)이다. 남연군이 흥선대원군 이하응(李昰應)을 낳고 흥선대원군이 우리 성상(聖上, 고종)을 낳았으니 대궐로 들어가 대통(大統)을 계승하셨다. 그리하여 영의정에 추증된 이병순의 집안이 왕실[2]의 귀한 혈통을 잇게 되었다.

공은 철종(哲宗) 기유년(1849)에 태어났다. 젊어서 대범하고 강개한 성품을 지녔다. 공은 귀한 집안의 가풍을 탈피하여 혹은 술에 취해 건장한 사람들을 꼼짝 못하게 만들기도 하고, 의롭지 못한 행동을 하는 사람들을 꾸짖기도 하였다. 그렇기 때문에 권세 있는 집안의 자제들이 모두 공을 두려워하여 공을 보면 자리를 피하였다. 정축년(고종 14, 1877)에 공은 충량과(忠良科)[3]에 합격하여 청요직(淸要職)을 두루 거쳐 벼슬이 우승지(右承旨)에 이르렀다. 관직에서 물러나서는 세상일에 관심을 두지 않은 채 선비의 소양을 지키며 지냈고, 여러 해 동안 미친 사람처럼 지냈다.

갑오년(1894) 이후로 나라에 많은 변란이 발생하였다. 그 소식을 들을 때마다 공은 목이 메어 흐느껴 울며 차라리 죽기를 바랐다. 임인년(광무6, 1902)에 공이 면암 최익현 선생을 뵈었는데, 유정춘(柳靜春)[4]이 폐백(幣帛)을 갖추고 회암(晦菴) 주희(朱熹)를 뵈었던 것처럼 예를 갖추었다. 공이 이렇게 한 것은 아마도 병자년(1876)에 면암이 척화(斥和)의 대의를 주장[5]한 것에 감복하였기 때문인 듯하다. 공을 만난 면암은 공을 국사(國士)로 인정하고 독서를 통해 의리를 실천하는 길을 더욱 넓히라고 권면하였다. 공이 기뻐하며 말하기를

"지금 다행스럽게도 도를 지니신 분에게 나아가 인생을 그르치지 않게 되었습니다."

라고 하였다. 이때부터 공은 엄격하게 학업 계획을 세워 마치 처음 공부를 시작한 어린 아이와 같이 정신을 집중하여 이치를 연구하고 분석하였으며 깨닫지 못한 것은 깨달을 때까지 포기하지 않고 매달렸다.

집 뒤에 두 칸의 건물을 세워 공자와 맹자의 진영(眞影)을 모셨다. 비바람이 불어도 배알하고 청소하는 일을 결코 멈추지 않았다. 공이

매일 어깨를 펴고 꼿꼿하게 앉아있으므로 어떤 사람이 어디서 그런 힘이 생기는지 물었다. 공이 웃으면서 말하기를

"나는 본래 병을 잘 앓는 사람이라 제대로 앉아 있지 못하네. 그런데 몇 년 전부터 기력이 점점 좋아져 저절로 눕는 것을 잊게 되었네."

라고 하였다. 공은 항상 책을 보면서 더욱 열심히 공부하였다.

갑진년(1904), 순명효황후(純明孝皇后)[6]께서 돌아가셨는데 백성들에게 기년복(朞年服, 1년 상복)을 입도록 하였다. 공이 한탄하며

"국가의 예절이 어쩌다가 이렇게까지 형편없이 변했단 말인가. 결코 상복을 받아 입지 않겠다."

라고 하였다.

을사년(1905), 오적(五賊)이 나라를 일본에 팔아먹었다. 그러자 공은 소장을 올려 여러 적신들을 죽이라고 요청하였는데 그 내용이 대단히 삼엄하였다. 또 이지용(李址鎔)[7]과 이재극(李載克)[8]의 죄를 털끝만큼도 숨김없이 차례로 나열하였다. 이재극은 공과 재종(再從)관계이고 이지용은 종질(從姪)관계였는데 이 일이 있은 뒤로 공은 그들과의 인연을 끊고 만나지 않았다. 이것은 인정상 쉽게 할 수 있는 일이 아니었지만 공은 조금도 망설이지 않고 그들과의 인연을 끊었다.

병오년(1906), 면암이 장차 의병을 일으키려고 하면서 공에게 청나라로 가 도움을 요청하도록 하였다. 공이 막 떠나려던 차에 면암이 이미 싸움에 져 포로가 되었다는 소식을 듣게 되었다. 공은 음식도 먹지 않고 잠도 자지 않으면서

"저놈들이 비록 고약한 오랑캐라고는 하지만 어찌 천리(天理)를 어기고 바른 사람을 죽이겠는가."

라고 하였다. 그리고 과거 면암이 보내준 편지를 꺼내 읽으며 절을

하기도 하고 눈물을 흘리기도 하였다. 심지어는 자신이 면암 대신 죽게 해달라고 하늘에 빌기도 하였다. 면암의 부음을 듣고 빈소로 달려가려고 할 때 어떤 사람이

"기차를 타고 가면 빨리 갈 수 있습니다."

라고 하였다. 공이 사양하며

"저 기차는 원수들이 만든 것이다. 내가 어찌 이것을 타겠는가. 더디더라도 마땅히 걸어 갈 것이다."

라고 하였다. 빈소에 도착한 공은 흰 두건을 쓰고 수질(首絰)과 요질(腰絰)을 두른 다음 영구(靈柩)를 맞이하였다. 공은 애통하게 곡을 하면서 이렇게 말하였다.

"내가 선생의 죽음을 슬퍼하여 곡하는 것이 아니라 나라를 염려하여 곡하는 것이다. 선생께서는 강상(綱常)을 잡아 지키셔서 천지와 함께 나란히 서셨으니 어찌 깊이 한하겠는가. 그러나 우리나라는 기둥과 주춧돌 같은 선생을 잃었으니 장차 어떻게 나라를 지킬 것인가."

공이 말하는 동안 눈물을 계속 흘리므로 그 모습을 보는 사람들이 모두 슬퍼하였다. 장차 면암의 명정(銘旌)을 쓰려고 할 때 여러 사람들은 판서(判書)라고 쓰는 것이 좋다고 하였다. 공이 정색하며

"작위를 쓰려면 유훈(遺訓)에 따라 참판(參判)이라고 쓰는 것이 좋고 그렇지 않다면 선생이라고만 쓰는 것이 좋다."

라고 하였다. 그러자 다른 한 사람이 강력히 따지며

"돌아가신 선생께서 비록 참판(參判)으로 자처하셨지만 판서도 임금께서 임명해주신 관직입니다. 임금께서 임명해 주신 것을 신하가 저버릴 수 있습니까?"

라고 하였다. 공이 이렇게 말하였다.

"그대는 임금을 존중할 줄만 알지 도를 높일 줄은 모르는구나. 공

자가 대사구(大司寇)의 벼슬을 하셨지만 문인 가운데 공자를 대사구라고 부른 사람이 하나라도 있었는가. 퇴계 선생께서 우찬성(右贊成)을 역임하셨지만 돌아가시면서 퇴도만은(退陶晩隱)[9]이라고 쓰게 하셨다. 그런데 당시에 반드시 우찬성(右贊成)이라고 썼겠는가."

그리고는 공이 손을 씻고 직접 명정을 쓰셨는데 관작은 빼고 선생이라고 썼다. 공은 상복을 입지는 않았지만 근신하며 9개월 동안 예에 따라 음식을 차리고 곡하였다. 여러 사람들이 돌아가신 면암 선생의 문집을 서둘러 간행하자고 요청하였다. 공이 한숨 쉬며 말하기를

"만일 안자(顔子)가 지금과 같은 상황에 처했다면 공자의 문장을 모아 문집으로 간행하는 데 급급하여 공자의 복수를 뒤로 미루었겠는가."

라고 하였다.

정미년(융희1, 1907) 4월, 면암 선생을 장사하고 신주를 쓸 때 또 판서라고 써야 한다는 주장이 있었다. 그러자 공은 사문(師門)의 죄인이 되는 일이라고 꾸짖으며 물러나왔다.

6월에 임금께서 일본의 압박을 받아 왕위를 태자에게 물려주었다.[10] 공이 대궐에 나가 엎드려 그 일의 불가함을 주장하려고 해도 왜적들이 궁궐을 둘러싼 채 지키고 있어서 할 수가 없었고, 물러나 도랑에서 자살하고자 해도 결국 임금의 악(惡)만 더 드러나게 하는 셈이라서 그럴 수도 없었다. 결국 공은 어떻게 해야 할지 몰라 이리저리 방황하며 종묘의 문 앞에서 연일 통곡하였다. 그러나 임금께서 공의 호소를 들어주지 않았으니 어찌할 수가 없었다. 그러므로 공은 어쩔 수 없이 청나라에 도움을 요청[11]하기 위해 동문(同門)인 채상덕과 함께 해주로 향했다. 당시 진사 오봉영(吳鳳泳)이 사재(私財) 1,000금을 출연하여 공과 채상덕의 여비를 마련해 주었다.

해주로 가는 길에 석담(石潭)에 도착하여 율곡 이이 선생의 사당에 참배하였다. 고생고생하며 풍천에 있는 오지포(梧枝浦)에 도착하여 청나라 상선을 얻어 타고 여러 날의 항해 끝에 연태(煙台)에 도착하였다. 항해하는 동안 풍랑이 대단히 심해 사람들은 사색이 되었다. 공은 단정하게 앉아 웃으면서

"세상만사가 운명에 따라 이미 정해졌는데 두려워한들 무슨 소용이겠는가."

라고 하였다. 그러자 곧 바람이 잦아들었다.

천진(天津)을 지나 북경에 들어간 공은 복창잔(福昌棧)에 숙소를 정하였다. 그리고 원세개(袁世凱)에게 사람을 보내 만나 줄 것을 요청하였다. 원세개는 이 일을 파총(把總)[12] 장준(張俊)이 주선하도록 하였는데 장준은 흥선대원군이 천진에 머물 당시 옆에서 대원군을 모셨던 사람이다. 공은 원세개에게 수천 글자로 작성된 장문 편지를 보내 중화(中華)의 중국을 회복하고 대한제국을 구제할 수 있는 방법을 권하였다. 원세개가 다시 장준을 시켜 공에게 의사를 전달해 왔는데

"중국도 언제 망할지 모르는 다급한 상황에서 대한제국을 도울 틈이 없으니, 아, 어찌한단 말입니까. 또 일본 놈들이 우리의 동정을 살펴 귀국과 내통한다고 의심하고 있습니다. 이렇게 멀리까지 찾아와 부탁하시는 뜻에 조금도 부응하지 못하니 대단히 안타깝습니다."

라고 하였다. 이 말을 듣고 공이 탄식하며 말하기를

"눈물로 하소연했던 신포서 같은 충정이 내게 있어도 울며 도움을 요청할 나라가 없구나.[13] 아아, 슬프다."

라고 하였다. 그리고는 자신을 따르던 몇 명과 함께 10여 일을 걸어 압록강에 도착하였다. 그러나 마치 곤란한 처지에 있는 사람이 갈 곳이 없는 것과 같은 상황이었기 때문에 다시 발길을 돌려 화촌(花村)으

로 가 공자의 사당에 참배하였다. 이 사당은 의암(毅庵) 유인석(柳麟錫) 공이 세운 것이었다. 관서지방에서 그곳으로 피난 온 사람들이 날마다 오가며 공과 어울렸다.

무신년(1908), 면암 선생 서거 2주기가 되자 공은 송경(松京)[14] 사람 양건태(梁建泰)에게 제문을 지어 보내, 자기 대신 영전에 제물을 올리도록 하였다. 또 한편으로는 동문들에게 편지를 보내 돌아가신 선생의 심법(心法)을 잊지 말라고 당부하였다.

경술년(1910) 5월에 공은 압록강을 건너 의주(義州)에 도착하였다. 얼마 뒤에 청나라 사람인 왕자안(王子安) 등을 따라 다시 심양(瀋陽)으로 떠났다. 이때 고국을 떠나는 서글픈 마음을 견딜 수 없어서 시를 지어 자신의 뜻을 담아냈다. 덕양점(德祥店)에 머물던 어느 날 밤 오랑캐 한 놈이 칼을 들고 곧바로 방 안으로 들어섰다. 공이 차분하게 말하기를

"너는 나의 머리를 가져가려 하느냐? 나는 나라를 잃은 대부(大夫)이다. 사는 것이 너무도 고통스러우니 너는 어서 내 머리를 가지고 가라."

라고 하였다. 그러자 오랑캐 놈이 한참동안 뚫어지게 바라보다가 칼을 집어넣고 앉아 다음과 같이 말하였다.

"내가 전해들은 바에 의하면 공과 혁명당(革命黨)이 청나라를 해치기 위해 일을 꾸민다고 하였습니다. 그렇기 때문에 공을 죽이려고 했는데 지금 공의 행동을 보니 이런 일을 하실 분이 아닌 듯합니다. 두려워하지 마시고 편안히 주무십시오."

이런 말을 남기고 그는 일어나 나가버렸다. 당시에 혁명당에서는 실제로 중국의 국권을 회복하자는 논의가 있었다. 공도 그 일을 암암리에 돕고 있었다. 그런데도 그가 공을 해치지 않은 것은 하늘의 도움

덕분이었다.

8월에 대한제국과 일본이 합방했다는 소식을 들었다. 공이 울면서 자신을 따르던 동료들에게 말하기를

"내가 남의 나라 땅을 떠돌면서 우리 임금님을 돕고 우리의 도를 지키려고 하였더니 이제 모두 허사가 되고 말았다."

라고 하였다. 그리고는 스스로 목숨을 끊으려고 하였다. 봉천(奉天)의 육군(陸軍) 이상현(李象賢)은 공의 마음을 잘 아는 사람이었다. 공이 자결하려고 할 때 마침 술을 들고 공을 찾아왔다. 자결하려는 공의 모습을 보고 깜짝 놀란 이상현은 옛날과 지금의 대인들이 의(義)에 따라 처신했던 도리를 말하면서 갖가지 방법으로 공을 위로하여 그만두게 하였다.

산동(山東)에 거주하는 화족(華族) 수십 명이 글을 보내왔는데

"귀국이 아니면 명나라의 전장(典章)을 세상 어디서도 찾아볼 곳이 없다."

라고 하였다. 그러면서 명나라 때의 제도로 만들어진 관대(冠帶), 그리고 율곡 이이가 지은 《격몽요결(擊蒙要訣)》과 화서 이항로(李恒老)가 지은 《아언(雅言)》 등을 보내달라고 요청하였다. 공이 그 글을 보고 대단히 기뻐하며

"이들은 모두 중국의 국권을 회복하려는 무리들이다. 우리 효종대왕과 우암 송시열 선생의 뜻이 혹 오늘날에 펼쳐져서 이 일의 계기가 된 것이 아니겠는가."

라고 하였다. 그리고는 행낭(行囊)에서 금관(金冠)과 조복(朝服), 그리고 《격몽요결》과 《아언》을 꺼내 그들에게 보내줌으로써 그들의 요구에 부응하였다.

9월 9일에 거처를 혼하포(渾河浦)로 옮겼다. 그 전날 밤 꿈에 '장한

이 강동으로 갔네.〔張翰江東去〕'라는 시구를 외웠으니, 이런 꿈을 꾸게 된 것은 우연한 일이 아니었다. 공이 혼하포로 옮기고 얼마 지나지 않아 일본 놈들이 예전에 공이 머물던 집을 찾아와 수색하였으나 공이 이미 떠난 뒤였다.

떠돌아다니는 가운데 조상의 제삿날이 되면 공은 반드시 아침까지 앉은 채 밤을 새워 마치 조상의 영령이 앞에 있는 것과 같이 정성을 다하였다.

12월에 능침(陵寢)이 훼손[15]되었다는 소식을 전해 들었다. 공이 미친 듯이 큰 소리로 절규하며 일어서고 쓰러지기를 반복하였다. 그날은 눈이 쌓이고 바람이 차가운 날씨였다. 공이 일어섰다 쓰러졌다를 반복하면서 입고 있던 옷이 흐트러지고 살갗이 트고 얼었지만 공은 아픔조차 느끼지 못할 정도로 슬퍼하였다. 먼 지역의 사람들도 공의 이런 모습을 차마 바라보지 못하고 다들 눈물을 흘렸다. 채상덕 군이 공의 자제들에게 편지를 보내 공의 이런 모습을 전하였다. 그러자 공의 아들과 종제(從弟)가 서둘러 와서 공을 뵈었으나 공은 자신의 몸을 전혀 돌보지 않았다. 공의 아들과 종제가 온갖 방법으로 공을 설득하였으나 공은 한 마디도 대꾸하지 않았다. 공은 평소에

"만약 일이 뜻대로 이루어지지 않는다면 공자의 무덤 옆에 가서 죽으리라."

라고 말하곤 하였다. 그러므로 공의 아들과 종제가 거짓으로

"궐리(闕里)[16]로 가시지요."

라고 하니 공이 비로소 고개를 끄덕였다. 곧바로 기차를 타고 출발하였는데 공은 눈을 감은 채 밖을 보지 않았다. 압록강을 건너자 공이

"이곳이 어디냐?"

라고 물었다. 공의 아들과 종제가 다시

"옛 노나라 땅입니다."
라고 거짓으로 대답하였다. 일행이 경기도 양주의 미음(渼陰)에 있는 공의 본가에 도착하자 가족들이 나와 공에게 인사를 올렸다. 그때서야 공은 자신이 속았다는 사실을 알고
"내가 무슨 낯으로 살아서 고국에 돌아온단 말이냐. 아들이 아비를 속이니 내가 어찌 아들로 여기겠느냐."
라고 꾸짖었다. 생부가 새로 장가들어 얻은 계모께서 공의 손을 잡고 눈물을 흘리면서
"네가 나를 버려두고 어디를 갔었느냐?"
라고 하였다. 공이 깜짝 놀라 자리에서 일어나 절하고는 다음과 같이 말하였다.
"나라의 원수를 갚고 치욕을 씻고자 청나라에 가서 우리의 복수를 도와줄 군사를 보내달라고 요청하였는데 일이 뜻대로 되지 않았습니다. 곧바로 죽지도 못하고 도리어 아이들에게 속고 말았습니다."
이렇게 말하면서 공은 곡을 하기도 하고 울부짖기도 하였다. 그리고는 중국 심양에 있을 때와 마찬가지로 다시 땅을 치며 하늘을 향해 울부짖었다. 그 뒤로 공은 머리를 풀어헤치고 맨발로 강물을 따라 오르내렸다. 그러다가 사람을 만나기라도 하면 궐리로 가는 길을 묻곤 하였다. 가족들이 가로막아 만류하면 공은 땅바닥에 누워 절대 일어나지 않았다. 때로는 아무런 말없이 가만히 서서 하늘만 바라보기도 하였다.
신해년(1911) 여름에 아들 이좌용(李佐鎔)이 경기도 양평의 귀혜촌(歸兮村)으로 공을 모시고 가 살았다. 7월 13일 이른 아침에 공이 세수를 마치고 머리를 단정히 빗질한 다음 의관을 바르게 갖춰 입었다. 그런 다음 웃고 말씀하는 모습이 예전 정상일 때의 모습과 같았다. 그 모

습을 보고 가족들은 공의 광기가 멈춘 것이라고 기뻐하며 조금도 염려하지 않았다. 공의 벗은 공의 뜻을 알아차리고 몇 줄의 글을 지어 공이 가지고 있는 생각을 말해달라고 권하였다. 공이 말하기를

"나라를 욕되게 하고 집안을 욕되게 한 나 같은 사람이 구차하게 남이 알아주기를 바라겠는가."

라고 하였다. 아들과 조카들이 밖으로 나가기를 기다려 공은 가묘(家廟)를 배알(拜謁)하고 두 손으로 땅을 내려치니 땅바닥 여기저기에 모두 공의 주먹 자국이 남았다. 그리고는 조용히 집 뒤쪽으로 가 서까래에 목을 매었다. 가족들이 발견하여 서둘러 풀어내리니 아직도 한 가닥 숨이 끊어지지 않은 상태였다. 그러나 회생하지 못하고 14일 새벽 마침내 운명하고 말았다. 원근에 사는 사람들이 공의 부음을 듣고 모두 슬퍼하였다.

숙부인(淑夫人) 연일 정씨(延日鄭氏)는 정헌영(鄭憲永)의 딸이며, 포은 정몽주 선생의 후예이다. 부덕(婦德)이 있었으나 자식을 낳지 못하였다. 공은 슬하에 이좌용과 이우용(李佑鎔) 형제를 두었다.

사씨(史氏)는 다음과 같이 평하노라.

"사람은 아버지와 임금과 스승의 아래에서 살아가니 이분들을 똑같은 마음으로 섬겨야 하는 것은 예나 지금이나 변함없이 마땅한 일로 여겨지고 있다. 그러나 정치와 교화가 쇠퇴하면서 이러한 의리도 사라진 지 오래되었다. 오직 공은 이러한 의리를 익숙하게 익혔고 확고하게 지켰다. 자신이 종친의 귀한 신분이라는 것을 개의치 않고 초야에서 스승을 섬겼으며 위기에 처한 나라를 잊지 않고 만리타국에서 임금을 염려하였다. 공은 스승과 임금을 도로써 섬겼고 의를 지켜 목

숨을 던졌다. 온 천하의 정성스런 신하와 뜻있는 선비를 다 불러 모아 임금과 나라를 위해 마음과 힘을 다하는 그들의 지극한 정성을 논해본다면 충성스럽고 현명한 사람으로 공을 추천하지 않고 누구를 추천하겠는가. 헤아릴 수 없이 많은 종친들 가운데 아름답고 슬기로운 모습으로 제사를 올리던[17] 사람을 차례차례 손꼽을 수 있지만 오직 공만이 전일한 자세로 선왕을 위해 충성을 다 바치셨다. 사도(師道)가 사라지자 예(羿)에게서 배운 활 솜씨로 도리어 스승을 쏘는 사람이[18] 간혹 생겨났지만 오직 공은 스승을 진실한 마음으로 섬겨 배신하지 않으셨다.

아아, 공은 위로는 황천에 계신 선대의 왕들과 어진 선생의 영령을 위로할 만하고, 아래로는 신하와 제자가 된 사람들의 본보기가 되기에 충분하다. 따라서 공께서 사문(斯文)에 세우신 공로가 있다는 것이 또한 옳다.

완산(完山) 이석용(李錫庸)

살피건대, 우리나라 산하의 운기(運氣)가 한 번 바뀐 뒤로, 수많은 종친들 가운데 북지왕(北地王)처럼 통곡[19]한 사람이 있다는 말은 듣지 못했고, 다만 송설(松雪)의 영광[20]이 있는 것만을 보았을 뿐이다. 그런데 지금 미석 공(渼石公) 한 분이 가묘에서 통곡하고, 조용히 의를 지켜 목숨을 던지셨다. 이것은 상제께서 천도가 다 사라지는 것을 근심하여 공을 종친으로 태어나게 하셨던 것이 아니겠는가. 처음에 공이 도움을 요청하기 위해 중국으로 가셨다가 경술년(1910) 합방 소식을 듣고는 울분을 견디지 못해 통곡하며 땅바닥에 뒹구셨다. 아들과 조카들이 거짓말로 자신을 속여 고국으로 모셔왔을 때는 혹은 종묘에서 통곡하였고 혹은 강가에서 맨발로 헤매셨다. 이러한 공의 행동이 마치 미친 사람 같았기에 사람들은 다 미쳤다며 공을 기롱하였다. 그렇다면 공은 실제로 당신의 정신을 잃었던 것인가.

옛날에 기자를 노예로 삼았으니 사리에 어긋남이 또한 공이 맨발로 강가를 오가고 땅바닥에 나뒹굴게 된 상황보다도 더 심하였다. 그런데 기자는 어찌하여 거짓으로 미친 척하였던가. 신하로서 임금을 위한 지극한 정성과 진심이 있는 사람이 선대왕들이 세운 나라가 하루아침에 망하는[21] 모습을 본다면 하늘을 찌를 듯한 분노와 무지개에 닿을 듯한 기운을 억누르기 어려울 것이다. 그러므로 그 행동이 평소와 달라진 것은 진실로 괴이할 것이 없다. 이것은 공이 지극히 공변된 마음을 가졌기 때문에 발생한 일이다. 그렇다면 지금 공이 있는 것은 대한제국에 북지왕과 같은 사람이 있는 것이 아니겠는가.

병진년(1916) 여름에 내가 정산(定山)에 있는 장구동[22]에 갔었다. 당시 참봉 최영조[23] 씨가 말하기를

"공이 돌아가셨을 때 종질(從姪) 이지용이 와서 곡하며 말하기를 '우리 집에 숙부와 같은 분이 없을 수 없다.'라고 하였다. 나는 이런 말이 어찌하여 이지용의 입에서 나왔는지 알지 못하겠다."

라고 하였다. 이런 사실로 볼 때 이지용도 또한 사라지지 않은 양심을 보존하고 있었던 것이 아니겠는가.

1 인평대군(麟坪大君) : 1622~1658. 조선 인조의 셋째 아들로 이름은 요(㴭), 자는 용함(用涵), 호는 송계(松溪)이다.

2 왕실 : 천황(天潢)은 하늘의 은하수를 가리킨다. 왕족(王族)은 물에 비유하면 은하수(銀河水)의 유파(流波)이므로 천황은 왕족을 의미한다.

3 충량과(忠良科) : 나라에 경사 또는 중대사가 있을 때 보던 과거시험 중의 하나이다. 병자호란 때 순절한 이들의 충절을 기리고 그 자손들에게 벼슬을 주기 위한 목적에서 1764년 처음 실시되었다.

4 유정춘(柳靜春) : 유정춘(劉靜春)의 오기로 보인다. 유정춘(劉靜春)은 임강(臨江) 사람으로 자는 자징(子澄), 이름은 청지(淸之)이다. 주자의 제자이다.

5 병자년에……주장 : 면암 최익현이 1876년 정월 22일에 올린 〈지부복궐척화의소(持斧伏闕斥和議疏)〉를 가리킨다.

6 순명효황후(純明孝皇后) : 1872~1904. 대한제국 2대 황제 순종의 정후(正后)이다. 아버지는 여은부원군(驪恩府院君) 민태호이다. 정식 시호는 경현성휘순명효황후(敬顯成徽純明孝皇后)이다.

7 이지용(李址鎔) : 1870~1928. 본관은 전주, 자는 경천(景天), 호는 향운이다. 을사조약 체결 당시 내부대신이었다.

8 이재극(李載克) : 1864~1927. 고종과 같은 항렬의 왕실 종친으로 아버지는 이연응(李沇應)이다. 을사조약 체결 과정에서는 궁내부대신으로 일제의 뜻에 따라 고종을 협박하는 일을 맡았고, 종친 중 대표적인 친일파로 지목되어 나철이 을사오적을 암살하기로 했을 때 암살 대상자로 꼽혔다.

9 퇴도만은(退陶晩隱) : 기대승(奇大升)의 《고봉집(高峯集)》 권3에 〈퇴계선생묘갈명(退溪先生墓碣銘)〉이 수록되어 있다. 그 글에 의하면 "처음에 선생은 병환이 위중해지자 아들인 준(寯)에게 경계하기를 '내가 죽으면 …… 또 비석을 쓰지 말고 다만 작은 빗돌의 전면(前面)에 퇴도만은진성이공지묘(退陶晩隱眞城李公之墓)라고만 써라.'라고 하였다.〔初先生寢疾, 戒子寯曰, 我死, ……且勿用碑石, 只以小石, 題其前曰, 退陶晩隱眞城李公之墓.〕"라는 내용이 있다.

10 6월에……물려주었다 : 1907년 고종은 일제의 강압에 의해 순종에게 왕위를 물려주었다.

11 도움을 요청 : 포서지행(包胥之行)은 위기에 처한 나라를 위해 외국에 구원을

요청하러 가는 것을 말한다. 포서(包胥)는 초나라 사람 신포서(申包胥)를 가리킨다. 오(吳)나라가 초(楚)나라를 침략하자 신포서가 진(秦)나라에 구원병을 요청하러 가서, 진나라 조정 뜰에서 7일 동안 울며 구원을 요청하자 진나라에서 그의 충성심에 감동하여 출병한 고사가 있다. 《사기(史記) 권66 오자서열전(伍子胥列傳)》

12 파총(把總) : 명대(明代)와 청대(淸代)의 육군 기층군(基層軍) 관명이다. 백총(百總)이라고도 하였다.

13 눈물로……없구나 : 신루(申淚)는 신포서의 눈물을 말한다. 진정(秦庭)은 신포서가 울며 하소연했던 진나라 조정의 뜰을 말한다. 여기서는 이재윤이 신포서와 같은 충정으로 구원을 요청할 자세가 되어 있지만 어디에도 구원을 요청할 곳이 없다는 의미이다.

14 송경(松京) : 송악산 아래 있는 서울이라는 의미로 고려의 수도였던 개성을 일컫던 말이다.

15 능침(陵寢)이 훼손 : 1910년 12월 3일 개성의 고려왕릉이 도굴된 사건이다. 고려청자 중 대대로 전해지는 유물은 몇 점에 불과하고 현재 우리가 접하는 고려청자의 대부분은 무덤에서 출토된 것이다. 특히 1904년 러일전쟁 당시 일본군이 군용철도인 경의선을 착공하면서 개성 부근 공사장에서 고려청자가 무더기로 쏟아져 나왔다. 이후 일제는 개성과 강화도의 고려왕릉과 고분들을 도굴하였는데, 경의선은 고려청자를 도굴하기 위한 것이었다.

16 궐리(闕里) : 공자가 살던 곳이다.

17 아름답고……올리던 : 부민관장(膚敏祼將)은 《시경》 〈대아(大雅) 문왕(文王)〉에 보인다. 즉, "주나라에 복종하니 천명은 일정하지 않은지라 은나라 선비 중에 아름답고 민첩한 이들이 주나라 서울에서 강신제를 돕네.〔侯服于周, 天命靡常, 殷士膚敏, 祼將于京.〕"라는 내용을 인용한 것이다.

18 예(羿)에게서……사람이 : 예는 활을 잘 쏘기로 유명한 사람이다. 《맹자》 〈이루 하(離婁下)〉에 "방몽(逄蒙)이 예에게서 활쏘기를 배우더니 예의 활 쏘는 도를 다 익히고 나서 생각하기를 '천하의 모든 사람들 가운데 오직 예의 활솜씨가 자기보다 낫다.'라고 하여 예를 죽였다.〔逄蒙學射於羿, 盡羿之道, 思天下惟羿爲愈己, 於是殺羿.〕"라는 말이 있다. 예궁반사(羿弓反射)는 이 구절을 인용한 것으로 스승을 배신한다는 의미로 사용되었다.

19 북지왕(北地王)처럼 통곡 : 북지왕은 삼국 시대 촉한(蜀漢)의 후주(後主) 유선(劉禪)의 아들 심(諶)을 가리킨다. 촉한이 위(魏)나라 장군 등애(鄧艾)의 침공을 받고 수도인 성도(成都)가 함락될 위기에 처하게 되자, 유선은 항복할 것을 결심하였다. 이때 북지왕 심은 항복하지 말고 끝까지 싸울 것을 주장했으나, 유선이 듣지 않자 유비(劉備)의 사당으로 가 통곡하고 처자들을 죽인 다음 스스로 자결하였다.

20 송설(松雪)의 영광 : 송설은 원(元)나라 때의 화가이며 서예가인 조맹부(趙孟頫, 1254~1322)의 호이다. 그의 자는 자앙(子昂)이며, 본래 송(宋)나라 종실의 후손이었다. 송설지영(松雪之榮)은 본래 송나라 종실이었던 조맹부가 원나라 조정에 출사하여 관직이 한림학사와 영록대부(榮祿大夫)에 이르는 영광을 누렸음을 의미한다. 즉, 이 글에서는 조선의 종친들이 일본의 통치 아래에서 관직을 차지하였다고 지적한 것이다.

21 망하는 : 옥사(屋社)는 멸망한 나라의 사직을 뜻한다. 《예기(禮記)》 〈교특생(郊特牲)〉에 "천자의 대사(大社)에 지붕을 덮지 않아 서리, 이슬, 바람, 비를 직접 맞게 하는 것은 천지의 기운이 서로 통달하게 하기 위한 것이다. 이 때문에 망한 나라의 사직에는 지붕을 만들어 하늘의 양기를 받지 못하게 한다."라고 하였다.

22 정산(定山)에 있는 장구동 : 면암 최익현이 말년에 이주하여 거처했던 곳이며, 현재 고택과 기념관 등이 남아 있다.

23 최영조 : 면암 최익현의 장남이다.

안중근 安重根

안중근의 아명(兒名)은 응칠(應七)인데, 가슴에 일곱 개의 검은 점이 있었기 때문이다. 이로 말미암아 응칠을 자(字)로 삼게 되었다. 본관은 순흥(順興)이다. 후에 황해도 해주(海州)에서 살면서 대대로 해주의 아전을 지냈다. 아버지 안태훈(安泰勛)에 이르러 독서로 성균 진사에 발탁되었다. 안태훈은 남다른 절의와 지조가 있었고, 고종 때 병사를 일으켜 황해도내의 동학농민군을 진압하였다.

안중근은 어려서 신천군(信川郡)으로 이사하여 아버지에게 유교 경전과 역사서를 배웠다. 14세에 어머니 조씨(趙氏)의 명으로 신천군에 있던 프랑스 선교사를 따라 천주교에 입교하였다.[1] 당시 나라 안에는 세계 각국에서 온 사람들이 많았으나 일본인들의 침탈과 억압이 특히 심하였다. 따라서 수많은 사람들이 천주교를 믿고 의지하였다.

장성한 안중근은 인물이 출중하고 관습에 얽매이지 않아 천주교 계율에 구속받지 않았다. 산에서 사냥하기를 좋아하였는데 사격을 잘하여 작은 새도 쏘는 대로 잡았다.

광무9년(1905)에 일본인은 러일전쟁에서 승리한 여세를 몰아 대신(大臣) 이토 히로부미〔伊藤博文〕를 파견하여 우리나라를 다스리고 감독하였다. 안중근은 분연히 관서인(關西人)의 기풍과 평소 호령하던 용감함으로 국권회복의 뜻을 품고 평양의 진남포(鎭南浦)로 이사하여 호걸

들과 결탁하였다. 그리고 많은 사재를 털어 학교를 세웠다.[2]

광무11년(1907)에 이토 히로부미가 고종을 협박하여 선위[3]하게 하였다. 이 소식을 전해들은 안중근은 크게 노하여

"일본인들이 이미 우리나라를 다 삼켰는가?"

라고 하고, 평양 주재 일본인들 집에 불을 질러 죽이려 하였으나 친구의 권유로 중지하였다. 안중근은 바로 서울로 들어가 민회[4]로 가서 눈물을 흘리며 나라의 위급한 상황을 설명하였다. 그리고 강원도로 가 의병을 모아 일본인 수백 명을 죽였는데 일본인에게 체포되어 수감된 후 7일 동안 아무것도 먹지 않았다. 얼마 후 계책을 써서 도망쳐 나와

"아, 우물은 깊은데 두레박 끈이 짧구나!"

라고 하며 탄식하였다. 또 혼잣말로

"청나라 서북간도(西北間道)와 러시아 블라디보스토크 사이에는 관리의 학정(虐政)을 못 견디고 도피한 우리나라 사람이 무려 수십 만에 이른다. 일본의 통감부가 설치된 후에는 이를 부끄러워하여 도피해 사는 자들도 왕왕 있다. 그들을 가르치면 모두 병사로 쓸 수 있다. 그러니 내가 가야겠다."

라고 하였다. 떠날 즈음 일본인에게 잡힐까 염려하여 선교사에게 청하여 함께 선교하는 것처럼 가장하고 간도를 지나 블라디보스토크로 들어갔다.

서북간도는 압록강 북쪽 연안이다. 처음에는 우리나라와 청나라의 접경이었다. 오랜 뒤에 청나라가 우리 지역을 침범하여 차지하였으므로 그곳에 거주하는 우리나라 사람들이 옷은 우리 옷을 입고 세금은 중국에 내는 실정이었다. 안중근은 블라디보스토크와 간도 사이를 왕래하면서 몇몇 호걸과 결탁하여 나라에 보답하기로 하고

"너는 반드시 힘을 내어 대한독립을 회복하라. 만약 이 약속을 어긴다면 곧 너의 머리 위에 낙뢰가 떨어져 너의 몸을 태우고 너의 5족까지 누(累)가 미치리라."
라는 맹세문을 작성하였다. 대중을 향해 맹세문을 읽고 칼을 빼어 왼손 약지를 잘라 그 피로 사람 수 만큼 맹세문을 써서 각자 지니게 하였다. 마침내 동포들을 떨쳐 일으켜 의병부대를 만들어 무리 중에서 한 사람을 추대하여 대장으로 삼고[5] 자신은 참모중장이 되었다. 군사 수천 명을 이끌고 함경도에 들어가 장소를 옮기면서 일본인을 공격하여 살상하는 바가 많았다. 그러나 길주(吉州) 싸움에서 패해 돌아왔는데 장차 다시 거병할 것을 도모하였다.[6]

당시 일본인들은 간도가 본래 대한의 땅인데 몇 년째 청나라와 다투고 있다고 생각하였다. 융희3년(1909)에 일본은 청나라를 군사로 위협하여 간도 반환을 요구하였다. 그러나 곧 청나라에 간도를 양보하는 대신 만주철도 운영권을 달라고 요청하였다. 청나라는 일본을 두려워하여 이를 허락하였다.[7] 세계 각국은 이 소식을 듣고 화를 내며 서로
"우리도 청나라 땅을 나누어 이익을 골고루 누려야 한다."
라고 주장하였다. 청나라는 이를 크게 두려워하였다. 이때 통감의 직을 내놓은 이토 히로부미[8]는 영국과 러시아의 대신들과 청나라 하얼빈 항에 모여 청나라 처리문제를 의논하고자 9월에 몇 사람과 하얼빈에 왔다. 당시 블라디보스토크에 있던 안중근은 그 소식을 듣고 기뻐하며
"내가 먼저 이토 히로부미를 제거할 수 있겠구나."
라고 하였다. 이 일을 함께 맹세한 우덕순(禹德淳, 禹連俊이라고도 함)에게 알리자, 우덕순도 함께 하기를 원하였다. 우덕순은 경성(京城) 동서(東

署)[9]의 은장이[10]였다. 통감부의 일에 분개하여 블라디보스토크로 가 담배 행상을 하고 있었다.

안중근은 드디어 우덕순과 함께 각자 총을 지니고 하얼빈으로 향하였다. 포그라니치나야[11]역에 이르러 안중근이 계교하기를 하얼빈은 러시아 사람들이 가장 많은 곳이니 이토의 동정을 살피려면 러시아어를 할 수 있는 우리나라 사람을 구하지 않고는 도움이 될 수 없다고 여겼다. 곧 포그라니치나야역에서 함남도(咸南道) 원산(元山) 사람 유동하(劉東夏)를 만났다. 안중근이 이토 히로부미의 동정을 살피기로 한 계획을 숨기고

"이토는 걸출한 인물이오. 오늘 하얼빈에 도착한다고 하니 우리 한번 가보는 것이 어떻겠소?"

라고 하였다. 유동하가

"좋습니다."

라고 하자, 세 사람이 함께 하얼빈에 도착하였다. 얼마 후 유동하가 일을 핑계로 동참하기를 사양하였다. 이에 다시 러시아어를 할 줄 아는 세탁업자 조도선(曹道先)을 만났다. 조도선은 강원도 사람이다. 안중근이 여관에서 노래를 지어 자신의 뜻을 드러냈으니 그 가사는 다음과 같다.

장부가 세상에 처함에	丈夫處世兮
품은 뜻은 마땅히 뛰어나야 하네	蓄志當奇
시대는 영웅을 만들고	時造英雄兮
영웅은 시대를 만들지	英雄造時
매섭게 불어대는 동풍이여	東風吹寒兮
요동치는 한강수로다	搖動漢水

분개하여 한번 감이여 憤慨一往兮
내 기필코 너희들에게 갚으리라 吾必反爾
아, 대한의 동포여 惟我同胞兮
서둘러 대업을 이룰지어다 速恢大業
만세, 만세 萬歲萬歲兮
대한독립 만세 大韓獨立

우덕순이 우리말 노래로 화답하였다. 노래가 끝나자 안중근은 우덕순, 조도선과 함께 채가구(蔡家溝)로 가 이토가 온다는 소식을 탐문하였다. 출발할 즈음, 자금이 거의 바닥나 유동하에게 부탁하여 하얼빈에 사는 우리 동포에게 자금을 빌려오게 하였다. 채가구에 도착하자 유동하가

"자금을 빌리지 못하였다."

라고 하였다. 안중근은 사람은 많고 자금은 부족하여 혹 일을 그르칠지도 모른다고 생각하였다. 그래서 우덕순 등에게

"그대들은 내가 자금을 변통해 올 때까지 여기서 기다려라."

라고 하고 혼자 하얼빈으로 돌아오니 어떤 사람이 이토 히로부미가 다음날 도착한다는 소식을 전했다. 이에 안중근은 새벽에 일어나 하얼빈 역으로 가 러시아군 뒤에 서서 그를 기다렸다. 안중근이 양복을 입고 있었으므로 러시아인이 일본인으로 오인하여 우리나라 사람인 줄을 몰랐다. 이토 히로부미가 기차에서 내려 러시아군을 사열할 때, 안중근과의 거리가 채 열 걸음도 안 되었다. 안중근이 평소 이토 히로부미를 본 적은 없으나, 일찍이 신문에 실린 사진을 본 일이 있어 마음속으로 그가 이토 히로부미임을 알았다. 이에 몰래 총을 꺼내 사격하였는데 이토 히로부미는 오른쪽 복부와 등에 세 발을 맞고 죽었

다. 안중근은 손을 들어 춤을 추면서 크게 대한만세를 외쳤다. 일본인이 안중근을 수감한 지 한 달 여 만에 여순(旅順)의 관동법원(關東法院) 감옥으로 이송하였다.

12월에 법원장 마나베〔眞鍋〕가 공판을 열었는데, 우리나라와 중국, 서양 사람들 수백 명이 모였다. 이에 앞서 블라디보스토크와 미주에 사는 우리나라 사람들이 공판 시기를 듣고 안중근을 위하여 7,000달러를 모금하여 각국에 변호사를 요청하였다. 이에 영국 변호사 더글라스, 러시아 변호사 미하일로프, 스페인 변호사 등이 요청에 응하여 왔다. 마나베는 각국의 변호사가 틀림없이 안중근을 구해줄 것이라고 생각하고, 이날

"일본어를 못하는 자는 재판정에 오를 수 없다."

라고 선언하였다. 이 때문에 더글라스 등이 모두 공판에 참여할 수 없었다. 일본 변호사 노리유키〔紀志〕가 마나베의 소행을 보고 분개하여 마나베에게

"이 재판은 공정하지 못하여 천하에 우리 대일본의 아름다운 명예를 훼손하였다. 그러니 내가 변호하기를 청한다."

라고 말하였다. 마나베는 이 요구마저 거절하고 심복 변호사 두 명만을 변호사로 삼아 안중근을 재판정에 끌고 나왔다. 안중근은 5척 4치의 키에 약간 오똑한 코, 맑고 빼어난 눈썹과 눈을 가진 말끔한 선비였다. 재판정에서 안온하고 여유 있는 표정으로 가슴에 팔짱을 낀 채, 자주 수건을 끌어다가 얼굴을 닦았다. 마나베가 재판 절차에 따라 먼저 성명, 나이, 본적을 물은 다음, 이토 사건을 언급하였다.

"그대는 어찌 우리 이토 공을 죽였는가?"

"너희 나라가 러시아를 침략할 때 너희 황제가 우리에게 보낸 선전서(宣戰書)에 '장차 대한의 독립과 우리 국민을 보호하겠다.'[12]라고 하

여 서로 마음으로 감동하였다. 그런데 러시아에 승리한 후, 이토가 너희 황제의 뜻을 따르지 않고 공(功)을 탐하고 화(禍)를 즐겨 군사로 우리를 위협하여 우리의 독립을 해쳤다. 이는 우리 대한 신민들의 만대의 원수이니, 어찌 죽이지 않을 수 있겠느냐?"

"너희 무리에 의병 참모중장이 있다고 들었다. 그게 누구냐?"

안중근이 팔을 걷어붙이면서

"이른바 참모중장은 바로 나다. 지난 번 이토가 조금만 늦게 왔더라도 내가 마땅히 의병들을 철저히 훈련하여 하얼빈에서 포위, 공격하여 그를 죽였을 것이다. 불행히 훈련을 제대로 못한 상황에서 갑자기 이토를 만나게 되었다. 그러므로 내가 부득이 자객 노릇을 하였으니 어찌 하늘의 뜻이 아니랴?"

라고 하였다.

며칠 후, 마나베가 또 안중근을 끌어내어 심문하였다. 안중근은

"이토는 우리의 독립을 망쳤으니 진실로 우리의 원수인데다 우리의 태상황을 멋대로 폐하였다. 저 이토는 우리 태상황에게 외신(外臣)이다. 외신 또한 신하인데 신하로서 임금을 폐하였으니 어찌 죽음을 면할 수 있겠느냐?"

라고 하였다. 말이 이에 이르자 목소리는 더욱 우렁찼으며 눈빛은 번개처럼 번득였다. 이토를 난신(亂臣)으로 지척(指斥)하며 꾸짖기를

"이토의 죄는 위로는 하늘에 닿는 것이다. 이토가 우리 대한황제를 이처럼 폐립(廢立)하고 우리 대한의 독립을 이처럼 해쳤으며, 동아시아의 평화를 이처럼 깨뜨렸다. 또 전날로 거슬러 올라간다면 우리 명성황후 민씨 시해를 도모한 것도 실은 이토가 주모자이며, 네 나라의 선황제도……."

라고 하였다.

마나베가 그 말을 듣다가 깜짝 놀라 안색이 변하여 급히 손을 내저어 제지하고 방청객을 퇴장시켰다. 그러므로 그 말의 끝부분을 들은 사람이 없었다. 그가 말한 선황제란 이토가 시해한 황제를 말한다. 다음해 정월까지 여섯 차례의 심문에서 안중근은 시종 같은 말을 하며 조금도 굽히는 기색이 없었다. 변호사 등이

"안중근이 말한 주장은 모두 오해이다. 비록 복수라고 하나 실은 복수가 아니다. 또한 우리 관동법원은 보호국을 재판할 권한이 있으니 안중근은 마땅히 사형으로 논죄해야 한다."

라고 하였다. 논죄가 확정되자 마나베는 사람을 시켜 안중근에게

"그대가 만약 오해에서 나온 주장이라고 말하면 살려주겠다."

라고 하였다. 안중근이 꾸짖으며 다음과 같이 말하였다.

"네가 소위 오해에서 나온 주장이라는 것은 무엇이냐. 이토의 행위는 인도(人道)에 어긋나고 천리(天理)를 말살하는 짓이요, 나의 행위는 정도(正道)를 실천하고 대의(大義)를 행하는 것이다. 이것은 의리가 분명하여 어린애들도 다 아는데 어찌 내가 오해했다고 하느냐. 네가 나를 죽이려는 것은 진실로 마땅하다. 내가 살아 있는 만큼 네 나라에 우려가 따르기 때문이다. 그렇지만 진정 옳고 그름이 천하에 드러나는 날이 반드시 있을 것이다."

이 말을 듣는 사람들이 모두 탄식하였고 심지어 눈물을 흘리는 자도 있었다.

공판이 끝나고 안중근이 나오자 영국변호사 더글라스가 안중근의 사람됨을 중히 여겨 안타까워하면서 옷을 잡고 재소(再訴)할 것을 권했다. 안중근이 웃으면서 사양하고 머리를 들고 감옥으로 들어갔다. 다음 날, 일본인은 안중근의 사형을 선고하였다. 안중근의 어머니는 안중근의 두 동생 안정근(安定根), 안공근(安恭根)을 데리고 영결하러 왔

으나 안중근을 만나지 않았다. 다만 안정근 등으로 하여금 대신하여 "지난 번 내가 너에게 뜻을 굽히지 말라고 가르쳤는데 네가 지금 다행히 그 말을 따랐으니 내가 훗날 지하에서 네 아버지를 만나도 할 말이 있게 되었다. 내가 마지막으로 할 말은 이뿐이다."
라고 전하게 하였다.

3개월 후에 일본인이 안중근을 교수형에 처하였다. 당시 안중근은 32세였고 슬하에 2남 1녀가 있었다. 처음에 안중근이 공판 시기를 듣고 두 동생에게 보내는 편지에서

"내가 죽거든 차마 일본인이 감독하는 땅에 묻힐 수 없으니 하얼빈에 묻어 내가 뜻을 이룬 것을 표해 달라."
라고 하였다. 이때에 이르러 두 동생이 안중근의 말처럼 하려고 하였다. 일본인이 이를 허락하지 않고 여순감옥 안의 땅에 장사지내게 하였다.

안중근이 그다지 많이 배운 것은 아니지만 붓을 잡으면 글을 빨리 쓸 수 있었다. 안중근은 옥중에서 수만 자에 달하는 《동양평화론(東洋平和論)》을 썼다. 그의 사후에 외국인들이 서로 많은 돈을 지불하고 그 글을 사려고 하였다. 안중근이 잡힌 뒤에 우덕순, 유동하, 조도선 세 사람도 일본인에게 체포되었다. 공판하는 날, 우덕순이 이를 갈며 대답하는 것이 또한 매우 강개하였다. 일본인이 우덕순을 3년 징역형에 처하였다. 조도선과 유동하는 모두 안중근의 진상을 알지 못한다고 하였으나, 일본인이 또한 우덕순에 버금가는 죄를 주었다.

다음과 같이 논한다.

"해주는 명산을 뒤로하고 대해(大海)를 마주한 해서(海西)의 대도시

이다. 고려 시대에 명유(名儒) 최충(崔沖)이 여기에서 태어나 해동공자로 불렸으며, 안중근도 여기에서 태어나 천하의 웅대하고 위대한 절개를 세웠으니 아마도 땅의 기운이 그렇게 만든 것인가 보다.

통감부가 설치된 후, 앞뒤로 민영환(閔泳煥), 조병세(趙秉世), 홍만식(洪萬植), 허위(許蔿), 이준(李儁) 등 여러 사람이 절의를 지켜 순국하였다. 그러나 나라의 두터운 은혜를 입었거나 관직에 있던 자들이었다. 안중근의 경우는 평범한 백성이었을 뿐이니 그가 한 일이 오히려 더 훌륭하지 아니한가. 혹자는 '신하가 나라를 위해 죽는 것은 늘 뜻을 이루지 못한 데서 발생한다. 지금 안중근의 죽음은 능히 그 뜻을 이루어 온 세상 사람들로 하여금 마치 깊은 밤에 홀로 자다가 우레 소리를 듣는 것처럼 깜짝 놀라게 하였다. 이는 이전 세대에는 듣지 못한 것이다. 비록 그러하나 안중근의 성공은 또한 하늘의 뜻이다. 그가 체포되어 200일 동안 뜻을 굽혀 삶을 도모하지 않은 것은 사람의 일이다. 이는 진실로 하기 어려운 것이다.'라고 한다."

이상의 전(傳) 중에 서양의 변호사들에 관한 부분은 처음에는 '변호사들에게 요청하지 않았는데도 스스로 왔다.'라고 썼으니 상해(上海) 보도를 요약한 것이었다. 최근에 매천(梅泉) 황현(黃玹)의 기록을 참고하여 수정하였다. 얼마 후 백암(白菴) 박은식(朴殷植)에게 보이니, 박은식이 또 변별하여 바로잡고 더불어 다른 사실을 언급하였다. 아마도 박은식이 평소 안중근 열사와 같은 고을 사람으로 서로 가깝게 지냈고, 일찍이 안중근[13]의 기록을 보았기 때문에 특히 자세히 알 수 있었던 듯하다. 이에 박은식의 말에 근거하여 두 쪽을 고쳐 인쇄하였다.

갑인년(1914) 정월에 김택영(金澤榮) 쓰다

외전에 의하면 안중근은 제법 완력이 있었고 어려서부터 충성심과 효심, 굳센 기질이 있었다. 그가 신천(信川)에 살 때 아버지가 청나라 상인에게 돈을 빌린 적이 있었다. 상환 시기가 되어 찾아온 청나라 상인이 돈을 받지 못하게 되자 욕설을 퍼붓고 돌아갔다. 안중근이 사냥을 하고 돌아와 그 소식을 듣고

"그놈이 내 아버지에게 욕을 했다고?"

라고 하더니, 총을 들고 안악군(安岳郡)까지 쫓아가 청나라 상인을 사살하고 서울로 도주하였다.

당시 일본 공사 하야시 곤스케〔林權助〕가 누차 우리나라에 요구하여 국권을 빼앗았다. 안중근이 분노하여 하야시 곤스케를 죽이려고 장사(壯士) 20인을 결집하여 함께 일할 것을 약속했으나 수가 적은 것을 걱정하였다. 그래서 보안회(保安會)를 찾아가 보안회 주관자를 만나 사정을 전하면서

"만약 보안회에서 30명만 지원해 준다면 일을 이룰 수 있다."

라고 하였다. 보안회의 주관자가 위험하다며 사양하였다. 안중근은

"애송이와는 일을 도모할 수 없다."

라고 하며, 마침내 블라디보스토크로 갔다가 한참만에야 돌아왔다. 아버지가 돌아가시고 평양으로 이주하자 평양의 의협심이 강한 사람들이 모두 안중근을 중히 여겨 그에게 귀의하였다. 안중근은 평소 술을 좋아하였다. 간도에 들어가 의거를 도모할 때 단호하게 술을 끊고

"우리 대한이 회복되기를 기다린 후에 술을 마시겠다."

라고 하였다. 이토 히로부미를 죽인 뒤 여러 연루자들과 함께 일본 감옥에 구금되었을 때 여러 사람들이 간혹 비탄해 하며 눈물을 흘렸다. 안중근은 웃으면서

"그대들은 모두 대장부인데 어찌 이처럼 자신을 가볍게 하는가."

라고 하였다. 잘 때는 평상시처럼 밤새 태연하게 코를 골았다. 때로는 시를 읊으며 스스로 다짐하기도 하였다. 그 시의 내용은 다음과 같다.

장부는 죽더라도 마음은 무쇠처럼 단단하고 丈夫雖死心如鐵
열사는 위기를 당해서도 패기만만하다네 烈士當危氣似雲

시의 나머지 구절은 전하지 않는다. 공판장에서 재판장 마나베에게

"이 사건에 연루된 저 사람들이 어찌 이토의 죽음에 관여했겠는가. 이토를 죽인 것은 나 혼자이다."

라고 하였다. 동생 안정근, 안공근이 감옥으로 안중근을 찾아와

"다음에는 형수, 조카들과 함께 올까요?"

라고 하자 안중근이 손을 내저어 제지하며

"용렬하게 처자식을 생각하랴."

라고 하였다. 5차 공판에서 일본인 미즈노[水野]라는 자가 안중근을 중히 여기고 그의 죽음을 안타까워하여 마나베에게

"지금 대한의 형세가 우리나라의 개혁 초기와 같다. 안중근이 한 일은 의연한 일이니 이토공이 알았다면 반드시 기특하게 여겼을 것이다. 그대가 안중근을 죽인다면 이토공에게 죄를 짓는 것이다."

라고 하였다. 마나베는 이 말을 듣지 않고 마침내 안중근에게 사형을 집행하였다. 안중근이 옥에 있을 때 그의 모습을 찍으려는 외국인들이 옥문 밖에서 늘 지키고 있다가 문이 열리면 곧바로 그를 촬영하였다. 일본인들 또한 그의 의리를 사모하여 다투어 그 사진을 샀다. 관청에서 사진관에 금지령을 내렸으나 그치지 않았다.

1 천주교에 입교하였다 : 입교 후 받은 세례명은 토마스이다.

2 학교를 세웠다 : 1906년 안중근은 진남포에서 삼흥학교(三興學校)를 설립하여 교육운동을 시작하였으며, 곧이어 천주교 계열의 남포 돈의학교(敦義學校)도 인수하였다.

3 고종을 협박하여 선위 : 1907년 고종은 일제의 강압에 의해 순종에게 왕위를 물려주었다.

4 민회 : 민회가 보통명사인지 특정 단체인지는 불분명하다.

5 무리……삼고 : 총대장은 김두성(金斗星)이다.

6 다시 거병할 것을 도모하였다 : 안중근은 1907년 강원도에서 의병을 일으켜 일본군과 싸우다가 블라디보스토크로 망명하였다. 블라디보스토크에서 이범윤(李範允)을 만나 의병부대 창설을 협의하는 한편, 엄인섭(嚴仁燮), 김기룡(金起龍) 등과 함께 의병부대 창설의 준비단체인 동의회(同義會)를 조직하고 최재형(崔在亨)을 회장으로 추대했다. 이들은 연해주의 한인촌을 돌아다니며 독립전쟁의 필요성을 설득하고 의병을 모았다. 의병지원자가 300여 명이 되자 이범윤을 총독, 김두성을 대장으로 추대하고 안중근 자신은 참모중장이 되었다. 이때부터 두만강 부근의 노브키에프스크를 근거지로 훈련을 하면서 국내 진공 작전을 준비했다. 1908년 6월에 특파독립대장 겸 노령지구군사령관으로 함경북도 경흥군 노면에 주둔하던 일본군 수비대를 격파했다. 그 뒤 본격적인 국내 진공 작전을 감행하여 함경북도 경흥과 신아산 부근에서 전투를 벌여 전과를 올렸으나, 얼마 후 일본군의 기습공격을 받아 처참하게 패배했다. 이때 기습공격을 받은 이유는 다른 사람들의 반대에도 불구하고 전투에서 사로잡은 일본군 포로를 국제공법에 의거해서 석방해주었기 때문이라고 한다. 블라디보스토크로 돌아와 의병을 다시 일으키려고 했으나 많은 사람들의 비판을 받고 부대는 해체되었다고 한다.

7 청나라는……허락하였다 : 1909년 9월 일제가 불법적으로 간도지방의 영유권을 중국에 할양한 간도협약을 말한다. 간도의 영유권 문제는 1712년에 백두산정계비가 건립된 이래 160여 년간 논의되지 않았다. 그러나 1881년 청나라가 봉금(封禁)을 해제하고 청국인의 간도 이주와 개간을 장려하면서 간도의 정치적 영유권 문제가 발생되었다. 그 후 을사조약을 강요하여 대한제국으로부터 외교권을 박탈한 일본은 1907년 간도에 조선통감부 간도파출소를 설치하고, 간도는 한국의 영토이며 간도 거주 한국인은 청나라 정부에 대한 납세의무가 없음을 천명하였다. 그러나 일본은 대륙 침략의 발판을 얻기 위해 1909년 남만주철도 부설권과

무순(撫順) 탄광 개발권을 얻는 대신 두만강을 국경으로 한 뒤, 간도의 한인을 청나라의 법률 관할하에 두어 납세와 행정상의 처분도 청국인과 같이 취급한다는 내용을 골자로 한 간도협약을 맺고 간도지방의 영유권을 청국에 넘겨버렸다.

8 통감의……히로부미 : 1909년 4월 총리 가츠라 타로〔桂太郎〕와 외무대신 고무라 주타로〔小村壽太郎〕는 대한제국 합병을 조속히 단행하기 위한 방책으로 이토 히로부미에게 통감직 사임을 권유하는 대신 추밀원 의장직을 제안하였다. 이를 받아들인 이토 히로부미는 1909년 6월 통감을 사임하였다.

9 동서(東署) : 조선 말기에서 대한제국 때까지, 서울 안의 오서(五署) 가운데 동부(東部)를 관할하던 경무 관서로서 1895년에 설치했다가 1910년에 없앴다.

10 은장이 : 은장(銀匠)은 금, 은, 구리 따위의 세공을 업으로 하는 사람이다.

11 포그라니치나야 : 러시아와 청나라 국경 사이에 있는 도시이다.

12 너희……보호하겠다 : 1904년 1월 23일 대한제국이 대외적으로 중립을 선포하자 일본은 2월 8일 러일전쟁을 일으키는 한편 23일에는 한일의정서를 강제 체결하였다. 전문 6조로 되어 있는 한일의정서는 대한제국의 독립과 영토 및 황실을 보전한다고 명시하였으나, 사실상 한국을 식민지화하는 조약이었다. 그런데도 이 한일의정서의 내용에 대하여 당시 지식인조차도 '일본의 대한제국의 독립 보전'이라는 문구를 굳게 믿어 전혀 의심하지 않았다.

13 안중근 : 안제(安弟)는 박은식이 안중근을 지칭한 말이다.

우덕순 禹德淳

우덕순은 본관이 단양(丹陽)이고 아버지는 우시영(禹始榮)이다. 우덕순은 충북(忠北) 제천(堤川)에서 살다가 서울 동서(東署)[1]로 옮겨와 잡화상을 하였다. 그는 일본이 한국을 통치 감독하게 된 것[2]을 분개하여 블라디보스토크로 갔다. 그곳에서 연준(連俊)이라고 이름을 고치고 담배 파는 일을 하였다. 어느 날 동지 안중근(安重根)이 찾아와 다음과 같은 이야기를 했다.

"이토 히로부미〔伊藤博文〕가 만주문제를 논의하기 위해[3] 9월에 하얼빈에 온다는 소식을 들었소. 우리들이 이 도적을 제거한다면 우리나라의 국권을 만에 하나라도 회복할 수 있을 것이오."

우덕순은 안중근의 이야기를 듣고 분개하면서 함께 하기로 허락하였다.

우덕순과 안중근은 함께 권총을 차고 하얼빈에 도착하였다. 안중근이 시를 지어 자신의 마음을 표현하자, 우덕순은 한글 노래로 다음과 같이 화답하였다.

만났도다, 만났도다	맛낫도다맛낫도다
원수, 너를 만났도다	寃讎, 너를맛낫도다
너를 한번 만나려고	너를한번맛나고자

평생 동안 원했지만	壹平生에願했지만
너를 만나기가 어찌 이리 늦었는가	何相見之晩也런고
너를 한 번 만나려고	너를한번만나랴고
수륙으로 몇 만 리를	水陸으로幾萬里를
혹은 윤선, 혹은 기차로	或은輪船或은火車
온갖 고생 거듭해서	千辛萬苦거듭하야
러시아와 청나라 양국을 지날 때에	露清兩地지날때에
앉을 때나 서 있을 때나	안질때나셧쓸때나
하늘을 우러러 기도하기를	仰天하고祈禱하길
살피소서, 살피소서	살피소셔살피소셔
주예수여, 살피소서	主耶蘇여살피소서
한반도의 대한제국을	東半島의大帝國을
제 소원대로 구원해 주소서	내願대로救하소서
아, 간악한 늙은 도적아	於乎라奸惡한老賊아
우리 2천 만 민족을	我等民族二千萬을
멸망까지 시켜 놓고	滅亡까지씩혀노코
3천리 금수강산을	錦繡江山三千里를
소리 없이 빼앗느라고	소리없이뺏노라고
극악무도한 너의 수단을 썼구나	窮凶極惡네手段을
… 중략 …	… 中略 …
지금 너의 목숨 끊어지니	至今네命끊어지니
너도 원통할 것이다	너도寃痛하리로다
갑오년 독립시킨다 해 놓고	甲午獨立씩혀노코
을사년에 강제로 조약을 맺은 후에	乙巳締約한然後에
오늘 네가 북쪽으로 향해 올 줄	오날네가北向할줄
나 역시 몰랐도다	나도亦是몰낫도다

덕을 닦으면 덕이 오고	德딱그면德이오고
죄를 지으면 죄를 받는다	罪犯하면罪가온다
너뿐이라 착각마라	네뿐인쭐아지마라
너의 5천 만 동포를	너의同胞五千萬을
오늘부터 시작해서	오날붓터始作하야
하나 둘씩 보는 대로	하나둘식보난대로
내 손으로 죽이리라	내손으로죽이리라

노래가 끝나고 안중근은 하얼빈으로 먼저 가 기다리고 우덕순은 관성자(寬城子)에서 기다렸다. 음력 9월 12일에 안중근은 이토 히로부미를 죽이고 체포되었고 안중근의 의거 때문에 우덕순도 체포되었다. 공판할 때에 우덕순은 이를 갈며 대답하기를

"이토 히로부미는 나와 이 세상에서 함께 살 수 없는 놈이다. 때문에 내가 처음 죽이려고 했었는데 그때는 노모께서 살아계셔서 거사를 할 수 없었다. 지금은 노모께서 돌아가셔서 계시지 않다. 이토 히로부미가 하는 짓이 날마다 심해졌기에 분하고 개탄스러움을 참지 못하여 이 거사를 한 것이다."
라고 하였다. 또 다음과 같이 말하였다.

"안중근이 하얼빈에 왔을 때에 내가 탄환을 구해 조도선과 함께 그를 기다렸다. 이토 히로부미가 도착하면 내가 저격을 하기로 했는데 그때 당시 러시아 병사가 출입을 금하여 계획대로 하지 못했다. 다시 머물고 있던 숙소에서 훗날을 도모하려고 생각했다."

법관은 안중근에게 사형을 선고하고 우덕순은 3년 징역형의 판결을 내렸다.

처음에 우덕순은 예수를 믿었지만 독실하게 믿지는 않았기 때문에

세례를 받지 않았다.

1 동서(東署) : 1896년, 서울 안 5부의 하나인 동부(東部)를 관할하던 경무관서(警務官署)이다. 1910년까지 존속하였다. 여기서는 동부의 의미로 쓰인 것 같다.

2 통치 감독하게 된 것 : 을사조약 이후 일제는 1905년 11월 통감부 설치에 관한 칙령을 발표하고, 1906년 2월 통감부를 설치하고 초대 통감 이토 히로부미가 취임하면서부터 사실상 대한제국을 통치하였다.

3 만주문제를 논의하기 위해 : 1909년 10월 이토 히로부미가 러시아 재무상 코코프체프와 만주 문제를 놓고 회담하기 위해 하얼빈에 간 일을 말한다.

이재명 李在明

이재명의 본관은 평양인데 어려서 아버지를 잃었다. 13세에 예수교[耶蘇敎]를 믿어 서양 선교사를 따라 미국으로 건너가 노동을 하면서 생활비를 벌었다.

융희 원년 정미년(1907)에 비로소 귀국하여 정치에 대한 열정으로 뜻있는 사람들과 결집하여 은밀히 국권을 회복하고자 도모하였으니 급진파라고 하겠다.[1] 또한 중국과 러시아로 가 동포들을 방문하고 평소에는 일반 백성들 사이에서 생활하였다. 그는 공손하고 진실하였으며 말수가 적어 사람들이 그를 쉽게 여겼으나 내면은 매우 강인하였다.

이때에 통감 소네 아라스케[曾禰荒助]가 그만두고 육군대신 데라우치 마사다케[寺內正毅]가 이어 후임 통감으로 오자 일본이 우리나라를 합병한다는 설이 먼저 신문에 기사화되었다. 일반 국민들은 더욱 두려워하며 어찌해야 할지 몰랐다.

이재명은 동지 김정익(金貞益), 김병록(金丙祿), 박태은(朴泰殷) 등 10인과 함께 야학당에 모여 다음과 같이 의논하였다.

"사태가 급박하니 나라의 도적놈을 죽이지 않으면 나라가 망할 것입니다. 어찌하겠습니까. 지난 번 일본인들이 을사늑약을 강제로 체결한 일은 실제는 우리나라의 적당들이 이득을 탐하여 나라를 팔아먹고 저 일본을 위해 앞잡이가 되었기 때문에 일본이 쉽게 일을 처리할 수 있었던 것입니다.

지금 우리들이 먼저 이놈들을 제압하여 서둘러 매국노를 제거한다면 저들의 늑약을 혹 저지시킬 수 있고, 만에 하나라도 위태로운 상황에서 나라의 운명을 구할 수 있을 것입니다. 정부의 이완용(李完用)과 일진회(一進會)의 이용구(李容九)는 적당의 우두머리입니다. 이 두 적을 죽여야 나머지 적들도 모두 위태로움을 알아 감히 늑약에 부화뇌동하지 않을 것입니다. 나라의 위급한 상황을 구원하는 계책은 오직 이 것뿐입니다."

이들은 각자 날카로운 칼을 품고서 대동강[2]을 건너 서울로 갔다.

당시 날씨가 춥고 낙엽도 떨어져 조국의 산하는 쓸쓸하였지만, 서쪽으로부터 온 장한 선비들의 살기가 하늘을 찌를 듯하였다.

이때에 두 사람이 각각 두 도적[3]의 동정을 살폈는데, 마침 신보(申報)[4]에서 이완용이 벨기에 황제를 추도하러 종현천주교당[5]의 모임에 간다는 소식을 보았다. 이재명은 이때가 기회라고 여기고 군밤 장수로 분장하였다. 그는 교회당 문 밖에서 밤을 구우며 기다리다가 이완용이 나오는 것을 보고 인력거를 막고 칼을 뽑았는데 인력거꾼이 그를 막았다. 이재명이 인력거꾼을 먼저 찔러 죽이고 이완용은 땅에 나가 떨어졌다. 다시 이재명은 이완용에게 달려들어 칼로 허리 깊숙이 찔렀다. 또 그의 어깨와 등을 마구 찔렀다. 이 일로 그는 이완용을 경호하던 순사에게 체포되었다. 이때 구경꾼들이 구름같이 많았다. 이재명은 좌우를 돌아보고

"오늘 내가 동포를 위해 이 공공의 원수를 죽였으니, 통쾌하도다! 통쾌하도다!"

라고 하고 연속으로 만세를 부르고는 곁에 있는 이에게 담배를 청하

여 평상시처럼 피웠다. 이에 이재명을 묶어 끌고 이완용의 관저에 도착하였다. 농상공부대신 조중응(趙重應)이 이완용을 위문하고 이재명에게 와서 말하기를

"네가 과연 흉악한 행동을 한 자인가?"

라고 하자 이재명이 눈을 부릅뜨고 크게 꾸짖으며

"도적의 무리인 네가 어찌 감히 내게 너라고 하느냐."

라고 하였다. 경찰서로 압송되자 이재명은 탄식하며

"역적 이완용을 죽이고자 했으나 내가 먼저 죽게 되니 어찌 개탄스럽지 않겠느냐."

라고 하였다. 누구와 함께 일을 공모했는지 신문하자 이재명은 엎드린 채 머리를 들고 대답하기를

"장부가 일을 하는데 어찌 남에게 의지하겠는가. 나는 17, 18세 때부터 이미 이런 마음을 먹었다. 만약 이완용이 죽지 않았다면 목적을 달성하지 못한 것이니 내가 즉시 혀를 깨물고 죽을 뿐이다."

라고 하였다. 그의 말투는 매우 늠름하였다. 그가 엎드린 채 대답한 것은 처음 잡혀왔을 때 그 역시 여러 군데 칼로 찔려 앉아 있을 수 없었기 때문이었다.

김정익은 이용구를 죽이려고 날마다 그 기회를 엿보다가 이재명의 거사가 일어나자 역시 체포당하였다. 처음 이재명이 이완용을 죽이고자 하였을 때 김정익은

"오늘 합병을 창도한 앞잡이는 바로 이용구이지 이완용이 아니다. 마땅히 이용구를 먼저 죽여야 한다."

라고 하였다. 이재명은

"그렇지 않다. 을사늑약을 체결하여 나라를 이 지경에 이르게 한 것은 모두가 이완용이 한 짓이다."

라고 하고 듣지 않았다. 이 때문에 김정익과 서로 마음이 맞지 않았다.

김정익을 신문할 때에 그는 개탄하면서 눈물을 흘리고 품속에서 단도를 꺼냈다. 그는

"내가 이용구를 죽여 나라에 원수를 갚으려 하였는데 지금 내가 잡혔으니 이것이 무슨 소용이겠는가."

라고 하고 경관에게 내주었다. 공판에서 재판장 스가하라[塚原]가 단도를 꺼내 보이며

"이것이 과연 네가 흉악한 짓을 한 물건인가?"

라고 하자 이재명이 성을 내며

"이것은 내가 나라의 도적을 찌른 의로운 거사를 할 때 쓴 물건이다. 어찌하여 흉악한 일이라고 하는가."

라고 하였다. 또 재판장이 작은 칼을 꺼내보이자 김정익은

"이것은 내가 이용구를 죽이려고 한 물건이다."

라고 하였다. 그는 강개하고 격앙된 모습이었고 말투는 비장하였다. 옆에 있던 이재명이 빙그레 웃었다.

이완용은 병원에 입원하여 몇 개월 치료를 받은 뒤에 살아났다. 이재명은 살인죄명으로 교수형에 처해졌고 김정익은 징역 15년형에 처해졌다.

변호사 안병찬(安秉瓚)은 다음과 같이 말하였다.

"피고 이재명은 곧 나라를 걱정하는 한 명의 우국지사일 뿐이다. 지금 나라의 비참함이 이 지경에 이른 것을 보고 피 끓는 우국의 마음으로 이 거사를 한 것이다. 세상에 나라가 있는 자라면 누군들 의리 정신을 흠모하지 않겠는가. 예전에 장인환이 미국인 스티븐스를 죽인 사건에서도 관용을 베풀어 사형에 처하지는 않았다. 이바 소오

타로〔伊庭象太郎〕가 일본대신 호시 토오루〔星亨〕[6]를 살해한 사건에서도 일본인은 그를 죽이지 않았다. 따라서 이러한 판례를 본보기로 삼아 선처하기를 바란다."

그러나 스가하라는 듣지 않았고 이재명은 곧 항소하였다. 구스〔楠〕 재판장은 이재명에게

"할 말이 있으면 하라."

라고 하였다. 이재명은 일어나 매서운 소리로 다음과 같이 말하였다.

"내가 이완용을 죽이려고 한 것은 이완용이 여덟 가지 큰 죄를 졌기 때문이다. 첫째, 을사5조약을 맺어 외부를 폐쇄하고 통감을 맞이한 것이다. 둘째, 헤이그 밀사사건 이후에 이완용이 송병준과 함께 임금 앞에 제멋대로 들어가 합방을 청하며 칼을 빼고 호령한 것이다. 셋째, 군대를 해산시킨 일이다. 넷째, 황태자를 꾀여 일본에 보내[7] 그 어린 태자의 사고방식을 바꿔 미래의 희망이 없게 만든 것이다. 다섯째, 고종에게 일본에 갈 것을 권유한 것이다. 여섯째, 프랑스가 안남(Annam)[8] 왕을 잡아 아프리카 태수로 삼게 한 것이다.[9] 일곱째, 충성스러운 신하들을 죽였다. 여덟째, 합방하는 데에 앞장서 거리낌이 없었다. 이 도적을 죽이지 않으면 반드시 우리나라가 망할 것이고 우리 민족이 죽을 것이다. 때문에 내가 분통하여 이 도적을 제거하고자 하였다. 내가 지금 교수형에 처해졌지만 내가 죽어도 마땅히 수 십만 명의 이재명으로 환생하여 장차 일본에 큰 재앙을 끼칠 것이다."

재판이 끝날 때에 그는 안남과 애급(埃及)[10] 두 나라를 예로 들면서 큰소리로 외치고 발을 구르며 법정에서 나왔다. 또 법관을 크게 꾸짖으며

"당신의 법은 공평하지 않다. 비록 내 생명을 빼앗아도 나의 충의로운 혼백은 빼앗지 못할 것이다."

라고 하였다. 그의 아내 오인성(吳仁星) 역시 크게 부르짖으며

"국적(國賊) 이완용이 우리의 가장을 어찌 사형에 처하게 하는가."

라고 하고 하늘을 쳐다보며 크게 통곡하였는데 얼굴에 피눈물이 가득하였다.

김정익은 본래 집이 가난하여 남의 집에서 일을 하며 살았다. 일을 마친 후에는 노동자들의 야학당에서 수업을 하며 좋은 말과 선행을 늘 실천하였다. 이재명과 함께 나라를 위해 죽기로 맹세하였다.

이 두 사람은 벼슬이 없었지만 도적을 죽이는 데 의기를 떨쳐 망해가는 나라의 운명을 구하고자 했다. 자신을 희생하는 것을 마치 좋은 곳으로 가는 것처럼 하였으니 우뚝한 그들의 충렬은 세계를 놀라게 했다. 더욱 기특하고 장하지 아니한가.

김정익은 22세였고 이재명은 그보다 한 살이 적었다. 외모가 씩씩하고 잘 생겼으며 눈빛이 또렷하였다.

살피건대, 평양은 단군과 기자의 고도(古都)이다. 단군과 기자 이후 또 몇 천 년 동안 큰 도시가 되었으니, 이 땅이 신령해서가 아니겠는가.

이 뿐만이 아니다. 옛날 의로운 쥐[11]가 있었고 지금엔 의로운 선비가 있으니 사람과 동물이 비록 다르지만 그 빛나고 홀로 특별한 의리는 참으로 고금에 드문 일이다.

그렇다면 평양은 단군과 기자 이래로 수천 년 동안 배와 수레가 다니는 도회지가 되어서 많은 사람들이 오가고 모여 살았지만, 이 땅에 충만한 신령스러운 기운을 다 쓰지 못하여 이러한 의로운 쥐와 의로운 선비가 나온 것이 아니겠는가.

의서(義鼠)와 의사(義士) 두 가지가 다른 곳에서 나지 않고 똑같이 평양에서 난 것은 매우 특이하다. 그러나 의서는 국가 중흥의 때를 만나 사당을 세워 보답해 주었고, 의사는 국가가 망한 때를 만나 보답이 없었으니 안타까운 일이다. 또한 나라를 위해 도적을 제거하려 했으나 성공하지 못하고 한갓 자신을 희생하게 되었으니 더욱 슬픈 일이다. 그렇지만 의사의 한 칼이 여러 도적의 뼈 속까지 오싹하게 하였으니 성패를 어찌 논하겠는가.

1 귀국하여……하겠다 : 1907년 10월 7일, 이재명은 시베리아선편으로 미국을 출발하여 귀국하였다. 이재명의 귀국은 안창호 등이 이끄는 재미한인 민족운동단체인 공립협회(共立協會)가 1907년 7월 이후 고종의 강제 퇴위, 정미조약 등으로 일제의 탄압이 본격화하자 매국적 숙청을 결의하고 이를 위해 이재명을 파견한 데 따른 것이었다.

2 대동강 : 패수(浿水)는 일반적으로 고조선 당시 요동과 경계를 이루던 강으로 알려져 지금의 청천강, 혹은 압록강으로 보기도 한다. 그러나 이재명이 평양 사람이므로 여기서는 대동강의 옛 이름으로 불렀던 것으로 보는 것이 옳을 듯하다.

3 두 도적 : 이완용과 이용구를 가리킨다.

4 신보(申報) : 대한매일신보를 말한다.

5 종현천주교당 : 지금의 명동성당이다.

6 호시 토오루〔星亨〕: 1850~1901. 일본의 정치가로 일찍이 영국에 유학하고 돌아와 일본 최초로 법정변호사 자격을 취득한 인물이다. 귀국 후 일본 사법성 부속 대변인 제1호가 되어 활약하였다. 1892년 일본 중의원(衆議院) 2대 의장이 되었다가 뇌물수수 의혹으로 중의원에서 제명당하였다. 번벌정치(藩閥政治)에 대해 비판자였던 그는 조선정부의 법률고문과 주미공사로 근무하였다. 제4차 이토내각에서 체신장관이 되었으며, 1900년 발족한 입헌정우회에 참가하여 이토 히로부미로부터 신뢰를 받았다. 도쿄시의회 의장으로 재직 중이던 1901년 6월 21일 이바

소오타로에게 시청 참사회의실에서 칼로 살해당하였다.

7 황태자를……보내 : 영친왕 이은을 일본으로 유학시킨 것을 말한다.

8 안남(Annam) : 당나라가 하노이에 설치한 안남도호부에서 유래하여 현재의 베트남 북부에서 중부를 가리키는 지리적 명칭이다. 조선 시대에는 흔히 베트남을 지칭하였다.

9 아프리카……것이다 : 베트남에 대한 프랑스의 무력침공은 1858년 시작되었다. 프랑스가 1884년 청불전쟁에서 승리하자, 청나라는 1885년 톈진조약에서 베트남에 대한 종주권을 포기하였다. 이 조약을 계기로 프랑스는 베트남을 보호국화하여 식민지로 삼았다. 이때 베트남 황제를 아프리카로 유배 보냈는데 이를 아프리카주 태수로 삼았다고 표현한 것이다.

10 안남과 애급(埃及) : 안남은 베트남을 애급은 이집트를 말한다.

11 의로운 쥐 : 의서(義鼠)는 미상이다.

안명근 安明根

안명근은 안중근의 사촌동생이다. 강개한 성품으로 기개와 절의를 지녀 형 안중근과 닮은 점이 있었다. 이때에 이르러 일본이 대한제국 합병을 실행하고 헌병과 순사들이 곳곳에 그물망처럼 빽빽하게 늘어섰다. 길가는 사람들은 눈짓으로 의사를 전달할 뿐 감히 서로 마주하고 대화조차 할 수 없었다. 당시 일본은 애국당(愛國黨)[1]이라는 이름을 표방하는 사람들을 모조리 섬멸하려고 하였다. 하얼빈에서 안중근이 이토를 저격한 일이 발생한 뒤로 안중근의 일가는 더욱 핍박을 받아 헌병과 순사가 날마다 그들의 집에 찾아와 가족들이 집밖에 나다니는 것을 염탐하고 그들이 가진 생각까지 캐물었다. 이런 모습은 감옥의 간수(看守)가 죄인을 감시하는 것이나 다름없었다.

그러나 안명근은 일본의 이런 핍박에도 전혀 굴하지 않았다. 그는 일본의 눈을 피해 장정들과 결탁하여 은밀히 무기를 마련하고 기차가 지나는 요로(要路)에서 조선총독 데라우치 마사타케〔寺內正毅〕를 습격하려고 하였다. 계획을 이미 세우고 거행할 날짜가 다가왔는데 뜻밖에도 일이 사전에 누설되어 체포되고 말았다.[2] 안명근을 데리고 법정에 들어가자 심문을 담당한 법관이 암살을 계획한 이유를 물었다. 안명근은

"너는 하얼빈에서 이토를 사살한 안중근을 모르느냐? 그분이 나의

형님이시다. 나는 우리 형님의 뜻을 이어 데라우치를 죽여 나라의 원수를 갚고자 하였다."

라고 하였다. 법관이 말하기를

"네가 나랏일이라고 빙자하여 자금을 모았는데 기꺼이 내려고 하지 않는 사람들의 돈까지 취하였으니 도둑이 아니고 뭐란 말이냐."

라고 하였다. 안명근은

"우리 2천 만 국민이 죽어도 내놓지 않으려는 우리나라를 강탈한 네놈들이야말로 진정 천하의 큰 도둑놈들이다. 나는 이 큰 도둑놈을 제거하여 우리나라를 구하고 천하의 공변된 이치를 펼치고자 하였다. 어찌 도적이라고 한단 말이냐."

라고 하였다. 그러자 법관이 더 이상 감히 따지지 못하였다. 마침내 살인을 도모하였다가 미수에 그친 혐의로 종신형에 처해졌다. 이때 방청한 사람들이 말하기를

"안명근은 안중근 의사와 난형난제라 할 만하니 두 사람 모두 영원토록 그 이름이 빛날 것이다."

라고 하였다.

이때에 이르러 일본인들은 안중근의 사건을 계기로 삼아 애국당을 섬멸하기 위해 여러 차례 많은 사람들을 옥에 가두었다. 이에 또 완전히 씨를 말리기 위해 김홍량(金鴻亮), 김도희(金道熙), 고정화(高貞華), 이상직(李尙直), 이승길(李承吉), 주진표(朱鎭杓) 등 100여 명을 체포하여 감옥에 가두었다.[3]

또 지방의 선비들 가운데 재산이 좀 많거나 영향력이 있는 사람은 그들의 이름이 애국당의 명부에 기록되어 있지 않아도 연루시켜 체포하였다. 황해도 일대의 명문대가 가운데 한 집안도 일본의 이런 조치에서 벗어나지 못하였다.

진사 신석충(申錫忠)은 송화군(松禾郡) 사람이다. 7대가 한 지역에 살아서 식구가 수백 명이나 되었다. 재산이 넉넉하여 다른 사람들에게 기꺼이 은덕도 베풀었다. 흉년을 만나면 곡식을 팔 때 싼 값에 내어주었다. 가난하거나 어려움에 처한 사람들을 도와 원근의 많은 사람들이 그의 은택을 입었다. 노략질을 일삼은 동학당(東學黨)도 서로 주의를 주어 그의 집에 들어가 피해를 끼치지 못하게 하였다. 그의 아름다운 행실과 순후(淳厚)한 덕행은 이처럼 풍속이 퇴폐한 말세에 사실상 봉황의 깃털과 기린의 뿔처럼 훌륭한 것이었다. 이때에 이르러 일본인들이 그 집안의 명성을 탐탁찮게 여겼으므로 거짓으로 애국당에 연루시켜 신석충과 그의 사촌형인 아무개를 체포하였다. 두 사람은 의리상 일본인들에게 모욕을 당할 수 없다고 생각하여 함께 자살하고 말았다.

1 애국당(愛國黨) : 1907년 결성된 신민회(新民會)는 평안도, 황해도 지역을 중심으로 국권회복을 위해 비밀결사로 활동하던 단체였다. 이를 눈치챈 일제는 데라우치 총독 암살이라는 조작극을 통해 신민회 회원을 모두 제거하고자 하였다. 여기서 애국당이란 신민회 등 국권회복운동 단체를 말한다.

2 안명근은……말았다 : 이 사건은 안악사건(安岳事件) 또는 안명근사건이라고도 한다. 일제는 황해도 지역 민족운동가들을 탄압하기 위해 1910년 11월 안명근이 황해도 안악지방에서 서간도에 무관학교를 설립하기 위해 군자금을 모집한 사건을 확대, 조작하여 데라우치 총독 암살사건으로 둔갑시켜 황해도 지역 민족운동가 160여 명을 구속하였다.

3 이에……가두었다 : 일제가 경술국치 후 한국의 애국인사들을 체포하기 위해 날조한 대표적 사건이 바로 105인 사건이다. 1911년 일제는 무단통치의 일환으로

민족운동을 탄압하기 위해 데라우치 마사타케(寺內正毅) 총독의 암살미수사건을 조작하여 평안도와 황해도지역 애국인사 105명을 투옥하였다. 그러나 이들 중 여섯 명을 제외한 나머지 인사는 모두 무죄판결로 석방되었다.

김순흠 金舜欽

김순흠의 자는 치화(穉華), 본관은 풍산(豐山)이다. 그의 집안은 대대로 풍산의 오미동(五美洞)에 거주하였는데 김순흠은 감천(甘泉)으로 옮겨 살았다. 김순흠은 키가 작았고 잘난 얼굴도 아니었다. 그러나 뜻은 고결하고 행동은 방정하였으며 학문에 전념하여 문아(文雅)한 풍모를 지녔다. 내면에는 순수하고 강직하며 지극히 곧은 기운을 온축하고 있었고, 밖으로는 순후하고 삼가며 겸손한 자세를 견지하였다. 그는 늘 공손하고 겸손한 자세로 마치 아무 능력도 없는 사람처럼 행동하였다. 그렇기 때문에 마을 밖으로 그의 명성이 퍼져나가지 않았다.

간사하고 못된 무리들이 도적놈들을 불러들여 나라의 운명이 위태로워진 뒤로 그는 항상 분개한 마음을 품고 있었다. 그러나 아무것도 할 수 있는 일이 없었다. 때문에 그는 허둥지둥 불안해하고 급급해하며 살려는 생각이 전혀 없는 것 같았다. 이것은 500년 이어온 나라가 망해가는 것을 아파하고 수천 년 동안 계승해온 문교(文敎)가 땅에 떨어지는 것을 분통하게 여겨서만은 아니었다. 그보다는 중화(中華)가 오랑캐로 변하는 것을 더욱 가슴 아파했다.

우리나라의 산림과 천택이 모두 왜놈들에게 넘어갔다는 소식을 들은 김순흠은 마침내 동해에 빠져 죽겠다던 노중련(魯仲連)과 서산에서 나물을 캐 먹다 굶어 죽은 백이 · 숙제처럼 절의를 지키기로 결심하였다. 그리하여 자신이 죽어 저승에 가면 선성(先聖)과 선왕(先王)과 선대의 어른들에게 고결한 뜻을 지킨 자신의 행위를 알리고자 하였다. 이렇게 결심한 김순흠은 음식을 먹지 않고 목숨을 끊으려고 며칠 동안 단식하였다. 그의 며느리는 효부(孝婦)였다. 시아버지의 건강을 염려한 며느리는 묵은 곡식으로 밥을 짓고 도라지 나물을 곁들여 울면서 김순흠 앞에 가지고 왔다. 그리고는

"밥을 지은 곡식은 우리나라가 왜놈들 땅이 되기 전에 수확한 묵은 곡식이고 나물은 왜놈들에게 세금을 내지 않은 새로 캔 것입니다."

라고 하였다. 김순흠은 며느리의 뜻을 가상하게 여겨 가져온 음식을 조금 맛보았다. 그러나 며느리의 말이 거짓이라는 것을 간파하고 음식을 물리쳤다. 23일 동안이나 음식을 입에 대지 않았지만 김순흠의 말소리는 평소와 다름없었고 정신도 혼란하지 않았다. 죽음을 앞두고 다음과 같은 〈절명시〉를 지었다.

영원토록 강상 지킨 사람 萬古扶綱常
백이 · 숙제가 참으로 그들이네 夷齊乃得眞
죽을 각오로 의리 지켜 먹지 않으며 捐生義不食
언제나 이들의 정신 우러르네 夙夜仰斯人

또 다음과 같은 시를 지었다.

시비 따지는 사람들의 말 어찌 신경 쓰랴 何顧人非是
의리에 맞는지 분명히 할 뿐이네 只明義不義
죽은들 어떠하며 산들 어떠하리 無論生與死
굳은 신념으로 세운 뜻대로 살리라 自信適於志

또 다음과 같은 시를 지었다.

애통하다, 오랑캐가 우리나라 어지럽히니 痛哭群蠻亂我東
어느 때나 온 누리에 옛 모습 볼 수 있을까 何時快見八垓同
의로운 군사가 왜놈들 싹 쓸어버리는 날 義師蕩掃倭酋日
제사에 잊지 말고 네 아비에게 고하여라 家祭無忘告乃翁

백이 · 숙제의 〈채미사〉[1] 운자에 맞춰 지은 작품은 다음과 같다.

저 용산에 올라 陟彼蓉山兮
고사리를 캐도다 採其薇矣
왜놈 불러다 나라 망치니 招倭滅國兮
분명히 잘못된 일이로다 明知其非矣
선왕과 선철을 잊지 못하니 先王先哲不能忘兮
내가 따라 돌아갈 곳 있어라 我可從歸矣
아아, 하늘이여 吁嗟天兮
국운이 쇠하였도다 運之衰矣

또 자손들에게 다음과 같은 경계의 말을 글로 남겼다.

"내가 죽은 뒤 묘지에 석물을 설치하지도 말고 울지도 말라고 당부해도 너희들은 결코 나의 말을 따르지 않을 것이다. 그러나 하실(下室, 영위를 모신 방)에 올리는 음식과 선세의 제사에 올리는 제수는 결단코 일본이 지배하는 땅에서 생산된 것을 사용할 수 없다. 그러니 왜놈들을 평정한 뒤에 본래의 예대로 회복하여 저승에 있는 나의 영령을 편안케 하라."

김순흠은 무신년(융희2, 1908) 9월 28일에 조용히 세상을 떠났다. 고

복(皐復)[2]할 때 비구름이 없는데도 하늘에서 큰 우레가 울렸다. 장횡거[3] 선생이 말하기를

"만길 높은 산 위에 있는 물과 같이 내려가고자 하면 곧바로 내려가서 물을 가로막는 장애물이 없는 것처럼 망설이지 않고 실행할 수 있는 것은 오직 의리가 있다는 사실을 알기 때문이다."[4]

라고 하였다. 지금 공께서 성취한 것도 이와 같으니 진실로 숭상할 만하고 공경할 만하다. 바람과 천둥을 타고 올라 더러운 세상을 버리고 하늘에서 선생의 자취를 따르지 못하는 나 자신을 한하면서 마침내 피를 토하는 심정으로 선생의 말씀을 엮어 전을 짓는다.

태사씨는 다음과 같이 평한다.

"양구(陽九)의 운수를 만나 사람의 윤리와 만물의 법칙이 남김없이 모두 사라질 때 나라의 기둥과 주춧돌 같은 가문, 그리고 시(詩)와 예(禮)를 익힌 집안의 사람들이 음식을 탐하듯 이욕(利慾)을 탐하고 의리를 마치 두엄처럼 여긴다. 그들은 충(忠)과 역(逆)의 차이를 구분하지 못하여 기꺼이 이적(夷狄)으로 변하고 말았다. 김순흠과 같이 충절을 지킨 사람에 대한 이야기를 들으면 저들은 문득 시기하고 미워하여, 혹은 부질없는 죽음이라 기롱하고 혹은 아무런 이로움도 없는 짓이라 꾸짖는다. 또 어떤 사람은 마지못해 남들이 하기 어려운 일을 하였다고 한다. 이들은 모두 아직 사라지지 않은 양심을 가지고 있어 안으로는 부끄러운 마음이 있으면서도 밖으로 이욕에 눈이 먼 사람들이다. 아, 세도를 생각할 때 이런 사람들을 보면 슬픔과 분노가 그치지 않기에 목 놓아 크게 통곡하노라.

진성(眞城) 이중린(李中麟)

1 〈채미사〉: 백이 · 숙제가 수양산에 은거하다가 죽음을 앞두고 지었다고 하는 작품이다. 내용은 다음과 같다. "저 서산에 올라 고사리를 캐도다. 포악함으로 포악함을 바꾸고도 그 잘못을 모르도다. 신농과 우(虞), 하(夏)의 시대 지났으니 우리는 어디로 간단 말인가. 아, 이젠 죽음만 남았어라, 명이 쇠하였네.〔登彼西山兮, 采其薇矣. 以暴易暴兮, 不知其非矣. 神農虞夏忽焉沒兮, 我安適歸矣. 于嗟徂兮, 命之衰矣.〕"

2 고복(皐復) : 초혼(招魂)이라고도 한다. 사람이 운명하면 고인의 속적삼이나 상의를 가지고 지붕에 올라가거나 마당에 나가 왼손으로는 옷깃을 잡고 오른손으로는 옷 허리를 잡고 북쪽을 향해 옷을 휘두르며, "복(復), 복(復), 복(復)"하고 세 번 부른다.

3 장횡거 : 송대(宋代)의 철학자인 장재(張載, 1020~1077)를 가리킨다.

4 만길……때문이다 : 《근사록(近思錄)》에 보이는 내용인데 원문과는 약간의 차이가 있다.

김택영 金澤榮

김택영의 자는 우림(于霖), 호는 창강(滄江), 또는 소호당주인(韶護堂主人)이다. 본관은 화개(花開)이고 송도(松都)에 거주하였다. 그는 헌종(憲宗) 경술년[1](철종1, 1850)에 태어났다. 어려서는 과거시험에 필요한 공부를 하였으나 19세에 문장에 뜻을 두어 과거공부를 그만두었다.

23세에 평양과 금강산 등을 유람하고 겨울에 집으로 돌아와 귀유광(歸有光)[2]의 글을 읽고 문득 깨달은 바가 있었다. 이로부터 김택영의 문명(文名)이 세상에 크게 알려졌다. 당시 중국의 남통주(南通州)[3]에 장건(張謇)이라는 사람이 있었는데 그는 매우 유명한 사람이었다. 고종 19년(1882) 김택영은 남통주로 가 장건을 만났다.[4] 이 일로 인해 중국에 김택영의 이름이 더욱 알려졌다.[5]

김택영은 신묘년(1891)에 진사시에 합격하였고, 갑오년(1894)에 편사국 주사(編史局主事), 을미년(1895)에 중추원 서기관 겸 내각기록국 사적과장이 되었다. 병신년(건양1, 1896)에 관직을 그만두고 고향으로 돌아왔다. 계묘년(1903)에 홍문관 찬집소 문헌비고 속찬위원에 뽑히고, 정3품 통정대부가 되었다. 을사년(1905)에 학부 편집위원을 겸했다가 겨울에 사임하였다. 무신년(융희2, 1908)에 나랏일이 이미 어찌할 수 없는 지경이 된 것을 본 김택영은 조선에 머물고 싶은 생각이 없었다. 그는 처자식을 이끌고 남통주로 가 장건에게 의탁하여 살았다. 그의 문장은 남해(南海) 사람 강유위(康有爲)[6]와 이름을 나란히 할만큼 뛰어났다. 김택영은 《한국역사소사(韓國歷史小史)》, 《한사경(韓史綮)》, 《교정삼국사기(校正三國史記)》, 《숭양기구전(崧陽耆舊傳)》, 《중편한대숭양기구전(重編韓代崧陽耆舊傳)》 등을 편찬하였다.

정묘년(1927)에 향년 78세로 세상을 떠났다. 그의 문장은 한 시대의 으뜸이었다. 그가 지은 《한사경》은 세상 사람들의 논란을 초래하였다. 김택영은 시에도 뛰어났다. 두 아들을 두었으나 모두 참담하게 죽었다. 양자 아무개는 송경(松京)에 있어서 김택영의 임종을 지키지 못하였다. 딸은 중국인에게 시집갔다. 김택영은 중국에 20년 동안 거주하였는데 생계를 도모하기 위해 중국인들의 서점 일을 많이 도왔다고 한다.

1 경술년 : 경술년은 1850년이다. 1849년 헌종이 승하하고 철종이 뒤를 이었으나, 당시 예법상 임금이 승하한 해는 즉위년으로 표기하고 다음해부터 1년으로 환산하였다.

2 귀유광(歸有光) : 1506~1571. 자는 희보(熙甫), 호는 진천(震川)이다. 경사(經史)에 정통하여 많은 제자를 길러 냈고 명나라 산문(散文)의 제일인자로 평가받았다. 저서에 《삼오수리록(三吳水利錄)》, 《진천집(震川集)》 등이 있다.

3 남통주(南通州) : 중국 강소성(江蘇省) 동부에 있는 도시로 이 도시가 현대산업도시로 발전한 것은 오로지 근대화 주창자인 장건(張謇)에 의해 이루어졌다고 한다.

4 고종19년……만났다 : 원문에는 광무19년로 되어 있으나 이는 고종19년의 오기로 보인다. 고종이 1897년부터 사용하기 시작한 광무라는 연호는 1907년 고종이 강제퇴위 당하면서 사라졌기 때문이다. 또한 1882년 임오군란으로 청국군이

조선에 주둔하자 중국의 진보적 지식인 장건도 함께 왔다. 이때 김윤식의 추천으로 김택영은 장건과 알게 되었다고 한다.

5 이 일로……알려졌다 : 장건은 김택영의 시문을 보고 "창강의 시를 동방에서 본다. 그는 걸출한 시인이며 그를 초과할 사람은 없다."라고 격찬하였다고 한다.

6 강유위(康有爲) : 1858~1927. 중국의 학자로 1898년 변법자강운동의 지도자이다.

홍범식 洪範植

홍범식의 자는 성방(聖訪), 호는 일원(一阮), 본관은 풍산이다. 모당(慕堂) 홍이상(洪履祥)[1]의 9세손이며, 이조 판서(吏曹判書)를 역임한 홍우길(洪祐吉)[2]의 손자이다. 홍우길의 호는 애사(藹士)로 문망(文望)이 있었으며 시호는 효문(孝文)이다.

태황 신미년(고종8, 1871), 공은 괴산군(槐山郡) 인산리(仁山里)에서 태어났다. 임신년(1872)에 판서공(判書公)을 따라 함산(咸山)의 병영(兵營)에 갔는데 홍역에 걸려 거의 죽을 지경이 되었다가 겨우 살아났다. 재주가 뛰어나 학업을 시작하면서 선생을 번거롭게 하지 않았다. 무자년(1888)에 성균진사에 합격하였다. 계사년(1893)에 어머니 윤씨가 운명하자 예제(禮制)에 정한 것보다 심하게 슬퍼하여 건강이 나빠지기까지 하였다. 임인년(광무6, 1902)에 내부 주사(內府主事)가 되고 얼마 뒤에 혜민서 참서(惠民署參書)에 승진하였다. 병오년(1906)에 정3품에 올랐고 이듬해에 태인 군수(泰仁郡守)가 되었다. 이때에 이르러 일본인들이 의병을 체포하여 많은 사람들이 부당하게 죽었는데 홍범식이 많은 사람들을 도와 살려주니 당시 전라북도에서 가장 뛰어난 군수였다는 칭송을 들었다.

기유년(융희3, 1909)에 금산 군수로 옮겼다. 관아 남쪽에 예로부터 연병장(練兵場)이 있었는데 이미 오래 전부터 군사 훈련을 시행하지 않았다. 주민들이 경작지로 삼아 생산되는 곡식이 수백 말이나 되었다. 게다가 그 토지를 매매하기도 하였다. 전임 군수 김우식(金宇植)이 부(府)의 지시에 의거하여 해당 토지를 모두 국유지로 귀속시켰다. 이때에 주민들이 찾아와 원통함을 하소연하였다. 홍범식이 주민들의 실상을 들어 상부에 보고하고 해당 토지를 모두 환급해 주니 주민들이 모두 홍범식을 칭송하였다.

경술년(1910) 7월 25일, 대한제국이 일본에 합병되었다는 소식을 들었다. 아무 말없이 한참 있다가 면장인 김한근(金漢根)에게 자신의 첩을 부탁하고 드디어 사령(使令) 김은성(金恩成)과 객사에 나가 네 번 절하고 자결하고자 하였다. 그러나 김은성이 구해주는 바람에 끝내 죽지 못하였다. 밤에 혼자 조종산(祖宗山)으로 가 목매어 죽었다. 이때에 고을 사람들이 크게 놀라 횃불을 들고 그의 행방을 찾았지만 이미 때가 늦어 그의 죽음을 막지 못하였다.

판사 박용태(朴瑢台)와 군의 서기 한창석(韓昌錫)이 상사(喪事)를 주관하여 그의 주검을 본가로 돌려보냈다. 당시 5,000명에 이르는 관리와 주민들이 부의(賻儀)하였다. 고을 아녀자 김춘선(金春仙)과 이연주(李緣珠) 등도 모두 부의하였다.

다섯 건의 유서(遺書)가 협낭(挾囊)에 남아 있었는데 일본인들이 모두 가져가 버렸다. 뒷날 박용태가 일본인들에게 말하여 집안 식구들에게 남긴 한 건의 유서는 돌려받았다. 뒤에 가족들이 옛날 박용태가 사용하던 상자를 살피다가 《이인록(二人錄)》 1책을 발견하였는데 두문동(杜門洞) 72현의 성명과 사실을 기록한 것이었다. 네 아들을 두었는데 장남은 홍명희(洪命熹)[3]이고 나머지는 다 어리다. 홍명희는 아버지의 상사를 마치고 중국의 강남으로 가 살고 있다고 한다.

살피건대, 금산군의 동쪽에 불이동(不二洞)이 있으니 야은(冶隱) 길재(吉再) 선생이 절의를 지키며 거주하였던 마을이다. 서쪽에는 종용당(從容堂)이 있으니 중봉(重峰) 조헌(趙憲) 선생이 순절(殉節)한 곳이다. 이 일이 있고 500년 뒤에 또 일원 홍범식의 일이 금산군에서 발생하였다.

아아, 홍범식의 도덕과 문장이 야은 선생, 중봉 선생과 비교될 수 있을는지 모르겠지만 혼란한 세상을 만나 지극한 정성으로 아파한 뜻은 동일하였다. 대개 홍범식이 금산 군수로 부임[4]하여 애당초 도적을 토벌한 일도 없었고 또 포로가 되어 치욕을 당한 일도 없었다. 그러므로 비록 군수의 직책을 버리고 시골로 돌아가 여생을 마친다고 해도 망국의 신하로 절의를 지킨 야은 선생과 같은 인물이 되기에 전혀 손색이 없었다. 그러나 그는 변란의 소식을 들은 당일에 중봉처럼 의연한 자세로 의리를 지켜 목숨을 던져 후회하지 않았다. 그렇다면 불이동, 종용당과 함께 영원히 세상에 전해져 훼손되지 않을 것은 오직 조종산[5]일 것이다. 간괘(艮卦)의 상(象)에 말하기를

"산이 겹쳐진 것이 간괘(艮卦)의 모습이니 군자가 그것을 본받아 생각이 그 지위에서 벗어나지 않게 한다."

라고 하였다. 홍범식이 의리를 지켜 죽을 곳으로 금산을 택한 것도 간괘의 말을 본받은 것이 아니겠는가.

1 홍이상(洪履祥) : 1549~1615. 본관은 풍산(豊山), 자는 원례(元禮), 호는 모당(慕堂)이다. 초명은 인상(麟祥)이다.

2 홍우길(洪祐吉) : 1809~1890. 본관은 풍산(豊山), 자는 성여(成汝), 호는 애사(靄士), 시호는 효문(孝文)이다. 서화(書畵)에 뛰어났으며 문집에 《연탄집(研灘集)》이 있다.

3 홍명희(洪命熹) : 1888~1968. 호는 벽초이며, 소설 《임꺽정》의 저자로 유명하다. 이광수, 최남선과 함께 조선의 3대 천재로 불렸다. 조부 홍승목은 중추원 참의를 지내 2006년 친일반민족행위진상규명위원회에서 친일반민족행위자로 결정되었다. 한국 현대사의 비극을 보여주는 전형적인 예이다.

4 부임 : 우분(憂分)은 분우(分憂)와 같은 말이다. 이것은 임금의 걱정을 나누어 가진다는 의미로 지방관이 되는 것을 가리킨다.

5 조종산 : 홍범식이 순국한 산을 가리킨다.

오강표 吳剛杓

오강표의 자는 명여(明汝), 호는 무이재(無貳齋), 본관은 보성(寶城)이다. 보산군(寶山君) 양무공(襄武公) 오자경(吳子慶)의 후손으로 헌종 계묘년(헌종9, 1843)에 태어났다. 그는 품성이 바르고 의를 좋아하였다.

20세에 부친의 명으로 전재(全齋) 임헌회(任憲晦)[1] 선생을 스승으로 모셔 배알하였는데, 선생이 간재(艮齋) 전우(田愚)에게 배우도록 하여 학업을 마쳤다. 무진년(고종5, 1868)에 부친상을 당하여 3년 동안 질대(絰帶)를 벗지 않았고 술과 고기를 먹지 않았다. 삼년상을 마친 후에 날마다 꼭 관대를 하고 가묘를 찾아뵈었다. 홀어머니의 뜻을 받들어 어기지 않고 섬겼으며 집에서는 검소하고 신중하며 과묵하였고 외물에 마음이 얽매이지 않았다.

을사년(1905)의 변란[2]을 듣고 분격하며 말하기를

"신하가 되어 이러한 때에 감히 목숨을 아끼겠는가."

라고 하였다. 이에 적을 토벌하자고 청하는 소장을 지어 교임(校任) 한정명(韓鼎命)으로 하여금 관찰사 이도재(李道宰)에게 올려 조정에 전달하도록 하였다. 그러나 관찰사 이도재가 수리를 거절하여 소장이 받아들여지지 않았다.

오강표는 분을 이기지 못하고 자살하기 위해 아편을 구입하였는데 청나라 상인이 그를 의심하여 효험이 없는 가짜를 속여 팔았다. 오강

표는 공주(公州) 명륜당(明倫堂)에 들어가 대성통곡하고 마침내 아편을 복용하였는데 거의 죽기 직전에 이르렀다. 한정명이 그를 구하여 집으로 돌아오니 그를 모르는 사람들은 미친 사람이라고 생각했다.

오강표는 또 이토 히로부미〔伊藤博文〕를 토벌하자는 장문의 편지를 쓰려고 했으나 다른 사람이 저지하였다. 이때부터 홀홀히 세상에 뜻이 없어 항상 독약을 소지하고 다녔다.

정미년(융희1, 1907)에 모친상을 당하였는데 당시 오강표의 나이가 예순을 넘었으나 상례를 갖춤에 더욱 성심성의껏 하였다.

경술년(1910) 가을, 명강산(明岡山)에 있을 때에 합방의 변고 소식을 들었다. 그는 크게 놀라 절명사(絶命詞) 한 편을 지었다. 그는 금동서사(錦洞書社)로 최종화(崔鍾和)를 찾아가 서로 통곡하고 또 다음과 같이 말하였다.

"내가 장차 조천역(鳥川驛)에서 죽을 것이다."

최종화는

"이곳은 선비가 죽을 곳이 못된다."

라고 하였다. 오강표는

"그렇다면 내가 다시 공주향교로 가야겠다."

라고 하고 곧바로 연기(燕岐)로 갔다. 선친의 묘소에 곡을 하며 인사드리고 청주(淸州)로 가 그의 아들 오병찬(吳炳瓚)과 이별하였다. 다시 성전(星田)으로 돌아와 글을 지어 임헌회 선생의 사당에 고하고 그의 아우 오순표(吳純杓)와 이별하였다.

다시 나 최종화를 찾아온 것은 10월 12일이었다. 그 당시 비바람이 불고 매우 추웠는데 그는 옷을 매우 얇게 입고 있었다. 내가

"어찌 솜옷도 입지 않았는가?"

라고 하자 오강표는

"나라 잃은 포로의 처지에 따뜻하게 입고 배부를 마음이 없다."
라고 하였다. 다음날 유서와 몇 편의 글을 지어 소매에 넣고 떠나갔다. 내가
"절개를 지키며 죽는 일은 참으로 아름다운 일이지만 후회함이 없겠는가?"
라고 하자 오강표는
"인(仁)을 구하고자 해서 인을 얻는 것이니 또 어찌 후회하겠는가."
라고 하였다. 내가 또 다음과 같은 시를 지어 주었다.

봉황산은 울창하고 높으니　　鳳凰之山鬱且峨兮
천년의 맑은 기운 수양산과 같아라　　爽氣千年同首陽
금강의 물은 깊고 푸르니　　錦江之水深且碧兮
후세 사람들이 원상(沅湘)[3]과 비교할 것이라　　後人指點比沅湘
슬픈 노래 한 곡으로 그대를 전송하는데　　悲歌一曲送君去兮
가을바람 쓸쓸하여 한낮에도 춥구나　　秋風蕭蕭白日寒
천하 만고에 이 어느 때인가　　天下萬古此何時兮
장사는 한 번 떠나면 다시 돌아오지 않는다네　　壯士一去不復還

오강표가 낭랑하게 읊조리고서
"내가 만약 죽지 않는다면 어떻게 고인을 볼 수 있겠는가."
라고 하였다. 산모퉁이까지 전송하고 서로 울면서 헤어졌다.
그는 곧바로 공주향교 명륜당으로 들어가 벽에 유서를 붙이고 크게 한바탕 통곡하였다. 명륜당을 지키는 종이 직원(直員)[4] 이정규(李鼎珪)에게 알렸다. 직원이 말하기를

"불러와라"

라고 하자 오강표가 크게 꾸짖으며

"나는 부른다고 가는 사람이 아니다."

라고 하였다. 직원이 나와 그를 타이르며 말렸으나 오강표는 듣지 않았다. 직원은 그의 편지를 고을 수령에게 보냈고 수령은 또 경무관에게 보냈다.

16일 밤에 오강표는 강학루(講學樓)에서 목을 매고 죽었다. 이에 온 고을이 크게 놀랐는데, 저들이 마을 사람들을 시켜 불을 밝히고 밤을 새워 오강표의 의대를 뜯어 그가 쓴 글을 모두 찾아내 가져갔다. 그 속에 편지 하나가 있었는데 '간재 전 선생님의 문인 오모'라고 쓰여 있었고, 나머지는 자세히 알 수 없었다.

이날 군수들의 모임에서 그 소식을 들은 자들이 모두 놀라 탄식하였다. 어떤 사람은 울면서

"우리들은 오강표의 죄인이구나."

라고 하였다. 아전들은 큰 소리로 울부짖으며

"오강표는 53개의 군에서 제일 훌륭한 사람이다."

라고 하였다. 저들도 역시

"그의 죽음이 가상하구나."

라고 하였다. 이로써 사람마다 떳떳한 천성을 가지고 있다는 것을 볼 수 있다.

오강표는 오병찬(吳炳瓚), 사과(司果)를 역임한 오병규(吳炳珪), 오병선(吳炳瑄), 오병진(吳炳瑨) 네 명의 아들을 두었다.

강화(江華) 최종화(崔鍾和)

1 임헌회(任憲晦) : 1811~1876. 본관은 풍천(豊川), 자는 명로(明老) · 중명(仲明), 호는 고산(鼓山) · 전재(全齋) · 희양재(希陽齋), 시호는 문경(文敬)이다. 경서(經書)에 몰두하여 학자로서 이름이 알려지자, 1858년 참봉(參奉)에 임명되었으나 사퇴하였다. 1874년 대사헌이 되고 이어 좨주(祭酒)가 되었다. 성리학에서는 이기이원론(理氣二元論)을 배격, 기의 우위를 주장하는 일원론적인 주기파(主氣派)에 속했다. 천주학을 극력 배격했다. 저서에 《고산문집(鼓山文集)》, 《속고산집(續鼓山集)》 등이 있다.

2 을사년의 변란 : 1905년 을사조약이 강제 체결된 사실을 말한다.

3 원상(沅湘) : 굴원(屈原)이 빠져 죽은 소상강(瀟湘江) 일대를 말한다.

4 직원(直員) : 향교나 경학원의 직무를 맡아보는 사람을 일컫는다.

조장하 趙章夏

조장하의 자는 경헌(景憲), 호는 이재(履齋)이니 스승인 전재(全齋) 임헌회(任憲晦)가 지어준 것이다. 조장하의 본관은 풍양(豊壤)이고, 풍안군(豊安君) 조흡(趙潝)[1]의 8세손이다. 조흡은 인조조(仁祖朝)에 공훈이 기록되어 분충찬모정사공신(奮忠贊謨靖社功臣)이라는 호를 하사받았다. 병술년(인조24, 1646)에 조흡은 또 훈맹(勳盟)에 참여하여 가선대부(嘉善大夫)에 승급되고 풍안군에 봉해졌다. 조장하의 7세조인 조백운(趙伯耘)은 풍창군(豊昌君)에 봉해졌다.

조장하는 헌종(憲宗) 무신년(헌종14, 1848)에 태어났다. 그는 강직한 성품을 지니고 있었으며 어려서부터 행동거지에 일정함이 있었다. 공부를 시작하자마자 옛 사람들이 힘썼던 자기를 위하는 학문의 본질에 대해 알았다. 그리하여 대우(對偶)를 중요하게 생각하는 변려문 짓기를 부끄럽게 생각하고 독서를 통해 뜻을 구하는 데 힘썼다. 전재 임헌회가 노의(蘆漪)에서 도학을 가르친다는 소식을 들은 조장하는 폐백을 가지고 전재의 문하에 나아가 전재로부터 크게 장려해주는 말을 들었다.

병자년(고종13, 1876)과 정해년(1887)에 각각 아버지와 어머니 상을 당했다. 상을 치르는 6년 동안 조장하는 질대(絰帶)를 풀지 않았다.

스승인 전재 임헌회가 돌아가셨을 때에도 조장하는 1년 동안 상복을 입었다.

갑오년(1894) 이후로 시대상황이 급격하게 변화하였다. 조장하는 항상 하서(河西) 김인후(金麟厚)[2]가 《초사(楚辭)》를 읽으며 탄식하였고 《송사(宋史)》를 읽으며 눈물을 흘렸다고 하면서

"이것은 진정 오늘날과 같은 시대 상황을 두고 한 말이다."

라고 하며 울분과 탄식을 견디지 못하였다.

경술년(융희4, 1910) 7월에 합방 소식을 듣게 된 조장하는 음식을 먹지 않고 한 달여 동안 간혹 솔잎만을 먹었다. 그가 이런 행동을 한 것은 아마도 백이 · 숙제가 수양산에서 고사리를 캐 먹었던 뜻을 은미(隱微)하게 붙인 것이었다. 9월 25일에는 솔잎조차도 물리쳤다. 음식을 먹지 않은 채 10월 26일이 되자 심의(深衣)[3]와 복건(幅巾)[4]으로 갈아입었다. 다음날 낮에 건이 조금 기울어진 것을 손수 바르게 하고 편안한 모습으로 운명하였다.

조장하는 일찍이 큰 띠를 두르고 있었다. 띠의 한쪽에는

"머리카락을 자르지 않는 것으로 절의를 삼아 이치에 순종하는 삶을 살고 천명을 편안히 여겨 죽으리라."

라고 썼다. 또 다른 한쪽에는 전재 임헌회의 다음과 같은 시를 썼다.

2천 년 이어온 공자[5]의 학문 익혔고	二千餘歲宣尼學
5백 년 전해진 조선의 신하로 살았네	五百年來李氏臣
쓰러짐 없이 이미 정한 길을 가려니	要無困跲依前定
예로부터 죽지 않은 사람은 없었네	從古元無不死人

조장하에 대해 야우(野愚) 서정순(徐政淳)은

"조장하는 진정 외우(畏友)이다."
라고 하였다. 독수재(篤守齋) 윤치중(尹致中)은
"조장하는 사람들의 뜻을 활짝 열어 주었다."
라고 하였다. 간재(艮齋) 전우(田愚)는
"전재 임헌회 선생의 문하에 훌륭한 덕을 지닌 노성한 인물이 많지만 의리 정신을 정밀하게 파악하여 핵심 영역에 나간 사람으로는 이재 조장하에 비견될 만한 사람이 없다."
라고 하였다. 병암(炳庵) 김준영(金駿榮)은
"이재 조장하는 젊은 나이에 전재 임헌회의 학문 정신을 깨달아 의리를 굳게 지키고 곤궁한 처지를 편안하게 여기는 자세로[6] 도(道)를 지켰다. 이런 그는 천 길이나 되는 절벽처럼 우뚝하여 우리 무리의 모범이 되었다."
라고 하였다. 삼천(三泉) 홍승운(洪承運)은
"이재 조장하는 맑은 수양과 꿋꿋한 절의를 지녔으니 그의 기상을 생각하노라면 한밤중에 나도 모르게 잠에서 깨어나게 된다."
라고 하였다.

조장하는 평생 집안 살림이 가난하여 거친 음식으로도 끼니를 잇지 못하였지만 담박한 마음으로 처신하였다. 의리에 맞지 않는 일 때문에 자신의 지조를 바꾼 적이 한 번도 없었으며 부귀(富貴)를 마치 두엄처럼 여겼다. 세속 사람들이 숭상하는 것들은 마치 자신의 몸을 더럽히는 물건인 것처럼 여겨 가까이 하지 않았다. 또 엄격하게 중화(中華)와 오랑캐를 구분하여 항상 허형(許衡)[7]과 오징(吳澄)[8]의 일을 개탄스럽게 여겼다. 죽음을 앞두고 〈포경고사잠(抱經枯死箴)〉과 〈절필시(絶筆詩)〉 1수를 지어 자신의 뜻을 나타냈다. 조장하는 저술을 좋아하지 않아 사람들과 주고받은 편지와 잡저(雜著) 몇 권만이 그의 집에 보관되어 있다. 슬하에 2남 4녀를 두었다. 아들은 조동손(趙東孫)과 조동존(趙東存)이다.

가장(家狀)

1 조흡(趙潝) : 1591~1661. 본관은 풍양(豐壤), 자는 흡여(潝如)이다. 1623년 김류(金瑬), 이귀(李貴) 등과 함께 인조반정에 공을 세웠다. 1646년 5월에 가선대부(嘉善大夫)에 오르고 풍안군(豐安君)에 봉해졌다. 시호는 경목(景穆)이다.

2 김인후(金麟厚) : 1510~1560. 본관은 울산, 자는 후지(厚之), 호는 하서(河西)·담재(湛齋), 시호는 문정(文正)이다.

3 심의(深衣) : 조선 시대 선비들이 입던 웃옷으로, 대개 흰 베를 써서 두루마기 모양으로 만들었으며 소매를 넓게 하고 검은 비단으로 테를 둘렀다.

4 복건(幅巾) : 도복(道服)을 갖추어서 머리에 쓰던 건(巾)으로, 검은 헝겊으로 위는 둥글고 삐죽하게 만들었으며, 뒤에는 넓고 긴 자락을 늘어지게 대고 양옆에는 끈이 있어서 뒤로 돌려 매게 되어 있다.

5 공자 : 선니(宣尼)는 공자를 가리킨다. 한(漢)나라 평제(平帝) 때 왕망(王莽)이 정권을 잡고 공자에 대해 추시(追諡)하기를 포성선니공(褒成宣尼公)이라고 하였다.

6 의리를……자세로 : 고궁(固窮)은 도의(道義)를 고수하면서 빈궁한 처지를 편안하게 여기는 것을 말한다. 《논어(論語)》 〈위령공(衛靈公)〉에 "군자는 아무리 빈궁해도 이를 편안히 여기면서 도의를 고수하지만, 소인은 빈궁하면 제멋대로 굴기 마련이다.〔君子固窮, 小人窮斯濫矣.〕"라는 말이 있다.

7 허형(許衡) : 1209~1281. 자는 중평(仲平), 호는 노재(魯齋)이다. 정이(程頤)와 주희(朱熹)에게 깊은 영향을 받아 요추(姚樞) 등과 여러 학문을 연구했다. 쿠빌라이 칸이 즉위하기 전에는 경조제학(京兆提學)을 지냈으며 즉위한 뒤에는 국자좨주(國子祭酒)에 임명되었다. 중국의 전통적 방법에 의한 통치를 권고하여 이를 채택시

켰으며 관제(官制), 조의(朝議) 등도 제정했다. 1271년에 집현대학사(集賢大學士) 겸 국자좨주의 자격으로 몽골족 자제의 교육을 맡았으며 1276년에는 수시력(授時曆) 작성에 참가했다. 화북의 주자학이 성행하게 된 것은 그의 공적이다. 특별히 창조적인 견해를 가진 것은 아니었지만 유학이 침체해 있던 원대에는 두드러진 존재였다.

8 오징(吳澄) : 1255~1330. 자는 유청(幼淸) 또는 백청(伯淸), 시호는 문정(文正)이며 무주(撫州) 숭인(崇仁) 사람이다. 송나라 함흥(咸淳) 연간에 진사가 되었으나 벼슬하지 않고 은거하였다. 어려서 요로(饒魯)의 제자인 정약용(程若庸)에게 배웠으며, 그 후 정소개(程紹開, 1212~1281)를 사사하였다. 또한 〈도통도(道統圖)〉를 지어 자신이 주자 이후의 도통을 계승한 사람이라 자부하였다. 허형(許衡), 유인(劉因, 1249~1293)과 더불어 원대(元代)의 저명한 학자로 꼽힌다.

이학순 李學純

이학순의 자는 경실(敬實), 호는 회천(晦泉)이다. 그의 본관은 전주로 태조(太祖) 강헌대왕(康獻大王)의 별자(別子)인 익안대군(益安大君) 이방의(李芳毅)[1]에게서 가계(家系)가 시작되었다. 익안대군은 왕실에 공훈을 세운 인물이다. 익안대군의 증손으로 옥계도정(玉溪都正)을 역임한 이현동(李賢童)은 단종이 세조에게 왕위를 물려준 뒤에 병을 핑계로 세상을 등졌는데 율곡 이이가 큰 절의라고 칭찬하였다.

이학순은 헌종(憲宗) 계묘년(헌종9, 1843)에 태어났다. 그는 호방하고 의협심이 있었으며 작은 일에 얽매이지 않았다. 어느 정도 나이가 들어서는 자신의 삶을 후회하며

"내가 고작 이 정도 수준에 머물러야 한단 말인가."

라고 하였다. 그리고는 몸을 단속하고 행실을 닦아 자신을 위한 학문에 온 마음을 기울이고 배운 것을 실천하기 위해 노력하였다. 만년에는 연산(連山)에 있는 대명산(大明山) 아래의 한양촌(漢陽村)에 거주하였다. 이학순이 사람들에게 말하기를

"하늘이 만일 송(宋)나라에 복을 내리지 않았다면 내가 금화산(金華山)에 사는 사람이 되었을 것이다."[2]

라고 하였다.

동학농민군이 일어났을 때 동학농민군은 공의 명성을 듣고 반드시

공의 집을 쳐들어가기로 기약하였다. 동학농민군 수백 명이 공의 집으로 들어와 공의 맏아들 이내수(李來修)에게 심한 형벌을 가하면서 이학순을 협박하여 말하기를

"우리에게 동조하면 풀어주고 동조하지 않으면 용서하지 않겠다."

라고 하였다. 이학순은 그들의 말에 개의치 않고 엄중한 말로 꾸짖었다. 심지어 독약을 마시고 죽으려고까지 하였다. 그러자 동학농민군들은 공을 굴복시킬 수 없다는 사실을 깨닫고 모두 공손히 사죄한 뒤에 돌아갔다.

돈암서원[3]의 유생과 사계(沙溪) 김장생(金長生)의 후손이 서원 안에 현대식 학교를 세우려고 하였다. 이 소식을 듣고 분노한 이학순은 동지 한두 명과 함께 돈암서원에 들어가 그 일을 주관하는 사람을 호되게 꾸짖었다. 그리고 그들이 운동목(運動木)이라고 세운 나무를 도끼로 찍어 마침내 옮겨가는 것을 본 뒤에야 그만두었다.

글을 지어 태학과 각 고을의 향교에 통보하였는데 그 글의 뜻이 엄정(嚴正)하였으므로 읽는 사람마다 공경하였다. 또 소장(疏章)을 지어 학술에 있어 사학(邪學)과 정학(政學)의 경계, 그리고 명분과 실제를 따르고 거스르는 차이에 대해 분명하게 말하였지만 승정원에서 저지하여 임금에게 올라가지는 못하였다. 이학순은 세상일을 어찌 해볼 수 없다는 사실을 깨닫고 산골에서 살면서 문하생 및 마을의 뛰어난 인재들과 의리를 강론하였다. 그는 중화와 오랑캐, 충성과 반역의 차이점에 대해 더욱 엄격한 입장을 취하였다.

나라가 망하고[4] 일본인들이 이른바 기로금(耆老金)[5]을 나누어 준다며 이학순이 사는 군(郡)의 헌병대장과 면의 관리가 두세 차례에 걸쳐 이학순을 사무소로 부르기도 하고 직접 찾아와 돈을 받으라고 권유하기도 하였다. 그러나 이학순은 그때마다 자리에 누워 일어나지 않았다.

그리고 다음과 같은 편지를 써서 남겼다.

"나 이학순은 조선의 일민(逸民)이다. 불행하게도 늙은 나이에 나라는 망하고 임금이 치욕당하는 모습을 보게 되었다. 그런데도 나는 한번 싸워볼 계책도 세우지 못하였고, 또 한번 죽어서 절의를 세우지도 못하였다. 따라서 만 번 죽임을 당하는 벌을 받아야 마땅하고 의리상 원수들이 주는 의롭지 못한 돈을 받을 수 없다. 만일 다시 나에게 찾아온다면 나는 서산(西山)[6]에 들어가거나 아니면 동해에 빠져 죽을 것이다."

헌병대장이 이학순을 감옥에 가두었다. 당시 이학순은 여러 달 동안 병을 앓던 중이었다. 그런데도 옥에 갇힌 뒤로 밥을 먹지 않고 저들에게 대항하며 꾸짖었다. 그의 말소리가 갈수록 매서워졌기 때문에 헌병대장은 이학순의 의지를 꺾을 수 없다는 것을 알게 되었다. 이에 이학순의 아들인 이내수에게 권유하여 아버지가 기로금을 받도록 설득하게 하였다. 이내수는 그들의 요구를 거절하고 들어주지 않았다. 그러자 헌병대장은 다시 이내수의 아우인 이내준에게 같은 취지로 말하였다. 이내준은

"만일 내 목을 일왕(日王)의 목과 바꾸겠다고 한다면 우리 아버지께서 허락하시겠지만, 너희들이 주는 돈을 받으시라고 한다면 따르지 않으실 것이다."

라고 하였다. 손자인 이욱(李旭)은

"우리 할아버지께서 비록 돌아가시더라도 이는 의로운 일이다. 내가 어찌 감히 너희들이 주는 돈을 받아 우리 할아버지께 누를 끼치겠는가."

라고 하였다.

이학순의 아들과 손자들이 이러한 입장을 취하자 일본인들은 매우

화가 나서 이내준에게 혹독한 형벌을 가하며 이학순을 협박하였다. 이학순이 매서운 목소리로 크게 꾸짖어 말하기를

"아버지와 아들이 절의를 지켜 죽을 자리에서 죽는다면 죽은들 무슨 한이 있겠느냐."

라고 하였다. 그리고 붓을 들어 다음과 같이 썼다.

"악의(樂毅)가 군대를 동원해 왕촉(王蠋)을 협박하자 왕촉은 스스로 목매어 죽었고,[7] 왕망(王莽)이 공승(龔勝)에게 벼슬을 내리자 공승은 단식하여 죽었다.[8] 지금 원수의 나라에서 나 이학순에게 돈을 주려고 하니 나는 어떻게 죽어야 할지 모르겠다."

이학순은 또 시를 지어 자신의 의지를 나타내고 단정히 옥에 앉아 《대학》과 《중용》 등의 책을 소리 내어 읽었다. 이학순이 연로한데다 병마저 심해지는 것을 본 일본인들은 이학순에게 잠시 읍내의 여관에 머물며 병을 돌보도록 하였다. 여관으로 나간 당일 밤에 이학순은 담담히 독약을 마시고 운명하였으니 경술년(융희4, 1910) 12월 7일의 일이었다. 이학순이 운명하던 날 밤 여관의 담장이 아무 이유 없이 저절로 무너졌고 하얀 기운이 하늘로 몇 길이나 피어올랐다. 구름이 없는 날씨였는데도 우레가 치는 기상이변이 일어났다.

부인 밀양 박씨(密陽朴氏)는 신미년(고종8, 1871)에 강도에게 손을 잡히는 모욕을 당했다고 해서 독약을 마시고 자결하였다. 뒤에 이내수는 민적부(民籍簿)[9]에 이름을 올리지 않았다는 이유로 여러 차례 위협을 당했으며, 한성감옥에 체포되었으나 끝내 복종하지 않았다.

안동(安東) 김복한(金福漢)

1 이방의(李芳毅) : ?~1404. 조선 태조의 셋째 아들이다. 1398년 제1차 왕자의 난과 1400년 제2차 왕자의 난에 아우 방원을 보좌해 정사공신(定社功臣) 1등과 좌명공신(佐命功臣) 2등에 각각 책록되었다. 1400년에 대군(大君)이 되었다. 정종의 묘정(廟庭)에 배향되고 마한공(馬韓公)에 추봉되었다.

2 하늘이……것이다 : 송(宋)나라 유학이 발전하지 않았다면 금화산(金華山)에 들어가 은거하였을 것이라는 의미이다. 금화산은 중국에 있는 산 이름이다. 《신선전(神仙傳)》에 "황초평(皇初平)이 15세에 양(羊)을 치고 있었는데, 어느 도사(道士)가 그의 양근(良謹)한 태도를 보고 그를 데리고 금화산 석실(石室) 속으로 들어갔다. 초평은 그곳에서 40여 년을 보내면서 집 생각을 하지 않고 있었는데, 그를 찾아 나선 형이 몇 해를 두고도 못 찾다가 어느 날 시장에서 도사를 만나 그가 금화산속에서 양을 치고 있다는 것을 알고는 그 길로 도사를 따라가 그를 만났다. 형이 초평에게 양은 어디 있느냐고 묻자 산 동편에 있다고 하였다. 형이 가 보았으나 양은 없고 하얀 돌무더기뿐이었다. 그런데 초평이 와서 꾸짖자 돌들이 모두 일어나 수만 마리의 양떼를 이루었다."라는 이야기가 있다.

3 돈암서원 : 사계 김장생(金長生)의 덕을 기려 1633년에 창건하였다. 김장생을 중심으로 그 아들 신독재(愼獨齋) 김집(金集), 동춘당(同春堂) 송준길(宋浚吉), 우암(尤菴) 송시열(宋時烈) 등 네 사람을 배향하였다.

4 나라가 망하고 : 사옥(社屋)은 사직에 지붕을 만든다는 의미로 멸망한 나라의 사직을 가리킨다.

5 기로금(耆老金) : 기로금은 나이든 노인들에게 지급하는 것이다. 1910년 8월 한국을 강제 합병한 후, 조선총독부는 동년 10월, 막대한 은사금(恩賜金)과 기로금 등을 주어 일제의 합병에 반대하는 민심을 회유하고자 하였다. 은사금은 당시 1인당 많게는 50원에서 적게는 15원까지였고, 중앙의 명사들은 물론 각 지방 유생, 효자, 절부들에게까지 뿌려졌다.

6 서산(西山) : 백이 · 숙제가 아사(餓死)한 수양산을 가리킨다. 이학순이 서산에 들어가겠다고 한 것은 백이 · 숙제처럼 절의를 지켜 죽겠다는 의지의 표현이다.

7 악의(樂毅)가……죽었고 : 연(燕)나라가 제(齊)나라를 쳤을 때 연나라의 악의(樂毅)가 제나라의 왕촉이 어질다는 소리를 듣고 그를 불렀으나 왕촉은 응하지 않고 "충신은 두 임금을 섬기지 않고 열녀는 두 지아비에게 시집가지 않는다."라는 말을 남기고 자결하였다.

8 왕망(王莽)이……죽었다 : 공승(龔勝)은 한(漢)나라 사람이다. 어려서부터 학문을 좋아하고 경서(經書)에 밝아 애제(哀帝) 때 광록대부(光祿大夫)까지 되었다. 왕망(王莽)이 찬위(簒位)하여 강학좨주(講學祭酒), 태자사우(太子師友) 등의 벼슬로 공승을 불렀으나 공승은 병을 핑계로 조정에 나가지 않았다. 왕망은 해를 거듭할수록 더욱더 융숭한 예로 공승을 불렀다. 공승은 자신의 사의(辭意)가 관철되지 못할 것을 알고 두 아들과 문인 고휘(高暉) 등을 불러 간략하게 상례를 준비하도록 하고는 단식에 들어가 14일 만에 79세의 나이로 죽었다.《한서(漢書) 양공전(兩龔傳)》

9 민적부(民籍簿) : 1909년 3월 통감부는 민적법(民籍法)을 제정, 공포하고 4월 1일부터 시행하였다. 이 민적법 시행에 따라 동년 7월부터 경무국에서는 전국적으로 호구조사를 실시하여 1910년 12월 조사가 종료되었다. 민적법의 시행과 이를 위한 호구조사는 일본의 조선 식민지 통치를 위한 가장 확실한 기초자료가 되었다. 그 결과, 1915년 《조선민적요람》에는 당시 전국 인구가 12,935,282명으로 집계되었다고 한다. 후일 이 민적부는 호적부로 변경되었다.

황현 黃玹

황현의 자는 운경(雲卿)이다. 그의 선대는 호남의 장수(長水)를 관향으로 삼아 거주하였다. 세종 당시에 영의정(領議政)을 역임한 황희(黃喜)에 이르러 서울의 큰 집안이 되었다. 그 뒤로 몇 대에 걸쳐 자손들 가운데 어떤 이는 호남으로 돌아가 거주하였다. 충청 병마사를 역임한 황진(黃進)과 사간원 정언(司諫院正言)을 역임한 황위(黃暐)는 선조조(宣祖朝)와 인조조(仁祖朝)에 명성을 얻은 황현의 조상들이다. 이들 뒤로는 집안이 한미하였다.

황현의 아버지 황시묵(黃時默)은 올곧고 의리를 좋아하는 인물이었다. 풍천 노씨(豊川盧氏)에게 장가들어 광양의 서석촌에서 황현을 낳았다. 황현을 임신했을 때 어머니 노씨는 태교에 노력하여 비록 고기 한 점이라도 반드시 바르게 잘라 먹었다. 황현은 다른 사람보다 대단히 총명하고 영리하였다. 성동(成童)[1]이 되기도 전에 사람들이 놀랄 만한 수준의 시를 지었다. 약관(弱冠)의 나이가 되었을 때는 궁벽한 시골에 살아서는 견문을 넓힐 수 없을 것이라 걱정하여 서울로 가서 지냈다.

당시에 교리(校理) 이건창은 조정의 신하들 가운데 문장력이 가장 뛰어났기 때문에 강위(姜瑋)를 위시한 나라 안의 명사(名士)들이 모두 그와 어울렸다. 황현이 자신의 시를 가지고 가 이건창에게 보여주니 이건창이 대단히 칭찬하였다. 때문에 황현의 명성이 날마다 자자해졌다.

고종20년(1883)에 나라에서 특별히 보거급제시(保擧及第試)를 실시하였다. 초시(初試) 초장(初場)에 제시된 책문(策問)에 대한 황현의 대책문(對策文)을 보고 당시 시관인 한장석(韓章錫)이 크게 놀라 황현을 1등으로 뽑았다. 그러나 조금 뒤에 황현이 시골 출신이라는 것을 알고는 다시 2등으로 뽑았다. 회시(會試)와 .전시(殿試)에서는 몇 년 동안이나 합격시켜 주지 않았다.[2] 황현은 광양에서 구례로 이사하여 그곳에서 2년간 거주하였다. 그리고 향공(鄕貢)[3] 초시생(初試生)의 자격으로 성균시와 회시의 두 곳 생원시에 응시하였다. 당시 판서 정범조(鄭範朝)가 시관이었는데 정범조의 시제(緦弟)[4]인 주사 정만조(鄭萬朝)는 평소 이건창을 통해 황현을 알고 있었다. 그리고 황현의 재능을 매우 높이 평가하였다. 정만조가 정범조를 보고 말하기를

"황현이 좋은 성적으로 합격하지 못한다면 이번 시험은 거행하지 않은 것이나 마찬가지입니다."

라고 하였다. 정범조는 정만조의 말을 받아들여 황현을 1등으로 뽑았다. 황현이 성균시에 두 번 응시하고서야 비로소 합격한 것이다.

당시에 국가 상황은 국외 사정으로 인한 걱정거리가 날마다 가중되고 내부적으로는 정사(政事)가 갈수록 잘못되어 가고 있었다. 때문에 황현은 조정에 나갈 뜻이 없었다. 결국 그는 문을 닫은 채 집에 머물며 서울에 들어가지 않고 독서에 마음을 기울였다. 서울에 사는 친한 벗들이 혹 편지를 보내 먼 시골로 돌아간 것을 책망하기라도 하면 황현은 다음과 같이 답장하였다.

"그대는 어찌하여 나를 귀신의 나라, 미친 사람들 가운데 들어가게 해서 그들과 함께 귀신이 되고 미친 사람이 되라고 하는가."

그 당시 문학에 뛰어나면서 높은 지위에 있던 신기선(申箕善), 이도재(李道宰) 등이 황현과 교제하고자 하였으나 황현은 모두 거절하고 응하지 않았다.

광무9년(1905)에 일본이 러시아를 이긴 여세를 몰아 사람을 보내 대한제국을 통치 감독하도록 하였다. 이에 앞서 황현의 친구로 개성에 거주하는 김택영(金澤榮)은 나랏일이 장차 위태롭게 될 것이라며 벼슬을 버리고 중국의 회남(淮南)[5]으로 가 거주하고 있었다. 황현은 서글픈 마음에 김택영을 따라 은거할 뜻이 있어 몇 차례 김택영에게 편지를 보내 자신의 의사를 알렸다. 그러나 가난한 살림에 돈이 없었으므로 결행하지 못하였다. 고작 옛날 난세를 만나 한 몸을 고결하게 지켰던 매복(梅福), 관녕(管寧), 장한(張翰), 도잠(陶潛), 사공도(司空圖), 양진(梁震), 가현옹(家鉉翁), 사고(謝翱), 고염무(顧炎武), 위희(魏禧) 등 열 명의 초상을 그리고 각각의 초상에 시를 짓고 병풍으로 만들어 바라볼 뿐이었다.

융희4년(1910) 7월에 일본인들이 마침내 대한제국을 병탄하였다.[6] 8월에 이 소식을 들은 황현은 슬픈 나머지 음식을 먹지 못하고 하루 저녁에 〈절명시(絶命詩)〉 4장(章)을 지었다. 또 아들에게 다음과 같은 글을 남겼다.

"나는 조정에 출사하지 않았으므로 지금 죽어야 할 의리가 없다. 다만 나라에서 선비를 양성한 지 500년이나 되었는데, 나라가 망하는 날에 이르러 국난을 아파하며 죽는 사람이 하나도 없다면 어찌 애통하지 않겠느냐. 나는 위로는 하늘이 부여해주신 본성의 아름다움을 저버리지 않고, 아래로는 평소 책을 읽어 깨달은 정신을 저버리지 않을 것이다. 이를 위해 목숨을 끊으려 하니 진실로 통쾌하다. 너희들은 나의 죽음을 너무 슬퍼하지 말거라."

글을 다 쓰고 황현은 독약을 마셨다. 집안 식구들은 이튿날이 되어

서야 비로소 황현이 자결하기 위해 독약을 마신 사실을 알았다. 아우 황원(黃瑗)이 서둘러 달려가 황현을 보고 할 말이 있는지 물었다. 황현이 말하기를

"내가 무슨 말을 하겠는가. 내가 써 놓은 글을 보시게나."

라고 하였다. 또 웃으면서

"죽는 것이 쉽지 않군. 약을 마실 때 주저하는 마음이 들어 세 번이나 약사발을 입에서 떼어냈었네. 내가 이처럼 어리석다네."

라고 말하고는 잠시 후에 숨이 끊어졌다. 향년 56세였다.

황현의 어머니 노씨는 사람의 됨됨이를 알아보는 능력이 있었는데 일찍이 황원에게 일러 말하기를

"나라에 어려운 일이 있으면 목숨을 버릴 사람은 반드시 네 형일 것이다."

라고 한 적이 있었다. 어머니 노씨의 이 말이 이때에 이르러 들어맞았다.

황현은 이마가 훤하고 미간이 넓었다. 시력이 좋지 않고 눈동자가 오른쪽으로 치우치는 사시(斜視) 증세가 있었다. 사람 됨됨이가 호방하고 방정하며 강직하여 원수를 미워하듯 악을 미워하였다. 자존심이 강해 사람들을 유순한 태도로 대하지 않았다. 건방지게 구는 귀한 신분의 사람들을 보면 곧바로 그의 면전에서 기를 꺾어놓았다. 평소 관계가 좋았던 사람 가운데 유배가거나 운명한 사람이 있으면 천 리 먼 곳까지도 걸어가 위로하는 경우가 많았다. 글을 읽다가 충신과 지사들이 곤경에 처하고 원통하게 된 일에 대한 기록을 보게 되면 황현은 줄줄 눈물을 흘렸다. 학문은 환히 이해하는 데 주안점을 두었고 시속에서 강학하는 사람들과 어울리기를 좋아하지 않았다. 역대의 역사책에 실린 각 왕조의 치란(治亂)과 성쇠(盛衰)의 자취, 그리고 병사와 형

벌, 전곡(錢穀) 등의 제도까지도 더듬어 보는 것을 좋아하였다. 일찍이 서양의 이용후생(利用厚生)에도 관심을 가져 시대의 어려움을 구제할 수 있을 것이라고 생각하였다. 황현이 지은 문장 중 시는 소자첨(蘇子瞻)[7]과 육무관(陸務觀)[8]의 기풍이 많이 있었다. 황현이 죽고 이듬해에 호남과 영남의 선비들이 돈을 갹출하여 《매천집》을 간행하였다. 매천은 황현 스스로 지은 호이다.

대한제국이 망했을 때 황현 전후로 절의를 지켜 죽은 인물로는 금산 군수 홍범식(洪範植), 판서 김석진(金奭鎭), 참판 이만도(李晩燾), 정언 정재건(鄭在楗), 승지 이재윤(李載允), 의관(議官) 송익면(宋益勉), 감역(監役) 김지수(金智洙), 무인으로 본관이 전주인 정동식(鄭東植), 유생으로 연산에 거주하던 이학순(李學純), 전의에 거주하던 오강표(吳剛杓), 홍주에 거주하던 이근주(李根周), 태인에 살던 김영상(金永相), 공주에 살던 조장하(趙章夏), 그리고 내시 반씨(潘氏) 등 10여 명이 있다. 이들 가운데 황현은 문학으로 가장 뛰어난 인물이었다.

김택영은 다음과 같이 평한다.

"황현의 시는 청절(淸切)하고 표경(飄勁)하여 우리나라 문인들 가운데 몇 손가락 안에 드는 수준이다. 그가 지은 시에는 고금의 인물 가운데 절의를 지켜 목숨을 내던진 사람들에 관한 것이 매우 많다. 그런 작품들은 황현 자신이 진심을 쏟아 비통한 심정을 대단히 간절하게 표현해냈다. 천성적으로 그런 일을 대단히 좋아하는 사람이 아니었다면 이와 같이 할 수 있었겠는가. 비단옷 위에 검은 양가죽으로 만든 옷을 껴입어 진면모를 감추고자 했으나 삼척동자까지도 그 훌륭한 솜씨를 다 알아보았다. 이처럼 훌륭한 문장 솜씨를 지닌 황현이 절의를 지켜 목숨을 버리기까지 하였으니, 그 빛이 백세(百世)까지 영원히 전해지리라는 것을 어찌 의심하겠는가."

화개(花開) 김택영(金澤榮)

1 성동(成童) : 성동은 8세 또는 15세가 된 사내아이를 말한다.

2 합격시켜 주지 않았다 : 보파(報罷)는 대책(對策)한 내용이 임금 마음에 들지 않으면 물러가 쉬게 한다는 뜻으로 여기서는 황현을 급제시키지 않았다는 의미이다.

3 향공(鄕貢) : 향시(鄕試)에 합격하여 진사시(進士試)에 응시하도록 지방 장관의 천거를 받는 것을 가리킨다.

4 시제(緦弟) : 시제는 상을 당했을 때 시마복(緦麻服 : 3개월간 입는 상복)을 입는 8촌 아우이다.

5 회남(淮南) : 중국 안휘성(安徽省) 중북부에 있는 공업도시이다.

6 융희4년……병탄하였다 : 일제가 소위 한일합방조약을 강제 체결한 것은 1910년 8월 29일이다. 여기서 7월로 표기한 것은 음력으로 말한 것이다.

7 소자첨(蘇子瞻) : 자첨(子瞻)은 소식(蘇軾, 1037~1101)의 자이다.

8 육무관(陸務觀) : 무관(務觀)은 육유(陸游, 1125~1210)의 자이다.

박병하 朴炳夏

박병하의 자는 문혁(文赫)이고, 신라의 왕자 가문 출신이다. 선조들 가운데 박언부(朴彦孚)가 밀성군(密城君)에 봉해져 밀양이 관향이 되었다. 고려조의 박현(朴鉉)은 삼품 규정(三品糾正)을 지냈고 시호는 무열(武烈)이다.

조선에 이르러 호가 낙촌(駱村)인 박충원(朴忠元)은 이조 판서를 지냈는데 시호는 문경(文景)이다. 박자응(朴自凝)은 교리(校理)를 지냈다. 낙촌 박충원은 13세조이고 박자응은 9세조이다.

할아버지 박준민(朴準珉)은 효성으로써 정려(旌閭)를 받고 좌승지(左承旨)에 추증되었다. 아버지는 박명수(朴明秀)이고 어머니는 김해 김씨(金海金氏)인데 헌종 정미년(헌종13, 1847) 12월 28일에 전남(全南) 흥덕현(興德縣) 백운리(白雲里) 자택에서 공을 낳았다.

박병하는 성품이 온순하고 용모가 단정하였다. 예닐곱의 어린나이에도 잡담을 하지 않았고 잡스러운 놀이를 하지 않았다. 항상 어른을 곁에 모실 때마다 어른을 대하는 것이 공손하여 사람들이

"이 아이는 반드시 한나라의 황숙도(黃叔度)[1]보다 나을 것이다."

라고 칭찬하였다. 어느 날 어머니가 아프시자 집안사람들이 미음을 끓여 드렸는데 어머니가 드시지 않았다. 어머니가 말하기를

"우리 아이가 쌀을 숫돌에 곱게 갈아 죽을 끓이면 입에 맞네."

라고 하였다. 이 때문에 공은 매일 죽을 끓여 드렸고 이렇게 한 것이 1년이었다. 당시 공의 나이가 아홉 살밖에 되지 않았다. 하루는 공이 손을 맞잡고 내보이지 않자 숙부 박현수(朴顯秀)가 이상하게 여겨 손을 잡아 보니 쌀을 가느라고 손에 피가 나 온전한 손가락이 없었다. 손을 맞잡고 있었던 것은 다른 사람이 자신의 손의 상처를 알면 어머니가 마음 아파하실까 두려워서였다.

어머니의 상을 당하자 그 슬픔에 몸이 상할 정도였고 예에서 정한 것보다 더 슬퍼하며 정성을 다하였다.

박병하는 11세에 형 박병신(朴炳臣)과 함께 할아버지께 배웠다. 당시에 형 박병신은 재주가 뛰어났고 박병하는 우둔하였다. 아버지 박명수는 일찍이

"큰아들은 가르칠 만하고 작은 놈은 가르칠 것이 못된다."

라고 하였다. 할아버지는 아버지를 꾸짖으며

"사람의 성취는 덕에 달려 있지 재주에 달려 있는 것이 아니다."

라고 하였다. 후에 형 박병신은 결국 일찍 요절하였고 공은 학문을 성취하였다. 공은 새롭고 맛있는 것이 생기면 반드시 할아버지와 아버지께 드린 후에 먹었다.

병자년(고종13, 1876)에 부친상을 당하여 밤낮으로 애통해한 나머지 거의 죽을 정도에 이르렀다. 집안사람들이 개고기를 가져다주어 그것을 먹고 무사하였다. 그 후 다시 3년 동안 죽을 먹었다. 혹 다른 사람들과 이야기를 하다가 아버지 얘기가 나오면 꼭 눈물을 주르르 흘렸다. 마을 사람들이 관청에 청원하여 그의 효성을 표창하려고 하였지만 공의 반대로 그렇게 하지 못하였고 다만 세금을 면제받았다.[2]

갑오년(1894)에 동학농민군이 일어나자 온 고을이 편안할 수가 없었는데 홍덕(興德)이 더욱 심하였다. 공은 홀로 문을 닫고 밖에 나오지

않았고 학문 연구에 더욱 정진하였다. 이때에 박병하는 공자가 진(陳), 채(蔡)에서 여러 날 궁액을 겪는 것 같이[3] 힘겹게 지냈다. 동학농민군에 참여한 사람들 중에 공을 아는 사람이 그 소식을 듣고 곡식 1석을 보내주었으나 공은 받지 않고 돌려보냈다. 그 사람이 또 다시 곡식을 보냈으나 공은 끝내 사양하고 받지 않았다.

같은 해 12월에 관군이 동학농민군을 토벌하려고 현에 이르렀다. 공의 집 앞을 지나가다가 책 읽는 소리를 듣고 들어와 공을 보았는데 의관을 단정히 하고 꼿꼿이 앉아 움직이지 않았다. 관군은 이 모습을 보고 감탄하며

"여기는 군자의 집이다."

라고 하고 공경하며 물러갔다. 공은 일찍이 말하기를

"소가 비록 가축일지라도 그 힘을 빌려 농사를 지어 제수를 마련하는 것이다. 또 소의 힘을 빌려 사람도 사니 소의 고기를 먹는 것이 가하겠는가."

라고 하고 죽을 때까지 소고기를 먹지 않았다.

경자년(광무4, 1900)에 연재(淵齋) 송병선(宋秉璿) 선생을 배알하고 향례에 참여하여 함께 화답한 시가 있다.

계축년(1913) 가을에 신전(薪田)에서 간재(艮齋) 전우(田愚) 선생께 제자의 예를 갖추고 배알하였다. "아침에 도를 들으면 저녁에 죽어도 좋다."라는 가르침을 받고 그 뜻으로 자신을 가헌(可軒)이라 하였다.

경술년(1910) 7월, 군도(群島)로 가 간재 선생을 뵈었다. 8월 11일 합방(合邦) 소식을 듣고 선생과 함께 다음과 같이 맹세하였다.

"우리들이 평상시에 공부한 것이 곧 예의이다. 저 왜적 오랑캐들이 지금 우리나라를 강제로 빼앗았는데 우리가 어찌 오랑캐들의 노예가 되어 복종해 섬길 수 있겠는가. 또 그들에게 욕을 받으며 살기 보다

는 몸을 깨끗이 하여 죽는 것이 낫다."

그리고는 마침내 집으로 돌아왔다. 15일에 천신제(薦新祭)에 참석하고 아들 박봉규(朴鳳圭)에게 말하기를

"내가 선생님과 함께 맹약한 것이 있어 다시 군도로 가려했는데 선생께서 이미 왕도(旺島)로 들어가셨다고 하니 나는 서울로 가겠다."

라고 하고 부인 이씨에게 서둘러 짐을 싸라고 하였다. 부인이 그 까닭을 묻자

"이번에 가면 내가 돌아오지 않을 것이오."

라고 하였다. 부인은

"당신이 그렇게 떠나버리시면 집이 가난하고 자식은 홀로 남게 되니 어찌합니까."

라고 하였다. 공은 말없이 한참 있다가

"집안의 정황이 그러하니 다시 생각해 보겠소."

라고 하였다. 이날, 박병하는 동지들에게 이별을 고하는 편지를 쓰고 목욕하고 손톱을 깎고 머리를 빗은 다음 음식을 끊었다. 집안사람들이 크게 놀라 음식을 가져다주었지만 끝내 듣지 않았다. 18일에 "경서를 안고 통곡하며, 산에 들어가 굶어 죽는다.〔抱經痛哭, 入山枯死.〕" 여덟 글자를 외워 집안사람들에게 경계하며 다음과 같이 말하였다.

"내가 죽고 나서 너희들이 상례대로 하려면 무슨 변고가 있을지 모르니 곧바로 매장하여라. 무덤에 봉분을 하지 말고 평평하게 하고 또 불사(佛事)를 하지 마라."

19일에 마침내 조용히 운명하였는데 절식한 지 8일 째였다. 문생 김기형(金錤炯)이

"공께서 평상시에 저에게 말씀하시기를 약을 준비하라고 하셔서 제가 무슨 뜻인지 알지 못했습니다. 지금 이와 같이 의(義)에 처하시

는 것을 보니 진실로 이것 때문이었습니다."
라고 하였다. 한 달이 지나 거주하던 집 뒤 묘좌 언덕에 안장하였다.

공에게는 1남 3녀가 있었는데 아들은 봉규이고 세 딸은 서산(瑞山) 유병근(柳炳根), 전주(全州) 이홍렬(李弘烈), 황주(黃州) 변진동(邊鎭東)에게 시집갔다. 유고 1책이 집안에 소장되어 있다.

그를 애도하는 시[4]는 다음과 같다.

굳건한 절개로 이 세상에서	狷介在人間
칠십 평생 포의로 살았네	七旬一布衣
어려서 아프신 어머니 봉양하여	童年養母疾
지극한 효성 세상에 드물었어라	誠孝世所稀
아버지를 잃고 슬픔에 거의 죽을 뻔하니	父喪哀戚幾毁性
향리에서 효성으로 추천하자 스스로 막았지	鄕里剡薦告自沮
동학 난을 만남에 더욱 바름을 지켜	及遭東亂益守正
문 닫고 독서하니 군사들이 감탄했도다	閉戶讀書感軍旅
만년에 나와 함께 선을 권하면서	晩與歸山相觀善
마음 비우고 의를 따르니 무리 중에 뛰어났지	虛心服義出流輩
나라에 변란이 많은 후로	自從邦國多亂後
마음속에 가득 찬 울분을 항상 참고 견디었지	幽憤滿腔常叵耐
초가을에 노 저어 푸른 물결 건너와	孟秋叩枻涉滄溟
사제로 만나 서로 마음으로 아파하였도다	師生相對心恐傷
돌아가 조국의 산하가 합병되었다는 소식 듣고	歸來忽聞山河改
품속에 오랫동안 품었던 독약을 한 잔에 털어 마셨네	懷裏舊藥盡一觴
동지에게 이별 고하니 의로움 삼엄하였고	告訣同志義森嚴
원수들의 기를 죽였으니 통쾌하도다	氣殺讎賊意一快
중도를 어겨 명예를 구한다 함부로 말하지 말라	過中近名莫謾說

주자와 위간재가 모두 말한 뜻이 있도다　朱魏二老俱有解
현인의 훌륭한 점을 힘써 행할 것이니[5]　賢者所長著力行
모든 사람이 감추고 꺼린다면 누가 선행을 하겠는가[6]　夫人避嫌孰爲善
적의 조정에서 포복하는 이 뉘 집 자식인가　匍匐賊庭誰家子
개와 돼지만도 못한 놈이네　視之不啻豚與犬
우리나라 온 지역이 부질없이 위태로운데　靑邱一域等浮漚
세상 모두 그대와 같다면 어찌 회복하기 어렵겠나　世皆如君何難復
이제 나는 병이 심하여 죽으리니　今我癃病那當死
서풍에 홀로 서서 눈물 한 가득 흘리네　獨立西風淚盈斛

간재(艮齋) 전우(田愚)

1　황숙도(黃叔度) : 숙도는 후한(後漢) 황헌(黃憲)의 자이다. 학행(學行)으로 한 시대의 존경을 받았다. 진번(陳蕃)은 말하기를 "얼마간 황생(黃生)을 보지 않으면 야비하고 인색한 마음이 다시 싹튼다."라고 하였다. 《후한서(後漢書) 권83》

2　세금을 면제받았다 : 복호(復戶)는 조선 시대에 충신, 효자, 군인 등 특정한 대상자에게 부역이나 조세를 면제하여 주던 일을 말한다.

3　공자가……같이 : 공자가 채(蔡)나라에서 3년 동안 거주하고 초(楚)나라의 초빙을 받아 가던 중 진(陳)나라 대부와 채나라 대부가 보낸 수하인들에게 포위되어 7일 동안 굶주리며 고초를 겪었던 일을 말한다. 《사기(史記) 권47 공자세가(孔子世家)》

4　애도하는 시 : 이 만시는 《간재선생문집별편(艮齋先生文集別編)》 권1에 실려 있다.

5　현인의……것이니 : 《간재집(艮齋集)》 주석에 "朱子語, 見語類中庸第九章."이라

고 되어 있다.

6 모든……하겠는가 : 《간재집(艮齋集)》 주석에 "魏艮齋語, 見朱子大全魏公墓表." 라고 되어 있다. 간재는 송나라 위섬지(魏掞之)의 호이다. 이는 주희(朱熹)가 그의 묘문(墓文)을 지을 당시에는 증적(曾覿)의 권세가 한창 성대하였으므로 증적과 관련되는 사실을 그대로 썼다가는 화(禍)가 무덤에까지 미칠 것을 염려하여 평범하게 다루었으나 그 뒤에 〈묘표발(墓表跋)〉을 지어 그 사실을 자세히 드러낸 것을 말한다.

정동식 鄭東植

정동식의 자는 경필(敬必)이고 전주(全州) 배산리(杯山里) 사람이다. 그의 선조는 고려 연일군(延日君) 정자피(鄭子皮)이다. 아버지는 정제호(鄭濟鎬)로 사헌부 지평(司憲府持平)을 지냈다. 정동식은 어려서 기질이 남달랐으며 덕스러운 도량을 갖추고 있었다. 성장해서는 품은 뜻이 컸고 세상을 다스리고 경영하려는 뜻이 있었다. 아버지 지평공이 활쏘기와 말 타기를 익히라 권하자 정동식은 이때부터 아버지의 가르침에 따라 무예를 익혀 활을 잘 쏘는 것으로 유명해졌다.

상황(上皇) 병자년(고종13, 1876), 무과(武科) 갑과에 합격하였고, 얼마 후에 친군별영 초관 겸 선전관(親軍別營哨官兼宣傳官)으로 옮겼다. 다시 충무위 좌부장(忠武衛左部將)에 임명되었다.

무자년(1888)에 왕세자를 모시고 태묘(太廟)에 행차하였는데 세자가 그를 매우 훌륭하게 여겨 대검과 말안장을 하사하였고 훈련원 주부(訓鍊院主簿)로 승진시켰다. 얼마 후에 다시 수주부(首主簿)에 임명되고 어모장군 훈련첨정(禦侮將軍訓鍊僉正)에 임명되었다.

당시 조정과 일본이 강화조약을 맺어[1] 재앙의 기미가 잠재하고 있었고 권신들은 권력을 휘둘러 제멋대로였다. 그 밑의 관료들이 비록 뛰어난 재주와 훌륭한 지략을 가지고 있더라도 아무 소용이 없었다. 정동식은 이러한 사실에 분격하여 벼슬자리에서 물러나 궁벽진 시골에 은거하였다. 매번 북쪽 궁궐을 바라보면서 누각 아래에서 탄식[2]만 할 뿐이었다.

경술년(1910)에 변란이 있자,[3] 정동식은 하늘을 우러러 통곡하며 말하기를

"나라가 망하고 임금도 없으니 내가 어디로 돌아갈 것인가. 나는 두 세대 동안 나라에서 두터운 은혜를 받았다. 갑자기 이러한 변란을 당하여 국란을 극복할 만한 한 가지 대책도 세우지 못하고 구차히 원수의 나라에서 목숨을 보전하니 또한 비루하지 않은가."

라고 하였다.

정동식은 밤에 잠을 자지 않고 포고문과 토적문, 그리고 자식들에게 경계하는 글, 친척들에게 권면하는 글 등을 지었다. 아침 일찍 일어나 집안사람에게

"내가 오늘 부모님의 묘소를 살펴보고 와야겠다."

라고 하였다. 또 어린 손자를 불러

"너는 성현의 책을 열심히 읽어 우리 집안을 일으켜 세우거라."

라고 하였다. 곧바로 행장을 꾸려 익산(益山)을 지나다가 한 친구를 만나 말하기를

"내 한 몸 죽어 나라에 보은하고 저승에서 포은(圃隱) 정몽주(鄭夢周) 선생을 따르려 하네. 내가 죽거든 그대가 나를 위해 명정에다 모은거사(慕隱居士)라고 써주면 좋겠네."

라고 하였으니 이것은 포은 선생을 흠모한다는 뜻이다.

말을 마치고 완산부(完山府)로 들어가 역적을 토벌하자는 글을 안찰사 이두황(李斗璜)에게 주면서

"나의 힘으로 우리나라를 지킬 수 없으니 부끄러움을 어찌할 수가 없소. 나는 죽어 귀신이 되어 저 왜놈들을 섬멸하여 우리 선왕의 깊

은 원수를 갚을 것이오."
라고 하였다. 그는 마침내 공북루(拱北樓)로 올라가 의관을 정제한 다음 북향하고 스스로 목을 매 자결하였다.

후산자(厚山子)[4]는 다음과 같이 말한다.

"아, 우리 성조 500년 동안 선비를 길러낸 공적이 대단하다고 할 만하다. 이 때문에 망국에 이르러 어떤 이는 조정에서 을사조약의 폐지를 청하면서 죽었고 어떤 이는 임금 앞에서 적을 토벌하자고 청하다가 죽었다. 또 어떤 이는 의병을 일으켜 원수를 갚다가 죽었고 어떤 이는 은사금을 물리치고 일본이 주는 작위를 사양하다가 죽었다. 그 죽음은 비록 같지 않더라도 그 마음은 모두 나라를 위하는 지극한 정성과 걱정하는 마음에서 나온 것이다.

그러나 나라의 변고가 끝까지 다한 합방과 같은 상황에서는 무릇 우리 선왕의 백성된 자가 비록 모두 동해바다로 가 죽더라도 그 수치를 씻을 수 없었다. 이때 의로움을 들어 절의를 지킨 사람들은 오직 정동식(鄭東植), 홍범식(洪範植), 이만도(李晩燾), 황현(黃玹) 같은 이들에 그쳤으니 너무 적지 않은가.

그들이 의를 지켜 자결할 때에 어떤 이는 집에서 독약을 먹고 어떤 이는 관리의 신분으로 자결하였다. 그러나 유독 정동식만은 일정한 벼슬이 없는 처지[5]에서 경술국치의 변란을 들은 날에 곧바로 관부로 가 글을 지어 매국노를 처단하고 북쪽 문에서 목을 매고 죽었으니 그의 죽음은 더욱 종용(從容)히 의를 취한 것이다."

성산(星山) 이도복(李道復)

1 조정과……맺어 : 1876년 체결한 조일수호조규, 일명 강화도조약을 말한다.

2 누각 아래에서 탄식 : 주자가 금나라에 복수하고자 차자를 올리고 나서 누각 아래에서 탄식했다는 이야기가 전한다.

3 경술년에 변란이 있자 : 1910년 8월 일제에 의해 대한제국이 멸망한 것을 가리킨다.

4 후산자(厚山子) : 이도복(李道復, 1862~1938)이 스스로를 일컫은 말이다. 이도복의 본관은 성주(星州), 자는 양래(陽來), 호는 후산(厚山)으로 경상북도 산청(山淸) 단성(丹城)에서 살았다. 1967년에 간행한 《후산문집(厚山文集)》 20권 10책이 있다.

5 일정한……처지 : 원문의 재외산반(在外散班)은 일정한 벼슬이 없는 직책을 의미한다.

장태수 張泰秀

장태수의 자는 성안(聖安), 호는 일유재(一逌齋), 본관은 인동(仁同)이다. 고려 시대에 삼중대광 상장군(三重大匡上將軍)을 지낸 장금용(張金用)[1]이 시조이다. 고려 말에 송은(松隱) 장안세(張安世)는 장태수의 선조였는데 덕령(德寧)의 수령이 되었을 때 홍수를 만났다. 장안세는 있는 힘을 다하여 물길을 내어 넘친 물을 빼냈으며 만세교(萬歲橋)를 만들었다. 그는 다음과 같은 시를 지었다.

상고 시대에 원기가 나뉘어 큰비 쏟아져　　元氣雙分上古前
물에 잠긴 모습 눈앞에 선하네　　興亡物色尙森然
천 년 전에 고향을 지나치나 할 일 많아　　還鄕事遠丁千載
8년을 치수한 뒤 업적 이룬 우 임금이네　　治水功餘禹八年
노란 국화 활짝 폈으나 백주 물리치고　　黃菊烔爛嫌白酒
흰 수염으로 엉금엉금 높은 고개 올랐네　　蒼髥偃蹇把高嶺
벼슬살이 다만 임금의 덕 펼치려 하니　　宦遊只欲扶王化
보잘것없는 부귀는 관심 없어라　　何用區區富貴全

장안세는 태조가 왕위에 등극하였다는 소식을 듣고 관직을 버리고 두문동(杜門洞)[2]으로 들어가 버렸으니 바로 72현(賢) 중의 한 사람이다.

광주(廣州)의 추령(秋嶺)을 지나다가 〈절명시(絶命詩)〉를 지었다.

충효로 지낸 한 평생　平生忠孝意
오늘 누가 알아주랴　今日有誰知
한번 죽으면 내 한도 멈추리니　一死吾休恨
저승에 알아줄 이 있으리　九原應有知

태조가 그와 젊었을 때 친구였기에 여러 번 조서를 보냈으나 공은 끝내 응하지 않았다. 순조 때에 충정(忠貞)이란 시호가 내려졌다.

장안세는 장중양(張仲陽)을 낳았는데 장중양은 고려 때 김해 부사(金海府使)를 지냈다. 뒷날 조선이 건국되어 한성 좌윤에 임명되자 신하되기를 거부하고 나아가지 않았다. 죽음이 임박하자 유명(遺命)으로 그 전의 관직을 관에 쓰라고 하였다. 그가 지은 회고시 한 수가 세상에 전해진다. 장태수의 증조는 장우천(張友天)으로 좌장례(左掌禮)에 추증되었다. 조부는 장석보(張錫輔)로 비서감 승(秘書監丞)에 추증되었으며, 호는 행재(杏齋)이다. 아버지 이름은 장한두(張漢斗)로, 호는 산연(山淵)이라고 한다. 첨중추(僉中樞)를 역임하였고 가선내부 협판(嘉善內部協辦)에 추증되었다. 모두 장태수가 귀하게 되어 추증되었으며 문집을 남겼다.

헌종 신축년(헌종7, 1841) 12월 24일에 공은 금구군(金溝郡)[3] 서도리(西道里)의 자택에서 태어났다. 어머니 최씨가 두 마리 용이 북두성으로 날아오르는 태몽을 꾼 뒤 임신하였다. 이때부터 최씨는 마시고 먹는 모든 행동을 태교에 기준하여 조심하였다. 과연 아이를 낳자 골상(骨相)이 비범하였다. 부인이 항상 사랑하며

"과연 꿈처럼 된다면 이 아이는 반드시 집안의 명성을 크게 떨치

리라."
라고 하였다. 그러나 공이 겨우 세 살 때 어머니가 돌아가셨다. 작은 아버지 장수삼(張秀三)이 그를 가엽게 여겨 첩에게 기르도록 하였다. 15, 6세가 되었을 때 과거에 합격한 사람이 자기 집 앞을 지나가는 것을 보고 아버지 산연공에게 아뢰기를

"저도 과거 공부를 하여 저 사람처럼 세상에 이름을 드날리겠습니다."
라고 하였다. 여러 부형(父兄)들이 그것은 어려운 일이라고 만류하였다. 공은 맏형 진사공에게 나아가

"우리 집안은 대대로 초라했습니다. 과거에 합격하고 이름을 드날려 우리 집안을 세상에 알리는 것이 옳은 일이 아니겠습니까."
라고 하고는 밤낮으로 독서에 매진하였다. 철종 경신년(철종11, 1860)에 비로소 초시(初試)에 합격하였다. 회시(會試) 볼 날이 얼마 남지 않았는데 솔개가 뜰 앞 소나무에 날아와 앉아 한참 동안 머물렀다. 사람들이

"반드시 하늘에 날아오르게 될 것이다."
라고 하였다.

다음해 신유년(1861)에 과연 병과(丙科)로 합격하여 곧바로 승문원 권지부정자에 임명되었다. 얼마 뒤에 전적(典籍)과 조경묘 별검(肇慶廟別檢)에 임명되었다. 조경묘[4]를 개수한 공으로 도신(道臣)들과 함께 임금의 은혜를 받아 선략장군 부사과(宣略將軍副司果)에 임명되었다. 이후로 참상관 전적(參上官典籍)에 올라 예조 정랑, 사헌부 지평, 정언, 장령 등을 역임하였다.

정묘년(고종4, 1867) 3월에 임금과 중전이 경우궁(景祐宮)과 남연사(南延祠)에 절을 올리고 대원군을 찾아뵐 때 공이 별배종(別陪從)으로 수행

하였다. 그 달에 큰 형 송간공(松澗公)이 진사시에 합격하였다. 공은 큰 형을 모시고 대궐에 들어가 임금에게 인사를 드렸다. 얼마 뒤에 장악원 정에 임명되었다. 기사년(1869) 겨울에 양산 군수(梁山郡守)에 임명되었다. 공이 양산에 도착하여 피폐한 고을과 느슨한 변경 방비를 보고 걱정하였다. 이에 경상 감영에 요청하여 돈 5천 냥을 얻었다. 공이 또한 5천 금을 내어 깃발, 투구, 탄환 등을 마련하고 군기고(軍器庫), 서리청(書吏廳), 관수고(官需庫), 별포청(別砲廳) 등을 지었으며 50명의 포군(砲軍)을 선별하여 양성하였다. 또한 다섯 척의 파선(巴船)을 만들어 혹시 모를 적의 침입에 대비하였다.

옛날 충신 조영규(趙英珪)가 일찍이 이 고을을 다스렸는데 임진왜란 때 목숨을 바쳐 절개를 지켰다. 고을 사람들이 제단을 설치하였는데 이때에 이르러 제단은 우거진 가시넝쿨 속에 버려져 있었다. 공은 탄식하면서 그 제단을 정돈하였다. 세 개의 문을 설치한 뒤 고을 사람들로 하여금 그전처럼 제사 지내게 하였다. 고을을 다스린 지 3년이 되자 고을 사람들이 구리로 비를 세워 덕을 기리려고 하였다. 공은

"이것은 덕을 기리는 것이 아니라 나의 잘못을 드러내는 것이다."

라고 하며 세우지 못하게 하였다. 공이 이 고을에서 떠난 지 5년이 지나자 고을의 선비들이 그의 공적비를 세웠다. 뒤에 경상도 관찰사 김세호(金世鎬)가 장계를 올려

"자신의 돈을 내어 보충하고 포수를 양성하였으며 많은 업적을 남겼습니다."

라고 하자 임금이 특별히 통정대부에 제수하였다. 임신년(1872) 3월에 임금이 송도(松都)의 제릉(齊陵)과 후릉(厚陵)[5]에 참배하러 갈 때 엄청난 폭우가 쏟아졌다. 군사와 백성들이 많이 죽었으며 신하들은 대부분 뿔뿔이 흩어졌다. 다만 병조 판서 강모(姜姥)와 공이 임금의 수레를 호

위하며 뒤따르니 임금이 매우 가상하게 여겼다. 6월에 병조참의에 임명되었다. 이때 임금이 영희전(永禧殿)[6]을 배알하였는데, 공과 판당(判堂) 강모, 아당(亞堂) 이계로(李啓魯), 참지(參知) 여규익(如圭益) 등이 궁을 지키라는 패를 받들고 모두 숙배(肅拜), 사은(謝恩)하였다. 6월에 돈녕도정에 임명되었고, 8월에 대사간에 임명되었으나 부임하지 않았다. 경진년(1880)에 동부승지에 임명되었으며, 경연참찬관, 춘추관, 수찬관을 겸하였다. 갑오년(1894)에 고산 현감(高山縣監)에 임명되었다. 그 당시 동학교도의 난리가 일어났는데 고산은 더욱 심하였다. 사람들이 모두 위험하니 가지 말라고 하자 공은

"신하가 되어 어찌 안위(安危) 때문에 임무를 맡지 않을 수 있겠는가."

라고 하고 마침내 부임하였다.

6월에 일본 놈이 궁궐을 침범하여 임금을 협박한 다음 헌장을 고쳤다. 을미년(1895) 5월에 검은 옷을 입고 머리를 깎으라는 명령이 내려지자 공은 자신의 봉급을 고산 주민에게 나눠주고 벼슬을 버리고 고향으로 돌아왔다. 평소에 도연명의 절의를 흠모하여 정유년(광무1, 1897)에 집을 고쳐 〈귀거래도(歸去來圖)〉를 벽 위에 걸어놓고 때때로 보면서 자신의 마음을 돌이켜 보았다. 자신의 대청에는 '오직 마음을 정일하게 하여 온갖 변화를 제대로 살핀다.〔惟精惟一, 萬變是監.〕'라고 써놓았으며 누대는 망미(望美)라고 이름 지었다. 그리고 스스로 남강거사(南岡居士)라고 불렀다.

갑진년(1904) 겨울에 황태자비였던 순명비(純明妃)[7]의 인산(因山)에 공은 대여별배종(大轝別陪從)으로 참여하였다. 중추원 의관(中樞院議官)에 임명되어 안원제(安園祭)에 참여하였다. 을사년(1905) 정월에 종2품 가선대부 자급인 시종원 부경칙임관(侍從院副卿勅任官) 3등으로 승진하였

다. 8월에 자신의 3대까지 벼슬에 추증되었다. 10월에 을사오적이 5조목의 조약을 강제로 채택하였다는 소식을 듣고 책상을 치고 크게 소리치며

"도둑 같은 신하들이 나라를 그르친 경우가 옛날에도 어찌 적었겠는가. 그러나 그 어떤 것도 오늘날 이 놈들 같이 심한 경우는 없었다."

라고 하였다. 경술년(융희4, 1910) 7월에 일본에 나라를 빼앗겼다는 소식을 듣고 분해 마지않으면서 시를 지었다.

개, 말도 오히려 주인 은혜를 아는데	犬馬猶能懷主德
적신은 어찌 차마 임금을 속이는가	賊臣何忍賣君欺

또한 '눈물 떨어지는 외로운 신하 눈물 마를 날이 없구나.〔淚到孤臣流不盡.〕'라는 구를 짓기도 하였다. 그 뒤로 갓을 쓰지 않았으며 사람을 대할 때 말을 나누거나 웃지 않았다. 8월에 선영에 통곡한 뒤 돌아왔다. 10월에 헌병이 공에게 은사금을 받으라고 요청하자 가져온 봉투 뒷면에 공은 곧바로 '은혜에도 맞지 않고 염치에도 맞지 않으니 의리 상 받을 수 없다.〔傷惠傷廉, 義不可受.〕'라는 여덟 글자를 쓰고서 쫓아버렸다. 다음날 두세 명의 일본 병사가 와서 으름장을 놓자

"차마 나라가 망한 것을 보았는데 원수의 돈을 받으라고 하니 의리상 그럴 수 없다. 나는 죽더라도 받을 수 없다."

라고 썼다. 29일 세 명의 왜놈이 다시 와서 필담을 나누었다.

"그대는 원래 조선의 양반으로 본바탕이 고결한 사람이니 백성의 사표가 될 만하다. 그러므로 총독부에서 천황의 명령을 받들어 그대의 덕을 세상에 드러내고자 하니 어찌해서 받지 않는가?"

"이것은 의리에 맞지 않는 돈이다. 이른바 양반이란 자가 받을 수 있겠는가. 지난 번 내가 그런 뜻을 써서 보여주었으니 너희들은 더 이상 말하지 마라."

그 다음날 5,6명의 왜놈이 또 찾아와

"공은 이미 법을 어겼으니 어쩔 수 없이 결박하여 압송할 수밖에 없다."

라고 하자 공이 큰 소리로

"나는 대한의 중신(重臣)인데 너희들이 어찌 이렇게 무례할 수 있느냐."

라고 꾸짖으며 그들의 칼을 빼앗아 치려하였다. 왜놈은 놀라 물러났다. 저녁 무렵 다시 찾아와

"노인은 붙잡아 갈 수 없으니 세 아들을 묶어 데리고 가야겠다."

라고 모욕을 주었다. 공은 화를 참지 못하다가 마침내 기운이 막혀 혼절하였다. 이에 왜놈이 놀라 달아났다. 잠시 뒤에 공은 정신을 차린 뒤 길게 탄식하며

"나는 두 가지 죄를 지었다. 나라가 망하고 임금이 없어졌는데 나는 왜적을 토벌하고 복수하지 못하였으니 이것은 불충(不忠)이다. 이름이 왜놈의 민적에 올라 내가 몸을 깨끗이 하지 못해 선조를 욕되게 하였으니 이것은 불효다. 내가 이승에서 이 두 가지 죄를 지었으니 지금 죽는 것도 때늦은 것이다. 이제 곡기를 끊고 죽어 이 몸을 깨끗이 해야겠다."

라고 하였다. 그리고 집안 식구들에게 경계하며 말하기를

"나의 관은 흰색을 사용하고 명정에 대한(大韓)이라는 두 글자를 써서 내가 대한의 신하인 것을 드러내도록 하라. 그리고 염을 할 때는 큰 길 옆에 묻어두고 나의 자죄문(自罪文)을 쓴 널빤지를 세워 세상

사람들로 하여금 내가 이 두 가지 죄를 진 것을 알게 하라.”
라고 하였다. 11월 3일 글을 지어 선조의 사당에 고하면서

“6일은 우리 고조의 제삿날이다. 마침 나의 실낱같은 목숨이 끊어지지 않았으니 마땅히 제물을 준비하여 올리면서 나의 끝없이 애통한 마음을 다할 것이다.”
라고 하였다. 제사를 지낼 때 의관을 갖춰 입고 부축을 받으며 앉았다. 10일에 전북 관찰사와 경찰서에서 의원장 기미츠카 에이사부로〔君塚英三郎〕를 보내 진찰하게 하자 공은 팔을 휘둘러 물리쳤다. 통역관 시마타니 히데사부로〔島谷秀三郎〕가 말하기를

“옛날부터 지금까지 나라의 흥망이 어찌 천명이 아니겠는가. 조선으로 말하자면 고려가 망할 때 그대 태조의 일도 또한 지금의 상황과 같았다. 맹자가 천명이 바뀌었는지 바뀌지 않았는지를 보라고 하였는데, 지금 나라가 망한 상황에서 그대는 어찌 이처럼 스스로 괴롭게 행동하는가.”
라고 하였다. 이에 공은 붓을 들어 크게 다음과 같이 썼다.

“너의 임금은 아버지를 죽인 도적 같은 놈이다. 너희들은 아버지를 죽인 도적놈의 신하이다. 그 죄는 용서받기 어려운데 그것도 부족해서 또 우리 왕비를 죽이고 우리 황제를 욕보였으며 끝내는 우리 강토를 빼앗았다. 또한 원수들의 돈으로 나를 욕보이기까지 하였도다.”
그리고는 마침내 큰 소리로 호통을 쳤다.

11월 15일 밤에 그 아들에게 앞으로 지킬 것을 말하기를

“내가 죽거든 동쪽으로 머리를 놓지 마라. 그렇게 하여 나의 뜻을 드러내도록 하라.”
라고 하였다. 11월 27일 정묘일에 마침내 돌아가셨다. 유명(遺命)대로 집 뒤 길옆에 염을 하였고 둘째 아들인 장영학(張榮學)이 그 옆에서 시

묘살이를 하였다. 다음해 봄에 태인(泰仁)의 목담산(沐潭山)에서 장사를 치렀는데 장영학은 또 여막을 짓고 3년 동안 시묘살이를 하였다. 그 전에 상여가 태인에 도착했을 때 여러 고을의 많은 선비들이 자신이 지은 제문과 제수를 바쳤다. 그 당시 모인 사람은 수천 명이었다. 뒷날 남쪽 지방의 선비들이 통문을 띄워 면암 최익현과 함께 태산사(泰山祠)에서 장태수의 제사를 모시자고 요청하였다. 큰 아들인 장영택(張榮澤)은 겨를이 없다고 사양하였다.

1 장금용(張金用) : 본관은 인동(仁同)이다. 인동 장씨의 시조 장정필(張貞弼)의 후손으로 장금용계의 시조이다. 장금용이 현재의 경상북도 구미시 인의동 일대에 터를 잡기 시작한 이래 후손들이 세거하면서 옥산 장씨(玉山張氏)가 형성되고 후에 옥산이 인동으로 개명됨에 따라 인동 장씨로 불리게 되었다. 장금용계는 현재의 경상북도 칠곡군 석적면 중리와 송곡리 일대의 발영전(拔英田)을 세거지로 하는 장계(張桂)계와 함께 인동 장씨의 양대 계보를 이루고 있다.

2 두문동(杜門洞) : 이성계가 조선을 건국한 것에 반대한 고려의 유신(遺臣)들이 모여 살던 곳으로 경기도 개풍군 광덕면 광덕산 서쪽 기슭에 위치해 있다.

3 금구군(金溝郡) : 현재 전라북도 김제시 금구면 일대를 말한다.

4 조경묘 : 조선 시대에 종친의 먼 시조(始祖)인 신라 사공공(司空公)의 위패를 모시던 곳으로 1771년에 전주의 경기전(慶基殿) 북쪽에 세웠다.

5 제릉(齊陵)과 후릉(厚陵) : 제릉은 조선 태조의 정비(正妃)인 신의왕후(神懿王后) 한씨의 능으로 경기도 개풍군 상도면 풍천리에 있으며, 후릉은 조선 2대 임금 정종과 그의 비 정안왕후(定安王后)의 능으로 경기도 개풍군 흥교면 흥교리에 있다.

6 영희전(永禧殿) : 조선 시대 태조, 세조, 원종, 숙종, 영조, 순조의 영정을 모셨던 전각으로, 남별전(南別殿)을 고친 것이다.

7 순명비(純明妃) : 순명비는 대한제국 황제였던 순종의 정후(正后) 순명효황후 민씨(純明孝皇后閔氏, 1872~1904)를 말한다. 아버지는 여은부원군(驪恩府院君) 민태호이다. 정식 시호는 경현성휘순명효황후(敬顯成徽純明孝皇后)이다.

이만도 李晩燾

이만도의 자는 관필(觀必), 호는 향산(響山), 본관은 진성(眞城)으로 예안면(禮安面)[1] 하계리(下溪里)에 거주하였다. 그는 퇴계(退溪) 이황(李滉) 선생의 후손이다. 응교(應敎)를 역임한 조부 하계(霞溪) 이가순(李家淳)은 문장과 곧은 도로 당시에 명성이 있었다. 대사성을 역임한 아버지 복재(復齋) 이휘준(李彙濬)[2]은 뛰어난 식견과 맑은 인망을 지녀 조정 신하들의 수장이 되었다.

이만도는 출계하여 계부(季父)인 이휘철(李彙澈)의 양아들이 되었다.[3] 그는 헌종 임인년(헌종8, 1842)에 예안군 하계리에서 태어났다. 예닐곱의 나이에 이미 넉넉하고 높은 기상을 지녀 훌륭한 사람이 될 풍도가 있었다. 성장해서는 학문에 힘써 항상 입신양명(立身揚名)을 위해 노력하였다.

병인년(고종3, 1866)에 실시된 정시(庭試)에서 이만도는 장원으로 합격하였다. 곧바로 성균관 전적(成均館典籍)에 임명되고, 얼마 뒤에 병조좌랑(兵曹佐郎)이 되었다. 합격자를 발표할 때 임금께서 음악을 연주하는 악대를 보내 총애하는 뜻을 나타냈다. 연이어 사간원 정언(司諫院正言)에 임명되었다.

정묘년(1867)에 아버지인 대사성 이휘준의 상을 당했는데 나라에서 홍문관에 뽑아 들이니 이것 또한 특별한 대우였다. 아버지 상기(喪期)

가 끝나자 부수찬 겸 남학교수에 거듭 임명되었다가 곧바로 문신 겸 선전관에 임명되었다. 이로부터 청요직(淸要職)을 두루 역임하였다. 이만도는 임명되는 자리마다 강직한 자세로 직무에 임하여 훌륭한 성과를 냈다.

시강할 때와 빈대(賓對)[4]할 때는 강론하는 글의 내용에 따라 정치에 필요한 건의사항을 아뢰었고, 혹은 계(啓)를 올려 임금의 잘못을 바로잡고 권면하였다. 이를 통해 이만도는 좋은 말을 아뢰고 임금의 그릇된 마음을 바로잡는 정성을 다하기 위해 노력하였다.

병자년(1876) 봄에 집의(執義)로 재직하다가 관직을 삭탈당하였다. 이 일이 있기에 앞서 일본 사신 구로다 기요타카[黑田淸隆][5]가 조선에 와서 무역항을 열고 통상(通商)을 근간으로 13개 조항의 조약 체결을 요구하였다.[6] 우리 조정에서는 그 가운데 6개 조항을 허락하였다.[7] 그러자 면암 최익현이 도끼를 등에 메고 소장을 올려 논쟁하였다. 이에 사헌부와 사간원에서는 합동으로 계(啓)를 올려 무장부도(無將不道)[8]라는 말로 최익현을 공격하려고 하였다. 이만도가 말하기를

"최익현의 소장은 진실로 곧은 말인데 이런 말을 쓰는 것이 어찌 합당하겠는가."

라고 하고 그 말을 직접 지워버렸다. 대신들이 미워하여 마침내 계를 올려 이만도를 파직시켰다.

곧바로 면죄되어 다시 이전 관직에 서용(敍用)되었다. 가을에 양산군수(梁山郡守)에 임명되었다. 이 해에 대단히 큰 흉년이 들었는데 양산은 더욱 심하였다. 이만도는 부임한 날부터 고량진미를 먹지 않으면서 기근에 시달리는 백성들을 구제하고 세금을 감면하는 등의 정책을 펼쳐 모두 현저한 성과를 거두었다. 당시 관찰사가 교활한 수령의 말을 듣고 7개 고을의 조세미(漕稅米)[9] 가운데 관례적으로 각 고을에

남겨 두었던 것을 취하여 사리사욕을 채우려고 하였다. 이에 대해 이만도는 반대 입장을 취하는 한편 관찰사의 면전에서 그 일의 부당함을 따졌다. 그러자 관찰사가 대단히 화를 냈다. 이만도는 곧바로 도장 끈을 풀어 관찰사에게 내밀면서 사임 의사를 밝히고 소장을 올려 그 일의 전말을 조정에 보고하고자 하였다. 그러자 관찰사가 입장을 바꿔 사과하고 조세미를 그대로 고을에 남겨두도록 허락하였다. 이웃 고을들도 이만도 덕에 조세미를 빼앗기지 않을 수 있었다. 또 무너진 방죽을 쌓고 물에 빠져 죽은 사람들의 가족들을 돕는 한편 교육에도 힘썼다. 지역 주민들은 이러한 이만도의 공적을 돌에 새겨 그의 업적을 기리고자 하였다. 그러나 이만도는 주민들이 빗돌을 세우기 위해 모은 돈을 선비 양성을 위한 비용으로 사용하였다. 무인년(1878) 여름에 양산 군수에서 교체되어 다시 집의가 되었다. 그리고는 연이어 삼사(三司)에서 예전에 맡았던 자리들을 다시 맡았다.

임오년(1882) 봄에 통정대부에 오르고 곧바로 공조 참의에 임명되었다. 얼마 뒤에 교체되어 고향으로 돌아왔다. 당시에 일본과의 화의(和議)가 이미 이루어져 세상일이 날마다 심하게 변하였다. 조정에 나가도 할 수 있는 일이 없다는 사실을 안 이만도는 다시 관직에 나갈 뜻을 갖지 않았다. 겨울에 다시 공조 참의에 임명되고 얼마 뒤에 동부승지에 임명되었지만 모두 부임하지 않았다.

정해년(1887)에 어떤 사실 근거를 모으는 사람이 어사의 거짓 계(啓)를 풍자하여 멀리 유배해야 한다고 하였다. 당시에 이만도는 공인(恭人) 최씨의 상을 당한 상황이었으므로 전례에 따라 용서받았으나 이로부터 세상일에 완전히 관심을 끊고 오직 독서하며 그 뜻을 탐구하는 데 힘썼다. 선조들의 자취가 남아 있는 백동(柏洞)에 작은 재실(齋室)을 짓고 날마다 그곳에서 조용히 지내며 침식도 잊은 채 경적(經籍)

을 읽었다.

갑오년(1894)에 일본 병사들이 궁궐을 침범하여 거짓말로 우리 정부를 속여 독립시켜 주겠다는 구호를 유포하고 관직제도를 고쳤으며 옷의 색깔도 바꾸었다. 이만도는 몇 천 글자로 된 봉사(封事)를 지어 그 일의 불가함을 극진하게 말하였다. 그러나 곧 금령(禁令)이 내려져 봉사를 임금께 올리지 못하였다. 7월에 죄를 용서받았다.

을미년(1895) 8월에 원수 같은 적들이 극역(極逆)한 짓을 하여 명성황후가 서거하였다.[10] 그리고 임금을 협박하여 명성황후의 지위를 낮추고 폐출시켰다. 또 전지(傳旨)를 통해 발상(發喪)하지 못하도록 하였다. 이러한 변란 소식을 들은 이만도는 통곡하고 흰 베로 만든 건과 옷을 입고 영양(英陽)에 있는 선영(先塋) 아래로 들어갔다. 그곳에서 초하루와 보름마다 국사봉(國思峰)에 올라가 서쪽을 향해 곡하였다. 10월에 명성황후의 위호(位號)가 회복되고 공문을 돌려 발상하였다. 그러자 이만도가 비로소 현반(縣班)에 나와 상복을 입었다. 그리고는 곧바로 다시 산으로 들어갔다. 11월에 적신(賊臣)들이 또 임금을 위협하여 머리를 깎으니 재앙의 기미가 더욱 깊어졌다. 영남과 호남의 사람들은 의병을 일으켜 적들을 토벌할 계획을 세웠다. 이만도는 자신이 거주하던 지역의 의병장이 되었는데 미처 계획을 완성하기도 전에 서울의 관병들에 의해 해산되었다.

을사년(광무9, 1905) 10월에 일본의 사신이 궁궐에 들어와 5조약을 맺자고 우리 정부를 협박하였다. 이에 대해 다섯 적신이 조인하여 사사롭게 허락하였다. 이 일로 인해 상신(相臣) 조병세(趙秉世)와 판서(判書) 민영환(閔泳煥)이 자결하였다. 당시 이만도는 대종(大瘇)을 앓고 있는 중이라 대궐로 달려가지 못하고 곧바로 소장을 지어 올렸다. 대략의 내용은 오적이 나라를 팔아먹은 죄를 서둘러 바로잡아 저자거리에서 처형할 것, 다음으로 만국공법(萬國公法)[11]에 의거하여 당시까지 일본의 협박에 의해 체결된 조약들을 모두 취소하여 종사를 안정시키고 인륜과 기강을 밝힐 것 등등이었다. 이만도의 소장이 임금에게 전해지자 임금은 그 소장을 사관에게 내려보내지 않고 대전에 비치하였다. 이만도는 다음과 같이 말하였다.

"나는 대대로 조정에 출사한 집안의 사람인데 나랏일이 이 지경에 이르렀으니 어찌 감히 평범한 사람들과 똑같이 할 수 있겠는가."

그리고는 곧바로 다시 선친의 묘소 아래로 들어가 거친 옷을 입고 나쁜 음식을 먹으며 죄지은 사람이 세상에서 물러나 지내는 자세로 생활하였다.

정미년(융희1, 1907)에 현재의 임금 순종께서 왕위를 이어받았다. 당시에 백관들에게 자급을 친히 높여주었으므로 이만도는 가선대부에 승급되었다. 경술년(1910) 7월에 다시 자헌대부에 승급되었다. 얼마 뒤에 원수 같은 적들이 크게 변란을 일으켜 두 성인의 위호를 폄하하여 빼앗았다.[12] 그리고는 모문(某文)[13]을 협박으로 받아내 온 나라에 게시하였다. 이때에 이르러 왕통(王統)과 나라가 영원히 사라졌다. 이만도는 선영으로 가 목 놓아 크게 울고 유소(遺疏)를 지어 영원한 이별을 고하였다. 그리고는 음식을 끊고 먹지 않은 채 24일 만에 세상을 떠나고 말았다. 그가 단식하며 목숨이 다하기를 기다릴 때 그는 태연하고 온화한 모습이었으며 정신과 기운이 평소보다 더 맑았다. 그와 영결하기 위해 찾아온 친구들과 문인들은 혹 목메어 울며 눈물을 훔치기도 했고, 혹은 대의(大義)를 추구하는 그의 정신을 기리기도 하였다. 이만도는 꾸짖어 멈추게 하고 평소처럼 그들과 경서와 예서를 강론하였다. 곁에서 모시는 사람에게 지시하여 운자를 정하게 하고 다음과 같은 시를 지었다.

눈 들어 살펴보니 고국 산하 달라졌는데　　擧目山河異
무슨 수로 하늘에 하소연할까　　顧天那復階
부끄럽구나, 필부의 자잘한 신의[14]　　却慙匹夫諒
끝없는 임금 은혜 갚을 길 없어라　　無計報涓涯

또 다음과 같은 시를 지었다.

가슴에 잡된 생각[15] 다 사라지니　　胸中葷血盡
마음 더욱 밝아라　　心事更虛明
내일은 날개가 돋아서　　明日生羽翰
아득히 하늘나라에 오르리라　　迢遙上玉京

이만도가 단식으로 목숨을 끊는 것을 꺼린 적장이 무기로 이만도를 협박하여 음식을 먹게 하려고 하였다. 당시 이만도는 이미 기맥이 끊어져 말을 하지 못하는 상태였는데 갑자기 벌떡 일어나 큰 소리로 적장을 꾸짖으니 그 소리가 온 산에 진동하였다. 그러자 적이 아연실색하여 손사래를 치며 가버렸다. 이만도는 유명(遺命)으로 대부의 예를 따르지 말고 장례를 조촐하게 치르게 하였다. 그리고는 자리를 바르게 정돈하고 세상을 떠났으니 아아, 위대하도다.

이만도는 산하의 신령한 기운을 받고 오기(五氣)[16]의 완전함을 타고났다. 타고난 지혜는 바른 길을 깨닫고 귀와 눈으로는 의로운 방도를 함양하였다. 이른 나이에 마음가짐을 단단히 하여 원대한 꿈을 성취하겠노라 기약하였다. 기개와 절의가 굳세어 시골에 머물 때나 조정에 나가서도 강직한 모습을 지켰다. 일을 추진할 때는 대체(大體)를 염려하고 먼 앞날까지 도모하였다. 삼가며 작은 은혜를 베풀고 잘난 체하며 자잘한 잘못을 바로잡으려 드는 보통 사람들의 행위에 대해서는 모두 마음에 두지 않았다. 이 때문에 이만도를 탐탁찮게 생각하는 사람은 서로 헐뜯기도 하였으나 이만도는 전혀 신경 쓰지 않았다. 중년과 만년 이후로는 많은 세상일을 겪으면서도 견지하여 수양하는 바가 견고하였고, 많은 책을 읽어 힘을 얻었다. 스스로를 담금질하며 변화를 추구하여 덕기를 성취하였으니, 화평하면서도 곧았고 평범하면서도 실제적이었으며 넓은 도량을 갖추고 겸손한 자세를 취하였다. 마치 천 길 절벽이 우뚝 선 것처럼 당당하여 면전에서 권세 있고 지위 높은 사람들의 기세를 꺾어 놓았고, 온화한 기상은 종들과 소인들에게까지 두루 미쳤다. 묵묵히 일의 추이를 계산하면 포정(庖丁)이 소를 잡듯 훌륭한 솜씨를 지녀 그의 자문이 자제들과 후생들에게 두루 미쳤다. 곤궁함과 걱정거리, 득실과 훼예(毁譽), 그리고 묵은 원한이 있는 사람들에 대해서는 모두 씻어서 화기애애한 분위기를 이루었고, 단비처럼 융화시켜 조금의 찌꺼기도 남기지 않았다. 그렇기 때문에 태평한 시절에 조정에서 잘못되는 점이 있어 논쟁할 일이 발생하면 사람들은 오직

"이만도만이 마땅히 말할 수 있다."

라고 하였다. 유림들의 큰 의론이 가부(可否)로 나뉘어 분분한 경우에도

"이만도만이 마땅히 이 일을 결정할 수 있다."

라고 하였다. 의병들이 적을 토벌하여 국난을 막는 것을 논할 때도 오직 '이만도'라고 하였다. 나라가 망하는 시점에 미쳐 충의를 지키다 죽는 데 주저하거나 망설이지 않을 사람을 말할 때도 "이만도 선생이 있다."라고 하였다. 상여가 출발하자 사람들은 곡을 하는 한편 서로 기려서 말하기를

"선생은 과연 우리가 평소 생각했던 대로 하셨다."
라고 하였다. 이처럼 온 세상 사람들이 한 목소리를 내서 다른 말을 하는 사람이 없었다. 이만도가 이렇게 할 수 있었던 것은 가학(家學)이 이미 바르고 기천(杞泉) 권승하(權承夏)의 문하에서 공부하여 깨달은 것이 매우 많았기 때문이다. 공부를 하는 데 있어서는 스스로 연구하여 깨우친 것이 많았다. 그러나 겉으로 내보여 자랑하는 것을 일삼지 않고 오직 실제적인 실천에 노력하였다. 항상 아버지 복재공(復齋公)께서 "머리를 곧게 세워야 한다."라고 경계하신 말씀을 체득하여 '직재(直齋)' 두 글자를 자리 오른쪽에 걸어두고 경계하며 반성하는 바탕을 삼았다.

집에 머물 때는 날마다 관복을 입고 사당에 배알하였다. 사당에서 물러 나와서는 늘 조심하는 자세를 스스로 견지하였다. 근본을 힘쓰고 말단을 억제하였으며 검소를 숭상하고 화려함을 멀리 하였다. 포의와 죽대(竹帶)로 검소하게 생활하면서도 행동거지가 만족스러운 듯 하였다. 일찍이 말하기를

"선비는 입지(立志)를 귀중하게 여기니 뜻이 이미 확립되면 마치 하나의 쇠기둥이 뱃속에 버티고 선 것과 같이 하여 위로는 머리를 통해 하늘을 뚫을 듯해야 하고, 아래로는 발을 통해 땅을 꿰뚫을 듯이 해서 잠시도 흔들리지 않아야 한다."
라고 하였다. 이런 마음가짐을 가지고 있었기 때문에 평생 동안 한 일이 성실하고 독실하였으며 강직하고 굳셌으며 밝게 빛나고 빼어났다. 뚫으려 해도 금석보다 더 단단하여 뚫을 수가 없고 들려고 해도 정려(鼎呂)[17]보다 더 무거워 들 수가 없었다. 성대하게 덕학과 의열을 성취하고 우뚝하게 임금과 백성들의 바람에 부응하여 천하 만세의 기강을 확립하였으니 이만도와 같은 사람은 맹자의 이른바 "기를 잘 기

른다.〔善養氣〕", 그리고 공자의 이른바 "인을 구하고자 하여 인을 얻은 사람〔求仁而得仁者〕"에 해당하는 인물이 아니겠는가. 이만도는 경서를 열심히 읽어 그 뜻을 관통하였고, 문장을 짓는 데도 옛 사람의 글을 답습하지 않아 굉대(宏大)하고 혼후(渾厚)하게 격식과 힘이 있어 그 사람의 인품과도 같았다고 한다. 이만도가 세상을 떠나자 그의 족자(族子)인 대단공(臺端公) 이중언(李中彦)이 이어 순국하였다. 아우 학사공(學士公) 이만규(李晩煃)는 또 절의를 지키며 세상을 등진 채 살았다.

권상익(權相翊)

1 예안면(禮安面) : 현재 경상북도 안동시 북동부에 있다.

2 이휘준(李彙濬) : 1806~1867. 본관은 진성(眞城), 자는 심보(深父), 호는 복재(復齋)이다. 1856년 별시문과에 을과로 급제하고 이듬해 성균관 전적에 임명되었다. 1858년 사간원 정언과 사헌부 지평을 지내고 홍문관 수찬이 되었다. 1866년 대사성에 올랐으며 저서로는 《복재문집》 6권 3책이 있다.

3 이만도는……되었다 : 기우만(奇宇萬)의 《송사집(松沙集)》 권34에 수록된 〈향산이공묘갈명병서(響山李公墓碣銘并序)〉에는 "헌종 임인년에 공을 낳아 아우인 통덕랑 이휘철의 양아들로 보냈다.〔生公於憲宗壬寅, 出爲同産弟通德郎彙澈後.〕"라는 내용이 있다.

4 빈대(賓對) : 매달 여섯 차례씩 의정(議政), 대간(臺諫), 옥당(玉堂)들이 임금 앞에 나아가 정무를 보고하던 일을 말한다. 차대(次對)라고도 한다.

5 구로다 기요타카〔黑田淸隆〕: 1840~1900. 1875년 특명전권변리대신(特命全權辨理大臣)으로서 강화도사건의 처리를 맡아 1876년 조선과 강화도조약을 체결했다. 1887년 1차 이토 히로부미 내각의 농무대신, 1888년 4월부터 총리대신을 지냈으나 1889년 내각의 외교정책에 대한 반대가 심해지고 외무대신인 오쿠마 시게

노부가 습격받자 사직하고 추밀고문관(樞密顧問官)이 되었다. 겐로〔元老〕 대우를 받았으며 1892년 제2차 이토 내각의 체신대신, 1895년에는 추밀원의장이 되었다.

6 일본……요구하였다 : 일본이 조선에 13개 조목을 제시하자 조선 측은 일본공사의 서울 체재 불허 등을 제시하였으나, 일본은 이 중 최혜국 대우에 관한 조항만 철회하고 나머지 12개 조목은 약간의 수정을 가한 뒤 원안을 통과시켰다. 이는 조선 측이 국제법에 대해 지식이 없음을 알고 강요하여 원안을 통과시킨 것이다.

7 우리……허락하였다 : 원안 통과 후 조선은 수호조규 속에 6개 조항을 추가해 줄 것을 요구하였다. 1) 조선 거류 일본인의 상평전(常平錢) 사용 금지 2) 미곡의 교역 금지 3) 교역은 물물교환만 허용하고 외상 선매(先買)와 산채취식(散債取息) 금지 4) 타국인의 혼래(混來) 금지 5) 아편 수입과 기독교 전래 금지 6) 양국 망명자와 밀입국하는 자는 반드시 돌려보낼 것 등이었다. 이에 대해 일본이 회담 결렬을 이유로 철회를 요청하자 조선 측은 마지막 두 개 조목에 대해서만 각서를 써달라고 요구하였다. 이에 일본은 승낙하였으나 정작 수호조규 속에 들어간 조목은 단 하나도 없었다. 따라서 강화도조약은 12개 조목으로 조인되었다.

8 무장부도(無將不道) : 장차 반란(叛亂)하려는 뜻이 있어 도리에 어긋난 일을 하는 것을 가리킨다.

9 조세미(漕稅米) : 조선 시대 영남지방에서 거둔 세곡은 주로 수운(水運)으로 낙동강 상류까지 집류하여 한양으로 운송하였다. 이때 영남 각지에서 거둔 세곡을 보관하던 곳이 바로 조창(漕倉)이었다. 각지에서 몰려드는 세곡을 관리, 운영하기 위해 조창에서 세금을 거두었는데 이것이 바로 조세미였다. 그러나 이 조세에 대한 부담은 백성들에게 커다란 피해를 주었다.

10 명성황후가 서거하였다 : 1895년 음력 8월 20일 일본공사 미우라 고로〔三浦梧樓〕가 일본군 수비대와 낭인들을 시켜 명성황후를 시해한 사건을 말한다.

11 만국공법(萬國公法) : 오늘날의 국제법을 말한다.

12 두……빼앗았다 : 1910년 8월 29일 한일합병조약이 발표된 당일, 순종은 일본에 국권을 양여한다는 내용의 칙유(勅諭)를, 통감 데라우치〔寺內正毅〕는 조선의 통치방침을 알리는 유고(諭告)를 각각 발표하였다. 이 데라우치의 유고에는 광무황제를 이태왕(李太王)으로 융희황제를 이왕(李王)으로 칭한다고 발표하였다. 이는 대한제국이 일본제국의 식민지가 됨에 따라 제후국으로 격하시킨 데 따른 조치였다.

13 모문(某文) : 원래 고금의 훌륭한 성인, 현인, 군자 등의 글과 문화 전반에 관한 지식이 될 만한 내용의 글 모두를 가리킨다. 그러나 여기서 모문이란 융희황제가 일본에 국권을 양여한다는 내용의 칙유(勅諭)를 일컫는 것으로 보아야 한다.

14 필부의 자잘한 신의 : 양(諒)은 하찮은 의리를 묵수(墨守)하는 것을 가리킨다. 《논어》 〈헌문(憲問)〉에 "어찌 필부(匹夫)와 필부(匹婦)들이 작은 신의(信義)를 위해 스스로 목매 죽어서 시신이 도랑에 뒹굴어도 알아주는 사람이 없는 것과 같이 하겠는가.〔豈若匹夫匹婦之爲諒也, 自經於溝瀆而莫之知也.〕"라는 말이 있다.

15 잡된 생각 : 훈혈(葷血)은 훈혈지고(葷血脂膏)와 같은 뜻으로, 속인(俗人)의 가슴속에 있는 지저분하고 더러운 물건이라는 뜻이다.

16 오기(五氣) : 오방(五方) 즉, 동서남북과 중앙의 기운을 말한다.

17 정려(鼎呂) : 구정(九鼎)과 대려(大呂)를 말한다. 구정은 하(夏)나라 우(禹) 임금이 주조한 솥으로서 하은주(夏殷周) 삼대(三代)에 걸쳐 서로 전하여 국가의 권위를 상징하는 보배로 여겼다. 또한 매우 무거운 것을 상징하는 말로 쓰인다. 대려는 주(周)나라 종묘의 큰 종으로서 그 중량이 매우 많이 나간다. 《사기(史記)》 〈평원군열전(平原君列傳)〉에 "모 선생이 한 번 초나라에 이르면 조나라로 하여금 구정대려보다 무겁게 할 수 있다.〔毛先生一至楚, 而使趙重於九鼎大呂.〕"라는 말이 있다.

이면주 李冕宙

이면주의 자는 윤래(允來), 초명은 석주(錫宙), 호는 계은(桂隱) 또는 하계(霞溪)이다. 헌릉(獻陵, 태종)의 서자 온녕군(溫寧君) 이정(李程)의 14세손이다. 순조 정해년(순조27, 1827)에 봉화군(奉化郡) 내곡리(奈谷里)에서 태어났다. 처음 배울 때부터 읽는 대로 뜻을 알아 번거롭게 가르치고 감독할 필요가 없었다. 8세에 이미 부모를 섬기고 어른을 공경하는 도리를 알았고 손님을 응대하고 청소하는 태도가 어른과 같았다. 아버지 첨추공(僉樞公)[1]이 평소 병이 잦아 집이 매우 가난하였으므로 이면주는 공부를 그만두고 농사를 지었다. 어머니가

"나는 너희들이 독서하여 부모의 뜻을 받들기를 바라지, 농사를 지어 육신을 봉양하기를 바라지 않는다."

라고 말씀하시자 이면주는 다시 공부를 시작하였다.

신축년(헌종7, 1841)에 법하(法下) 김숙(金熽) 공의 제자가 되었다. 김숙 공은 사람을 알아보는 능력이 있어 이면주를 볼 때마다 반드시 그를 소중히 여겼다.

철종 경술년(철종1, 1850)에 문과에 병과로 급제하여 순강원 수봉관, 성균관 전적, 사헌부 지평 및 이조 좌랑에 임명되었다. 경신년(1860)에 외직인 자여승(自如丞)[2]으로 나갔는데 하루는 전차관(箋差官)[3]이 와서 여러 차례 말을 퇴짜 놓았다. 이면주가

"지금 외방직에 있으면서 이런 식으로 말을 고르니, 만일 변방에서 전쟁이 발생하여 공을 병마감으로 삼는다면 어떤 식으로 말을 고르겠소?"

라고 하였다. 전차관이 낙심하여 갔는데 담당자에게 아첨하지 않은 까닭에 모함을 받아 임술년(1862)에 무주(茂州)로 유배되었다가 계해년(1863)에 사면되었다.

갑자년(고종 원년, 1864)에 새 임금이 즉위하여 정언으로 임명하였다. 이면주는 사직 상소를 올려 말미에 6조를 진술하였으나 마침내 답변이 없었다. 얼마 후 사헌부 장령으로 자리를 옮겼다. 을축년(1865)에 홍문관 부수찬, 검토, 기사, 헌납, 집의에 임명되었으나 모두 부임하지 않았다. 병인년(1866)에 홍문관 부교리, 승정원 좌부승지에 임명되었으나 역시 취임하지 않았다. 전날 정언으로 있을 때, 방계 조상인 계촌(溪村) 이명원(李鳴冤) 선생의 일로 당시 재상의 뜻을 거슬러 관직을 삭탈당한 일이 있었다. 얼마 후 특별히 복직명령이 있었고 이때에 와서 이처럼 여러 차례 은수(恩數)[4]가 있게 되었다. 8월에 심도(沁都)의 변란[5]이 있었다는 소식을 듣고 드디어 세상에 뜻을 두지 않았다.

기묘년(1879)에 특별히 병조 참의에 제수되었고, 신묘년(1891)에 동부승지에 제수되었으나 나가지 않았다. 임인년(광무6, 1902)에 고종이 기사(耆社)[6]를 방문하여 기로신(耆老臣)을 예우하는 은전(恩典)으로 5월에 품계가 2품으로 올랐다. 가을에 종정원 경으로 발탁되었다.

을사년(1905) 봄에 국사가 날로 그릇됨을 보고 울분을 참지 못해 8조 봉사를 구상하여 조카 이선필(李璿弼)에게 명하여 상소문을 짓게 하였으나 끝내 임금에게 전달되지 못했다. 이 해에 단계(丹溪) 하위지(河緯地) 선생의 가계에 무고가 있어 유자들이 합동으로 상소를 올려 변명하고자 할 때, 이면주를 소수(疏首)로 추대하였다. 이때 하상기(河相

驥)는 막강한 세력을 이용하여 유언비어를 유포하여 이면주를 위태롭게 하였다. 또 박해철(朴海哲)이라는 자가 하상기를 위해 앞장서서 이면주 공의 상소를 일러 "하늘을 속이고 태양을 속이는 짓이다."라고 주장하였다. 사람들이 공을 걱정하자 이면주는

"이 사건이 현인의 무고에 관계되었으니 그 화를 어찌 피하겠는가."

라고 하고 나라에 바로잡을 것을 호소하였다.

10월에 오적(五賊)의 매국조약이 성립되자,[7] 이면주가 오적을 죽이라는 소(疏)를 올렸으나 또한 임금에게 보고되지 않았다. 경술년(융희4, 1910)은 이면주가 과거에 급제한 지 60년이 되는 해였다. 더욱 난세를 서글퍼하고 치세를 생각하는[8] 감정을 추스를 수 없어 입춘일에 감우시(感遇詩) 9수를 지었다. 앞부분은 과거에 합격한 일을 서술하고 중간 부분은 조정에서 지낸 일을 언급하였으며, 시사를 말한 부분은 슬퍼하고 걱정하는 마음이 글에 넘쳐 나 이 시를 보는 사람들이 선생의 의리에 처한 일이 여기에 모두 담겨 있다고 생각하였다.

8월 4일, 처음으로 7월의 변[9]에 대한 소식을 듣고 놀라고 걱정하는 마음에 어찌할 바를 몰랐다. 시중드는 사람에게 명하여 안석을 동쪽 곁방으로 옮기게 하고 손님을 사절하여 외부와의 접촉을 끊었다. 잠과 음식을 점차 줄이면서 여러 차례 가족들에게 명하기를

"세월의 흐름에 대비하는 것이 늙은 부모를 섬기는 도리이다. 심의(深衣)[10]는 예부터 내려오는 제도이니 폐할 수 없다."

라고 하였다. 옷이 완성되자 시험 삼아 입어보고

"내가 죽거든 이것을 상의로 하라."

라고 하였다. 한가할 때에 세서(細書) 몇 편을 기초하여 요 밑에 두고 사람들이 보지 못하게 하였다. 어느 날 손자 이승재(李承載)에게

"네 아비가 죽은 것이 마치 어제 일 같은데 행여 네가 이토록 성장한 모습을 보리라고 내 어찌 생각이나 했겠느냐. 너는 반드시 네 어미를 잘 모시고 가정을 잘 다스려 화합에 어긋남이 없게 하여 나의 바람에 부응하라."

라고 일렀다.

9월에 기목(基木)[11]에 사는 조카 이경필(李璟弼)이 찾아왔다. 이면주는

"네가 오기를 학수고대하였다."

라고 하더니

"네가 사는 집이 큰길가이니 근래 종묘를 훼손했다는 소식과 위패를 옮겼다는 말을 자주 들었는데 혹 그런 말을 들어봤느냐?"

라고 하고는 슬프고 기가 막혀 말을 잇지 못하였다. 얼마 후 이경필이 돌아가겠다고 하자 이면주가 만류하면서

"좀 묵었다 가거라."

라고 하였다. 그날 밤 이경필에게

"내가 세 임금을 모신 노신으로서 이토록 망극한 변을 당하였다. 산다 해도 도움 될 게 없으니 차라리 죽어 선대 임금들에게 돌아가 알리는 게 낫다."

라고 하였다. 이경필이 바닥에 엎드려 흐느껴 울자, 이면주는 잠자코 아무 말도 하지 않았다. 13일에 사당에 고하고 시중드는 사람에게 명하여 서쪽 산기슭에 자리를 정하게 하고는 서쪽을 향해 네 번 절하고 통곡하였다. 기운이 다하자 가족에게 명하여

"망국의 대부는 평시의 사(士), 서인(庶人)만 못하니 사의 예로 장례를 지내라."

라고 하였다. 그날 밤 인적이 드문 시간에 독약을 마셨으나 영험(靈驗)이 없었다. 15일 밤 다시 독약을 마셨다. 가족이 감싸 안고 몸을 굽히

며 유훈(遺訓)을 청하자 이면주는

"지난날 이미 다 말했으니 무얼 더 말하겠느냐."

라고 하였다. 그리고 봉한 글을 꺼내 보여주었는데 바로 직접 고음(苦吟)[12]을 기록한 것이 있었고 조카들과 친족들에게 붙이는 몇 편의 편지가 있었다.

17일 새벽, 부인을 물러가게 하고 자리를 바로하고 죽으니 향년 84세였다. 운명할 즈음 세 번이나 갑자기 몸을 일으켜 마치 읍하는 것처럼 하였다. 인품이 기개가 있고 깊고 고요하였으며 성품과 도량이 자애롭고 선량하면서도 엄숙한 도(道)로 조절하였다. 밖으로는 강직한 도리를 실천하였고 안으로는 청렴과 검소함을 준수하였다.

이승재(李承載) 가장(家狀)

1 첨추공(僉樞公) : 이름은 이치두(李致斗)이다.

2 자여승(自如丞) : 승(丞)은 역승(驛丞)으로 조선 시대 각 도의 역참을 관리하던 종6품의 외관직이다.

3 전차관(箋差官) : 전문차사원(箋文差使員)을 말하는데, 지방에서 중앙으로 보내는 임시 관원으로 국왕을 위한 하례식에 축하전을 올리기 위해 임명된 관원이다.

4 은수(恩數) : 조정에서 내리는 봉호(封號)의 등급을 말한다.

5 심도(沁都)의 변란 : 심도(沁都)는 강화도의 옛 이름이며, 심도의 변란은 1866년에 흥선대원군의 천주교 탄압을 빌미로 프랑스함대가 강화도에 침범한 병인양요(丙寅洋擾)를 말한다.

6 기사(耆社) : 기로소(耆老所)의 별칭으로 기소(譏笑)라고도 한다. 연로한 고위 문신들의 친목 및 예우를 위해 설치한 기구로 정2품 이상의 실직자 중에서 70세

이상이 되거나 임금도 연로하면 여기에 참여하였다. 《대전회통(大典會通)》

7 오적(五賊)의 매국조약이 성립되자 : 1905년 을사조약이 강제 체결된 것을 말한다.

8 난세를……생각하는 : 진령풍천(榛苓風泉)은 《시경》의 〈간혜(簡兮)〉, 〈비풍(匪風)〉, 〈하천(下泉)〉 장을 말하는데 당시 주나라의 쇠퇴함을 서글퍼하며 옛날의 치세를 그리워하는 내용이다.

9 7월의 변 : 한일병합조약(韓日併合條約), 한일합방조약(韓日合邦條約), 한일병탄조약(韓日併呑條約)은 1910년 8월 22일에 대한제국과 일본 제국 사이에 강제로 이루어진 합병조약(合併條約)이다.

10 심의(深衣) : 조선 시대 선비들이 입던 웃옷이다. 흰 베를 써서 두루마기 모양으로 만들었으며, 소매를 넓게 하고 검은 비단으로 가를 둘렀다.

11 기목(基木) : 경상북도 영주의 옛 이름이다.

12 고음(苦吟) : 괴로운 심경을 노래한 시를 말한다.

송주면 宋宙勉

송주면의 자는 정여(正汝), 자호는 규사(圭沙), 본관은 여산(礪山)이다. 고려 추밀(樞密) 송유익(宋惟翊)이 그의 시조이다. 조선조에 들어와 진무공신(振武功勳)의 공훈으로 책록된 송시길(宋時吉)[1]이 바로 8세조이다. 6세조인 송정명(宋庭蓂)이 남쪽 산양(山陽)으로 집을 옮겨와 대대로 거주하게 되었다.

송주면은 철종 정사년(철종8, 1857)에 태어났다. 용모가 단정하고 빼어나 재주가 있었고 문장을 일찍 성취하였다. 매우 효성스럽고 우애가 있었는데 모친상을 당해서는 3년 동안 고기를 먹지 않았으며 상례를 마치고도 처음 돌아가실 때와 같이 하였다. 가난한 이를 극진히 돌보니 집안 친척들이 의지하는 이가 많았고 쌀과 콩을 이웃들에게 두루 나눠주었다. 책을 읽다가 맘에 드는 내용이 있으면 앉는 자리 구석에 써 붙여 놓았는데 예를 들면

"소인은 불인함을 부끄러워하지 않고 의롭지 못함을 두려워하지 않는다."

"선함을 쌓지 않으면 공명을 이룰 수 없고 악을 쌓지 않으면 몸을 망치지는 않는다."

"편안할 때는 위태로울 것을 잊지 말고, 나라가 다스려질 때는 혼란함을 잊지 않아야 한다."

"덕 있는 일을 하면 마음이 편안하여 날마다 빛날 것이요, 거짓을 하면 마음이 수고로워 날마다 옹졸해진다."
와 같은 것들이다. 또 '평안하고 고요하나 관대하고 느림〔寧靜寬徐〕'이라고 크게 쓰고 치밀하거나 부산할 때나 소견이 좁고 급하여 허술할 때에 항상 스스로 거울삼아 살피며 장점은 살리고 경계해야 할 점은 없애고자 하였다. 그리고 지역 내의 덕 있는 큰 학자를 두루 찾아다니며 스스로 바로 잡고자 하였다.

이와 같이 힘쓰고 노력하던 그가 중년에는 당시 관리들을 찾아다니니 비록 송주면을 잘 아는 사람이라도 그가 그릇된 마음을 먹었다고 의심하였다.

나라가 망했다는 소식을 듣고 송주면은 탄식하면서 말하기를

"이 땅에는 서산(西山)의 고사리[2]도 없으니 어느 곳에 동해의 물[3]이 있겠는가. 구차하게 하루를 연명하는 것은 하루 더 치욕을 받는 것이다."
라고 하였다. 독약을 먹고 죽으려는데 곁에 있던 이가 그를 구하여 죽지 못했다.

송주면은 인정(人定)[4]을 기다렸다가 집 앞의 하천에 투신하였는데 아무도 구하지 못하였다. 때는 경술년(1910) 8월 15일 밤이다.

외사씨는 다음과 같이 말한다.

"송주면이 '하루 구차히 연명하는 것은 하루 더 욕을 받는 것이다.'라고 한 것은 옛날 충신 의사에게서 구하여 보면 실로 그들과 일치한다.

나라가 망하여 구차히 사는 것을 치욕으로 여길 줄 알았으니 마땅

히 그는 당시의 관리를 마음에 두지 않았다. 그러나 그가 자신의 뜻을 꺾으며 몸을 욕보이고 관리들을 찾아다닌 것은 아마도 호랑이 굴에 들어가지 않으면 호랑이 새끼를 잡을 수 없기 때문에 이처럼 부득이한 행동을 한 것이 아니겠는가.

이미 자신이 뜻하는 일을 펼 수 없는데 갑자기 나라가 망하였으니, 예전에 자신이 당시의 관리를 쫓아다녔던 것과 구차히 연명하는 것은 모두 욕이 되는 것이다. 자신이 한번 죽어 나라에 은혜를 갚는 것도 여기에 있고 자신의 허물을 씻는 것도 여기에 있으니, 그는 죽을 바에 죽은 것이다.

다만 늙으신 아버지가 살아계셔서 이 세상에서 언제 돌아가실지 모르니 자신은 수치스러움을 머금고 분통함을 참아 그 효를 다해 진퇴를 서서히 도모하였다면 원만하고 훌륭하다고 할 수 있다. 그렇지만 부모보다 먼저 죽는 불효를 하게 되어 유서를 남겼으니, 그 마음에도 아마 다른 사람이 알 수 없는 매우 부득이한 점이 있었을 것이다. 아, 안타깝도다.

수년 후에 송주면의 아버지가 그의 죽음을 입전(立傳)하여 글을 써 줄 것을 부탁한 것이 반년이나 지났다. 나라를 잃고서 나는 죽지 못하고 그의 죽음을 입전하니 마음속으로 내 자신을 돌아보고 부끄러워졌다. 그러나 먼저 죽은 사람의 자취가 사라지지 않게 하는 것은 뒤에 죽는 사람의 책임이니, 내가 부끄러움을 참고 차례를 하여 그의 아들 송우회(宋羽會)에게 남겨 주노라."

행주(幸州) 기우만(奇宇萬)[5]

1 송시길(宋時吉) : 1597~1656. 조선 중기의 문신으로 본관은 여산(礪山), 자는 중립(仲立)이다. 지중추부사(知中樞府事) 송일(宋馹)의 아들이다.

2 서산(西山)의 고사리 : 서산은 백이 · 숙제가 굶어 죽은 수양산을 가리킨다. 백이 · 숙제는 주 무왕(周武王)이 은 주왕(殷紂王)을 정벌하자 수양산으로 들어가 고사리를 캐먹다 죽었다.

3 동해의 물 : 전국 시대 제나라의 노중련(魯仲連)은 "진(秦)이 황제가 되면 나는 동해에 빠져 죽을지언정 그 백성이 되지 않겠다."라고 하였다. 《사기(史記) 권83 노중련열전(魯仲連列傳)》

4 인정(人定) : 밤에 통행을 금하기 위해 종을 치던 것을 말한다. 여기서는 인적이 드문 때를 뜻하는 말로 쓰였다.

5 행주(幸州) 기우만(奇宇萬) : 이 내용은 기우만의 《송사집(松沙集)》에 〈송규사전(宋圭沙傳)〉의 제목으로 실려 있다. 위 기려수필의 기사는 앞부분부터 모두 기우만의 글인데, 기우만의 문집에는 "其大人, 求爲立傳案焉者, 殆半年, 蓋以吾不死, 傳其死, 內顧慚靦, 而使先死不朽, 後死之責, 忍羞而序次之, 以遺其嗣子羽會云爾"라는 후반부가 빠져 있다.

박세화 朴世和

박세화의 자는 연길(年吉), 본관은 밀양, 묵재(默齋) 박경상(朴景祥)의 8세손이다. 순조 갑오년(순조34, 1834)에 고원군(高原郡) 남흥리(南興里)에서 태어났다. 그가 태어날 적에 어머니 우씨(禹氏)가 하늘에서 해가 떨어져 구리 쟁반으로 해를 받는 꿈을 꾸었다. 태어나서는 영특하고 매우 뛰어났다.

아홉 살에 《소학》을 공부하다가 '딸꾹질하거나 트림, 재채기나 기침을 감히 해서는 안된다.〔不敢噦噫嚏咳〕'라는 구절에 이르러 다음과 같이 묻기를

"어른이나 윗사람 앞에서 이것이 혹 갑자기 나와 금할 수 없으면 어찌합니까?"

라고 하자 스승께서

"문장이 비록 이와 같지만 어찌 능히 다할 수 있으랴."

라고 하였다. 박세화는 말하기를

"사람이 할 수 없는 일이면 무엇 하러 글을 읽습니까?"

라고 하고는 다시 공부하러 가지 않았다. 조금 성장하여 과거 공부를 하였는데 문장을 잘 짓는다는 소리를 들었다. 18세에 율곡(栗谷)의 《격몽요결(擊蒙要訣)》을 보고 개연히 옛사람이 추구했던 위기지학(爲己之學)[1]에 뜻을 두었다.

이 당시에는 서양 종교가 암암리에 유입되어 온 나라 사람 중에 잘못 빠져드는 자가 많았고 북쪽지방은 더욱 심각하였다. 박세화는 자신의 목숨을 내걸고 이를 힘껏 배척하였다. 병인년(고종3, 1866)에 나라에서 천주교 무리를 모두 처단하게 되었다.[2] 오직 박세화를 두려워하고 꺼려 감히 천주교에 귀의하지 못했던 자들은 모두 목숨을 보전할 수 있었는데 이들 모두가

"우리들이 오늘 목숨을 보전할 수 있는 것은 모두 모공(某公)의 힘이다."

라고 하였다. 경신년(철종11, 1860)에 어머니 우씨가 병이 위중해져 정신을 잃었다. 박세화가 손가락을 잘라 피를 내어 입에 넣어드리니 어머니께서 깨어났다. 19년 후에 어머니께서 천수를 누리고 돌아가셨다. 스무 살 즈음에 어떤 사람이 말하기를

"편찮으신 부모를 위해 손가락에서 피를 뽑으려는 사람은 입으로 항상 자기 손가락을 빨아야 후에 실제 효험이 있다."

라고 하였다. 박세화는 그 말을 듣고 곧바로 자신의 손가락을 빨았다. 이렇게 10여 년을 한 뒤에 어머니께서 편찮아 손가락을 잘라 피를 내는 일이 있었던 것이다.

정묘년(고종4, 1867)에 부친상을 당하고 이어 무진년(1868)에 어머니상을 당하였다. 박세화는 연이은 상에 수척해지고 몸이 상하여 병이 들었지만 더욱 철저하게 상례를 지켰다.

경오년(1870)에 고을 사람들이 그를 효자라 하여 관에 알려 표창하려 했지만 박세화가 듣고 문서를 가져다가 불에 태우고

"효자라는 실상도 없는데 이름만 듣게 되니 내가 매우 부끄럽다."

라고 하였다. 그 뒤에 함경남도 안변(安邊)으로 이사하였는데 지중추부사(知中樞府事) 김직연(金直淵)이 박세화를 공경하고 중히 여겨 그 당

에 '의(毅)'라 편액하고 기문을 지었다. 호를 의당(毅堂)이라고 한 것은 이 때문이다.

갑신년(1884)에 박세화는 훼복령[3]에 대한 소식을 듣고 태백산(太白山)으로 들어가 자정(自靖)하려는 계획을 세웠다. 어떤 부유한 사람이 박세화의 가난을 보고 만금으로 농장을 마련하여 박세화에게 반을 나누어 주려고 하자 사양하고 받지 않았다. 을유년(1885)에 집안사람이 우연히 산삼 두 뿌리를 밭에서 캤다. 논하는 자들이 그 값이 수천은 할 것이라고 하자 박세화는

"아무 까닭도 없이 큰돈을 얻는 것은 가난한 자의 복이 아니다." 라고 하고는 마침내 가난한 벗과 병든 자에게 나눠주었다. 만년에 청풍(淸風)의 불억산(茀億山)에 들어가 도를 강론하였다.

계사년(1893)에 훌륭한 인재를 추천해 뽑는 데에 천거되었으나 당시 조정에 일이 많아 마침내 무산되었다. 을미년(1895)에 영릉 참봉(英陵參奉)에 임명되었으나 나가지 않았다. 얼마 안 되어 국모가 시해되는 변란[4]이 있었다. 박세화는 제자들을 거느리고 애도하였다. 당시 오랑캐의 기세가 더욱 심해졌고 성묘(聖廟)를 훼손한다[5]는 얘기가 있어 여론이 어지러웠다. 박세화는 크게 통곡하면서

"성묘가 훼손되면 우리 도학은 영원히 끊길 것이다. 공자의 학문을 외우고 본받는 자가 어찌 차마 앉아서 보고만 있을 수 있겠는가." 라고 하였다. 마침내 그의 문도인 도사(都事) 윤응선(尹膺善)과 함께 문경(聞慶)의 산속으로 들어가 장차 의병을 일으킬 것을 도모하였다. 그러나 병 때문에 계획을 이루지 못하고 그만두었다. 얼마 후 문경의 병참에 주둔하는 군사에게 잡혔다. 그때 윤응선이 같이 있었는데 박세화는 윤응선에게 떠날 것을 권유하며

"너에게는 노모가 있으니 나와 함께 화를 당하면 안 된다."

라고 하였다. 윤응선은

"스승께서 화를 당하는데 제가 어찌 피할 수 있겠습니까."

라고 하고 함께 잡혔다. 한성(漢城) 사령부(司令部)에 수감된 지 8개월 만에 비로소 석방되었다. 문경에서 체포될 때에 박세화의 문인 신현국(申鉉國), 이수영(李秀榮)이 경찰서장에게 투서하기를

"우리 스승은 당당한 대의로써 의병을 일으켜 적을 토벌하려고 한 것인데 지금 너희에게 욕을 당하고 계시다. 만약 속히 풀어주지 않으면 우리가 가만있지 않을 것이니 너희는 잘 알아서 처리해라."

라고 하였다. 서장은 이 두 사람이 관인을 너라고 한 것에 대해 큰 소리로 꾸짖었다. 신현국, 이수영 두 사람은 분노하여 적의 가슴을 밀치고 책상을 쳐 완전히 부숴버렸다. 온 고을이 그 일 때문에 시끄러웠다. 신현국과 이수영은 대구 감옥에 갇혀 3개월이 지나 석방되었다. 당시 이수영은 25세였다.

기유년(융희3, 1909)에 박세화는 설성(雪城)의 창동(昌洞)으로 거처를 옮겼다. 다음해 가을에 합병의 변란이 있자 박세화는 탄식하며

"명나라가 망한 뒤에 천하에 군주가 없어졌고 우리나라만 유독 예의를 보전하여 장래에 중화의 명맥을 유지하려는 바람[6]이 있었다. 지금 나라가 망하여 우리의 도와 중화의 문명이 함께 망할 것이니 장차 어찌해야 하는가."

라고 하였다. 박세화는 마침내 곡식을 끊고 시를 지어 자신의 뜻을 보였다. 절식한 지 23일이 지나 순국하였으니 8월 28일의 일이었다. 장사를 지낼 때에 문인 중에 상복을 입은 자가 80여 명이었다. 박세화는 체격이 컸고 성품이 굳세며 기개가 있었다.

고원(高原)이라는 지방은 예부터 세 효자와 다섯 열녀의 정려가 있었다. 당시 읍에 실수로 화재가 나서 정려까지 번졌는데 모두들 두려

워 불을 끄지 못하였다. 그러나 박세화가 불을 무릅쓰고 몸을 던져 불속에 들어가 쇠못을 끊고 정려를 꺼내 불타는 것을 면할 수 있었다. 일찍이 박세화는

"대장부는 제일 가는 사람이 되어야 하니 모르는 것도 없고 못하는 것도 없는 것으로 나의 소임을 삼으리라."

라고 하였다. 드디어 제자백가를 널리 익혔는데 성리학에 더욱 조예가 깊었다. 그가 지은 《자경록(自警錄)》과 《계산문대(溪山問對)》를 보면 평생 동안 그가 노력을 기울인 것을 알 수 있다.

박세화는 2남 2녀를 두었는데 아들 중 장남은 박형교(朴衡敎)로 효행이 있었고 차남은 박돈교(朴敦敎)이다. 사위는 최병로(崔柄魯), 오희백(吳熙伯)이다.

1 위기지학(爲己之學) : 자신을 위한 학문으로 위인지학(爲人之學)과 대칭되는 말이다. 《논어》 〈헌문(憲問)〉에 "옛날 학자들은 자신을 위한 학문을 하였는데, 지금의 학자들은 남에게 보이기 위한 학문을 한다.〔古之學者爲己, 今之學者爲人.〕"라고 하였다.

2 병인년에……되었다 : 1866년 흥선대원군이 집권할 당시 천주교를 탄압한 사건으로서, 일명 병인박해(丙寅迫害) 또는 병인사옥(丙寅邪獄)이라고도 한다. 당시 처형된 사람은 6,000여 명의 평신도와 프랑스 파리 외방전교회 출신의 선교사 등이었다. 이 사건을 빌미로 프랑스에서는 군대를 파병하여 병인양요가 일어나게 된다.

3 훼복령 : 1884년 5월 반포된 갑신변복령의 주된 내용은 홍단령(紅團領) 대신 간편한 흑단령으로 고쳐 착용하도록 한 것이었다.

4 국모가 시해되는 변란 : 1895년 음력 8월 20일 일본공사 미우라 고로〔三浦梧

樓)가 일본군 수비대와 낭인들을 시켜 명성황후를 시해한 사건으로 일명 을미사변이라고 한다.

5 성묘(聖廟)를 훼손한다 : 성묘는 문묘(文廟)를 말한다. 1894년 7월부터 1895년 2월까지 개화파 내각은 근대적 제도 개혁인 일명 갑오개혁을 추진하였다. 갑오개혁 추진방안 중에는 과거제 폐지가 들어 있었다. 과거제 폐지는 조선 시대 최고 교육기관인 성균관에도 영향을 미쳐 성균관은 유교사회 뿐 아니라 변화하는 사회에 대처하기 위한 국가 교육의 새로운 방향을 모색하게 된다. 그리하여 1895년 성균관에 경학과가 신설되고 역사, 지리, 세계사, 세계지리, 수학 등을 교육하게 된다. 이러한 변화 양상을 본 당시 유림들이 이를 성묘 훼손으로 파악한 것으로 보인다. 성균관은 1910년 경술국치 후 폐지되고 경학원으로 바뀌어 운영되었다.

6 중화의……바람 : 석과지망(碩果之望)의 의미는 중화의 회복을 뜻한다. 《주역》〈박괘(剝卦) 상구(上九)〉에 "큰 과일은 먹히지 않는다.〔碩果不食〕"라고 하였는데 이는 다섯 개의 효(爻)가 모두 음(陰)인 상태에서 맨 위의 효 하나만 양(陽)인 것을 석과로 비유한 것으로, 하나 남은 양의 기운이 외로운 것처럼 보이지만 결코 끊어지지 않고 계속 이어진다는 뜻을 보인 것이다. 이 박괘를 거꾸로 뒤집으면 바로 복괘(復卦)가 되기 때문에 이렇게 말한 것이다. 우리가 예의를 보존하고 있으면 중화를 회복할 수 있음을 뜻한다.

이중언 李中彦

이중언의 자는 중관(仲寬), 본관은 진보(眞寶)이며 퇴계 이황 선생의 후손이다. 정릉 참봉(靖陵參奉)을 역임하고 이조 판서에 추증된 이수약(李守約)의 6세손이다. 철종 경술년(철종1, 1850)에 안동 하계리(下溪里)에서 태어났다. 막 태어나려고 할 때 조부 호군공(護軍公)의 꿈속에 퇴계 선생이 나타나

"너에게 훌륭한 손자를 주겠노라."

라고 하였다. 그러므로 어렸을 때의 자(字)를 문석(文錫)이라고 하였다. 아직 어머니의 품속을 벗어나지 못할 때 어머니가 돌아가셨다. 이에 호군공이 온갖 수고를 무릅쓰고 키웠다. 학문을 배울 나이가 되었을 때 호군공이 손자의 기억력이 남보다 뛰어난 것을 알았다. 이에 손자에게 과거 공부를 하게 하였다.

기묘년(고종16, 1879)에 이중언은 과거시험에서 3등인 탐화랑(探花郞)으로 합격하였다. 방이 나붙기 전에 관례대로 상의원 직장에 임명되었다. 곧이어 성균관 전적과 사간원 정언으로 승진되었고, 경진년(1880)에 사헌부 지평에 임명되었다. 임오년(1882) 이후로 그는 조정이 날로 잘못되어가는 것을 보고 더 이상 벼슬에 머물 생각이 없었다. 이에 경북 봉화(奉化)의 임당산(林塘山)으로 들어가 따비밭을 힘써 일구며 장차 그곳에서 생을 마치려고 하였다.

을사년(광무9, 1905) 겨울에 을사오적이 마음대로 5조목의 을사조약

을 승인하였다. 이중언은 대궐을 찾아가 상소하여 오적을 벨 것을 요청하였다. 그러나 임금이 소장을 사관에게 내려주지 않아 비답을 받지 못하였다. 경술년(융희4, 1910) 7월에 이중언은 나라가 망했다는 소식을 듣고 통곡하며

"내가 을사년 이후로 실낱같은 목숨을 그래도 유지한 것은 나라의 종사가 아직 남아 있기 때문이었다. 지금 마침내 이런 상황이 되었으니 내가 어찌 살아 있는 사람으로 행세할 것인가."

라고 하였다. 드디어 대청 밖에 작은 건물을 짓고 좁은 방에 거처하면서 외부 사람을 만나지 않았다. 때때로 을사년에 올린 소장을 펼쳐놓고 읽으면 눈물이 글자마다 떨어졌는데 매우 비분강개하여 목침으로 가슴을 쳤다.

얼마 뒤에 향산 이만도가 청구(靑邱)에서 식사를 끊었다는 소식을 듣고 발을 구르며 일어나 말하기를

"아, 이런 일이 생겼구나. 우리 숙부가 이런 일을 할 것을 내가 산에 들어온 날부터 짐작하고 있었는데, 대단히 훌륭한 일이 아닌가."

라고 하였다. 며칠 뒤에 집안 식구들에게 말하기를

"내가 지난 달, 크게 병을 앓은 뒤로 소화가 아직도 회복되지 않았다."

라고 하였다. 그리고 아침저녁으로 다만 묽은 죽만 몇 숟가락 뜨고 말았다.

향산의 부고(訃告)가 전해지자 이중언은 가슴을 치며 통곡하였다. 곧바로 몸을 씻고 의관을 갈아입은 뒤 조상의 사당에 두루 절을 올렸다. 장차 냇가 모래밭 옆에 있는 아버지 사당에 절을 올리려 하는데 바람이 매섭게 불고 물이 차가웠다. 아들과 조카가 작은 가마를 타고 가라고 요청하자 이중언은

"이 몸이 손상되는 것이 어찌 아깝겠느냐."
라고 하였다. 드디어 맨발로 건너가 사당에 엎드려 통곡하였다. 그리고 곧바로 숲 뒤 북쪽 산으로 가 부모의 묘소에 절을 올렸다. 대종(大宗) 이하로 선조들의 사당을 두루 찾아 절을 올렸다. 이윽고 돌아와

"내가 마음을 결정한 지가 오래되었는데 그래도 지금까지 기다린 것은 까닭이 있어서이다. 이후로는 다시 음식을 내오지 마라."
라고 하였다.

다음날 자손과 친척들이 교대로 찾아와 거듭 음식을 드시라고 간하였다. 그러나 이중언은

"나는 평소 배운 것이 없다. 만약 이렇게 행동하다가 죽지 않는다면 반드시 미쳐 거지처럼 저자에서 빌어먹으며 돌아다닐 것이다. 그것도 또한 괜찮지 않겠느냐. 나 때문에 걱정하지 마라."
라고 하였다. 원근에서 찾아와 안부를 살피는 사람 가운데 만약 칭송하는 말을 하는 자가 있으면 이중언은 반드시 손을 휘둘러 그만두게 하였다. 명옥(明玉) 김도현(金道鉉)의 손을 잡고 울음을 삼키며

"그대와 내가 아직도 죽지 않았으니 차마 이런 날을 서로 볼 수 있단 말인가."
라고 하였다. 6, 7일이 지났으나 정신은 더욱 맑았고 말과 행동은 더욱 온화하였다. 앉을 때는 반드시 옷을 단정히 하였고 누울 때는 반드시 발을 가지런히 모았다. 옆에서 모시는 딸이 눈물 흘리며 울고 외손자가 비쩍 말라가는 것을 마치 보지 못하는 것 같이 하였다. 다만 자신의 평소 마음을 드러내었는데 사람들은 간혹 그의 비분강개한 낯빛을 보았다.

하루는 일본 순사 등 서너 명이 와서 이중언을 곁에서 모시는 사람을 불러 음식을 올리라고 여러 방법으로 공갈협박하였다. 이중언은

그때 베개에 기대 정신이 혼절한 상태였는데 갑자기 떨쳐 일어나면서

"빨리 저놈들을 쫓아내라. 아니면 내가 찔러 죽이겠다."

라고 하였다. 얼마 뒤에 모시는 사람에게 명하여 상투와 두건을 바르게 하고 머리와 수염을 단정하게 빗고 머리를 들어 옷깃을 여미었다. 그리고 바르게 누운 다음 타계하였다.

이중언은 체구가 보통 사람보다 작으나 온몸이 쇳빛으로 대단히 강건하고 날렵하였다. 눈에서 비추는 섬광은 사람을 쏘아보았으며 악기에서 나는 소리처럼 목소리는 맑고 낭랑하였다. 젊어서 담력이 있었는데 일찍이

"맨손으로 호랑이를 잡고 맨발로 황하를 건너는 것을 나는 할 수 있다. 끓는 물에 달려들고 불을 밟고 지나는 것도 나는 할 수 있다."

라고 자부하였다. 그러나 타고난 본성은 자애롭고 어질며 따뜻하고 부드러웠다. 정성을 다하는 마음을 지녔으며 탁 트인 견해를 가졌다. 다른 사람이 자신보다 조금이라도 나은 선(善)이나 능력이 있으면 반드시 그것을 본받아 미치려고 하였다. 의견이 합치되지 않는 경우 간혹 태양처럼 온화한 분위기가 갑자기 찬바람이 부는 분위기로 바뀌기도 하였지만, 상대방이 사리(事理)를 들어 차근차근 설명하면 비록 나이가 어릴지라도 잘 이해하고 자연스럽게 받아들였다. 과격하여 의견을 내세우다가 갑자기 부드러워졌으며 엄한 기운이 감돌던 얼굴이 순식간에 온화해졌다. 이치에 맞는 상대방의 의견을 듣고 난 뒤 잠깐 사이에 승복하니 마치 주장을 내세울 때와는 완전히 다른 사람처럼 보였다. 평소에 조상을 받들고 집안을 다스릴 때 크고 작은 모든 일을 대부분 다른 사람보다 훨씬 뛰어나게 처리하였다. 그의 호는 동은옹(東隱翁)이다.

진성(眞城) 이중업(李中業)

권용하 權龍河

권용하의 본관은 안동이며 회곡(晦谷) 권춘란(權春蘭)[1]의 후손으로 사헌부 감찰을 역임하였다. 처음에 그가 거주한 곳은 궁벽한 시골이었고 하는 일은 논밭에 나가 농사를 짓는 것에 불과하였다. 부모에게 효도하여 사람들에게 남다른 칭찬을 들었고 자제를 교육시킴에 자상하고 진지하여 법도가 있었다. 세상에 나오지 않고 숨어 사는 것을 좋아하는 성품이라 사람들과의 접촉이 드물었다. 그렇기 때문에 평생 동안 세상에 시끄러운 풍파가 있어도 그 소식을 듣지 못하였다. 어느 날 사촌형이 밖에서 와서 말하기를

"우리 대한제국이 근래에 일본과 병합되었다. 2천 만 동포들이 지금부터는 모두 일본의 신첩(臣妾)이다."

라고 하였다. 그러자 권용하가

"형님 말씀이 사실입니까?"

라고 하였다. 사촌형이 말하기를

"그 사실을 알리는 글이 방방곡곡에 나붙었는데 너는 그 소식을 듣지 못했느냐?"

라고 하였다. 권용하는 사촌형의 말을 다 듣기도 전에 분연히 큰 소리로 울며

"나라가 이미 망하였는데 살아서 뭐 하겠는가."

라고 하며 머리로 기둥을 들이받으니 피가 뿜어져 나왔다. 그가 이렇게 자결하였으니 음력 9월 7일의 일이었다. 권용하가 막 목숨을 끊으려 할 때 이웃에 사는 진사 신 아무개라는 사람이 담 너머에서 권용하를 불러

"여보게, 자네가 만약 절의를 지켜 죽는다면 내가 마땅히 기절할 것이네."

라고 하였으니 이것이 무슨 심보란 말인가.

어떤 사람들은 권용하의 죽음이 조금 늦었다고 의심하였다. 그러나 권용하는 본래 귀머거리처럼 세상 소식에 어두운 사람이었다. 경술국치의 변이 비록 1, 2년 전에 있었더라도 사람들이 전해주지 않았다면 권용하는 그 소식을 알 수가 없었을 것이다. 하물며 채 몇 달도 되지 않은 일을 어찌 알 수 있었겠는가. 이러므로 사촌형에게서 그 소식을 듣자마자 잠시도 망설이지 않고 목숨을 끊어 큰 절의를 지켰으니, 권용하는 금산 군수 홍범식과 다른 사람이면서 같은 마음을 지닌 인물임을 나는 알겠다.

권용하가 자결하였을 때 집안사람들은 일본 사람들에게 해코지를 당할까 두려워 그의 자결 사실을 쉬쉬하며 숨겼다. 그러므로 사람들은 권용하의 자결 소식을 듣지 못하였다. 그러다가 뒤에 세상 사람들 가운데 절의를 지켜 죽은 사람들이 거리낌 없이 칭송되는 것을 보고 집안사람들이 그의 자결 사실을 발표하게 되었다고 한다. 권영선(權寧璇)은 권용하의 차자(次子)이다.

살피건대, 《춘추전》에서 말하기를

"나라를 떠나 미처 관직에 나가지 않은 사람은 본국에 어려움이 있

을 경우 그 나라로 돌아와 옛 임금을 위해 죽는다."
라고 하였다. 나라를 떠난 사람도 국가가 어려움에 처했다는 소식을 들으면 오히려 이와 같이 하는데, 하물며 그 나라에 살면서 국가의 어려움을 직접 본 경우에는 어떻게 해야 하겠는가. 이첨(李詹)의 〈밀봉설(蜜蜂說)〉[2]에

"벌치는 사람이 마침 어떤 생물이 벌집 밖에서 안으로 들어가는 것을 보고 자신이 기르던 벌과 다른 종류라 벌을 해칠 것이라고 생각하여 드디어 죽이고 말았다. 그리고 며칠 뒤에 살펴보니 많은 벌들이 모두 한 곳에 모여 떼지어 죽어 있었다. 주인이 전에 죽인 벌은 곧 왕벌이었던 것이다."
라는 말이 있다. 벌은 아무것도 모르는 벌레인데도 이처럼 죽음을 통해 그들의 임금에게 보답을 하였다. 하물며 사람은 어떻게 해야 하겠는가. 을사년(1905)과 경술년(1910) 이후로 목숨을 버린 사람들은 혹은 단식하거나 음독하였고 혹은 칼로 찌르거나 바다에 빠졌으며, 어떤 사람은 폭탄을 던지고 어떤 사람은 긴 글의 상소문을 올렸으니 이것은 왕벌을 위해 죽은 벌들과 같은 자세이다. 그런데도 사람들은 서로 비웃으며

"직책이 없는데도 죽는 것은 함부로 죽어 명예를 구하는 것에 불과하다."
라고 말한다. 또 지조가 조금 있는 사람들은 마지못해

"하기 어려운 일을 하였다."
라고 말한다. 나 역시 의심하는 마음이 없지 않았다. 그러나 《춘추전》과 〈밀봉설〉의 내용을 본 뒤에는 그들의 죽음을 세상 사람들이 비웃을 수 없고 나의 의심 또한 잘못된 것임을 알게 되었다. 어떤 사람은

"옛날 섬겼던 임금을 위해 죽는 것은 부질없는 죽음이 아니라 임금을 위해 충성을 다하는 것이다. 그렇다면 벌의 죽음도 왕을 위해 충성을 다한 것인가."

라고 한다. 부질없는 죽음은 사람과 벌이 다르지 않은데 벌에 대해서는 어찌하여 그 의로움을 칭찬하고 사람에 대해서는 어찌하여 명예를 구하는 짓이라고 비웃는단 말인가. 목숨을 버린 저 여러 사람들은 한 명의 적도 죽이지 못하였고 고작 목숨을 버리는 것으로 자신의 도리를 다하는 것이라 여겼다. 만일 그들이 죽음을 선택한 이유를 잘 파악하지 않는다면 비록 겉으로 의를 표방하면서 뒤로는 명예를 추구한 것처럼 보일 수도 있다. 그러나 원수를 잊고 잇속 챙기기를 능사로 여겨 일본 놈들의 노예가 되기를 마다하지 않았던 사람들과 비교해 본다면 신과 종이 되는 비천한 짓을 하지 않고 한번 죽어 임금의 은혜에 보답하는 것이 또한 낫지 않겠는가.

퇴계 선생이 말하기를

"만일 선한 사람이라는 이름을 피하려고 한다면 사람들이 선을 할 방법이 없다."

라고 하였다. 이 말은 참으로 의미심장하니 진실로 위대한 현인이 사람들에게 선을 권하는 말이라고 하겠다. 만일 세상 사람들처럼 명예를 꺼린다면 "열사는 명예를 위해 죽는다."[3]라고 한 가의(賈誼)[4]의 말은 틀린 것이란 말인가.

1 권춘란(權春蘭) : 1539~1617. 본관은 안동, 자는 언회(彦晦), 호는 회곡(晦谷)이다. 1592년 임진왜란이 일어나자 의병장 김윤명(金允明)의 휘하에서 의병활동을 하였다.

2 이첨(李詹)의 〈밀봉설(蜜蜂說)〉 : 《동문선》 권98에 수록되어 있다.

3 열사는 명예를 위해 죽는다 : 《사기(史記)》 〈가생열전(賈生列傳)〉에 보인다.

4 가의(賈誼) : B.C.200~B.C.168. 중국 전한(前漢) 문제(文帝) 때의 학자이자 정치가이다. 문제를 섬기며 유학과 오행설에 기초한 새로운 제도의 시행을 주장하였다. 저서에 《좌씨전훈고(左氏傳訓詁)》, 《신서(新書)》, 〈복조부(鵩鳥賦)〉 등이 있다.

유도발 柳道發

유도발의 자는 승수(承叟), 본관은 풍산이다. 문충공(文忠公) 유성룡(柳成龍)의 10세손이며 세자시강원 부솔(世子侍講院副率)을 역임한 유진휘(柳進徽)의 아들이다. 수릉(綏陵)[1] 임진년(순조32, 1832)에 안동군 하회리에서 태어났다. 자질이 빼어나고 효성스런 성품을 지녔다. 조모가 몇 개월 동안 대종(大瘇)을 앓았는데 유도발이 그 고름을 빨아내 효험을 보았다. 혹시라도 평소 맛보지 못했던 좋은 음식을 접하게 되면 유도발은 자신이 먹지 않고 반드시 집으로 가지고 돌아와 조모에게 드렸다.

경진년(고종17, 1880)에 유진휘가 북관(北關)[2]에서 병에 걸렸다. 유도발은 갑자기 불안한 마음이 생겨 아버지가 계신 곳으로 달려갔는데 과연 아버지의 병세가 매우 심하였다. 유도발은 북극성을 향해 자신이 아버지를 대신하게 해 달라고 기도하였으나 결국 아버지께서 운명하고 말았다. 이에 유도발은 아버지의 시신을 운구하여 돌아와 예법대로 장례를 치렀다.

일찍이 양양(襄陽)을 지날 때 떠돌아다니며 걸식하는 사람이 천연두를 앓는 아이를 안고 길가에서 울고 있었다. 유도발이 그 까닭을 물으니 걸인이 말하기를

"돈도 없고 아이마저 아픈데 가게 주인이 탐탁찮게 여겨 재워주지

않습니다."
라고 하였다. 유도발이 가게 주인을 불러서
"날씨가 이렇게 추운데 당신이 이 사람들을 재워주지 않는다면 이들이 죽지 않겠는가. 그렇게 하지 말게."
라고 하였다. 그리고는 자신이 메고 있던 전대를 털어 그들에게 주었다. 옷이 없어 추위에 떠는 사람을 만나면 유도발은 자신이 입고 있던 옷을 벗어 주었다. 평생 공손하여 아무런 능력도 없는 사람처럼 지냈지만 이치에 맞지 않는 일을 만나면 의연하여 빼앗기 어려운 지조를 지니고 있었다. 원옹(園翁) 전도헌(田道獻)이 일찍이 말하기를
"공은 겉모습은 허술하였지만 내면은 꽉 차 마주하고 있노라면 나도 모르게 공경하고 어려워하는 마음이 생긴다."
라고 하였다. 만년에는 늘 배우지 못한 것을 한스럽게 생각하여 한가로울 때면 절대 손에서 책을 내려놓지 않고 열심히 공부하였다. 중간에 여러 차례 거주지를 옮기다가 비안(比安)[3]의 덕암리에 이사하여 살았다. 스스로 호를 회은(晦隱)이라고 했는데 이 호도 세상을 피해 농사짓겠다[4]는 의미를 담고 있었다.

경술년(융희4, 1910) 여름에 옛날에 살던 집으로 가 삼종제인 상사(上舍) 석종옹(石宗翁)과 함께 날마다 선대에 지은 정자에서 피서를 즐기고 있었다. 그러다가 8월에 나라가 망했다는 변고를 들었다. 유도발은 마침내 피서를 그만두고 집으로 돌아왔다. 9월에 임금을 상징하는 전패(殿牌)[5]가 훼손되었다는 소식을 이어 듣게 되었다. 이에 유도발이 슬퍼하며 말하기를
"내 나이 80이다. 나라가 망하고 임금도 없어져 장차 다른 나라의 포로가 되게 생겼으니 대단히 치욕스럽다. 하물며 나는 대대로 조정에 출사한 집안의 후손이니 이런 치욕을 당할 수 있겠는가."

라고 하였다. 그리고 마침내 추위를 무릅쓰고 옛날 살던 집으로 가 선대의 사당을 두루 배알하고 친구들과도 하나하나 영결하였다. 자손들에게는 비록 영결하는 말이 없었지만 경계하고 권면하는 등 평소와는 다른 점이 있었다. 그리고 곧바로 거주지로 돌아와 선영을 배알하고 집에 돌아와 다시 자리를 마련하여 북쪽을 향해 네 번 절하였다. 그리고 식사를 올리지 못하게 하였다. 그는 다음과 같은 시를 지었다.

나같이 재주도 지혜도 없는 사람 없지만	生無才智莫如儂
예전과 다른 강토를 차마 볼 수 있으랴	忍見青邱異昔容
풍공과 하공[6]이 나보다 앞서 돌아가시니	楓霞二令先我逝
함께 죽지 못한 것이 한스럽다	恨不同時下相從

아들 유신영(柳臣榮)이 울면서 말하기를

"선비가 의리를 지켜 죽는 것은 대부(大夫)와 다른데 어찌 반드시 이와 같이 하신단 말입니까."

라고 하였다. 유도발은 다음과 같이 말하였다.

"나는 우리 할아버지의 손자로 선대의 임금을 모셨고 식읍(食邑)으로 받은 세 고을의 녹을 받아먹었다. 그러니 어찌 관직이 없는 사람이라고 말하겠느냐. 나는 이미 결심을 굳혔으니 다시는 그런 말을 하지 말거라. 종묘가 훼손되었는데 사당에 선조들의 위패를 예전대로 봉안하는 것은 대단히 이치에 맞지 않는다. 마땅히 신주를 땅에 묻고 국권을 회복할 때까지 기다리는 것이 좋을 것이다."

그리고는 장례를 간소하게 거행하라고 지시하였다.

24일에 일본인이 와서 단식하는 이유를 물었다. 당시 유도발은 혼

몽한 상태로 쓰러져 인사불성이었는데 일본인이 캐묻는 소리를 듣고 벌떡 일어나 말하기를

"한 하늘 아래 같이 살 수 없는 원수를 어찌 볼 수 있겠는가."

라고 꾸짖으며 내쫓았다. 다음날 낮에 심부름하는 사람에게 지시하기를

"지금 내 정신이 멀쩡하니 시를 짓고 싶구나."

라고 하였다. 마침 이웃집에서 도리깨질 소리가 들리므로 연이어 일곱 구를 불러 읊었는데 말을 더듬거려 사람들이 알아들을 수가 없었다. 그러므로 직접 붓을 잡고 누워서 자신이 지은 시를 기록하였는데 기록하는 글자의 한 획 한 획이 평일과 다르지 않았다. 6일 저녁에 향기로운 목욕물을 준비하게 하였다. 유도발은 부축해 주기를 기다리지 않고 직접 몸을 씻고 자리를 정돈한 다음 평안한 모습으로 운명하였다. 단식한 뒤에 시와 자지(自誌), 자명(自銘) 등 여러 편의 글이 있었다. 슬하에 3남 2녀를 두었으니 아들은 유신영, 유조영(柳肇榮), 유동준(柳東濬)이다.

가장(家狀)

1 수릉(綏陵) : 조선 순조의 세자 문조와 비 신정왕후의 능이다. 경기도 구리시에 있으며, 동구릉의 하나이다.

2 북관(北關) : 함경도를 가리킨다.

3 비안(比安) : 경상북도 의성군에 위치한 지명이다.

4 농사짓겠다 : 명농(明農)은 주(周)나라 주공(周公)이 그의 조카인 어린 성왕(成王)을 보좌하여 섭정하다가 권력을 넘겨주면서 "나는 전야로 돌아가 농사일을 밝히겠소.〔玆予, 其明農哉.〕"라고 한 데서 유래한 말이다. 《서경 낙고(洛誥)》

5 전패(殿牌) : 옛날 임금의 상징으로 각 고을의 객사(客舍)에 전(殿) 자를 새겨 세운 나무 패를 말한다. 출장 간 중앙 관원이나 그 고을의 원이 여기에 배례(拜禮)하였다.

6 풍공과 하공 : 풍하이령(楓霞二令)은 사람의 호(號)에 '풍(楓)'자와 '하(霞)'자를 사용한 두 사람을 의미하는 것으로 보이는데 누구를 가리키는 것인지 자세하지 않다.

정재건鄭在健

정재건의 자는 계주(啓周), 호는 소송(小松), 본관은 영일(迎日)이다. 먼 조상인 정균지(鄭均之)는 고려에 출사하여 문하시랑(門下侍郞)과 평장사(平章事)를 역임하였다. 3대를 지나 정사도(鄭思道)는 고려 말에 출사하여 충근절의익찬공신(忠勤節義翊贊功臣)이 되었고, 정당문학(政堂文學)과 진현관 대제학(進賢館大提學)을 역임하였다. 오천군(烏川君)에 봉해졌고 시호는 문정(文貞)이다. 2대를 지나 정연(鄭淵)은 우리나라 태종과 세종 때에 사마(司馬)로 처음 벼슬길에 나와 병조 판서(兵曹判書)에 이르렀고 좌의정(左議政)에 증직되었으며 시호는 정숙(貞肅)이다. 다시 4대를 지나 정철(鄭澈)은 벼슬이 좌의정에 이르렀고 광국평난공신(光國平難功臣) 2등에 책훈되었다. 인성부원군(寅城府院君)에 봉해지고 시호는 문청(文淸)이니 이 분이 바로 송강(松江) 선생이다. 증조 정취하(鄭就河)는 영조 무오년(영조14, 1748)에 생원시와 진사시에 합격하였고 호를 이간재(易簡齋)라 하였다. 아버지 정최환(鄭最煥)의 호는 설송(雪松)이고 어머니는 부안 김씨(扶安金氏)이다.

공은 헌종 계묘년(헌종9, 1843) 5월 20일에 옥과(玉果)의 약천리(藥川里) 자택에서 태어났다. 어려서부터 남들보다 대단히 총명하고 영민하였다. 겨우 예닐곱 살에 형님들의 글 읽는 소리를 곁에서 듣고 한 글자도 틀리지 않고 외웠다. 여덟 살에 《소학(小學)》을 배웠다. 이해 겨울에 어머니를 잃고 형수 고씨(高氏) 손에서 자라게 되었다. 이 때문에 죽을 때까지 변함없이 고씨를 어머니처럼 섬겼다.

무진년(고종5, 1868)에 아버지 상을 당했다. 상을 치르는 동안 예를 다하여 3년 동안 질대(絰帶)를 풀지 않았다. 이에 앞서 아버지의 지시에 따라 과거 공부를 하였으나 여러 차례 낙방하여 급제하지 못하였다. 공은 마침내 서울로 올라가 재(齋)에 들어갔다. 이때부터 아침저녁으로 명아주와 비름을 먹으며 수십 년 동안 지냈으나 공은 평안한 모습으로 게을리 하지 않고 열심히 독서하였다.

무자년(1888)에 병과로 과거에 합격하였다. 임진년(1892), 부사과(副司果)에 임명되었고 9월에 성균관 전적(成均館典籍)에 올랐다. 계사년(1893)에 사헌부 지평(司憲府持平)에 임명되었다. 갑오년(1894) 이후로 나랏일이 날마다 잘못되어 가는 것을 보고 세상에 나갈 마음이 없어 문을 닫고 벼슬하지 않았다. 고향 산천을 굳게 지키며 마치 한미한 선비처럼 쓸쓸하게 생활하였다. 자제들에게 경서를 가르치고 종들의 농사를 감독할 뿐 세상의 영욕에 대해서는 전혀 마음에 두지 않았다. 혹시라도 어떤 사람이 출사할 것을 권하면 공은 웃으면서

"어지러운 때를 만나 먼 시골로 물러나는 것은 옛 사람들도 했던 일이니 내가 어찌 서운해 하겠는가."

라고 하며 굳게 누워 일어나지 않았다.

기유년(융희3, 1909) 봄에 옥과가 곡성(谷城)과 합쳐지는 것을 본 어떤 한 부자가 장차 옥과 향교를 철거하려고 하였다. 공이 유생들을 모아 강개한 마음으로 말하기를

"지금 나라의 형편이 이러한 지경에 이르렀고 오도(吾道)도 이런 상황이 되었으니 그 변화가 극에 달했다. 우리 마을 사람들이 누군들 통탄스럽게 생각하지 않겠는가. 더구나 나는 대부(大夫)의 신분이니

염려스럽고 한탄스러운 마음을 더욱 견딜 수가 없다."
라고 하였다. 마침내 임금께 글을 올리고 목숨을 끊으려고 마음먹었으나 스스로 좋지 않다고 생각하여 아무 일 없이 마무리 되었다.

경술년(1910) 가을에 합방 소식을 들었다. 9월 3일에 공은 각처의 선영을 배알하고 친한 벗들을 차례로 방문하여 아무 일 없는 것처럼 담소를 나누었다. 집으로 돌아와서는 식구들에게 지시하여 닭을 잡아 점심상을 차리게 하였다. 처자식들과 함께 즐겁게 식사를 마치고 나가니 사람들이 조금도 이상하게 생각하지 않았다. 저물녘이 되어도 돌아오지 않자 식구들이 비로소 놀라고 걱정하며 찾아 나섰다. 사랑의 조용하고 외진 곳에 가보니 자리를 깨끗이 청소하고 단정하게 앉아 자기 스스로 칼로 목을 찔러 자결한 상태였다. 서둘러 다가가 살펴보니 목 주위 여기저기를 가로로 깊이 찔러 성한 곳이 없었다. 그러나 얼굴과 모습은 평소와 같았으며 꽂꽂하게 앉아 쓰러지지도 않았다. 이를 본 사람마다 혀를 내두르며 "충신이구나, 충신이야."라고 하였다.

부고가 전해지자 원근 각처의 사람들이 마치 친척이 죽은 것처럼 슬퍼하고 탄식하며 눈물을 흘렸다. 옥산(玉山)의 경리(警吏)들이 모두 와서 조사할 때 자상(刺傷)을 보고는 손이 떨려 조사서를 작성하지 못할 정도였다. 자결할 때 사용한 칼과 그의 유서를 모두 압수해 갔다. 유서의 대략적인 내용은 다음과 같다.

"나라를 잃은 신하는 의리상 구차하게 살 수 없다. 나는 맹세코 메이지의 세상에 살 수 없다. 그러므로 9월 4일에 칼로 자결한다."

또 다음과 같이 말하였다.

"사람이 세상에 태어나 마땅히 죽어야 할 자리에서 죽는다면 죽어도 죽는 것이 아니다. 너희들은 나의 죽음을 염두에 두지 말고 열심히 농사지으며 글을 읽어라. 그리고 형제간에 더욱 우애 있게 지내서 나의 가르침에 부응하라."

또 다음과 같이 말하였다.

"나라를 위해 절의를 지켜 죽는 것은 신하된 사람의 직분이오. 내가 죽은 뒤에 반드시 세 아들을 이끌고 우리 가문을 지켜주오."

이것은 그 부인과 여러 아들에게 경계로 남긴 말이다. 향년 68세였다. 같은 달 12일에 약천에 있는 진좌(辰坐)의 등성이에 장사지냈다. 유명에 따라 신주(神主)를 만들지 않았다. 3남 2녀를 두었는데 아들은 정덕, 중부(仲父)에게 출계한 정숙(鄭潚), 정익(鄭瀷)이고, 딸은 각각 김상시(金相始)와 박해창(朴海昌)에게 시집갔다. 고흥(高興)의 나로도(羅老島)에 있는 덕양 서원(德陽書院)에 봉향(奉享)하였다.

만시(挽詩)는 다음과 같다.

난초와 지초 나뒹굴고 대마저 꺾인 동산	芝蘭委地竹摧園
비바람 부는 거친 마을에 문 닫고 통곡하였지	風雨荒村哭閉關
사람마다 스승과 부형의 나라 위해 목숨 버릴 줄 아는데	天下皆知父師國
우리 집안에도 백이·숙제처럼 절의 지킨 분 나오셨네	首陽今作我家山
두견새는 피를 토하며 부질없이 촉에서 울었고	業工有血空啼蜀
길료새[1]는 끝끝내 오랑캐 땅에 가지 않았지	吉了終身不入蠻
다만 부끄럽게도 시상(柴桑)[2]의 도잠[3]은	獨愧柴桑晉處士
춘추의 남은 필법을 시 짓는데 사용했네	春秋餘筆秉詩間

족손(族孫) 정해만(鄭海晩)

1 길료새 : 길료(吉了)는 진길료(秦吉了)라는 새의 이름이다. 사람의 말을 흉내 낼 수 있는 새로 일명 구관조(九官鳥)라고도 한다. 이 새는 만이(蠻夷)의 산에는 들어가지 않는다고 한다.

2 시상(柴桑) : 중국 강서성(江西省) 구강현(九江縣) 서남쪽에 있는 산이다. 진(晉)나라 도잠(陶潛)이 일찍이 이 산에서 살았었다.

3 도잠 : 진처사(晉處士)는 도잠을 가리킨다. 주희(朱熹)가 찬한 《자치통감강목(資治通鑑綱目)》에서 유송(劉宋)의 원가(元嘉) 4년이요, 위(魏)의 시광(始光) 4년인 정묘년 조에 "진나라의 징사 도잠이 졸하다.〔晉徵士陶潛卒〕"라고 쓴 것을 가리키는데 그 주석에 의하면, 도잠은 처음부터 출처의 의리가 훌륭했는데 유송(劉宋) 시대에는 끝내 벼슬을 하지 않아 명절(名節)을 잘 보전했기 때문에 《강목》에서 특별히 진처사(晉處士)로 써서 도잠만이 유독 '진나라의 온전한 사람〔晉全人〕'이 되었음을 밝힌 것이라고 하였다.

이현섭 李鉉燮

이현섭의 자는 서규(瑞圭), 호는 우헌(愚軒), 본관은 연안(延安)이며 송오(松塢) 이진(李軫) 선생의 11세손이다. 헌종 갑진년(헌종10, 1844)에 군위군(軍威郡) 죽리(竹里)에서 태어났다. 고종 을유년(고종22, 1885)에 성균생원시에 합격하였다. 병술년(1886) 봄에 평안도(平安道) 철산(鐵山)으로 유배되었다. 당시 여러 외척들이 궁중에서 정권을 휘둘렀는데 유기호(柳基鎬), 이만응(李晩鷹), 이중린(李中麟), 조영기(趙永基), 이수학(李壽學), 이명연(李明淵) 등 한 시대를 주름잡던 영남의 명유(名儒)들이 중상모략으로 유배되었다. 이때 이현섭과 형 진사 이현무(李鉉懋) 또한 견책을 받은 것이다.

갑오년(1894) 6월, 일본 놈 오토리 게이스케〔大鳥圭介〕가 군대를 거느리고 대궐을 침범한 것을 보고 국사가 이 지경이면 할 수 있는 일이 없다고 생각한 이현섭은 마침내 고향으로 돌아가기로 결심하였다. 그래서 가족을 이끌고 예안 청량산(淸凉山) 아래 양평리(良坪里)로 이주하였다.

경술년(융희4, 1910) 8월, 나라가 망했다는 소식을 들은 이현섭은 분개하여 종으로 살 수 없다는 의리를 내세워 머리 빗고 세수하는 일을 폐하고 문을 닫아 외부와의 접촉을 사절하였다. 5일부터 점심을 내오지 못하게 하고 다만 아침과 저녁은 올리게 하였으나 식사량을 줄였다. 일찍이 그 뜻을 말하지 않았기 때문에 가족 중에 그 연유를 아는 사람이 없었다.

9월 15일, 이현섭이 마침내 탄식하며 가족들에게 다음과 같이 말하였다.

"내가 비록 못난 사람이나 나라를 빼앗겼다는 소식을 들은 후로 사람 대하기가 부끄럽고 하늘을 우러러 죄를 진 것 같았다. 원수의 백성은 될 수 없어 일찍이 마음으로 죽기를 맹세하였으나, 구차하게 오늘날까지 목숨을 연명한 것은 멀리 외지로 이사 온지 10년에 의지할 데는 너희들 몇 뿐인데, 봉영(鳳永)이와 근후(根厚)가 병들어 누운 채 여러 달 동안 사경(死境)을 헤매고 있기 때문이다. 상황이 이런데 어찌 차마 내 뜻을 펴겠다고 함께 죽겠는가. 좀 더 기다린 것은 그만한 이유가 있었기 때문이다."

자식과 조카들이 모두 울며 간하자 이현섭은

"내가 임금을 섬긴 몸이 아니라 나라를 위해 죽을 필요는 없겠으나 내 몸을 깨끗이 하고 편안히 하여 치욕을 당하면서 구차히 살고 싶지 않으니 아무 말도 하지 마라."

라고 하였다. 10월 1일이 되자

"봉영이와 근후가 좀 나았으니 내 뜻을 실행할 수 있겠다. 지금부터 끼니를 올리지 말아라."

라고 하였다. 얼마 후

"할아버지 제사가 5일이다. 이왕에 연명하였으니 조금 기다렸다가 뜻을 펴야겠다."

라고 하고 끼니를 올리라고 명하였다. 5일이 되자 마침내 식사를 끊었다. 9일에 본부의 전패(殿牌)를 없앴다는 변보를 듣고 밖에 자리를 펴도록 명하더니 세수하고 의관을 갖추어 남쪽을 향해 통곡하며 네 번 절하였다. 장조카 이인영(李麟永)을 불러

"내가 비록 장손은 아니나 이토록 극도의 변을 당하고서 전처럼 사묘(私廟)를 받드는 것이 마음으로 매우 미안하다. 처음 합방 소식을 들었을 때 곧바로 위패를 묻고 싶었으나 우선 미룬 것은 실로 신중을 기한 것이다. 변이 또 이 지경에 이르렀으니 이제 곧 결단하여 시행하고 싶구나."

라고 하였다. 이인영이 울면서 물러나 마침내 위패를 땅에 묻었다. 제삿날이 되자 이현섭이 친히 조상에게 고하는 글을 읽으면서 잠시 통곡하였다. 얼마 후 일본인 아타 나카이치[阿多中一][1]가 순사를 데리고 와서

"상사 대인 이공이 식사를 끊은 지 여러 날이라고 하니 과연 그런가?"

라고 힐책하였다. 이봉영이

"그렇다."

라고 하였다.

"대인 이공이 호적에 기록되지 않은 것은 어째서인가?"

"일본이 만든 호적이라 의리상 호적에 올리지 않은 것이다."

아타 순사가 차고 있던 칼을 풀고 모자를 벗더니 뵙기를 청하자 이현섭이 성난 목소리로 다음과 같이 말하였다.

"우리나라가 네 나라에 무슨 원한이 있는가? 임진왜란 때는 두 능을 욕보이더니,[2] 갑오년(1894)에는 국모를 시해하고,[3] 이어서 임금의 머리를 강제로 깎았으며,[4] 우리 강토를 빼앗으려 임금을 별궁에 유폐하고[5] 종사를 폐하여 병탄(倂呑)하였다. 이제 또 종묘의 위패를 남쪽으로 옮기고 양기(陽旗)[6]를 사방에 세우니 내가 홀로 국세(國勢)를 만회할 수 없다면 어찌 차마 몸을 굽혀 굴욕을 당하면서 한 하늘 아래 함께 살 수 있겠는가."

라고 하며 크게 꾸짖어 물리쳤다. 아타 순사가

"공은 범과 같은 인물이다."

라고 하더니 마침내 물러갔다. 23일 밤, 갑오년 성균관에 있을 때를 추억하여 시 한 수를 지었으니 대략은 다음과 같다.

말없이 지난 갑오년 여름[7] 생각하니	憶昔無言甲午夏
건청궁 밖에는 왜놈 기마병들 늘어서 있었지	乾淸宮外簇蠻騎
하늘에 고통 호소하나 마음 상쾌하지 않으니	九天號痛心無快
애간장 끊어지던 지난 10년 그 누가 알리요	十載腐腸孰有知

이효영(李孝永)을 불러 다음과 같이 말하였다.

"내가 생각해 보니 서두르지 않으면 나 때문에 원근의 지인들이 고초를 당할 것 같아 실로 불안하다. 그렇게 되면 나도 괴롭고 너희들도 괴로울 것이다. 지난 번 을사의 변[8]으로 서울에 갔을 때, 내가 오늘 같은 날을 위해 물건을 하나 준비해 두었다."

이날 밤 인적이 드물 때 마침내 약을 마셨다. 약이 오래 되어 효과는 없었으나 이때부터 기력과 정신이 크게 쇠하였다. 얼마 후 가족들에게 부축해 일으키도록 명하더니 건을 바로 쓰고 의복을 갖춰 입었다. 문을 열고 서쪽을 향하여 한동안 흐느껴 울다가 혼절하여 쓰러졌다. 가족들이 큰 소리로 울자 서서히 다시 깨어나며 손을 저어 제지하다가 갑자기 세상을 하직하였으니 다음날 아침인 진시(辰時)[9]였다.

유록(遺錄) 한 편이 있다. 가족들이 이현섭의 명에 따라 혼백(魂帛)[10]을 하지 않고 다만 허위(虛位)[11]만 설치하였다.

식사를 끊었을 때의 일기이다

1 아타 나카이치〔阿多中一〕: 일본인명사전에는 성인 '阿多' 와 이름인 '中一'가 없어 일반적인 독음으로 읽었다.

2 두 능을 욕보이더니 : 조선 시대 왕릉 중 임진왜란 당시 유일하게 도굴된 능은 정릉과 선릉이었다. 1592년 8월 왜군은 중종의 능인 정릉, 성종과 성종의 비 정현왕후 윤씨의 능인 선릉을 도굴하였다.

3 국모를 시해하고 : 1895년 음력 8월 20일 일본공사 미우라 고로〔三浦梧樓〕가 일본군 수비대와 낭인들을 시켜 명성황후를 시해한 사건을 말한다.

4 임금의……깎았으며 : 1895년 12월 30일 김홍집 내각이 공포한 성년 남자의 상투를 자르고 서양식으로 단발하라는 내용의 칙령이다.

5 임금을 별궁에 유폐하고 : 대한제국 멸망 이후 일제는 순종을 이왕(李王)으로 강등하여 창덕궁에 유폐시켰다. 순종은 16년간 창덕궁에 머물다가 1926년 4월 승하하였다.

6 양기(陽旗) : 일본 국기인 일장기를 말한다.

7 갑오년 여름 : 1894년 여름, 일제가 군사를 이끌고 궁궐을 침범하여 국왕을 유폐하고 대원군을 추대한 갑오왜란을 말한다.

8 을사의 변 : 1905년 강제 체결된 이른바 을사조약을 말한다.

9 진시(辰時) : 오전 7시부터 9시 사이이다.

10 혼백(魂帛) : 죽은 이의 생몰 연월일시를 비단에 적어 무덤에 묻는 것을 말한다.

11 허위(虛位) : 신주(神主)가 없는 신위(神位)를 가리킨다.

반하경 潘夏慶

반하경은 내시로 일찍이 승전색(承傳色)[1]을 지냈다. 을사년(광무9, 1905)에 물러나 교하(交河)[2]에 은거하였고, 경술년(융희4, 1910) 국치의 변란이 일어나자 강개함에 끊임없이 눈물을 흘렸다.

이에 순국의 뜻을 은밀히 써서 품속에 간직하고 그의 숙부 홍지사(洪知事)에게 가 이별을 고하였다. 집근처로 돌아와 품속에 있던 글을 꺼내어 길 위에 펼치고 마침내 배를 가르니 오장이 쏟아졌다. 밀서 가운데 집안사람들에게 한 말에는 다음과 같은 내용이 있었다.

"내외의 관직의 귀천이 비록 다르지만 나 또한 임금의 은혜를 받은 것이 이미 수십 년이다. 지금 우리 임금이 조정에서 폐위되었는데 내가 어찌 따뜻한 방에서 편하게 죽을 수 있겠느냐."

1 승전색(承傳色) : 내시부는 궁궐 내의 감선(監膳), 전명(傳命), 수문(守門), 소제(掃除) 등의 임무를 담당하였는데 승전색은 그 중 전명의 임무를 맡았다. 국왕의 전교(傳敎) 가운데에서 정사(政事)와 관련된 중요한 일들은 승정원에서 담당하였으나 사사로운 일들은 이들 승전색이 담당하였다. 《경국대전》의 규정에 따르면 국왕에게는 정4품의 상전(尙傳) 2인을 두어 이를 담당시켰고 왕비에게는 종4품의 상책(尙冊) 3인 가운데 승전색을 두어 왕비의 명령 전달을 담당시켰다.

2 교하(交河) : 지금의 경기도 파주 일대를 말한다.

김근배 金根培

김근배의 자는 광원(光元), 호는 매하(梅下), 본관은 김해(金海)이며 신라(新羅) 경순왕(敬順王)의 후예이다. 고려조에 상락군(上洛君) 김시흥(金時興)이 적을 토벌한 공이 있어서 금녕군(金寧君)에 봉해졌는데 이에 자손들이 금녕 김씨가 되었다.[1] 증조는 김태혼(金泰渾)이며 조부는 김언수(金彦秀)이다. 아버지는 김현교(金顯敎)로 장수하여 통정대부(通政大夫)에 올랐다. 어머니는 밀양 박씨이다. 헌종 정미년(헌종13, 1847)에 공이 태어났다.

공이 어릴 적에 손님이 오면 아버지 통정공이 매번 절을 하라고 공에게 명하였는데 공은 반드시 관을 찾아 머리에 쓴 후에 절을 하였고 관을 쓰지 않으면 절을 하지 않았으니 모두 기특하게 여겼다. 공의 나이 겨우 일곱 살에 백재(柏齋) 김상호(金尙鎬) 문하에서 수학하였다. 총명하고 민첩하며 기억력이 뛰어났고 문장을 일찍 성취하여 사람들에게 칭찬을 많이 받았다.

병인양요(고종3, 1866)[2] 때 공은 나이가 겨우 스무 살쯤이었다. 공은 강개한 마음으로 적을 토벌하려는 뜻이 있어 마침내 동지와 함께 의병을 일으켜 나라에 충성을 다할 것을 도모하였다. 마침 적이 물러나 그만두었다. 무인년(1878)에 어머니 상을 만나 예보다 더 지나치게 슬퍼하여 몸을 상했다. 또 부친 통정공이 오랫동안 천식을 앓아 공은 얼굴에 근심스런 모습이 가득했다. 낮에는 의원에게 가 약을 구해오고 밤에는 옷을 벗지 않은 채 병수발을 들었다. 아버지의 상을 당해서는 상례 절차와 슬픔을 지극히 하였고,[3] 3년 동안 질대를 벗지 않았다.

처음에는 아버지의 뜻으로 집안의 생계를 위해 과거공부를 했으나 여러 차례 응시해도 합격하지 못하였다. 말하기를

"어찌 그 본분으로 돌아가지 않겠는가."

라고 하고 마침내 성리학 서적을 가져다가 탐독했다. 매번 우리나라의 유학자들에 대해 다음과 같이 말하였다.

"덕학은 퇴계 이황을 흠모하고 절의는 청음 김상헌을 흠모한다. 퇴계의 글은 순수하고 진실되어 화평한 것이 많고 청음의 문장은 엄정하여 부미한 것이 없다. 학자는 마땅히 먼저 퇴계의 독행(篤行), 관후(寬厚), 절문(切問), 근사(近思)를 공부하는 것이 좋다."

그리고는 퇴계의 책을 간략하게 요약하여 쉽게 보도록 했다. 또 말하기를

"제사지낼 때 돌아가신 아버지와 어머니의 위패를 함께 모시는 것은 우리 집안 역시 풍속을 따라 해왔던 것이다. 그러나 내가 아버지 제사를 모시니 아버지의 기일에는 마땅히 퇴계의 설을 따를 것이다."

라고 하고 아버지의 위패만 모셨다.

병오년(광무10, 1906)에 성균관 박사(成均館博士)에 올랐다. 공이 비록 시골에 물러나 있었으나 나라의 정세가 날로 나빠지는 것을 보고 매번 근심하고 걱정하였으니[4] 이러한 마음을 항상 시로 지어 표현하였다.

무신년(융희2, 1908)에 단발령 소식을 듣고 탄식하며 말하기를

"부모가 남겨주신 몸을 훼손하고 선왕의 법복을 바꾸어 오랑캐 풍속을 좇는 것은 내가 차마 못하겠다."

라고 하고 마침내 바닷가로 가 은둔하여 몸을 감추고 나오지 않았다. 제생들을 가르치니 바닷가 주민들이 모두 공을 공경하며 받들었다.

경술년(1910) 가을에 일본이 우리나라를 강제로 합방하였다. 12월에는 노인을 우대한다며 이른바 은사금 약간을 주었다. 공은 말하기를

"내가 차라리 죽을지언정 원수의 돈은 받지 않겠다."

라고 하고, 13일에 마침내 돌을 끌어안고 우물에 빠져 죽었다. 이때에 일본 대장이 와서 시체를 검사하고 또 김종호(金鍾昊)에게 유서를 내놓으라고 힐책하여 유서를 베껴 주니 받지 않고 말하기를

"후일에 참고할 만한 것이 있을 것이다."

라고 하며 마침내 친서를 얻어 가버렸다. 또 협박하면서 말하기를

"집에서 빈소를 차리지 말고 곧바로 산에 묻어라. 그렇지 않으면 큰 벌을 받을 것이다."

라고 하였다. 동네사람들에게 말하기를

"책을 읽는 사람은 이 돈을 받을 수 없으니 참으로 의로운 선비이다."

라고 하였다. 4일이 지나 임시로 고봉산(高峯山) 선영 아래에 장사지냈다.

공은 기개가 크고 우뚝하여 뛰어났고 성품이 엄격하고 굳셌다. 말수는 적었고 질박한 것을 숭상하였다. 사람을 대할 때면 항상 스스로를 낮추고 남을 높이므로 사람들이 그를 일찍이 온화하고 공손하다고 여겼는데 사변에 처해서는 한결같이 고집한 바가 있었으니 비록 맹분(孟賁)과 하육(夏育)[5] 같은 힘센 사람이라도 그 고집을 꺾을 수 없었다. 이 때문에 죄 없는 친구가 일본 공관에 체포되는 것을 보고 공이 동지들을 이끌고 서둘러 구하였다.

또 누이와 딸이 모두 과부가 되어 가난하였는데 공이 그 생업을 보

살펴주어 모두 지조를 지켜 살아갈 수 있도록 하였다. 땅을 팔 때에 비록 가격 차이가 너무 많이 나더라도 반드시 우리나라 사람에게 팔고 일본인에게는 팔지 않았으니, 이것이 그가 한결같이 지킨 대략의 생활 자세이다. 그의 유서 내용은 대략 다음과 같다.

"갑오년(1894) 이후로부터 나라에 온갖 변괴가 발생했다고 할 만하다. 우리 임금의 위호(位號)가 아직 있었을 때는 임금이 없다고 할 수는 없다. 그러나 지금은 우리나라의 강토를 이미 빼앗기고 임금의 위호 또한 없어져 버렸으니 이것은 참으로 군신이 사직을 위해 함께 죽어야 할 때이다.

또 이른바 은사금은 내 몸을 욕되게 하는 것이다. 만약 의(義)를 들어 이 은사금을 받지 않으면 저들이 반드시 감옥에 가두고 머리를 깎을 것이다. 모욕을 받은 후에 죽는 것보다는 모욕을 받지 않고 죽는 것이 낫다. 그러므로 내가 우물에 몸을 던져 죽는 것이다. 내가 죽은 후에 저 은사금을 받으라는 증표는 곧바로 돌려보내라."

또 그가 지은 절명시 절구(絶句) 한 편은 다음과 같다.

만약 더러운 원수의 돈이 내 몸에 이른다면	若浼讎金到老身
생과 의를 함께 하려해도 할 수가 없다[6]	欲兼生義末由因
굴욕을 받고 사느니 차라리 의를 따르는 게 나으니	與其生也寧從義
깨끗한 우리 집 우물에 인(仁)이 있도다[7]	清潔吾家井有仁

그 뒤에 간재(艮齋) 전우(田愚)가 이에 차운한 시는 다음과 같다.

한국의 매하(梅下) 옹이 옥설(玉雪)같은 몸으로	韓國梅翁玉雪身
눈앞의 더러운 물건 어찌 받았겠는가	眼前穢物是奚因

의관을 갖추고 우물에 빠져 조용히 순국하였으니	衣冠赴井從容盡
평생 공자의 가르침 인(仁)을 저버리지 않았네	不負平生孔敎仁

1 김시흥(金時興)이……되었다 : 김시흥은 고려 때 묘청의 난을 진압하면서 공적을 세웠으며 명종 때 금녕군으로 봉해졌다. 금녕은 김해의 옛 지명으로 김해 김씨와 혼돈이 있어 금녕 김씨를 후김(後金)으로 불렀다가 조선말 고종의 왕명에 의해 금녕으로 부르기 시작했다.

2 병인양요(丙寅洋擾) : 1866년에 흥선대원군의 천주교 탄압을 구실로 삼아 프랑스 함대가 강화도에 침범한 사건을 말한다.

3 상례절차와……하였고 : 《논어》 〈팔일(八佾)〉에 "상을 당해서는 상례의 절차를 익숙하게 잘하는 것보다는 차라리 슬픔이 넘치는 편이 낫다.〔喪與其易也, 寧戚.〕"라고 하였다. 여기에서는 김근배가 부친상을 당하여 장례절차와 슬픔을 아울러 지극히 하였다는 것으로 풀이된다.

4 근심하고 걱정하였으니 : 기수(杞愁)는 기나라 사람의 걱정근심을 말하고 칠실지우(漆室之憂)는 노(魯)나라 칠실(漆室)이란 고을에 과년(過年)토록 시집가지 못한 한 처녀가 나라 일을 근심하였다는 고사이다. 여기서는 두 가지 모두 나라에 대한 근심과 걱정을 뜻한다.

5 맹분(孟賁)과 하육(夏育) : 진 무왕(秦武王) 때의 역사(力士)인 맹분과 하육을 말한다.

6 생과……없다 : 맹자가 말하기를 "생선도 내가 바라는 바이고 웅장도 내가 바라는 바이지만 이 둘을 가질 수 없다면 생선을 버리고 웅장을 취하리라. 사는 것도 내가 바라는 바이고 의로운 것도 내가 바라는 바이지만 이 둘을 가질 수 없다면 사는 것을 버리고 의로운 것을 취하겠다.〔魚我所欲也, 熊掌亦我所欲也, 二者不可得兼, 舍魚而取熊掌者也, 生亦我所欲也, 義亦我所欲也, 二者不可得兼, 舍生而取義者也.〕"라고 하였다. 《맹자 고자 상(告子上)》

7 우물에 인(仁)이 있도다 : 《논어》 〈옹야(雍也)〉에 "재아가 묻기를 '인자는 비록 우물에 사람이 빠졌다고 말해 주더라도 따라 우물에 들어가리이까.〔宰我問曰, 仁者, 雖告之曰, 井有仁焉, 其從之也.〕"라는 구절이 있다. 여기서는 김근하가 사생취의하여 인(仁)을 따라 자결하는 의미로 쓰였다.

박능일 朴能一

박능일은 영남(嶺南) 의흥군(義興郡)[1]에서 대대로 살았다. 나라가 패망한 후에 가산을 버리고 아내와 자식들을 데리고 5,6년 동안 정처 없이 떠돌아다니며 살았다.

일찍이 예안(禮安) 온혜촌(溫惠村)에 이르러 자취를 감추고 행랑채 하나를 빌려 거주하였다. 자신은 짚신을 만들고 아내는 베를 짰으며 장남은 남의 집에서 품을 팔았고 차남은 열 살쯤 되었는데 땔나무를 베어 공급하였다. 그는 항상 천한 사람처럼 지냈으므로 사람들이 그가 어떤 사람인지 알지 못했다.

매일 새벽 일어나 관솔을 태워 불을 밝히고 자신의 아들을 가르쳤다. 글의 뜻과 문장을 설명하고 구두를 고쳐주는 것이 매우 정밀하였다. 어쩌다가 시사를 언급하게 되면 탄식하며 강개한 뜻이 있었다. 이에 그가 보통사람이 아니라는 것을 알고 대우를 잘해주었다. 시험 삼아 경사(經史)를 물어보면 줄줄 말하였다.

어떤 부자 집에서 그를 글방 선생으로 맞이하려고 넌지시 재물을 준다고 권했으나 의사(義士) 박능일은 사양하고 하지 않았다. 1년이 지나 그의 아들이 고용된 기간이 다 되자 박능일은 떠나겠다고 알리며

"태백산의 남쪽에 개간할 만한 황무지가 있으니 부자가 함께 힘쓰

면 먹고 살 수 있습니다."
라고 하였다. 사람들이 붙잡았으나 할 수 없었다.

그 후에 풍기(豐基) 지역을 떠돌아다니며 산 협곡에서 굴을 파고 짚신을 팔고[2] 도토리를 주워 생활했다고 한다. 하루는 박능일이 두 아들에게 말하기를

"내가 너희들을 끌고 타향을 떠돌아다니며 일찍이 한 해를 마치도록 오래 머문 적이 없다. 이것은 원수 놈들의 호적에 들어가 세금을 내지 않기 위해서이다. 지금의 형세로는 장차 원수의 호적에 들어가는 것을 면하지 못할 것이니 나는 떠날 것이다. 너희들은 스스로 알아서 하여라."
라고 하고는 옷자락을 떨치며 나갔다.

박능일은 장기(長鬐) 땅에 도착하여 그의 친구를 방문하였는데 평상시와 같이 술에 흠뻑 취했다. 헤어지며 친구에게 말하기를

"우리들은 선대왕의 백성이 아닌가. 원수 놈들과 함께 내가 이 세상에서 살기가 참으로 부끄러우니 장차 바다로 가 죽을 것이네."
라고 하였다. 친구는 놀라 울면서 그를 만류하여 막았다. 의사 박능일은 웃으며 말하기를

"내가 말린다고 해서 그만둘 사람이 아니니 자네는 그만두게."
라고 하였다. 그의 친구는 10여 리를 만류하며 가다가 그의 마음을 돌리는 것이 불가능하다는 것을 알고 다음과 같이 절구(絶句) 한 편의 시를 써 주었다.

충정한 마음 대낮의 해와 같고	貞衷爭白日
높은 의리 서리 내린 가을을 품었어라	高義懷霜秋
(시구 빠짐)	(缺)

눈물 머금고 빈 물가만 바라보네　　含淚望虛洲

의사 박능일은 웃으면서 시를 받고 떠나갔다. 바닷가에 도착하여 암벽에 쓰기를

"조선의 의사 박능일, 의롭지 못한 채 살기보다는 차라리 바다에 빠져 죽는 게 낫다."

라고 하고 마침내 몸을 던져 바다에 빠져 죽었다. 한참 지나 어떤 일본인 어부가 그의 시신을 발견하고 건졌다. 집안사람들과 친척들이 비로소 좇아와 곡을 하였다. 그를 장사지낼 때에 일본인도 모여 장례를 도왔고 그를 의로운 사람이라고 칭찬하여 탄식하였다고 한다.

의사 박능일이 물 속에 빠졌을 때 가부좌를 틀고 단정히 앉았는데 안색이 변함이 없었으니, 아, 훌륭하도다.

영가(永嘉) 권상익(權相翊)

1　의흥군(義興郡) : 지금의 경상북도 군위군에 해당한다.

2　짚신을 팔고 : 독립기념관 필사본과 국편본은 屨로 되어 있으나 의미상 屦가 맞기에 이를 따른다.

김석진 金奭鎭

공의 이름은 김석진, 자는 경소(景召), 호는 오천(梧泉), 본관은 안동이다. 문정공(文正公) 청음(淸陰) 김상헌(金尙憲)의 후손 가운데 순조(純祖)의 사위인 창녕위(昌寧尉) 효정공(孝貞公) 김병주(金炳疇)가 있다. 그의 아들인 김도균(金道均)은 참봉을 역임하고 참정에 추증되었다. 김도균은 아들을 두지 못하였는데 순조의 비인 순원왕후(純元王后)의 명령으로 문충공(文忠公) 선원(仙源) 김상용(金尙容)의 11대손인 김석진을 양자로 삼았다. 문충공은 문정공의 형이다.

김석진은 헌종 계묘년(헌종9, 1843) 정월 21일 인시(寅時)에 태어났다. 철종 무오년(철종9, 1858)에 음관으로 특별히 동몽교관에 임명되었다. 경신년(1860)에 인일제(人日製)에 합격하였고 곧바로 같은 해 정시 문과(庭試文科)에 합격하였다. 24세에 통정대부에 올랐으며 35세에 가선대부, 45세에 가의대부, 48세에 자헌대부에 올랐다. 50세에 정헌대부, 56세에 숭정대부, 3년 뒤인 59세에 숭록대부에 올랐다. 그 사이에 역임한 관직을 들어보면 내직은 다음과 같다. 먼저 당하관으로 승정원 가주서, 권지승문원 부정자, 통례원 우통례, 장악원 정, 성균관 전적 · 사성, 사헌부 지평 · 장령 · 집의, 사간원 정언 · 헌납 · 사간, 홍문관 응교 · 수찬 · 부수찬 · 교리 · 부교리, 어영 종사관 등을 지냈다. 당상관으로는 승정원 동부승지 · 우부승지, 성균관 대사성, 한성부 좌윤,

경연특진관, 홍문관 부제학, 규장각 직제학, 돈녕도정, 부총관, 육조로는 이조 참의·참판, 호조 참의·참판, 예조 참판, 병조 참의·참지, 형조 참의·참판·판서, 공조 참의·참판, 경연관, 춘추관, 성균관, 의금부, 돈녕부, 중추부 동지사, 의정부 좌참찬, 지춘추관사 등이다. 외직을 들어보면 다음과 같다. 안주 목사(安州牧使), 수안 군수(遂安郡守), 경주 부윤, 광주 유수, 삼도육군 통어사 등에 임명되었다. 안주 목사는 부임하지 않았다. 장례(掌禮), 비서, 태의(太醫), 귀족원 경(貴族院卿), 경효전 제조, 돈녕원 지사·판사 등은 갑오개혁 이후에 역임한 관직이다. 철종실록 편수관, 정부 유사·당상, 영정모사 도감, 영희전 영건 도감, 선원전중건 도감·제조 등에 뽑히기도 하였다.

갑자년(고종1, 1864)부터 대원군이 정권을 잡자 그의 대를 이을 아들이 영주(瀛洲)에 오른다는 고사[1]를 모방하여 열 명의 학자를 선발하였는데, 그 가운데 공도 들어가게 되었다.[2] 그러나 공은 귀한 선비들과 더불어 조정에 불려가고 싶지 않았기 때문에 굳게 사양하였다. 이 일로 인해 공은 권력자들에게 미움을 받게 되었다.

갑진년(광무8, 1904)과 을사년(1905) 이후로 다시 어쩌지 못할 정도로 세상이 변하자 김석진은 드디어 양주 부근 강가에 집을 지었다. 그 집을 사안(思安)이라 명명하고 꽃과 나무를 가꾸고 어부, 나무꾼과 어울리며 세상에서 숨어 지냈다. 매번 적당히 술에 취하면 곧 비분강개하여 눈물을 흘려 깊은 밤에도 잠을 자지 않았다. 아침에 베개머리를 보면 눈물 자욱이 얼룩져 있었다. 병신년(건양1, 1896)에 칙임관 내부 특진관으로 있으면서 소장을 올려 다음과 같이 자신의 생각을 아뢰었다.

"삼가 소신은 아뢰니다. 소신은 하늘과 땅 사이의 죄인일 따름입니다. 이미 을미년(1895)에 일어난 나라의 변란 때[3] 북쪽에 머리를 놓고 자결하지 못하였으며, 또한 거듭된 집안의 장례에 죽지 못하고 실낱 같은 목숨을 구차하게 유지할 수밖에 없었는데, 장례를 치른 뒤에도 음식을 굶주린 사람처럼 먹어대니 보통 사람과 조금도 다르게 행동하지 않습니다. 하늘이 내려준 본성을 어찌 이처럼 완벽하게 잃어버릴 수 있단 말입니까. 오호라, 을미년의 변란은 만고의 역사에 없었던 일입니다. 삼천 리 강토 조선의 혈기가 있는 사람이라면 누가 와신상담하며 복수할 것을 생각하지 않겠습니까. 더구나 소신처럼 전하의 은혜를 많이 받은 사람이 비록 먼저 죽어 저승에서 전하를 기다리지 못할지언정, 어찌 차마 허리에 관리의 인끈을 차고 다시 대궐문을 드나들겠습니까. 보잘것없는 저의 분수는 오로지 조정에서 물러나는 것에 있으니 전하의 마음에 흡족하지 않을 것입니다. 거듭 은혜로운 벼슬을 받았는데 소신 또한 안타깝습니다.

오호라, 임금과 신하 사이의 의리는 천지 사이에서 벗어날 수 없습니다. 벼슬에 나오거나 물러나도 임금을 섬겨야 하고 살았거나 죽었거나 또한 임금을 섬겨야 합니다. 어찌 반드시 보잘것없는 관직을 맡은 여부에 따라 충성을 하고 말고 하겠습니까. 소신이 비록 물러나더라도 계절 따라 있는 경하(慶賀)에 관례에 따라 참여할 것이니 어찌 완전히 물러났다고 하겠습니까. 비록 그러나 소신이 지금 조정을 떠나려고 하니 어찌 저의 생각을 아뢰지 않아 거듭 전하의 은혜를 저버리겠습니까.

오늘날 국가의 병을 그 누가 위급하다고 하지 않겠습니까. 그러나 소신이 보건대, 그 위기를 돌리는 것은 다만 한 순간에 달렸습니다. 그것이 무엇인지 말씀 드리겠습니다. 옛말에 이르기를 '임금의 한 마음이 만 가지 변화의 근원이다.'라고 하였습니다. 대개 임금의 마음이 바르면 백성들의 마음은 겉모습이 단정하면 그림자도 바른 것과 같으니 그 누가 바르지 않겠습니까. 폐하께서 항상 모든 행위를 할 때 천리(天理)와 인욕(人慾)의 분기점을 정확히 살펴 행동하려는 것이 천리에 맞으면 결단코 시행하시고 그것이 인욕이라면 확실하게 끊어버려야 합니다. 모든 명령과 조치를 이에 기반하여 시행해야 합니다. 그렇게 하면 전하께서 하시는 모든 행위가 한결같이 바르게 될 것이니 누가 감히 바르게 행동하지 않겠습니까. 이것은 대단히 수준이 높아 시행하기 어려운 것이 아닙니다. 폐하께서 한번 깨우치기만 하면 됩니다. 그러므로 신하는 임금에게 조금도 속여서는 안 된다는 의리에 기반하여 감히 이렇게 아룁니다.

엎드려 바라건대, 차분하게 깊이 생각하시어 소신이 보잘것없다고 말을 물리치지 마십시오. 소신이 비록 궁벽진 시골로 물러나지만 전하께서 제 말을 들어주신다면 그 영광을 함께 하겠습니다."

민영우(閔泳雨)가 일본 사람과 내통한 뒤 몰래 월미도(月尾島)를 팔았는데 그 일이 발각되어 죄를 받게 되었다. 이에 공은 다음과 같이 아뢰었다.

"지금 만일 민영우를 용서한다면 누가 민영우처럼 하지 않겠습니까. 내일 또 다른 민영우가 생겨나 섬을 팔 것이고 그 다음날 또다시 민영우가 생겨나 섬을 팔 것이니, 삼천리 강토를 며칠이나 유지할 수 있겠습니까. 이전 난을 일으킨 역적을 죽이지 않아 지금 같은 변고가 생겼습니다. 청컨대 민영우를 죽여야 합니다."

민영우를 구원하려고 이리저리 주선하던 관기(官妓)가 있었는데 공에게 다가와 크게 따지기를

"대감은 법관도 아닌데 어째서 이처럼 그를 죽이려 하십니까."

라고 하였다. 이에 공은

"난신적자(亂臣賊子)는 누구든지 죽일 수 있다고 하였다. 어찌 옥관

(獄官)만 죽이겠느냐."
라고 하였다.

을사년(광무9, 1905) 겨울에 의효전 향관(懿孝殿享官)으로 뽑혔는데 시골에 있으면서 병을 조리하고 있었다. 그때 일본 놈이 병사를 동원하여 궁궐을 침범하였다. 그리고 5조목의 조약을 체결하도록 윽박질렀는데 을사오적은 권력을 제멋대로 하여 협약서에 찬성이라고 쓰고 조약을 체결하였다. 공은 이런 변고를 듣고 서울로 올라와 소장을 올렸다.

"이번에 조약을 체결한 것은 비록 협박에 의해 한 것이지만 폐하께서 죽음으로써 사직을 지키겠다는 뜻으로 엄하게 물리치셨고 참정 한규설(韓圭卨)도 조약의 불가함을 외쳤습니다. 저 오적이 감히 조약에 서명, 마음대로 체결하여 조금도 마음에 꺼림이 없이 나라를 들어 왜놈한테 주었으니 참담합니다.

오호라, 이것이 무슨 변고란 말입니까. 대개 협박하여 맺은 협약은 폐지되어야 한다는 것이 국가 간의 공법(公法)에 실려 있습니다. 또한 나라를 어지럽힌 역신은 사형을 시켜야 한다는 것이 나라 법입니다. 그런데 아무 조치도 취하지 않고 시간을 보내니 국권은 날로 저놈들에게 옮겨가고 있습니다. 여론이 더욱 비등해지고 있는데 아무리 생각해 보아도 전하께서 무슨 생각을 하는지 알 수가 없습니다. 재상과 척신(戚臣) 그리고 고관으로부터 하급관리와 병사들에 이르기까지 계속 순국하고 있으며 이러한 충성에 대한 조정의 은전(恩典)은 지극하다 하겠습니다. 대개 여러 신하들이 충성을 바치고 있으니 저 반역을 저지른 무리들은 폐하의 식감(識鑑)에서 벗어날 수 없습니다.

지금 천만의 조선 백성들이 웅성거리며 두려워하고 또는 의기소침하여 조금도 살고 싶은 마음이 없으니 저들 때문이 아니겠습니까. 그런데 저들은 다만 목숨을 유지할 뿐 아니라 조금도 다치지 않고 도리어 용서를 받아 조정에서 자리를 차지하면서 의기양양 기세를 떨치고 있으니, 어찌 백성을 가볍게 여기고 저들을 중시한단 말입니까. 소신은 이에 의혹이 더 쌓일 뿐입니다.

엎드려 바라건대, 외부에 빨리 명령을 내려 각국의 영사관에 성명을 발표하여 공법의 내용을 널리 알리시고, 그날 조약에 서명한 박제순, 이지용, 이근택, 이완용, 권중현 등 오적에게 극형을 내려 왕법을 펼치고 종사를 안정시켜야 합니다.

소신은 의리상 저들과 함께 같은 하늘 아래 살 수 없는데 엄숙한 조정의 반열에 어깨를 나란히 하고 같이 서 있을 수 있겠습니까. 청컨대, 소신이 맡고 있는 의효전 향관의 임무를 그만두게 하여 소신의 미천한 본마음을 지키게 해 주십시오."

이에 대해 임금은 따뜻한 비답을 내렸으나 그가 요청한 것은 허락하지 않았다. 이 당시 이지용은 향관(享官)의 반열에 있었다. 그러므로 거듭 소장을 올리자 마침내 그를 체직시켰다. 친구가 공에게 너무 급하게 이지용을 탄핵한 것에 대해 비판하자 공은 화를 벌컥 내며

"나라가 일본 놈의 수중에 떨어져 멸망이 코앞에 다가왔는데 그대는 천천히 하라고 하는가."

라고 하였다.

충정공(忠正公) 조병세의 상례에 남대문 밖으로 나가 그의 신주를 맞이하였다. 돌아오는 길에 따르던 말꾼들을 물리치고 홀로 천시(倩市)에 가 아편을 샀다. 그리고 몰래 차고 다니는 주머니에 감추고 도성 문을 나와 다시 도성으로 돌아가지 않고 죽어서 나라의 은덕을 갚겠다고 맹세하였다. 그리고 틈을 노려 죽으려고 하였으나 기회를 잡을 수 없었다.

경술년(융희4, 1910) 7월 25일에 간흉(奸凶)한 적신(賊臣)들[4]이 임금을 협박하여 조선의 강토와 백성을 들어 왜구에게 팔아버렸다. 대한이란 국호도 버리고 황제라는 대위(大位)도 폄하하여 친왕처럼 만들었다.[5] 귀척의 대신에게 작위를 내리고 또한 돈을 주기도 하였는데,[6] 공에게도 주려 하였다. 공은 두 임금을 섬기지 않는다는 의리를 들어 끝내 받지 않았다. 그리고 감춰 두었던 아편을 꺼내 삼키고 오현 병사(梧峴丙舍)에서 자결하였으니, 바로 9월 8일 유시(酉時)로 향년 68세였다.

부고가 전해지자 임금은 슬픔에 젖어 교시를 내렸다.

"문충공 같은 사람이 또 그 문하에서 나왔다. 넉넉하게 돈을 내려 장례를 돕도록 하라."

사우(士友)들이 조문하고 종들도 탄식하였으니 비록 평소 알지 못하는 사람이라도 제문을 지어 신위에 바치고 서럽게 곡을 하였다. 외국의 사신과 상인들도 깊은 한숨과 탄식을 짓고 애석해 하며

"한말의 충신은 오직 김석진 공 한 사람뿐이다."

라고 하였다.

공은 천성이 방정하고 정직하였으며 옳다고 여기는 것은 견고하게 지켰다. 모든 행위에 처음 먹은 마음을 끝내 바꾸지 않았다. 의리상 옳지 않은 것은 임금의 명령이라도 받지 않았다. 을사년(1905) 이후로 선영이 있는 마을로 물러나 굳게 자신의 지조를 지키다가 갑자기 변고를 만나 의로써 자결하였으니 군자들은 그가 평소에 마음먹은 것을 알게 되었다.

공의 아들 김영한(金寧漢)은 저 왜놈이 다시 작위와 돈으로 위협하자 의리로써 깨우치고 준열한 말로 거절하였으니 저들도 끝내 그를 더럽힐 수 없었다. 이런 사실은 모든 사람이 알고 있다.

1 영주(瀛洲)에 오른다는 고사 : 당 태종이 문학관(文學館)을 세우고 두여회(杜如晦), 방현령(房玄齡) 등 18명의 학자를 맞이하여 초상을 그리고 찬을 지으며 그들을 예우하였다. 천하 사람들이 이를 흠모하여 "영주(瀛洲)에 올랐다."라고 하였다.

2 공도 들어가게 되었다 : 1863년 철종이 죽고 고종이 즉위하자 대원군은 어린 고종을 대신해 섭정하였다. 집권 후 대원군은 김병기(金炳冀) 등 일부 안동 김씨 세력을 축출하기도 했지만 안동 김씨를 중심으로 한 권력층의 명문 양반가를 포섭하면서 양반지배층 내부에 존재하는 각 당파에 관직을 안배하여 세력균형 속에서 정권을 유지해나갔다. 이러한 인사 등용 원칙에 따라 안동 김씨였던 김석진 역시 대원군 시절 등용될 수 있었던 것으로 보인다.

3 을미년에……변란 때 : 1895년 일제가 명성황후를 시해한 사건을 말한다.

4 간흉(奸凶)한 적신(賊臣)들 : 이른바 경술구적으로 이완용, 박제순, 고영희, 조중응, 이병무, 윤덕영, 민병석, 이재면, 조민희를 말한다.

5 대한이란……만들었다 : 1910년 8월 29일 일제는 한국을 강제로 합병하면서 대한제국의 국호를 조선으로, 융희황제를 이왕전하로, 황태자는 왕세자로, 태황제인 고종은 이태왕전하로 격하시켰다.

6 귀척의……하였는데 : 일제는 한국을 강제 합병한 후 1910년 〈조선귀족령〉을 제정하여 한일 합병에 공이 있는 조선인을 대상으로 조선귀족이란 작위를 수여하고 거액의 은사금을 수여하였다.

조정구 趙鼎九

조정구는 경성부(京城府) 원동(苑洞)에 거주하였다. 그는 철종 임술년(철종13, 1862)에 태어났다. 대원왕(大院王)[1]의 둘째 사위이며 고종의 매부이다. 고종 때에 과거에 합격하였고 곧이어 부승지(副承旨)와 제학(提學), 대성(大成), 그리고 이조 참의(吏曹參議)와 직제학(直提學), 예조 참판(禮曹參判) 등에 임명되었다. 갑오년(고종31, 1894) 이후로는 협판(協判)과 장경(掌卿), 찬정(贊政), 판돈녕(判敦寧), 홍문학사(弘文學士), 그리고 기로소 비서장(耆老所秘書長) 등에 차례로 올랐다.

경술년(융희4, 1910) 7월에 적들이 대한제국과 일본을 합병하였다. 그리고 2품 이상의 관원 80명을 뽑아 작위와 돈을 주면서 은사(恩賜)라는 이름을 붙였다.[2] 당시에 조정구는 궁내부 대신으로 재직하고 있었다. 10월에 귀족령에 의거하여 남작(男爵) 작위를 하사받았다. 당시 다른 사람들은 자기가 받지 못할까 걱정하며 모두 앞 다퉈 먼저 받으려고 하였다. 조정구는 이런 행위를 꾸짖고 관직에서 물러났다. 거기다가 합병 조서와 고유문을 찢기까지 하였다. 적들이 협박하자 조정구가 말하기를

"차라리 의롭게 죽을 수는 있어도 치욕을 당하면서 살 수는 없다."

라고 하였다. 곧바로 자결을 시도하였으나 죽지 않았고 두 번째 자결을 시도했을 때에도 집안사람들에게 구조되어 끝내 죽지 못하고 대한

의원에 입원하여 몇 달간 치료하였다.

그 뒤로도 이 세상에 살고 싶은 마음이 없어 항상 자신이 죽을 자리가 나타나기만을 기다렸다. 그러나 여든의 노모께서 타이르시므로 끝내 자기 뜻대로 하지 못하고 양주(楊洲) 사릉리(思陵里)에 있는 묘소 아래로 물러나 거주하였다. 조정구는 스스로 죽지 못한 사람임을 자처하여 문을 닫고 밖으로 나오지 않았다.

을묘년(1915)에 어머니 상을 당했다. 상기(喪期)가 끝나자 스스로 호를 월파거사(月坡居士)라고 하였다. 금강산에 있는 반야암(般若庵)으로 가 산수자연에 마음을 두고 구름과 숲을 아끼며 삶을 마치려고 하였다. 무오년(1918) 음력 12월 21일에 태황제(太皇帝)가 운명하였다는 소식을 듣고 곧바로 서울로 돌아와 상복을 받아 입었다. 태황제의 장례가 끝나자 드디어 중국의 하남(河南)으로 들어갔다. 그 곳에서 그의 아들 조남승(趙南升)을 만나보고 하남과 북경 사이를 오가며 7년간 머물렀다.

을축년(1925)에 차남 조남익(趙南益)이 1924년 9월에 타계하였다는 소식을 들었다. 조정구가 말하기를

"뜻 밖에 노년에 이런 상황을 만났으니 내가 동쪽 우리나라로 돌아가 묘소를 돌볼 것이다."

라고 하고 마침내 귀국하였다. 귀국길에 지나는 곳마다 눈길 닿는 곳이면 어디든 조정구는 마음 아파하였다. 그래서 그는 다시 산으로 들어가 자신의 도리를 지키며 살아가고자 하였다.

1925년 8월에 봉선사(奉先寺)에 들어가 하룻밤 머물렀는데 낙상(落傷)을 당해 병원에 입원하여 치료하게 되었다. 병인년(1926) 음력 2월 16일에 원동 집에서 운명하였으니 향년 67세였다.

슬하에 3남 2녀를 두었다. 아들은 조남승과 조남익, 조남복(趙南復)

이다. 조남승은 나랏일이 날마다 잘못되어 가는 것을 보고 중국으로 가 구원을 요청해 국세를 만회하고자 하였다. 아버지 상에는 화(禍)를 입을까 두려워 분상(奔喪)하지 못하였다. 셋째 아들 조남복은 20년 전에 미국으로 가 돌아오지 않았다. 조정구의 장례에 이르러 그의 집이 가난하여 어찌할 수 없었으므로 창덕궁과 운현궁[3]에서 각각 2,000원을 보내주어 장례를 치르도록 하였다.

처음 대한제국과 일본이 합병되었을 때 관작을 받은 사람이 72명이고 받지 않은 사람이 여덟 명이다.[4] 여덟 명 가운데 판서 김석진(金奭鎭)은 적들의 협박을 물리치고 받지 않다가 죽었다. 판서 윤용구(尹用求)는 평소 인망이 있었으므로 적신(賊臣)들이 그의 뜻을 꺾을 수 없다는 것을 미리 알고 협박하지 않아 무사하였다. 참정 한규설(韓圭卨)은 여러 차례 협박과 강요를 받았으나 따르지 않았고, 판서 홍순형(洪淳馨)도 협박을 받았으나 따르지 않았다. 판서 조경호(趙京鎬)와 그의 사위 이재극(李載克)이 작위를 받는다고 해서 보냈으나 뒤늦게 조경호가 잘못된 일임을 깨달아 물리쳤다.[5] 판서 민영달(閔泳達)은 상중이라 녹을 받을 수 없다는 이유로 사양하였다. 유길준(兪吉濬)은 작위만 물리치고 돈은 받았다.

경술년(융희4, 1910) 8월 29일에 대한제국과 일본이 마침내 합병되었다. 9월 5일 새벽에 조정구가 일어나 어머니 서씨가 계신 곳을 향해 묵묵히 기도하고 절을 올린 다음 칼로 목을 찔러 자살하고자 하였으나 죽지 않았다. 두 번째 자살을 시도하였을 때는 길에서 소실 홍씨가 보고 크게 놀라 소동을 일으키니 집안사람들이 조정구를 대한 의원으로 보내 몇 달 동안이나 치료하게 하였다. 을묘년(1915)에 어머니

상을 당하였다. 정사년(1917) 10월에 소실 홍씨와 딸을 데리고 금강산 반야암으로 가 스스로 호를 월파승(月波僧)이라고 하였다. 무오년(1918) 음력 12월 21일에 태황제가 운명하자 조정구는 분상하여 서울로 돌아와 상복을 받아 입었다. 이듬해 기미년(1919) 2월 1일에 만세운동이 크게 일어나는 것을 보고 중국의 하남으로 갔다. 그곳에서 맏아들 조남승을 만나보고 북경으로 가 일곱 달 동안 머물렀다. 갑자년(1924) 9월에 차남 조남익이 죽었다는 소식을 듣고 마침내 귀국하였다. 그는 먼저 원동에 있는 아우 조경구의 집에 도착해 있었는데 어느 날 조정구가 기자(記者)에게 말하기를

"지금 나는 죽은 사람이나 마찬가지인데 자손들 때문에 멀리 중국에서 돌아왔으니 몸뚱이만 살아 있는 사람이라고 할 수 있을 것이다. 지금부터 나는 아무것도 바라지 않는 사람으로 살아갈 것이다."

라고 하였다. 그러므로 기자가 다시 다른 질문을 하지 못하였다.

1 대원왕(大院王) : 1897년에 흥선대원군(興宣大院君)에게 봉한 작호(爵號)이다.

2 경술년……붙였다 : 1910년 8월 29일 대한제국을 식민지로 삼은 일본은 1910년 10월 7일 한일 합병의 공이 있는 자 중에서 76명을 선정하여 조선귀족의 작위를 수여하였다.

3 창덕궁과 운현궁 : 창덕궁은 순종이 거처하던 곳을 말하며, 운현궁은 대원군이 거처하던 곳을 말한다. 조정구가 대원군의 사위이자 고종의 매부이므로 사돈집안인 창덕궁과 운현궁에서 장례비용을 지원한 것이다.

4 처음……명이다 : 조선 귀족 수여대상자는 총76명이었으나 이중 여덟 명은 끝내 작위를 거부하였다.

5 판서……물리쳤다 : 이재극에게는 남작 작위를 수여하였다. 이재극은 왕실 종친으로서 1903년 법부 대신에 임명된 이후 황실 동정을 일제에 제공하는 등 일제와 밀착하기 시작하였다. 1905년 을사조약 체결과정에서도 궁내부 대신으로 고종을 협박하기도 하였다. 종친 중 대표적 친일파로 지목되어 나철이 을사오적을 처단하려 할 때 그 역시 대상자로 꼽히기도 하였다.

김지수 金志洙

김지수의 자는 심일(心一), 본관은 광산(光山)이다. 옛날 신라의 왕자[1]가 광주(光州)에 은거한 후로 자손들의 본적이 되었다.[2] 고려조에 12대에 걸쳐 평장사를 배출하였기 때문에 그 고을 이름을 평장동(平章洞)이라고 하였고,[3] 이 때문에 광산(光山) 김씨가 우리나라의 으뜸가는 씨족이 되었다. 조선조에 들어와 김약미(金若米)는 도 관찰사(都觀察使)를 지냈으며 검열을 지낸 김문(金問)을 낳았다. 김문은 감찰을 지낸 김철생(金鐵生)을 낳았고 김철생은 김국광(金國光)을 낳았다. 김국광은 우의정을 지냈으며 두 개의 공훈에 책봉되고 광산부원군에 봉해졌다. 김국광의 현손(玄孫) 김계휘(金繼輝)는 사헌부 대사헌을 지냈으며 호는 황강(黃岡)이다. 김계휘는 총명하고 널리 통달하였으며 나라를 경영하고 백성을 구제할 만한 재주가 있었다. 문성공(文成公) 율곡(栗谷) 이이(李珥)는 김계휘를 임금을 보좌할 만한 훌륭한 인재라고 칭찬하였다. 김계휘는 김장생(金長生)을 낳았는데 도학으로써 문묘에 배향되었다. 김장생의 호는 사계(沙溪), 시호는 문원(文元)이다. 김장생은 김반(金槃), 김집(金集) 두 아들을 두었다.[4] 신독재(愼獨齋) 김집은 아버지와 함께 문묘에 배향되었다. 병자호란(인조14, 1636) 당시 허주(虛舟) 김반은 임금의 어거를 남한산성으로 호종하며 임금과 신하가 죽음으로써 사직을 지켜야 한다고 청하였다. 김반은 김익희(金益熙)를 낳았는데 독전어사로서 남한산성을 수호하였으며 화의를 배척하였다. 그의 호는 창주(滄洲), 시호는 문정(文貞)이며 이조 판서와 대제학을 지냈다. 김익희는 지추(知樞)를 지낸 둔촌(遯村) 김만증(金萬增)을 낳았다. 지추 김만증은 민첩하고 총민하며 전고(典故)에 널리 통하였으므로 청성 부원군 김석주(金錫胄)[5]와 광성 부원군 김만기(金萬基)[6]는 그를 신임하여 조정에 기밀(機密)이 있을 때마다 자문을 받았다. 김만중은 이조 판서에 추증된 현령 김진망(金鎭望)을 낳았다. 김진망은 좌찬에 추증된 김수택(金壽澤)을 낳았다. 김수택은 첨추(僉樞)를 지낸 김상경(金相庚)을 낳았는데, 김상경은 장자인 김희(金憙)가 귀하게 되었기 때문에 영의정에 추증되었다. 여기까지가 김지수의 5대조 이상의 계보이다.

김지수의 고조 효간공(孝簡公) 근와(芹窩) 김희는 우의정을 지냈다. 증조 김재신(金在新)은 순릉(順陵)[7] 직장(直長)을 지냈다. 조부 김조현(金祖鉉)과 부친 김영학(金永鶴)은 모두 벼슬하지 않았다. 생부 김영윤(金永允)도 음관이었다. 김지수는 헌종 을사년(헌종11, 1845) 12월 14일에 간산(艮山)의 시골집에서 태어났다. 어린 나이에도 총명하였고 행동거지가 장중하여 함부로 웃거나 말하지 않았다. 8세에 어머니를 잃었으며 11세에 당숙부 김영학의 양자가 되었다. 16세에 부친상을 당하여 매우 슬피 곡하며 우니 조문하는 자들이 마음으로 매우 흐뭇해하였다. 20세부터 선대의 학문을 계승하는데 뜻을 두어 일찍이 과거를 사양하고 오로지 위기지학(爲己之學)[8]에 몰두하였다. 집에서 1정(亭)의 거리에 숨겨진 바위가 있었는데 공이 만질 때마다 감흥이 일었다. 그로 인하여 심암(心巖)이라 호칭하고 그 이름을 바위에 새겼다.

예전에 황강공 김계휘가 조용히 심신을 수양하고 독서하는 데에는 산사(山寺)만한 곳이 없다고 생각하여 영은사(靈隱寺)로 가 정회당(靜會堂)을 짓고 노비와 경작지를 갖추어 놓았다. 그리고 서적을 비치하여 마침내 여러 제자들과 매일 이곳에서 강학하였다. 비록 모르는 사람이라도 공부하러 오는 자가 있으면 반드시 도와주어 매우 성황을 이루었다. 그 후 자손들이 세습해오다가 정유재란(丁酉再亂)[9] 당시 화재로 당우(堂宇)와 서적이 모두 불에 탔다. 이때에 이르러 공이 동지들과 함께 대승전 옆으로 건물을 옮겨 세우고 서적을 구비하여 선대의 뜻을 계승하였다. 친족 아저씨인 성재(省齋) 김영응(金永膺)과 연재(淵齋) 송병선(宋秉璿)이 그 소식을 듣고 기뻐하여 일을 도왔다. 매년 9월에 공이 제자들을 거느리고 이곳에서 강학하니 원근에서 많은 사람들이 모여들어 질문하곤 하였다. 또 양성당(養性堂)이 있는데 이곳은 문원공 김장생이 도를 강론하던 곳이다. 이때에 양성당의 건물은 허물어지고 남은 명성도 점차 사라질 즈음, 공이 개연히 탄식하며 돈을 갹출하고 계를 조직하여 중건(重建)하였다. 정미년(융희1, 1907)에 또 화재가 발생하여 유생의 명부와 약간의 경전만 남았다. 공이 유안(儒案)[10]과 남은 경전을 영은사 서재(西齋)로 옮겼다. 돈암서원 소장의 책판(册版)이 빠지고 없어진 부분이 있게 되니 공이 또 계를 조직하여 책판을 보충하였다.

김지수는 학문함에 《소학(小學)》, 《가례(家禮)》, 《근사록(近思錄)》을 도리를 밝히는 기본 과목으로 삼았다. 또 주자의 "천지가 만물을 낳고 성인이 만사에 응하는 원리는 곧음일 뿐"이라는 가르침을 인용하여 항상 마음에 간직하여 잊지 않았다. 경전을 공부할 때는 마음을 차분히 하고 반복하여 그 이치를 궁구하여 끝까지 알아냈고, 그 앎을 지극히 하여 실행에 옮겼다. 늘 마음을 보존하고 본성을 잘 길렀으며 경으로써 안을 곧게 하고 의로써 밖을 방정하게 하는데 노력하여 제자백가서에 이르기까지 깊은 뜻을 연구하지 않은 것이 없었으나 가장 힘써 노력한 것은 예학이었다. 그것은 아마도 집안 대대로 전해 내려

온 내력이 있었기 때문이리라.

경신년(1920)에 부인 신씨(申氏)의 상을 당하였다. 어떤 사람이 의심나는 글과 특수한 상황에 맞는 의례를 가지고 와 질문하면 널리 여러 학자들의 주장에 근거하여 마치 자기의 일처럼 설명하였는데, 조금도 애매하거나 머뭇거리는 말이 없어 모두 김지수를 예학의 종주로 추대하였다. 이때 예컨대 계운(溪雲) 김공,[11] 입재(立齋) 송상국(宋相國),[12] 규정(圭庭) 서상서(徐尙書)[13]와 같은 여러 공들이 매우 칭찬하였다. 연재 송병선 공도

"김지수의 덕행과 기량은 사계 선생과 매우 흡사하여 그의 풍모가 배어있음을 볼 수 있다."

라고 하며 매우 공경하고 중히 여겼다. 임진년(고종29, 1892)에 도염(道剡)[14]으로 가감역(假監役)[15]에 제수되었으나 그해 봄에 아들 김용헌(金容軒)의 상을 당하여 다시는 세상에 뜻을 두지 않고 제자들도 받지 않았다.

갑오년(1894) 이후 외적들이 가득하여 윤리강상은 모두 없어지고 기이하고 음란한 기교들이 마음을 의혹하고 어지럽히는데 온 나라가 빠져들었다. 공은 이것을 걱정하여 깊은 산속에 집을 짓고 자취를 감추고 은거하여 노후를 보내려고 하였다. 경자년(광무4, 1900)에 부인 이씨의 상을 당하였다. 을사년(1905)에 중추원 찬의에 제수되었으나 받지 않았다. 경술년(융희4, 1910)에 종사가 망했다는 소식을 듣고 공은 북향하여 대성통곡하더니 더 이상 살고 싶지 않다는 생각에 문을 닫아 손님을 사절하고 갑자기 자결을 생각하였다.

12월 12일, 공은 이른바 은사금을 엄하게 사양하여 물리쳤다. 그리고 곧 가족들에게

"적이 만약 계속 은사금을 보내온다면 마침내 틀림없이 내 몸에

누가 있을 것이다. 나는 마땅히 나의 고결함을 지키는 것으로 자처하겠다.”

라고 하더니, 먼저 가사를 일일이 지휘하고 대대로 전해오는 문고(文稿)와 저술을 모두 묶어 며느리에게 부탁하며 잃지 말라고 경계하였다. 23일, 적의 은사금이 또 도착하였다. 이때 공은 마침 눈병과 어깨 통증 때문에 침상에 누워있었으므로 사촌 동생 김용헌을 시켜 물리치게 하였다. 다음해 정월 13일, 적이 또 다양한 방법으로 협박했지만 공은 조금도 굴하지 않고 변함없이 물리쳤다.

4월 13일, 적이 또 와서 더욱 심하게 공갈 협박했다. 이에 공은 화를 면치 못할 것을 알고 다음과 같은 글을 지었다.

늙어 죽지 않을 자 몇이나 될까	老而不死幾何人
이 세상 이 한 몸 살기 어려워라	此世難容一介身
청렴한 사람 죽으려는 뜻 빼앗지 못할 터	莫奪廉夫溝壑志
단연코 나의 진실함을 바꾸지 않으리라	斷然無改我天眞

마침내 자결하기로 결심하고 김문수(金文洙)에게 다음과 같이 편지를 썼다.

“내가 죽거든 외국의 물품을 쓰지 말고 수의는 순수하게 솔잎즙으로 물들인 것을 써라. 장례에는 검은 비단은 먹으로 물들이고 붉은 비단은 또한 솔잎즙으로 물들여라. 장지는 이미 아천(衙阡) 첨추공(僉樞公, 김수택)의 묘 오른쪽에 자리를 보아 놓았다. 그리고 장례는 간소하게 하라.”

편지 말미에 ‘가사는 아득한데 흐르는 눈물을 금할 수 없도다.〔家事茫蒼, 涕淚難禁.〕’이라는 여덟 글자가 있었으니, 그것을 보는 사람들은

자신도 모르게 눈물을 흘렸다. 어느 날 당질 김용찬(金容瓚)이 와서

"왜적들에게 하신 말씀은 이치가 자명하지만 청음 김상헌이 청나라 조정에서 그랬듯이 겸손하게 말씀하여 거스르지 않는다면 저들도 틀림없이 아무 일이 없을 것입니다."

라고 하였다. 공이

"내가 이렇게 하는 것은 충을 위한 것도 아니고 명예를 위한 것도 아니다. 내 몸을 스스로 깨끗하게 하려는 데 불과할 뿐이다."

라고 하였다. 17일, 적이 또 체포해 가려 하자 공이

"내가 병이 심해 약을 먹고 있는 중이니 약을 먹고 나가겠다."

라고 하고 안으로 들어가 목을 매었다. 며느리 박씨가 황망하게 울며 구하려 하였다. 공이

"부노(俘奴)[16]에게 욕을 당하는 것이 어찌 정도를 지켜 죽는 것만 하겠느냐. 지금 네가 나를 구하려는 것은 나를 위하는 것이 아니라 해치는 것이다."

라고 하고 조용히 들보에 목을 매고 운명하였다. 이때 가족들로는 머리가 희끗희끗한 홀로된 며느리와 양손(養孫) 김원중(金元中)이 있을 뿐이었다. 향년 67세였다. 유언에 따라 연산(連山) 봉곡(鳳谷) 간좌에 장례하였다.

공은 어려서 고아가 되어 양모(養母) 신씨(申氏) 부인을 섬김에 정성껏 뜻을 받들었다. 숙부모를 섬김에도 일상의 언행에 거스름이 없었고 비바람이 치거나 더울 때나 추울 때나 저녁에 이부자리를 펴드리고 새벽에 안부를 살피는 일을 그치지 않았다. 제삿날이 되면 온 집안을 깨끗이 청소하고 종일 가지런히 앉아 외부 사람을 접하지 않았다. 여러 대의 조상 묘에 망주석과 상석[17]을 설비하여 무덤을 지키게 하였다. 종고조인 목관공(牧官公)이 불행히 자손이 없어 오래도록 제사

를 지내지 못하고 무덤마저 허물어졌으므로 공이 봉분을 하고 잔디를 입혔다. 또 돈을 추렴하여 봄가을로 제사를 지냈다. 집에 병든 일꾼이 있었는데 1년이 안되어 죽자 품삯을 내어 염습하여 장사지내고 남은 돈으로 땅을 사서 사람을 시켜 그 묘를 보호하게 하였다. 이 일들이 비록 작은 일이긴 하나 사람을 사랑하고 물건을 아끼는 마음을 또한 볼 수 있다.

공은 사물에 응하고 접할 때마다 힘써 온후하게 하였으나 의(義)와 이(利)를 구분하고 시비를 분석하는데 있어서는 한 칼로 나누었으니 위엄이 있어 범할 수가 없었다. 일찍이 제자들에게

"배우는 자는 반드시 '지사는 죽을 것을 잊지 않는다.'라는 것으로 뜻을 삼은 뒤에 의리가 중해지고 생사를 계교하는 마음이 가벼워진다. 이른바 가난하고 천함과 근심하고 슬픈 상황에서도 그 뜻을 어지럽히거나 빼앗을 수 없는 것이다."

라고 하였다. 이 때문에 공은 일찍이 인품이 특출하고 위엄이 있어 천만의 수많은 사람 앞에도 떳떳이 나갈 수 있는 용기가 있었던 것이다.

책을 넣어두는 상자에 몇 편의 시와 산문이 있었다. 산문은 구어체로 되어 있으며 시는 평이하고 담박하였다. 예컨대 다음 시구에서 그러한 점을 알 수 있다.

인륜이 무너진 세상의 만백성들이여	斁倫世界億蒼生
황하수 맑아질 날 함께 기다려보세	共俟黃河際一淸

1 신라의 왕자 : 광산 김씨의 시조 왕자공(王子公 : 諱 興光)은 헌강왕(憲康王)의 셋째 아들이라는 설과 신무왕(神武王)의 셋째 아들이라는 설이 있으나 정확한 고증이 없어 "신라왕자 흥광으로 한다.〔新羅王子興光〕"라는 말이 《정묘대보(丁卯大譜)》에 전해 온다.

2 본적이 되었다 : 시조 김흥광은 신라 말기 나라가 어지러워 장차 난리가 있을 것을 예견하고 금성(金城)을 떠나 무주(武州) 서일동(西一洞)에 은거하였다. 무주는 지금의 광주(光州)이다. 이로 인해 관적(貫籍)을 광산(光山)으로 하였다.

3 고려조에……하였고 : 고려조에 와서 후손에 평장사(平章事)가 많이 배출되니 서일동의 동명을 평장동(平章洞)으로 개칭하게 되었다. 그런데 여러 기록을 참조해 볼 때 여덟 명의 평장사를 배출한 것으로 되어 있어 여기 12대에 걸쳐 평장사가 나왔다는 말은 오류인 듯하다.

4 두 아들을 두었다 : 사계는 본처 소생으로 3남 3녀를 두었고 측실 소생으로 6남 2녀를 두었다. 그런데 본처 소생의 3남 중 장남은 임진년에 죽었으므로 두 아들을 두었다고 하였다.

5 김석주(金錫胄) : 1634~1684. 본관은 청풍(淸風), 자는 사백(斯百), 호는 식암(息庵)이다. 김육(金堉)의 손자이고 김좌명(金佐明)의 아들이다. 청성부원군(淸城府院君)에 봉해졌다.

6 김만기(金萬基) : 1633~1687. 본관은 광산, 자는 영숙(永淑), 호는 서석(瑞石) 또는 정관재(靜觀齋)이다. 김장생의 증손이며 김익겸(金益兼)의 아들이다. 김만중과는 종형제 사이이다. 광성부원군(光城府院君)에 봉해졌다.

7 순릉(順陵) : 조선 제9대 임금 성종의 정비 공혜왕후(恭惠王后)의 능이다.

8 위기지학(爲己之學) : 자신을 위한 학문으로 위인지학(爲人之學)과 대칭되는 말이다. 《논어》 〈헌문(憲問)〉에 "옛날 학자들은 자신을 위한 학문을 하였는데, 지금의 학자들은 남에게 보이기 위한 학문을 한다.〔古之學者爲己, 今之學者爲人.〕"라고 하였다.

9 정유재란(丁酉再亂) : 임진왜란 휴전 교섭이 결렬된 뒤 1597년에 왜장(倭將) 가토 기요마사〔加藤淸正〕 등이 14만의 대군을 이끌고 다시 쳐들어와 일으킨 전쟁이다. 이순신 등의 활약으로 큰 타격을 입은 왜군은 도요토미 히데요시〔豐臣秀吉〕가 죽자 철수하였다.

10 유안(儒案) : 청금록(靑衿錄)이라고도 한다. 조선 시대에 성균관, 향교, 서원

등에 있던 유생의 명부이다.

11 계운(溪雲) 김공 : 고종 때 경연관(經筵官)을 지낸 김낙현(金洛鉉)인 듯하나 자세하지 않다.

12 입재(立齋) 송상국(宋相國) : 송근수(宋近洙, 1818~1902)로, 본관은 은진(恩津), 자는 근술(近述), 호는 입재·남곡(南谷)이다. 좌의정이 된 뒤 1882년 5월 정부의 조미수호통상조약체결교섭에 반대하여 사직상소를 올렸다.

13 규정(圭庭) 서상서(徐尙書) : 서승보(徐承輔, 1814~1877)로, 서승보의 본관은 대구, 자는 원예(元藝), 호는 규정(圭庭)이다.

14 도염(道剡) : 학식과 인품을 갖춘 선비를 과거시험 없이 주변의 추천으로 인재를 등용하던 방법으로 보인다.

15 가감역(假監役) : 조선 시대 선공감(繕工監)에 설치하였던 종9품의 임시관직이다. 감역관(監役官)과 함께 나라의 토목과 영선(營繕)사업을 감독하는 직책을 담당하였다.

16 부노(俘奴) : 부노란 포로가 된 종이라는 뜻이다. 조선 후기 청나라의 포로가 된 노비 출신들이 청의 앞잡이가 되어 자신의 부귀영화를 꾀한 데서 유래되었다. 대표적 인물로는 강홍립(姜弘立)의 군대를 따라 청나라 정벌에 나섰다가 포로가 되자 청나라 말을 배우고 우리나라 사정을 밀고하여 부귀영화를 누린 노비 출신 정명수(鄭命壽)와 김돌이(金突伊) 등이 있다. 따라서 본문의 부노란 일본의 앞잡이가 되어 같은 민족을 괴롭히는 무리를 일컫는 것으로 보인다.

17 망주석과 상석 : 망주석은 무덤 앞 양쪽에 세우는 한 쌍의 돌기둥으로 돌 받침 위에 8각의 기둥을 세우고 맨 위에 둥근 머릿돌을 얹혀 놓은 것을 말한다. 상석은 무덤 앞에 제물을 차려 놓는 돌로 된 상을 말한다.

안효제 安孝濟

안효제의 자는 순중(舜仲), 호는 수파(守坡)이다. 이조 참의(吏曹參議)를 지낸 지헌공(止軒公) 안기종(安起宗)의 후손으로 대대로 의령군(宜寧郡) 구산(龜山)에 살았다. 철종 경술년(철종1, 1850)에 태어나 계미년(고종20, 1883) 명경과에 병과로 급제하고 갑신년(1884)에 승문원 부정자(丞文院副正字)에 임명되었다. 당시에 변복령이 있었는데 안효제는 임금께 상소하여 불가함을 간곡히 간언하여 너그러운 비답을 받았다.

당일 곧바로 고향으로 돌아왔는데 오는 길에 지은 시는 다음과 같다.

> 우리 임금 요순처럼 만드는 것은 도리어 방법이 없으니　致君堯舜還無術
> 어부와 나무꾼과 어울리는 것은 정녕 지금이구나　作伴漁樵正有期

정해년(1887)에 성균관 전적에 임명되고 조금 있다가 사헌부 지평이 되었다. 기축년(1889)에 사간원 정언으로 옮겼다.

당시에 자신을 관황녀(關皇女)[1]라고 일컫는 요망한 여인이 홍천(洪川)에서 왔는데 요직에 있는 권신들을 통해 임금에게 은총을 받았다. 고종은 그녀를 진령군(鎭靈君)으로 봉하였다. 이로부터 위복(威福)의 권세[2]를 제멋대로 하여도 감히 누가 뭐라고 하지 못하였다. 안효제는 이에 소장을 작성하여 요망한 여인을 베라고 청하였다. 그러자 고종은 매우 노하여 안효제를 제주의 추자도(楸子島)로 유배 보내 안치하였다.

갑오년(고종31, 1894)에 영광(靈光) 임자도(荏子島)로 옮겼다가 풀려났다. 같은 달에 홍문관 수찬지제교 겸 경연검토관 춘추관 기사관(弘文館修撰知制敎兼經筵檢討官春秋官記事官)으로 불렀으나 부임하지 않았다. 9월에 홍해[3] 군수(興海郡守)에 임명되어 부임하였다. 당시 연안 근처의 일곱 고을이 연이어 큰 흉년이 들었는데 홍해는 더욱 심하였다. 안효제는 백성들을 구휼하려 했으나 새로 부임하여 방법이 없어[4] 걱정이었다. 이때 조정에서 연안 고을이 흉년으로 어렵다는 소식을 듣고 쌀 3,000석을 보냈다. 조정은 쌀 한 되에 1관의 값을 쳐서 백성들에게 나누어주고 보리를 추수한 후에 쌀값을 거두어들이게 하였다. 이웃 고을은 모두 세금을 거두기 어려울 것을 우려하여 조정에서 보낸 쌀을 받지 않았다. 안효제는 곧바로 쌀 120여 석을 가져다가 백성들에게 나누어준 후 관찰사에게 보고하고 그 값을 감면해 줄 것을 요청하였다. 이 때문에 홍해군 백성들만이 온전히 흉년을 잘 보낼 수 있었다.

이 전에 청도 군수 조 아무개와 사이가 좋았다. 경상 감영에서 함께 그를 만났는데 조씨가

"우리고을에 삼촌을 죽인 조카가 있는데 법대로 다스리면 사형이지만 나는 인정을 베풀려고 하니 공께서 양해해주기를 바랍니다."

라고 하였다. 안효제는 다음과 같이 말하였다.

"살인자는 사형하는 것이 본래 큰 법도인데 이 사람은 거기다가 인륜까지 저버렸습니다. 이 같은 자를 법대로 처벌하지 않고 공이 어떻게 인륜의 기강을 세워 백성들에게 교화를 펼 수 있습니까. 공이 만약 법대로 하지 않는다면 내가 마땅히 처벌할 것입니다."

이를 듣고 조씨가 쩔쩔매면서 가버렸다.

을미년(1895) 5월, 또 흑의령(黑衣令)[5]이 있자 안효제는 관직을 버리고 귀향하였다. 8월, 여러 적들이 국모를 시해하고 또 임금을 협박하여 국모를 폐출시켰다. 안효제는 변고를 듣고 곧바로 상경하여 참판(參判) 이용원(李容元), 참판(參判) 최익현(崔益鉉)과 함께 통곡하고 국태공(國太公) 흥선대원군에게 중궁전의 위호를 회복할 것을 고하였다.

어느 날 이용원이 편지 한 통을 보이며 말하기를

"정부가 임금의 머리를 강제로 깎으려 합니다. 때문에 대원군에게 구두로 하교하시기를 우리 두 사람이 러시아 공관으로 가 공사 베베르를 만나 제지하게 하도록 하였습니다."

라고 하였다. 안효제가 말하기를

"국가의 존망이 달린 문제인데 어찌 화복을 가려서 피하겠는가."

라고 하고 이용원에게 말하기를

"참봉(參奉) 장지영(張志永)은 곧 여헌(旅軒) 선생의 후손인데 함께 일을 할 수 있을 것입니다."

라고 하였다. 세 사람은 베베르를 찾아가 만나 큰소리로 울면서 말하기를

"지금 여러 도적놈들이 임금을 협박하여 머리를 강제로 깎으려 하니 공께서 도와주십시오."

라고 하였다. 베베르는 증빙 문서를 요청하였다. 당시 임금과 대원군이 건청궁(乾淸宮)에 머물고 있었는데 장지영으로 하여금 군복을 입고 들어가 겨우 대원군이 서명한 문서를 얻어 베베르에게 가져다주었다.

5일 이른 아침에 장지영의 동생 장지한(張志翰)이 와서 당혹해하며 말하기를

"서주보(徐周輔)가 갑자기 우리 집에 쳐들어와 안교리(安校理)를 불러

오라 했습니다."

라고 하였다. 안효제가 웃으며 말하기를

"우리 세 사람이 모두 이 사람 손에 죽겠구나."

라고 하며 곧바로 갔다. 서주보는 크게 소리치면서

"당신이 뭐 길래 감히 우리 국사를 방해하고 80세 노인을 농락하여 50년 독서한 재상의 판단을 그르치게 합니까."

라고 하였다. 안효제 역시 큰소리로 호통치며

"이것은 나 스스로 한 일이니 두 노인이 무슨 상관이겠소. 또 당신은 머리부터 발끝까지 모두 대원군의 사람이거늘, 지금 도리어 나라를 혼란하게 하는 적에게 빌붙어 임금의 머리를 강제로 깎고자 하니 누구의 죄가 더 크겠소?"

라고 하니 서주보가 대답하지 못하였다. 그리고 서주보는 말하기를

"당신들이 살고 싶으면 러시아 공사관에 있는 대원군이 서명한 문서를 찾아오시오. 그렇지 않으면 어떤 화를 당할지 모를 것이오."

라고 하였다. 안효제가 웃으며

"러시아 공관에 들어갔을 때 이미 죽을 각오를 했소이다."

라고 하였다. 서주보가 장지영을 돌아보고 말하기를

"당신은 장차 어찌할 것이오?"

라고 하자 장지영 역시 크게 소리를 지르며

"김홍집(金弘集) 이하 여러 적들을 죽일 것이오."

라고 하였다. 서주보는 아무 말도 없이 서둘러 가버렸다.

11월 15일 밤, 임금의 머리를 강제로 깎고 또 단발령[6] 조서가 내려지자 민심이 흉흉하였다. 안효제는 이용원을 만나 통곡하고 돌아왔다.

경술년(1910) 국치의 변란이 있자 안효제는 마침내 통곡하고 산속으

로 들어가 나오지 않기로 맹세하였다. 판서 이용원이 홍문관 제학(弘文館提學)이 되었다[7]는 소식을 듣고 글을 써서 절교하였다.

11월, 이른바 은사금[8]을 받으라는 통지가 있었는데 안효제는 다음과 같이 글을 지어 보냈다.

"나는 대한제국의 신하이다. 나라가 망하여도 구원할 수 없으니 죽어 마땅한데 원수나라의 임금이 내게 무슨 은혜가 있어 이 돈을 주는가. 선비는 죽일 수는 있어도 욕보일 수는 없다. 만약 다시 나에게 은사금을 받으라고 하면 죽을 것이다."

며칠 뒤에 순사가 또 위협하자 다시 편지를 써서

"문천상(文天祥)[9] 한 사람이 굴복하지 않은 것이 원나라에 무슨 손해가 있다고 이처럼 심하게 핍박하는가."

라고 하였다. 밤에 창녕 경찰서장 마시바 이와조우〔眞柴巖藏〕가 잡아와 말하기를

"공은 어찌하여 은사금을 받지 않는가?"

라고 하자 안효제는

"의리에 맞지 않으면 비록 우리 임금께서 주신 것이라도 기필코 받지 않거늘 하물며 원수의 나라가 준 것을 받겠는가."

라고 하였다. 서장이 말하기를

"끝까지 받지 않을 것인가?"

라고 하자 안효제는

"이토 히로부미〔伊藤博文〕를 죽인 안중근이 나의 일족이니 더 묻지 말라."

라고 하였다. 서장은 대답하지 못하였다.

다음날, 순사가 진주 부장(晉州部長) 마에다 노보루〔前田升〕의 공문서를 가지고 은사금을 받아 가라고 독촉하였다. 안효제가 가지 않자 앞

에서 끌고 뒤에서 밀어 잡아가려 하니 안효제가 곧바로 이층에서 떨어져 죽으려고 하였다. 순사가 곧 안효제를 달래고 갔다.

또 자질(子姪)들을 시켜 화를 면하게 해 달라 빌게 했으나 안효제는 듣지 않았다. 서장은 분노하여 순사 50여 명을 보내 안효제를 잡아가며

"한결같이 받지 않는다니 죽음이 두렵지 않은가?"

라고 하였다. 안효제는 성을 내며

"죽지 못한 것이 근심이니 무엇이 두렵겠는가."

라고 하였다. 이에 붉은 끈으로 몸을 묶고 쇠사슬로 발을 채워 감옥에 가두었다. 순사들이 안효제의 자식과 동생을 불러다가 설득하기를

"은사금을 받지 않으면 아버지와 형은 반드시 죽을 것이다."

라고 하였다. 두 사람은 감옥에 들어가 구석에 앉아 울며

"은사금을 받지 않으시면 아버지께서는 죽음을 당하실 것이고 집안이 환난을 입을 것입니다."

라고 하였다. 안효제는

"아무 말 하지 마라. 내 아들이 은사금을 받으면 이것은 아들이 아버지를 죽이는 것이요, 내 아우가 받으면 아우가 형을 죽이는 것이 될 게다."

라고 하였다. 안효제는 창녕 감옥으로 옮겨 수감되었는데 밤에 국사를 깊이 걱정하다가 자신도 모르게 목 놓아 크게 울고는 혼절하여 깨어나지 못하였다. 서장이 자질을 불러 옥문 앞에서 엎드려 은사금을 받으라고 빌게 하였다. 안효제는

"내 마음이 이미 정해졌으니 너희들은 다만 초상을 치를 것이나 생각하여라."

라고 하였다. 서장이 또 묻기를

"공의 글 중에 수국(讎國) 두 글자는 무슨 말인가?"
라고 하였다. 안효제가 말하기를
"우리 국모를 죽이고 우리 임금을 폐위하였으니 원수가 아니고 무엇인가."
라고 하니 서장이 대답하지 못하였다. 한 구절의 시를 지어 아들 안철상(安喆相)에게 주었는데 그 시는 다음과 같다.

식견 낮은 사람들 완고한 풍속 좋아해　淺識堪憐頑固俗
다만 백이·숙제 이름만 말하는구나　徒說伯夷叔齊名

창녕 군수 신태무(申泰茂)가 말하기를
"지금 대신들이 모두 은사금을 받았는데 공은 무슨 고아한 식견으로 받지 않는가?"
라고 하니 안효제가 꾸짖으며
"내가 비록 궁박하지만 이 같은 매국노와 비교할 것인가. 이 무리들이 눈앞에 있다면 내가 반드시 처단할 것이다."
라고 하였다. 신태무는 감히 다시 말을 하지 못하였다.

서장이 종이 한 장을 꺼내 억지로 문서에 지장을 찍게 하려고 안효제의 몸을 붙들고 손을 잡고 그 손가락을 펴서 누르려고 하였다. 안효제가 곧바로 땅바닥에 증서를 던지고 큰 소리로 호통치며 말하기를
"이런 것이 너희가 을사년에 우리나라를 빼앗았던 버르장머리냐? 나라는 빼앗을 수 있어도 내 뜻은 빼앗을 수 없다."
라고 하자 서장이 부끄러워하며 물러갔다. 다음날 곧 풀어주고 달래며 말하기를
"공은 대한의 신하이지 일본의 신하가 아닙니다. 산속 집으로 돌아

가 바깥일에 관여해 치안을 방해하지 마시오."
라고 하고 칭송해 마지않았다. 후에 또 안철상을 불러 은사금을 받으라고 하자 안철상이 듣지 않으니 부장이 매우 성을 내며 창녕 감옥에 가두었다. 안효제가 편지를 써서 경계하기를

"아버지가 나라에 충성하다가 죽고 자식이 효도하다 죽는다면 한 가문에 이보다 더 큰 경사가 있겠는가. 은사금을 받고 안 받는 것에 네 아비의 생사가 달렸으니 삼가 잘 처신하여라."
라고 하였다. 임자년(1923) 가을에 마침내 요동(遼東)으로 들어가 돌아오지 않았다.

1 관황녀(關皇女) : 임오군란(1882) 당시 명성황후가 충주(忠州)로 피신하였을 때 어느 무녀가 찾아왔는데 명성황후는 그를 신기하게 생각하여 환궁할 때 궁으로 데리고 왔다. 이후 무녀는 명성황후의 병을 고쳐주며 명성황후의 총애를 받았다. 하루는 그 무녀가 자기는 관성제군(關聖帝君)의 딸이라고 하면서 관왕묘(關王廟)를 건립하자고 하였다. 중전은 그녀의 말을 따라 관왕묘를 짓고 진령군(眞靈君)으로 봉해 주었다. 진령군의 위세는 말 한 마디에 화복이 달려 있을 정도로 대단했다. 여기서 관성제군은 중국 삼국 시대의 명장 관우(關羽)를 말하며 관왕묘는 관우를 모시기 위해 세운 묘당이다. 본문에서 관황녀란 표현은 진령군이 관우의 딸이라는 의미이다.

2 위복(威福)의 권세 : 《서경》에 "임금만이 위(威)를 짓고 복(福)을 짓는다."라고 하였는데, 신하가 위복(威福)을 부리는 것은 군권(君權)을 침범하는 것이다.

3 흥해 : 지금의 경상북도 포항시에 위치해 있다.

4 방법이 없어 : 무면(無麵)은 이른바 "밀가루가 없이는 떡국을 만들지 못한다.〔無麵不托〕"라는 뜻으로 아무 방법도 없음을 뜻한다.

5 흑의령(黑衣令) : 1894년 12월과 1895년 3월, 조정에서는 관복을 간소화하는

등의 복제개혁을 실시하였다.

6 단발령 : 단발령은 1895년 12월 30일 김홍집 내각이 공포한 것으로 성년 남자의 상투를 자르고 서양식으로 단발하라는 내용의 칙령이다.

7 판서……되었다 : 이용원은 1910년 한일병합조약이 체결된 뒤 일제로부터 남작 작위를 받았다.

8 은사금 : 일제는 1910년 8월 한국을 강제 합병한 직후인 10월, 막대한 은사금(恩賜金)과 기로금(耆老金) 등을 주어 일제의 합병에 반대하는 민심을 회유하고자 하였다.

9 문천상(文天祥) : 1236~1282. 중국 남송 말기의 재상으로, 송나라가 망하자 의병을 일으켜 싸웠으나 포로로 사로잡혀 베이징으로 끌려가 3년간 감옥에 갇혔다. 원나라 세조(世祖) 쿠빌라이가 그에게 벼슬을 간절히 권하였으나 끝내 거절하자 결국 처형되었다.

최우순 崔宇淳

최우순의 자는 무구(舞九), 본관은 전주(全州)이다. 의민공(義敏公) 최균(崔均)의 후손으로 고성(固城)의 학동(鶴洞)에 살았다. 순조 임진년(순조32, 1832)에 태어났다. 최우순은 태어날 때부터 신체가 커서 거인 같았다. 공부할 나이가 되었을 때 그날 수업 받은 것은 곧바로 외웠다. 송휘순(宋彙純)에게 수학하였는데 송공은 최우순을 큰 그릇으로 여겨

"훗날 이 아이가 성취할 것을 헤아릴 수 없다."

라고 하였다. 천성적으로 효성스러워 어버이의 뜻을 잘 받드는 것을 최우선으로 삼았다. 그 전에 어떤 사람이 공의 아버지에게 훌륭한 아들을 두었다고 축하하자

"그대의 말은 너무 지나치군요. 그러나 나는 아들에게 어떤 일에 대해 두 번 말하지 않기는 합니다."

라고 하였다. 최우순이 과거 공부를 하여 초시에 합격하고 대과(大科)를 보러 갔을 때 어떤 사람이 그에게 이익을 제시하며 부정을 저지르자고 유혹하였는데 최우순은 이에 응하지 않았다. 그 뒤로 벼슬길에 뜻을 두지 않았다. 이윽고 고향으로 돌아와 다만 책을 읽고 이치를 탐구하며 지냈다. 서울 사람인 최익렬(崔翼烈)과는 오래전부터 친구로 지냈는데 하루는 여관에서 우연히 만났다. 최익렬이 빚 때문에 곤란을 겪고 있자 최우순은 전대를 털어 그 빚을 갚아주었다.

병술년(고종23, 1886)에 갑자기 병이 널리 퍼졌는데 그 병에 걸리면 곧바로 죽었다. 어떤 사람이 병에 걸려 최우순의 집을 찾아왔는데 최우순은 그를 맞아들여 있는 힘을 다해 치료하였다. 또한 그가 죽자 몸소 그의 시체를 염하여 그의 집으로 돌려보냈다.

병자년(1876)에 큰 흉년이 들었을 때 공의 집안도 수입이 넉넉하지 않았는데 식전(息錢)[1]을 내어 원근의 다급한 지경에 있는 사람들을 구원하였다. 날마다 죽을 끓여 갈 곳 없이 굶주리는 사람들에게 나눠주었다. 정축년(1877) 봄에 최우순은 마침 아들을 낳았다. 어떤 사람이 자식을 낳은 집은 피해야 할 것이 많다고 말하자 최우순은

"저 사람들은 하루 먹지 못하면 병이 들고 이틀 먹지 못하면 살 수 없소. 그대는 어찌 차마 이런 말을 나에게 하는가."

라고 하며 전처럼 계속 죽을 끓이라고 하였다. 을유년(1885)에 또 큰 흉년이 들어 먹을 것이 없게 되었다. 게다가 사나운 관리들이 가혹하게 세금을 거둬들이자 마을 주민들이 사방으로 뿔뿔이 흩어져 마을에 밥짓는 연기가 피어오르지 않았다. 최우순은 친척을 모아놓고 서로 위로하며

"하늘이 우리 일가를 죽이려고 하나 보다."

라고 하고 빌린 돈 4,000금을 내어 굶주리고 위급한 친척부터 우선 나눠주어 가족이 흩어지지 않게 하였다. 힘든 상황이 닥치면 다른 사람의 급한 상황을 구원하는 의리가 이와 같았다. 이웃 중에 술에 취해 행패를 부리던 자가 최우순 친구 집의 소를 잡아 먹어버렸다. 뒤에 일이 발각되어 송사가 일어나게 되었다. 최우순은 그를 불러 용서하고 토지를 주어 경작하게 하면서

"다시는 이런 일이 일어나서는 안 되네."

라고 하였다. 이전에 최우순이 진주(晉州)의 가곡(佳谷)에 이사하여 살

고 있었는데 무자년(1888)에 또 크게 가뭄이 들었다. 이에 살고 있던 집과 밭을 팔아 이웃 사람을 구제하였다. 기축년(1889)에 가곡을 떠나 다시 고향으로 돌아왔는데 몇 해 동안 돈을 내어 사람을 구제하였기에 가세도 기울어지게 되었다. 거친 밥과 솜옷도 마련하기 어려웠다. 그러나 최우순은 평소처럼 담담하게 생활하며 조금도 마음에 두지 않았다. 조상 모시는 일에 정성을 다해 초상이 나면 나이가 많다 하여 소홀하게 행동하지 않았다. 조상 묘를 찾아뵐 때도 거리가 멀다고 가지 않는 경우는 없었다.

일찍이 병법에 뜻을 두어 강태공(姜太公)과 손자(孫子)의 책을 꿰뚫었다. 병신년(건양1, 1896)에 여러 고을에서 병사를 모집하여 의병을 일으켰다. 고성에서는 오직 최우순이 이 일을 주관하여 일을 감독하였다. 다음 달 공은 병이 들어 집으로 돌아왔는데 얼마 되지 않아 진주의 병사는 패배하였다. 이때 대구의 대장이란 자가 근처의 의병을 주관했던 자들을 체포하였는데 그와 친한 사람에게 이르기를

"내 들으니 최우순은 군자라고 하더라."

라고 하고 마침내 그의 죄는 묻지 않았다.

을사년(광무9, 1905)에 을사조약이 강제 체결될 때 여섯 충신이 죽었다[2]는 소식을 듣고 최우순은 시를 지어 조상(弔喪)하였다. 기유년(융희3, 1909)에 황해도 출신 의사 안중근이 죽음을 당했다는 소식을 듣고 또 시를 지어 그의 죽음을 애도하였다. 오래 전에 최우순은 쌍강(雙江)의 모래 색깔이 하얗고 깨끗한 것을 보고 마음에 흡족한 생각이 들어 자신의 호를 청사(晴沙)라고 지었다. 경술년(1910)에 나라를 일본에 빼앗기자 동쪽으로 난 집 대문을 막아버리고 서쪽으로 내면서

"내 어찌 원수 나라를 마주하리오."

라고 하였다. 그리고 청사라는 호를 서비(西扉)로 바꿨으며 이에 대한

시와 산문을 지어 자신의 뜻을 나타내었다. 사람들은 공이 순국할 뜻을 이때 결심하였다고 여겼다. 신해년(1911) 3월에 면 관리가 편지를 전해주며 말하기를

"일본 사람이 장차 노인들에게 은사금을 하사할텐데 가서 받겠습니까? 만약 그렇게 하지 않는다면 화가 미칠 것입니다."
라고 하였다. 이에 최우순은 눈을 부릅뜨고 쏘아보며

"은혜로이 주는 것이 아니라 바로 원수가 주는 것이다. 일찍이 그 돈으로 산 것은 개와 돼지도 먹이지 않을 것인데 하물며 사람이랴!"
라고 하였다. 14일에 은사금을 받지 않는다는 이유로 최우순을 불렀으나 공은 가지 않았다. 그리고 편지를 보내 다음과 같이 답하였다.

"옛날에 제나라 경공(景公)이 산림관리인을 깃발을 들어 부르니 산림관리인은 자신의 신분에 맞지 않는 것으로 부른다고 하여 죽임을 당할 줄 알고도 가지 않았다. 더구나 지금은 의리에 맞지 않는 것이 산림관리인을 부르는 것보다 100배 더함이랴. 명색이 선비인데 산림관리인도 하지 않았던 것을 한다면 다만 산림관리인보다 못할 뿐 아니라 개와 돼지만도 못한 것이다. 절대로 받을 의리가 없다. 선비는 그것이 의리에 옳지 않으면 수많은 말과 곡식도 돌아보지 않는다. 비록 강요한다고 해도 받을 수 있겠는가."

4, 5일 동안 협박하다가 또다시 헌병을 보내 공을 불렀다. 최우순은 크게 꾸짖으며 조금도 두려워하지 않았다. 자식들이 대신 가겠다고 요청하였으나 최우순은 허락하지 않았으니 그들이 가서 돈을 받을까 걱정해서였다. 최우순이 헌병에게

"밤이 깊었으니 갈 수가 없다. 너도 자라. 내일 내가 가겠다."
라고 하였다. 다음날 해가 밝자 헌병이 일어나 살펴보니 최우순은 이미 타계하였다. 헌병이 놀라 달아나자 집안 식구들은 그제야 그 사실

을 알았다. 장차 시체를 묶으려고 할 때 유언으로 남긴 약간의 글을 발견하였다. 최우순이 일찍이 품안에 약을 보관하고 있다가 상황이 이렇게 되자 모욕을 받을 것을 두려워하여 마침내 삼킨 것이다. 당시 공의 나이는 80세였다.

의성(義城) 김소락(金紹洛)

1 식전(息錢) : 돈이나 곡식을 꾸어 주고받을 때에는 한 해 이자로 본디 곡식의 절반 이상을 받는 변리(邊利)를 말한다. 흔히 봄에 꾸어 주고 가을에 받는다. 다른 말로 장리(長利)라 한다.

2 을사년에……죽었다 : 을사조약이 강제로 체결되자 민영환(閔泳煥)이 자결한 데 이어 조병세(趙秉世), 전 참판 홍만식(洪萬植), 평양대(平壤隊) 일등병 김봉학(金奉學), 학부 주사 이상철(李相哲), 주영 공사 이한응(李漢應), 송병선(宋秉璿) 등이 자결하였다.

김영상 金永相

김영상의 자는 승여(昇如), 호는 춘우정(春雨亭)이다. 강진(康津)에 있는 도강(道康)이 본관으로 그의 시조는 고려의 도성군(道城君) 김희조(金希祖)이다. 그 뒤에 김회련(金懷鍊)은 조선 태조 때 공을 세워 한성 판윤을 지냈다. 그의 시호는 충민(忠敏)이다. 다시 5대를 내려와 생원 한정(閒亭) 김약회(金若晦)는 아우인 김약허(金若虛)와 태학(太學)에서 공부하였다. 기묘년(중종14, 1519)에 사화가 일어나자[1] 마침내 고향으로 돌아왔다. 그리고 퇴계 이황, 하서 김인후, 일재(一齋) 이항(李恒) 선생들과 학문에 대해 질문하고 시를 주고받았다. 김약회의 손자인 월봉(月俸) 김대립(金大立)은 일재 이항에게 학문을 배웠다. 그는 임진왜란 때 의병을 일으켜 별제(別提)에 임명되었다. 광해군이 윤리를 무너뜨릴 때 소장을 올려 항의하고 벼슬을 버리고 거짓으로 미친 척 하였다. 천묵(天默) 이상형(李尙馨), 난곡(蘭谷) 송민고(宋民古) 등과 함께 사귀니 세상에서 그들을 칠광(七狂)이라 불렀다. 고향 사람들이 송산(松山)에 사당을 세웠으니 이 분이 김영상의 9대조이다. 김대립은 진사인 명천(鳴川) 김관(金灌)을 낳았다. 김관은 정묘년(인조5, 1627) 강홍립의 난리[2] 때 사계 김장생을 따라 의병을 일으켰다. 뒤에 정읍의 무성 서원(武城書院)에 배향되었다. 그 뒤 대대로 학문과 의리로 유명하였다.

김영상의 아버지는 성은(城隱) 김경흠(金景欽)으로 문집을 남겼다. 헌종 병신년(헌종2, 1836) 3월 18일 신축일에 김영상은 전북 고부군(古阜郡) 산북리(山北里)의 자택에서 태어났다. 뒤에 태인(泰仁)의 원촌(院村)으로 돌아왔다. 본성이 침착하고 신중하였으며 어릴 때부터 경거망동하지 않았다. 조금 자라서 종조(從祖)인 비인재(卑忍齋) 기종공(墍從公)에게 학문을 배웠다. 뒤에 노사(蘆沙) 기정진(奇正鎭)을 뵈었고 만년에는 아우인 의재(毅齋) 김영렬(金永烈)과 함께 인산(仁山) 소휘면(蘇輝冕)의 문하에서 학문을 익혔는데 그의 깊은 인정과 장려를 받았다. 인산은 일찍이 공의 형제를 칭찬하기를

"형은 중후하며 독실하고 아우는 굳세며 세밀하다."

라고 하였다. 인산이 죽자 김영상은 1년 동안 심상(心喪)을 지냈다. 그리고 기일(忌日)을 만나면 반드시 정결하게 재계하였다.

두 아우와 재산을 나눌 때 자신은 황폐한 땅을 골랐다. 조상을 받들 때 반드시 사계절 정제(正祭)를 지냈는데 새벽에 반드시 사당에 절을 올렸다. 기일에는 마치 처음 돌아가셨을 때처럼 슬퍼하였다. 외가 선조의 제사를 지내 주었으며 양자를 들여 후사를 잇게 하고 밭을 나눠주었다.

이에 앞서 같은 집안사람끼리 묘에 딸린 밭의 경계 문제로 여러 세대 동안 다투어도 결론이 나지 않았다. 이에 공은

"이것은 한 집안이 화목하게 지내는 것이 아니다."

라고 하며 오랫동안 정성을 다해 그들을 달래 마침내 아무 탈 없이 그 땅을 종가(宗家)로 귀속시켰다. 후학들을 자상하게 가르치되 조금도 게으르지 않고 정성을 다 쏟았다. 때때로 여러 선비들과 학문을 강론하고 예를 익혔다. 항상 조심스럽게 행동하고 혼자 있을 때를 삼가는 것으로 학문의 기초를 삼았다. 평소에 더 이상 높을 수 없는 것은 하늘이라고 여겨 누워서 하늘을 바라보지 않았다. 밤에 도둑이 지

붕에 올라가 있다가 문득 공과 눈이 마주쳐 발을 헛디뎠는데 공은 천천히 말하기를

"우리 집에 사다리가 있으니 급히 내려오지 마라. 나는 네가 다칠까 걱정이다."

라고 하며 사다리를 가져다주었다.

갑오년(고종31, 1894)에 동학농민군이 걷잡을 수 없이 일어났는데 태인이 더욱 극심하였다. 공은 배 안에서 《대학》을 강독한 것[3]과 성이 함락 되어도 글을 외우는 옛 일[4]로 자신의 마음을 가다듬어 더욱 글공부를 멈추지 않았다. 동학농민군 또한 서로 조심하여 김영상이 사는 마을에 들어가지 않았다. 을미사변[5]이 일어나고 단발령[6]이 내렸다는 소식을 듣고 시를 지어 자신의 뜻을 나타내고 비상시에 죽을 약을 항상 가지고 다녔다. 그 시는 다음과 같다.

무리 중에 예의를 시행하려해도	欲入叢中抮禮林
장유의 의리 찾기 어렵지	燕毛自是義難尋
상투가 아니면 어찌 초상 치를 수 있으며	非髻何成治喪重
다팔머리 아니면 어버이 은혜 쉽게 잊으리	不髦頓忘受恩深
차라리 죽어 이 머리 없더라도	寧地下從無此首
같은 하늘 이고 어찌 머리 자를 마음 가질까	共天上戴忍斯心
동방 오백 년 종사에	惟東五百年宗社
누가 관중처럼 좌임(左衽)을 면해줄까	誰可夷吾免左襟

그 후 책을 가지고 산골짜기로 숨어 자취를 감춰버렸다. 또한 선산 아래에 집을 사서 나들이를 하지 않고 독서하며 자신을 깨끗이 지켰다.

경술년(융희4, 1910) 8월에 일본인이 드디어 조선을 빼앗았다. 당시 공의 나이 76세였는데 11월에 일본이 노인을 우대한다는 명목으로 이른바 은사금을 주려고 하였다. 공은 다음과 같이 편지를 써서 질타하며 그것을 물리쳤다.

"나는 대한의 신민(臣民)이다. 어찌 원수의 돈을 받을 수 있겠느냐."

세 차례에 걸쳐 이와 같이 하였는데 일본인들은 그래도 그치지 않았다. 공이 화를 내면서

"나는 당당한 대한의 선비이다. 어찌 일본인의 돈을 받았다는 문서에 이름을 올리겠느냐."

라고 하며 이름이 적힌 문서를 찢어버리고 쫓아버렸다. 다음해 신해년(1911) 4월에 일본 대장 아츠미〔渥美善四〕가 또다시 찾아와 협박하였다. 공은

"내가 죽고 싶어도 죽을 이유가 없었는데 지금 죽을 핑계를 만들어 주니 이제 죽을 수 있겠구나."

라고 하였다. 5월 1일 일본인이 공을 붙잡아 동곡(東谷)의 역참에 가뒀다. 공은 큰 소리로 꾸짖었는데 우레 같은 소리가 들보를 흔들었다. 얼마 뒤에 군산(群山)의 대장 명령으로 그쪽으로 옮기게 되었는데 도중에 태인에서 숙박하게 되었다. 일본인이 다시 공을 욕보이려 하자 공은 꾸짖으며

"너희 놈들이 어찌 감히 이렇게 하느냐. 내가 너희의 생간을 먹으려 해도 그럴 수 없었는데 이제 네놈 살을 뜯어 먹겠다."

라고 하고 일본인의 손을 깨물었다. 일본인은 서로 쳐다보고 감탄하며

"참으로 의인(義人)이다."

라고 하고 다시는 모욕을 주지 않았다.

장차 사진(沙津)을 건널 때 〈절명사(絶命詞)〉를 지어 남몰래 허리띠에 썼다. 중류에 이르러 강물로 뛰어들어 자결하려고 하였는데 일본인이 물에서 꺼내 뜻을 이룰 수 없었다. 군산에 구금된 지 9일이 지나 마침내 옥 안에서 타계하니 9일 동안 음식을 먹지 않은 뒤였다. 시체를 수습할 때 허리띠에 쓴 글이 있었다.

옛날 지조와 충성의 굴원은　　昔屈子之貞忠
멱라수를 가리키며 죽음 기약했지　　指汨羅而爲期
지금 봄비에 나는 재난 만나　　今春雨余陽九
사진에서 이제 떠나가련다　　從沙津而逝斯
초주 세 잔 따라　　酌椒酒之三杯
고기 배 속의 충혼을 위로하네　　慰魚腹之忠魂
동해로 숨어버리려는 발자취 따라[7]　　踵東海之高蹈
영원히 물가 바위에서 영혼 오르내리리라　　永陟降於干磐

운구가 돌아오려 하자 장사치들은 부의를 바치며 곡을 하였다. 도중에 곡을 올리는 사람이 끊이지 않았는데 마치 자신의 친척이 죽은 것처럼 슬퍼하였다. 이 때문에 돌아오는 거리가 100리를 넘지 않는데 3일이 지난 뒤에 집에 이르렀다. 9월에 태인의 덕가리(德加里) 서쪽 산등성이 유좌(酉坐)에 장사지냈다. 공은 두 아들과 두 딸을 두었는데 아들은 김평술(金坪述)과 김병술(金炳述)이며 두 딸은 각각 이익환(李益煥)과 감역 유병회(柳秉會)에게 시집갔다.

공은 외유내강형의 사람으로 말은 어눌하였지만 성실하게 행동하였다. 집안이 가난하여 공부할 때 매년 겨울에도 불을 때지 않고 솜을 깔아 겨울을 넘겼다. 모여드는 학동들에게 다음과 같이 권면하였다.

"항상 조심스럽게 행동하고 혼자 있을 때를 삼가는 것〔居敬愼獨〕은 바로 성인이 되는 기본이며 사특함을 막는 성곽이다. 사특함은 우리 사람들에게 보이지 않는 도적이 아니겠는가. 형체가 없지만 눈에 보이는 강한 오랑캐보다 더욱 해를 끼치니 원컨대 그대들이 거경(居敬)과 신독(愼獨) 공부를 하여 사특함을 상대한다면 반드시 우리 성곽은 견고해져 도적은 물러나게 될 것이다."

뒤에 집안사람들이 남긴 초고를 수집하였는데 초고 가운데 자손과 문인에게 보이는 글과 나라의 동포들에게 고하는 글 등 여러 편이 있었다.

1 기묘년에 사화가 일어나자 : 조선 중종14년에 일어난 기묘사화를 가리킨다. 남곤, 심정, 홍경주 등의 훈구파가 성리학에 바탕을 둔 이상정치를 주장하던 조광조 등 신진 사대부를 죽이거나 귀양을 보낸 사건이다.

2 강홍립의 난리 : 정묘호란을 말한다. 1618년 명나라가 청나라를 치기 위해 조선에 원병을 요청하였을 때, 이이첨 등 서인들이 파병을 강력 주창하자, 광해군은 도원수로 강홍립을 임명하였다. 이때 광해군은 출정하는 강홍립에게 밀명을 내려 명나라가 전쟁에 승산이 없을 경우 청나라에 투항하라고 하였다. 이에 강홍립은 청나라에 투항하였다. 그 후 청나라에 머문 강홍립은 1627년 정묘호란 때 청나라 군의 선도로 입국하여 강화에서 화의(和議)를 주선한 후 국내에 머물렀지만 역신으로 몰려 관직을 삭탈당하였다가 죽은 뒤 복직되었다. 강홍립은 광해군의 실리외교를 따랐으나 인조반정 후 서인세력들에 의해 희생당한 셈이었다. 서인세력이 광해군을 축출할 당시 명분은 대명의리론이었다.

3 배……강독한 것 : 육수부(陸秀夫)는 송나라 말엽의 충신이다. 1275년에 변방의 일이 급박해지자 모든 요속(僚屬)들이 도망갔으나 육수부는 도망가지 않았다. 익왕(益王)이 죽자 장세걸(張世傑) 등과 함께 도종황제(度宗皇帝)의 아들을 세워 위

왕(衛王)을 삼고 좌승상이 되어 정사를 보살폈다. 1279년에 애산(崖山)의 방어선이 무너지자 먼저 처자식을 빠져 죽게 하고 자신은 왕을 업고 바다로 뛰어들어 죽었는데 이때 배 안에서 죽기 직전까지 《대학》을 강독했다고 한다. 《송사(宋史) 권451 충의열전(忠義列傳) 육수부(陸秀夫)》

4 성이……일 : 항우가 죽었으나 그의 봉지(封地)인 노(魯)는 항복하지 않았다. 한의 군대가 노를 정복하러 왔는데 노의 백성들은 거문고를 연주하거나 글을 외우고 있었다. 이것은 평상시의 모습을 유지하며 죽음도 불사하고 성을 지키겠다는 의미이다.

5 을미사변 : 1895년 음력 8월 20일 일본공사 미우라 고로〔三浦梧樓〕가 일본군 수비대와 낭인들을 시켜 명성황후를 시해한 사건을 말한다.

6 단발령 : 1895년 12월 30일 김홍집 내각이 공포한 성년 남자의 상투를 자르고 서양식으로 단발하라는 내용의 칙령이다.

7 동해로……따라 : 불의(不義)를 피해 떠난다는 말이다. 옛날 전국 시대 진(秦)나라를 제국(帝國)으로 받들자는 신원연(新垣衍)의 건의를 받고 노중련(魯仲連)이 "나는 동해를 밟고 죽을지언정 그렇게 할 수는 없다."라고 한 데서 온 말이다. 《사기(史記) 권83 노중련열전(魯仲連列傳)》

박태영 朴泰泳

박태영의 자(字)는 달부(達夫)이다. 처음 이름은 태영(泰瑩)이었다. 호는 회산(晦山), 본관은 의흥(義興)이다. 구산군(龜山君) 박석보(朴碩輔)의 후손이며 대대로 의흥(義興)의 후곡(後谷)에서 거주하였다.

박태영은 헌종(憲宗) 병오년(헌종12, 1846)에 태어났다. 몸집이 장대하고 기절(氣節)이 있었으며 글을 잘 지었다. 독실한 효성을 지닌 성품이라 부모님을 섬김에 하루에 세 번씩 안부를 여쭈었다. 아침저녁으로 식사를 올리고 반드시 부모님이 다 드신 뒤에 물러나왔다. 부모님과 따로 살 때도 이런 일을 게을리하지 않았다.

아버지 상을 당해서는 예법에 정한대로 슬픔을 다하였고 장사를 지낸 뒤에는 추울 때나 더울 때나 우레가 치거나 비가 내려도 매일 새벽과 저녁에 묘소를 찾아가 곡하는 것을 멈추지 않았다. 어머니께서 걱정하여 여러 차례 만류하는 말씀을 하였지만 듣지 않았다. 이에 어머니께서 사람을 시켜 먼저 남편의 묘소로 가 어둠 속에서 귀신과 짐승의 소리를 내게 함으로써 박태영을 겁주어 그만두게 하려고 하였다. 삼일 밤을 연이어 이렇게 하였지만 박태영은 조금도 동요하지 않은 채 처음처럼 일관되게 하니 마을 사람들이 모두 칭찬하였다.

경술년(융희4, 1910)에 이르러 국가에 변란[1]이 발생했다는 소식을 들은 박태영은 분노하며 말하기를

"우리 대한제국의 사람이 어찌 일본 놈들의 백성이 될 수 있단 말이냐."
라고 하였다. 그리고는 아들 박원식(朴源植)에게 경찰서로 가서 민적부를 찢어오게 하였다. 신해년(1911) 봄에 일본 사람들이 기로은금(耆老恩金)을 준다고 하면서 면의 관리를 보내 박태영을 불러오게 하였다. 박태영이 말하기를

"내가 비록 가난하지만 어찌 원수 같은 도적놈들의 돈을 받겠는가."
라고 하고 물리쳐 받지 않았다. 이때부터 호세(戶稅)와 청결,[2] 기타 출생이나 사망 신고 등도 모두 하지 않았다. 얼마 뒤에 일본 순사가 청결을 핑계로 찾아와 모진 말로 박태영을 협박하였다. 박태영은

"내가 청결하지 않다고 해서 너희들에게 무슨 관계가 있느냐."
라고 하고 드디어 큰 소리로 꾸짖었다. 그러자 화가 난 순사가 때리려고 하였으나 박태영이 노인이었으므로 그렇게 하지 못하였다. 대신 아들 박원식의 뺨을 때리고 잡아갔다.

박원식도 의로운 선비였다. 의흥 경찰서에 도착하자 종일토록 신문하고 답변하였는데 박원식의 말이 대단히 절실하고 정직하여 전혀 숨기거나 막힘이 없었다. 서장이 화가 나서 말하기를

"네가 민적을 찢어가 호세를 납부하지 않았으니 이것은 우리의 백성이 되는 것을 부끄럽게 생각한 것이다. 그렇다면 어찌하여 죽지 않았는가."
라고 하였다. 박원식이 말하기를

"나는 벼슬 없이 초야에 묻혀 사는 사람일 뿐이다. 애초에 관리로서 지켜야 할 직분도 없고 게다가 늙은 아버지까지 계신데 어찌 죽을 수 있겠는가. 내가 이와 같이 행동하는 것은 나의 분수를 지키는 것

뿐이다."
라고 하였다. 그러자 서장이 박원식을 옥에 가두었다. 옥에 갇힌 박원식은 글을 통해 자신의 의지를 보였는데 대략의 내용은 다음과 같다.

곱고 고운 여인이여 姸姸者娥
사나운 사내에게 겁탈 당했구나 爲强所奪
명을 따라 꾸미지 않으니 從不飾容
저들이 좋아하지 않네 彼則不悅
지금 시세대로 하지 마라 莫以今時
지난날 잊기 어려워라 難忘舊日
저들이 비록 이것 때문에 좋아하지 않으나 彼雖以此不悅
나는 죽기를 각오하고 피눈물을 흘리네 我則誓死泣血

며칠 뒤에 박원식은 군위(軍威) 감옥으로 이감되었다. 뒤에 의성구(義城區) 재판소에 이르러서야 비로소 석방되었다.

이에 앞서 일본의 문학박사가 박태영의 명성을 듣고 집으로 찾아와 공을 만나고자 하였다. 박태영이 거절하고 만나주지 않자 일본인 문학박사는 칭송하며 돌아갔다. 그가 도사(都事) 김도화(金道和)를 만나 말하기를

"조선의 의로운 선비로 나는 박태영 한 사람을 보았다."
라고 하였다. 박원식의 자는 활능(活能)이고 태황 경진년(고종17, 1880)에 태어났다.

어떤 사람은 다음과 같이 말한다.

"한 가지라도 착한 일을 한 사람은 다른 사람들이 그 사실을 알아주었으면 하고 바란다. 그러나 박태영 부자는 이처럼 뛰어난 절의를 지녔으면서도 늘 겸손한 자세를 견지한 채 자랑하지 않았다. 게다가 한 글자의 기록도 남기지 않았으니 이런 사람들은 아무것도 하지 않으면서 무엇인가를 하는 사람이라고 할 수 있다. 잘난 척 뻐기면서 자랑하기를 좋아하는 세상 사람들과 비교해 본다면 어찌 위대하다고 하지 않겠는가."

내가 그들의 의로운 소문을 듣고 사실을 직접 보려고 찾아 갔었다. 그러나 그들이 겸손한 자세를 견지하였기 때문에 목적을 이루지 못하였다. 다만 사람들의 말을 통해 위와 같이 대략적인 내용만을 들을 수 있었다.

1 변란 : 1910년 8월 29일 대한제국이 일제에 의해 멸망한 것을 가리킨다.

2 청결 : 오늘날의 위생을 말한다. 일본은 메이지유신 이후 질병 등을 제거하고 국가 복지를 완전히 할 수 있는 기구로서 전염병 예방은 물론, 토지 청결, 상하수도 설치 등을 망라하여 위생이란 용어를 사용하기 시작하였다. 다만 위생을 담당하던 부서는 경찰이었고 따라서 조선의 위생은 일제로부터 이식된 문화였다.

하석환 河錫煥

하석환은 충주(忠州) 사창리(社倉里)에 살던 광대이다. 집은 매우 가난하였지만 천성적으로 효심을 타고났다. 아버지가 돌아가시자 정성을 다해 상례를 치렀다. 시묘살이 3년 동안 머리도 빗지 않고 세수도 하지 않았다. 이를 보고 마을 사람들은 그를 진정한 효자라고 칭찬하였고 많은 사대부 집안의 자제들이 그의 여막에 찾아왔다.

당시 나라가 망했다는 소식을 접했는데 일본인들이 하석환의 효성에 대해 듣고 이른바 은사금이라는 것을 보내왔다. 하석환이 강력히 물리쳤으나 여러 차례에 걸쳐 받으라며 독촉하였다. 그러자 하석환은 동쪽 산속으로 몸을 피했다. 오랜 시간이 흐른 뒤에 집으로 돌아왔으나 마침내 체포되고 말았다. 그러나 하석환은 죽음을 각오하고 받지 않았다. 일본인들이 그의 의지를 강제로 꺾을 수 없다는 사실을 알고 타이르며 말하기를

"돈은 받지 않더라도 영수증에 날인만 해도 풀려날 수 있다."

라고 하였다. 하석환이 말하기를

"나는 본래 인장(印章)이 없다."

라고 하였다. 일본인이 말하기를

"지장(指章)도 괜찮다."

라고 하며 강제로 지장을 찍게 하였다. 하석환이 손을 펴서 그들에게

내밀며 말하기를

“내 팔꿈치를 잘라 마음대로 찍어라. 나는 죽어도 날인할 수 없다.”

라고 하였다. 그러자 일본인들도 끝내 어찌하지 못하고 석방하였다. 사창리는 예전 음성군(陰城郡)에 속하는 지역이다.

《 담양인(潭陽人) 전우(田愚) 》

유병헌 劉秉憲

유병헌의 자는 주현(周顯), 호는 만송(晩松), 본관은 강릉(江陵)으로 문희공(文僖公) 유폐(劉敝)의 후손이다. 유병헌은 헌종[1] 임인년(헌종8, 1842)에 선산(善山) 상강리(上江里)에서 태어났다. 경술년(융희4, 1910) 7월에 적신 이완용(李完用)과 송병준(宋秉畯)이 전권위원(專權委員)이라 칭하며 대한제국을 일본에 합병시켰다.[2] 유병헌은 나라가 망했다는 변란 소식을 듣고 9월에 포고문을 지어 두 적신의 죄를 나열하였다.

세금을 징수할 때에는 "나는 일본에 세금을 낼 수 없다"라고 거부하며 내지 않았다. 은사금을 주자 이것은 나라를 판 돈이라며 역시 물리치고 받지 않았으며, 은사(恩賜)를 상치금(尙齒金)으로 고쳐 한 번도 은(恩)이라고 말하지 않았다. 경술년에서 신해년(1911)까지 총독부에 다섯 차례, 내각 대신들에게 네 차례 글을 보냈다. 글을 지어 전국에 대대적으로 알린 것이 네 차례, 헌병장(憲兵將)과 문답한 것이 네 차례, 헌병과 문답한 것이 여섯 차례였다. 이런 글을 쓸 때마다 반드시 적신들에 대해서는 원수 같은 도적놈이라고 하였고 말할 때는 반드시 오랑캐라고 일컬으며 조금도 거리낌이 없었다.

어느 날 헌병장이 불러 묻기를

"그대는 일본을 오랑캐라고 하는데 이것이 무슨 말인가?"

라고 하였다. 유병헌이 말하기를

"너희는 본래 오랑캐이기 때문에 오랑캐라고 하는 것이다."
라고 하였다. 헌병장이 발끈하여 화를 내고 유병헌의 뺨을 때리며 위협하였으나 유병헌은 조금도 굴하지 않았다.

청산군(青山郡)에서 총독 데라우치 마사다케〔寺內正毅〕의 공덕을 기려 비석을 세우려 한다는 소식을 전해들은 유병헌은 글을 지어 청산 향교에 다음과 같이 알렸다.

"일본은 원수의 나라이다. 대한제국의 사람이 일본 놈의 덕을 기리고자 한다면 세상 어디에서도 그 죄를 용서받을 수가 없다."

뒤에 들으니 청산군에서 과연 그 송덕비를 세우지 않았다고 한다.

신해년(1911) 10월에 대구 재판장이 유병헌을 불러 묻기를

"공은 새로운 조약[3]에 대해 어찌하여 한결같이 반대하는가?"
라고 하였다. 유병헌이 말하기를

"일본이 우리 대한제국을 빼앗고 우리 황제를 폐위시켰다. 그러므로 그 울분을 참지 못해 그렇게 하였다."
라고 하였다. 그러자 재판장이

"그렇다면 끝내 세금을 내지 않을 것인가?"
라고 하였다. 유병헌은

"대한제국에 내야 할 세금을 어찌하여 일본에 내겠는가?"
라고 하였다. 그러자 재판장은 다시 묻지 않고 유병헌을 감옥에 가두었다. 7일 뒤에 구(區) 재판소에서 문답이 있었고 다시 7일 뒤에 지방재판소에서 문답이 있었으며 또 5일 뒤에 전옥관(典獄官)과의 문답이 있었다. 그때마다 유병헌은 같은 말로 강력히 맞섰다. 11월 13일은 곧 일본인들의 납일(臘日)[4]이었다. 죄수 2,000여 명을 밖으로 나오게 하여 한 곳에 모아놓고 장차 연설을 하려고 하였다. 유병헌이 큰소리로 외쳐 말하기를

"대한제국 사람과 일본 사람들은 모두 내 말을 들어라. 일본은 강제로 우리 대한제국을 빼앗았다. 게다가 토지세를 독촉하여 거두었다. 그러므로 내가 글을 지어 널리 알리고 세금도 내지 않았다. 이런 이유로 나를 때리고 모욕을 주었다."
라고 하니 듣는 사람마다 모두 놀라고 감탄하였다. 석방할 때에 이르러 일본인들은 유병헌을 포박하여 나무 상자 속에 넣어 세우고 판자를 씌운 다음

"너는 일본의 국민이냐, 아니면 조선의 백성이냐?"
라고 물었다. 유병헌이 말하기를

"나는 조선의 백성이다. 어찌 오랑캐의 국민이 될 수 있겠느냐."
라고 하였다. 일본 병사 10여 명이 두 가닥의 쇠갈고리를 가져다가 입의 양쪽 가장자리에 넣고 뒤쪽으로 돌려 단단히 묶어 마치 장차 형벌을 내릴 것처럼 하였다. 그리고는 마침내 그의 머리를 깎은 후 내보냈다. 이렇게 한 것은 만일 사람이 몸부림을 치면 상해가 발생하기 때문이었다.

풀려난 유병헌은 곧바로 재판관에게 편지를 보내

"내가 무슨 죄가 있기에 한 달 넘도록 옥에 가두고 지금 또 머리를 깎았는가?"
라고 하였다. 그러자 판사가 다음과 같은 절구 한 수를 지어주었다.

법을 어긴 이 사람	此違法人
누가 임금 위해 큰 절의 지킬 줄 알았던가	誰知爲國君一大節
백발은 비록 강제로 깎았지만	白髮雖勒削
붉은 충정은 빼앗을 수 없네	丹心莫能奪

또 성주 여씨(星州呂氏)들이 스스로 재원을 마련하여 일본을 위해 헌병청(憲兵廳)을 짓는다는 소식을 들은 유병헌은 글을 지어 그들의 잘못을 꾸짖었다. 임자년(1912) 11월에 대구 검사국이 유병헌을 불러 말하기를

"성주 여씨들이 모두 황은을 고르게 입었기에 이처럼 의로운 일을 하려고 하니 대단히 가상하다. 그런데 공은 어찌하여 글을 지어 반대하는가?"

라고 하였다. 유병헌이 말하기를

"대한제국의 사람이 어찌 집을 지어 원수 같은 도적놈들에게 준단 말인가."

라고 하였다. 재판장이 말하기를

"유학사는 진실로 조선의 충성스럽고 의로운 사람이다. 그러나 금고형(禁錮刑)을 면할 수는 없다."

라고 하고는 감옥에 가두었다. 옥중에서 병에 걸린 유병헌은 열흘 넘도록 매우 고통스러워 제대로 서지 못하고 무릎으로 기어 다녔다. 전옥관이 일본의 치료약을 내어주자 유병헌이 크게 꾸짖으며 말하기를

"죽으면 죽었지 오랑캐의 약을 어찌 먹겠는가."

라고 하고 마침내 물리쳤다.

갑인년(1914) 봄에 총독부 서기인 야마가게〔山陰〕가 총독 데라우치〔寺內正毅〕의 전권을 위임받아 와서 위문하였다. 유병헌이 말하기를

"데라우치는 나와 원수관계이다. 나를 죽여도 이상할 것이 없는데 나를 위문하는 것은 무슨 까닭인가."

라고 하였다. 야마가게가 눈치를 살피면서 품속에서 시 한 수를 꺼내 보여주었는데 대략의 내용은 다음과 같다.

봄바람과 봄비가 꽃을 피우기도 하지만	春風春雨能開花
봄비와 봄바람이 꽃을 지게도 한다네	春雨春風亦散花
지난 날 친한 친구 오늘은 원수가 되니	昨日知音今日仇
세상만사가 꽃과 같구나	人間萬事恰如花

이 시에 대해 유병헌도 다음과 같이 화답시를 지었다.

여름 대와 여름 솔은 세상 사람의 마음인데	夏竹夏松皆世情
겨울 솔과 겨울 대를 누가 알겠는가	冬松冬竹有誰知
하늘에 해는 하나이니 우리 임금도 해처럼 한 분 뿐	一天日一吾王日
창해의 뭉치 소리가 멀지 않았네[5]	滄海椎聲亦不遲

계축년(1913)으로부터 일본인들이 잡종세금과 잡역을 다 덜어주었으나 토지세는 매번 집행해 가려고 하였다. 그러나 유병헌은 지금까지도 세금 받으러 오는 일본인들을 큰 소리로 꾸짖고 세금을 내지 않는다고 한다.

1 헌종 : 원문은 철묘(哲廟)로 되어 있으나 연대상 헌종이 맞다.

2 경술년……합병시켰다 : 1910년 8월 22일 조인된 한일합방조약문의 전권위원은 통감 데라우치 마사다케〔寺內正毅〕와 이완용이었다. 그리고 이 조약문은 8월 29일 공포되었다.

3 새로운 조약 : 한일합방조약을 말한다.

4 납일(臘日) : 민간이나 조정에서 조상이나 종묘 또는 사직에 제사지내던 날로, 동지 뒤의 셋째 술일(戌日)을 말한다.

5 창해의……않았네 : 일본을 응징하는 일이 발생할 것이라는 말이다. 창해(滄海)는 창해역사(滄海力士)를 가리킨다. 장량(張良)의 조상들은 오대에 걸쳐 한(韓)나라에서 정승을 지냈다. 한나라가 진(秦)나라에 멸망하자 장량은 원수를 갚기 위하여 창해역사(滄海力士)에게 철퇴(鐵椎)를 들려 박랑사중(博浪沙中)에서 시황(始皇)을 저격(狙擊)하게 한 일이 있다.

이철영 李喆榮

이철영의 자는 계형(季衡), 호는 성암(醒庵), 본관은 경주(慶州)이니, 초려(草廬) 이유태(李惟泰) 선생의 9세손이다. 태황 정묘년(고종4, 1867)에 공주(公州) 중동(中洞)에서 태어났다. 후에 부여(扶餘) 당리(唐里)로 이사하였다. 인품이 장중하였으며 마음을 다하여 독실하게 배웠다. 일찍이 적의 세력이 점차 팽창하는 것을 보고 마음으로 매우 분개하여

"선비가 이 세상에 태어나 힘을 내고 용기를 내어 적개심을 갖지 못한다면 다만 주자(朱子)가 말한 '어쩔 수 없이 원한을 품고 고통을 참는다〔含冤忍痛迫不得已〕'라는 여덟 글자를 마음 속에 새겨 스스로를 깨끗이 할 뿐이다."

라고 생각하였다. 기유년(융희3, 1909)에 일본의 민적에 편입하지 않기로 맹세하고 글을 써서 일본 정부에 보내 신복이 되지 않겠다는 의리를 보이면서 그들의 죄를 조목조목 따졌으니 그 내용은 대략 다음과 같다.

"저 병자년(1876)의 조약[1]은 피차 화친을 보장하여 영원한 안정을 기하고자 함이었다. 그런데 갑신년(1884)에 다케조에 신이치로〔竹添進一郎〕가 우리 임금을 협박하여 옮기고 우리 재상을 살육하였다.[2] 갑오년(1894)에는 오토리 게이스케〔大鳥圭介〕[3]가 우리 궁궐을 노략질하고 우리 전장문물을 파괴했다.[4] 을미년(1895)에는 미우라 고로〔三浦梧樓〕가 우리

국모를 시해하였고,[5] 을사년(1905)에는 이토 히로부미〔伊藤博文〕, 하야시 곤스케〔林權助〕, 하세가와 요시미치〔長谷川好道〕 등이 군대를 인솔하여 궁궐을 침범하고 강제로 5조약을 체결하였으니 실로 천고에 없던 변고이다. …….”

이 글을 부여주재소에 보냈다. 얼마 후 분견소(分遣所)의 구와하라〔桑原良器〕 이하 예닐곱 명이 나와 조사하였다. 그리고 이철영을 체포하여 부여읍에 하룻밤 수감하더니 이튿날 홍산(鴻山) 경찰서로 압송하였다. 서장 가타오카〔片綱島殿〕가 물었다.

“공이 일본정부에 편지를 쓴 것은 무슨 의도인가?”

이철영이 대답하였다.

“너희가 조선을 보호한다고 선언하더니 침략과 횡포가 유독 심하다. 이른바 개화는 실상 서양에서 나왔다. 너희 나라는 영국에서 개화를 받아들일 때 영국이 일본 정부를 강탈했느냐? 군대를 해산했느냐? 도성을 헐었느냐? 너희 임금을 겁박하여 옮겼느냐? 너희 왕비를 시해했느냐? 영국은 너희 나라에 이런 짓을 한 일이 없는데 너희는 어째서 우리나라에 이런 짓을 하느냐?”

서장이 말하였다.

“시세의 형편에 따라서 적절하게 처리한 것이다.”

이철영이 말하였다.

“너희 나라가 임금을 시해하여 개화하고 아비를 죽이고 즉위[6]한 것 또한 시세 형편에 따르는 도이냐?”

서장이 크게 화가 나서 말을 더듬거리며 칼을 뽑아 찌르려고 하였다. 이철영이 말하였다.

“내가 말한 것은 만고의 대의이고 네가 믿는 것은 한 조각 칼날이니 내 한 몸 죽이는 데 불과할 뿐이다. 어찌 나의 의리를 꺾을 수 있겠느냐."

서장이 말과 안색을 누그러뜨리더니

"말 참 잘한다."

라고 하며 그쳤다. 이틀 동안 구속되었다가 풀려났다. 이틀 후에 일본 순사 니시모리 다다시[西森儀][7]가 다시 이철영을 불러 강제로 민적에 올리려고 하였다. 이철영이 눈을 부릅뜨고 꾸짖으며 말하였다.

"내 차라리 죽어 조선의 귀신이 될지언정 살아 일본의 백성이 되고 싶지는 않다."

니시모리가

"너는 평범한 백성으로 정부의 명령을 어찌 감히 거부하는가."

라고 하고, 큰 몽둥이로 매우 심하게 구타하고 발로 차서 쫓아냈다. 그 후 또 홍산 경찰서에서 소환하자 이철영이 글 두 편을 써 가지고 갔다. 하나는 일본정부에 보내는 것이고 하나는 경찰서장 가타오카에게 보내는 것이었다. 순리와 역리를 가지고 깨우쳐주는 내용인데 그 글은 다음과 같다.

"지금 천하가 분분하여 무(武)는 숭상하되 문덕(文德)은 멸시한다. 인의를 버리고 공리를 추구하기에 급급하니 마침내 틀림없이 강상의 도가 끊어지고 사람이 장차 서로 잡아먹는 지경에 이를 것이다. 나는 이 점이 걱정스럽다. 지난번에 한 말은 그 뜻이 우리 종사를 부흥하고 우리 선왕의 정교를 다시 닦아 강상의 도가 다시 밝아져 나라에 있어서는 하늘에 영원하기를 비는 기초로 삼고 백성들에 있어서는 전화위복의 터전으로 삼기를 바란 것이다. 그런 뒤에 이 도를 미루어 천하에 미치고 천하의 부자, 군신, 부부, 장유, 붕우의 본성을 함께 갖고 태어난 사람들로 하여금 그 성분의 고유함을 알고 그 직분의 마땅히 할 바를 다하게 한다면, 천하에 전투는 저절로 없어지고 만국의 갑옷과 병장기는 창고에 넣어둘 수 있을 것이다. 천하에는 겸양의 풍속이 이루어지고 만국에는 송사와 옥사가 저절로 발생하지 않을 것이다. 이것이 바로 평천하하는 대도이니 내가 오늘날 진실로 정성을 다해 지키는 것이다. 그러나 시운이 막히고 길흉화복의 운수가 기박하니 나 또한 세상을 어찌할 수 없다. 다만 스스로 내 몸을 깨끗이 하고자 민적에 들지 않았으니, 이 또한 스스로를 깨끗이 하는 한 방편이다. 비록 이 때문에 뼈와 살이 부서지고 문드러진다 하더라도 평소의 마음은 변하지 않는다.……."

저들이 강제로 민적에 올리려고 하였으나 뜻대로 되지 않자

"여기에는 불응죄를 다스리는 법이 있으니 속전(贖錢)을 바치고 형벌을 면하는 것이 어떻겠나?"

라고 하였다. 이철영이

"내가 비록 돈을 산처럼 쌓아놓았다 해도 어찌 재물을 내어 형을 면하는 일이 있겠느냐. 또 나는 우리나라의 백성이니 너희 나라의 형정(刑政)이 나에게 무슨 상관이냐."

라고 하였다. 저들이 몽둥이로 난타(亂打)하였으나 관과 띠는 끝내 벗게 할 수 없었다.

경술년(융희4, 1910) 9월에 일본 대대장이 순시차 부여에 도착하였다. 이철영이 압송되어 대대장 앞으로 가니 그곳은 바로 객사의 전정(殿庭)[8]이었고 전패실(殿牌室)[9]은 이미 짐승 같은 악인들이 사용하고 있었다. 이철영은 자신도 모르게 비분(悲憤)하여 마침내 북쪽을 향하여 통곡하였다. 대대장이 물었다.

"어째서 통곡하는가?"

이철영이 대답하였다.

"여기는 우리나라의 종사를 모신 곳인데 지금 너희 손에 전복되었

으니 어찌 슬프지 않겠느냐."

대대장이 협박하여 통곡을 그치게 하고 강제로 당에 오르게 하였다. 이철영이

"그곳은 전패를 받드는 곳이니 내가 의리상 감히 올라갈 수 없다."
라고 하고 마침내 오르지 않았다. 그리고 그에게

"네 나라가 스스로 강화를 요구한 초부터 우리나라의 반역자와 망명객들을 불러들여 이제 너희 계획을 달성한 것은 온 천하가 다 아는 일이다. 그런데 네가 암암리에 우리나라가 너희에게 양여(讓與)했다는 말로 천하의 이목을 가리고자 하느냐. 그 자제를 데리고 그 부모를 공격하는 것은 이루어질 수 없는 일이다."
라고 말하였다. 대대장이 이철영의 뜻을 꺾을 수 없음을 알고 이제채미(夷齊採薇)[10]라고 써서 보여주고 풀어주었다.

갑인년(1914) 9월에 또 체포되었다가 11월에 방면되었다. 전후로 문답한 것이 열아홉 차례였는데, 그 중 네 번째는 경무부장 호소이〔細井愛〕가 친히 공주에서 와서 문답한 내용이다.

"네가 이 아무개냐?"

이철영이 말하였다.

"너는 누구냐?"

호소이가 버럭 소리 지르며 말하였다.

"감히 당돌하고 불공(不恭)하기 짝이 없구나. 너는 형벌이 두렵지도 않느냐?"

이철영이 말하였다.

"의리로 말하면 너는 나의 원수요, 존비로 말하면 나는 중화며 너는 오랑캐이다. 너라 부르는 것이 어찌 불공하다는 것이냐?"

호소이가 말하였다.

"네가 민적에 들지 않는 것은 바로 두 임금을 섬기지 않는다는 의리이겠지. 그러나 옛날 백이와 숙제는 은나라가 망하자 수양산에서 굶어 죽었다. 그런데 너는 어째서 죽지 않느냐?"

이철영이 다음과 같이 말하였다.

"한(漢)나라의 소중랑(蘇中郎)은 북해 상에 억류되었으나 죽지 않았고,[11] 송나라의 김인산(金仁山)[12]은 금화산(金華山)에 숨어 살면서 죽지 않았다. 우리나라 청음(淸陰) 김상헌(金尙憲)[13]은 중국 심양(瀋陽)에 6년간 유폐되었다가 살아 돌아왔다. 그러나 의론하는 자들은 그들이 죽지 않았다고 해서 백이·숙제와 다르게 보지 않았다. 그러므로 내가 민적에 들지 않고 왜의 깃발을 꽂지 않으며 잡역에 응하지 않고 유자(儒者)의 관과 복장을 하며 강학으로 스스로를 지키는 것은 다른 뜻이 있어서가 아니라 김인산의 요과(拗過)[14]의 도를 본받을 뿐이다."

이철영은 옥중에서 늘 넓은 소매 옷을 입었으며 냉방에 단정히 앉아 시종일관하였다. 죄수들 중에 살인강도를 범한 자와는 결코 더불어 말하지 않았으며 기타 경범자들에게는 매우 간절하게 경계하여 타일렀다. 처음에는 이철영의 타이르는 말을 듣는 자들이 모두 코웃음 쳤으나 나중에는 점점 감복하였다. 왜인들도 이철영을 양반이라 칭하였는데 선생이라 칭하며 존경하는 사람도 있었다. 이때에 보조원 박창순(朴昌淳)이 소설 〈춘향전(春香傳)〉을 읽고 이철영에게 말하였다.

"춘향이 지아비를 바꾸지 않은 것은 선생께서 두 임금을 섬기지 않는 것과 같습니다."

감옥에서 석방되자 분대장이 사람들에게

"이 아무개는 참으로 천하제일의 남자이다."

라고 하였다. 무오년(1918) 7월에 또 체포되어 하룻밤 수감되는 동안 지은 시는 다음과 같다.

세 번이나 부여 감옥에 갇혔으니　三入扶風獄
죽고 사는 것이야 저 하늘에 달렸지　死生任彼天
아무리 어려울 때라도 한결같은 절개로　險夷宜一節
내가 마땅히 지켜야 할 도리를 따르리라　從我所當然

다음날 풀려났다.

《 부풍옥일기(扶風獄日記) 》

〈성암추만(醒庵追輓)〉

서로 바라봄에 어찌 그리 아득하기만 한지　相望何渺綿
호서와 영남은 멀고도 멀구나　湖嶺此深峭
일찍이 서로 안면은 없었지만　淸面曾無分
일편단심은 서로 비춤이 있었네　丹心共有照
수(壽)를 크게 누리진 못했지만　壽非終大年
의리가 일월과 더불어 빛나리라　義乃炳雙曜
서쪽으로 찾아옴에 가을 빛 높으니　西來秋色高
먼 데서 온 길손 길게 탄식하네　遠客發長嘯

《 기려자(騎驢子) 》

1 병자년의 조약 : 병자수호조규 혹은 강화도조약을 말한다. 우리나라가 일본과 처음으로 개항을 한 불평등조약이다.

2 갑신년에……살육하였다 : 갑신정변을 가리킨다. 1884년 김옥균을 비롯한 개화파는 정변을 계획하고 일본공사 다케조에 신이치로와 상의한 뒤 12월 4일 정변을 단행하였다. 이때 다케조에 공사는 일본공사관 호위병 150명을 동원하여 갑신정변을 도왔다.

3 오토리 게이스케〔大鳥圭介〕: 원문의 '大鳥圭介'는 '大鳥圭介'의 오류이다. 오토리는 청일전쟁 당시 주한일본공사로서 일본정부의 명으로 조선의 내정 간섭과 친일정권을 출범시킨 인물이다.

4 오토리……파괴했다 : 일본은 혼성여단 두개 대대를 동원하여 경복궁을 점령하고 조선군의 무장을 해제하였다. 이것이 갑오왜란, 혹은 경복궁 쿠데타사건이다. 갑오왜란 이후 일본은 친일정권을 세워 갑오개혁을 주도하는 한편, 1894년 12월 의제개혁에 관한 칙령을 반포하고 복식제도를 개혁하였으며 1895년 3월에도 복식제도를 개혁하였다.

5 미우라……시해하였고 : 1895년 일본공사 미우라 고로는 일본군 수비대와 낭인들을 시켜 명성황후를 시해하였다.

6 임금을……즉위 : 메이지 천황의 부친 고메이 천황은 1867년 1월 급사하였다. 병명은 천연두로 발표되었지만 궁중의 막부 반대세력이 독살했다는 소문이 퍼져 있었다. 때문에 고메이 천황을 죽인 세력으로 메이지유신을 이끈 세력과 메이지 천황이 거론되곤 하였다. 따라서 일본에서는 천황독살설을 입에 담는 것을 금기시하였다.

7 니시모리 다다시〔西森儀〕: 일본이름 儀는 기, 기타로, 다다시 등으로 읽힌다.

8 전정(殿庭) : 임금의 어진(임금의 초상화)을 모신 곳이다.

9 전패실(殿牌室) : 지방 객사에 전(殿)자를 새겨 세운 나무패이니 왕을 상징하는 것으로 공무로 그곳에 간 관원이나 그 고을의 원이 배례하였다.

10 이제채미(夷齊採薇) : 주 무왕(周武王)이 은 주왕(殷紂王)을 정벌하자 백이와 숙제가 수양산으로 들어가 고사리를 캐 먹다 죽은 고사이다.

11 한(漢)나라의……죽지 않았고 : 한나라의 소무(蘇武)가 중랑장(中郎將)으로 흉노에 사신으로 갔다가 유폐되어 눈과 전모(旃毛)를 씹으며 연명하였고, 북해(北海)

로 옮겨진 뒤에는 들쥐와 풀 열매로 연명하다가 19년 만에 돌아왔다.

12 김인산(金仁山) : 송나라 말기의 학자로 이름은 이상(履祥), 자는 길보(吉父)이다. 송나라가 멸망하자 금화산(金華山)에 숨어 살았다.

13 김상헌(金尙憲) : 자는 숙도(叔度), 호는 청음(淸陰), 석실산인(石室山人), 서간노인(西磵老人)이다. 1639년 청나라가 명나라를 공격하기 위해 요구한 출병에 반대하는 상소를 올렸다가 청나라에 압송되어 6년 후 풀려 귀국하였다.

14 요과(拗過) : 무슨 의미인지 자세하지 않다.

신태학 申泰學

신태학의 자는 사문(士文), 호는 활당(活堂), 본관은 평산(平山)이며, 장절공(壯節公) 신숭겸(申崇謙)의 후손이다. 춘천(春川)에서 문경(聞慶)으로 이사하였으며 지금은 충주(忠州)의 월곡(月谷)에 살고 있다.

신태학은 경술년(융희4, 1910) 이후로 호적에 이름을 올리지 않았고 부역에도 응하지 않았다. 이때에 이르러 대소원(大召院)과 용호원(龍湖院)의 소장(所長)이 신태학을 불러다가 호적에 이름을 올리지 않는 이유와 부역에 응하지 않는 이유를 따져 물었다. 신태학이 말하기를

"나는 대한제국의 사람이다. 어찌 일본의 호적에 이름을 올리겠는가."

라고 하였다. 일본인들이 화가 나서 신태학을 구타하였다. 신태학이 꾸짖어 말하기를

"너희들의 행동은 이보다 더한 모욕이 없다. 지금 또 나를 내쫓으려 하는데 나는 돌아갈 곳이 없으니 돌아갈 곳이라고는 저승뿐이다.

라고 하였다. 이어 다음과 같은 시를 지었다.

중화가 전하는 삼천리 강토	中華彊土三千里
5백 년 동안 대도와 강상을 지켰네	大道綱常五百年
영달과 궁핍은 다 분수 밖의 일이니	窮達榮枯皆分外

묻노라, 황천이 어디인가 問渠何處是黃泉

또 다음과 같은 시를 지었다.

밝고 밝은 해와 달이 빛을 잃으니 雙明日月暮
통곡하며 자취 감추노라 痛哭祕閒踪
우뚝한 금강봉 金剛峯峍屼
이곳이 우리의 구룡산이네 是我九龍山

오랑캐의 부역에 응하지 않겠다고 맹세한 내용은 다음과 같다.

내 몸을 하나하나 살펴보니 顧皮膚骨毛
모두 조선의 은택 받았네 皆李氏雨露
내 어찌 차마 대한제국을 잊고 吾豈忍忘韓
원수들의 부역에 응하랴 屬讎以役乎

그는 남북으로 오가는 제비와 기러기 그리고 동서로 오가는 꿩이 두 이름을 가진 것을 매우 부끄럽게 여겼다. 신태학은 의당(毅堂) 박세화의 문인으로 몸집이 장대하였다. 사람들은
"의당을 보지 못했다면 활당(活堂)을 보라."
라고 하였다.

박영철 朴永哲

박영철의 본관은 밀양(密陽)이다. 스스로 호를 남계(藍溪)라고 하였다. 공주(公州)의 수촌(水村)에서 거주하다가 남포군(藍浦郡) 심동리(深洞里)에서 임시 거주하고 있다. 고종조에 성균진사(成均進士)에 합격하여 곧바로 감찰(監察)에 뽑혔다. 그러나 본래 한미한 집안 출신으로 농업과 상업에 종사하였기 때문에 큰 명성은 없었고 평범하게 초야에 묻혀 사는 사람에 불과하였다. 성품이 대단히 강직하고 기상도 호방하여 세속의 변화에 따라 자신의 태도를 바꾸지 않았다. 그러므로 보통의 세상 사람들과는 잘 맞지 않았다.

나라의 변란이 병자년(고종13, 1876) 통상이 맺어진 이래[1] 경술년(융희4, 1910)의 국치[2]에 이르러 극에 달하였다. 이러한 때에 박영철은 울분을 이기지 못해 일본 정부와 이른바 통감부에 장문의 글을 보내 준엄한 말로 간절히 꾸짖어 중화와 오랑캐의 구분을 문란하게 할 수 없으며 사람과 금수가 함께 살 수 없다는 점을 분명하게 밝혔다. 첫 번째 글에 대해 답변이 없자 두 번째 글을 보냈고 그래도 답이 없자 세 번까지 글을 보냈다. 종이에 빼곡하게 적힌 장황한 말은 모두가 우리는 중화의 문명국이고 저들은 오랑캐이며 우리는 사람이고 저들은 금수라는 내용이었다.

일본인들이 대단히 화가 나서 박영철을 통감부로 체포해 가 일본으로 압송하였으니 전후(前後)의 전말은 저들의 이른바 대교상문답(大橋常問答)[3]을 살펴보면 자세하게 알 수 있다. 일본인들은 박영철을 의로운 사람이라고 판단하여 돌려보내고 한가롭게 생업에 종사하며 살도록 하였다.

박영철은 집으로 돌아온 뒤에도 기상이 남아 있어 가만히 있지 못하고 다시 장문의 글을 지어 전보다도 더 심하게 대관(大官) 가츠라 타로〔桂太郞〕[4]와 본군(本郡) 주재소(駐在所)를 꾸짖었다. 또 적들을 꾸짖는 〈매적시(罵賊詩)〉 십여 수를 지어 우리나라 사람들의 주의를 환기시켰다. 그러자 본군의 주재소에서 박영철을 체포하여 옥에 가두고 온갖 방법으로 가혹한 형벌을 가하니 박영철은 온몸에 심한 고초를 겪었다. 그러나 그의 말소리는 더욱 매서워 조금도 꺾이지 않았다. 당시는 매우 추운 겨울이었는데 박영철은 고통을 이기지 못해 기절하여 쓰러졌다. 저들은 박영철이 죽었다고 생각하여 곧바로 대자리로 둘둘 말아 눈구덩이에 방치해 두었는데 한참 뒤에 다시 깨어났다. 박영철이 죽지 않았다는 사실을 안 저들은 다시 그를 옥에 가두고 해를 보지 못하게 하였다. 비록 흉노의 포로가 되어 눈 덮인 움막에서 살았던 소무(蘇武)[5]와 추운 산에서 고생했던 충정공(忠定公) 홍호(洪皓)[6]의 고통도 박영철보다 심하지는 않았을 것이다. 몇 달 동안 이러한 고통에 시달려 몸에는 조금도 남은 기운이 없었지만 저들을 꾸짖는 말이 입에서 그치지 않았다. 그러자 일본인들은 박영철을 굴복시킬 수 없다는 것을 알고 풀어주었다. 풀려난 지 얼마 되지 않아 타계하였다.

1 병자년……이래 : 1876년 일본과 체결한 조일수호조규, 강화도조약을 말한다.

2 경술년의 국치 : 1910년 대한제국이 일본의 식민지가 된 것을 말한다.

3 대교상문답(大橋常問答) : 일본인 오하시〔大橋〕와 나눈 문답이란 의미로 보이나 확실하지 않다.

4 가츠라 타로〔桂太郎〕 : 1901년 6월부터 1906년까지 일본 총리를 지낸 바 있으며, 이후에 세 차례 총리를 역임하였다.

5 소무(蘇武) : 한(漢)나라 무제(武帝) 때의 충신으로 흉노(匈奴)에 사신 갔다가 억류되어 19년 만에 돌아왔는데 북해에서 양을 치는 등 갖은 고난을 겪었으나 끝까지 흉노에게 굴복하지 않았다. 《한서(漢書) 권54 이광소건전(李廣蘇建傳)》

6 홍호(洪皓) : 남송 고종(南宋高宗) 때의 충신으로 금나라에 사신 갔다가 억류되어 15년 만에 돌아왔는데 냉산에 갇혀 온갖 고초를 겪었으나 끝까지 굴복하지 않았다. 《송사(宋史) 권373 홍호열전(洪皓列傳)》

김제환 金濟煥

김제환의 자는 문도(文道), 호는 소당(素堂), 본관은 김해(金海)이다. 수로왕의 아들 김관(金官)에게서 가계가 시작되었다. 조선에 이르러 김극일(金克一)은 부모님 상에 시묘살이를 하였는데 그의 효성이 맹수를 감동시켰다. 이러한 효성 때문에 천거되어 남대 지평(南臺持平)에 임명되었으나 출사하지 않았다. 사시(私諡)는 절효(節孝)이다. 김극일은 탁영(濯纓) 김일손(金馹孫) 그리고 그의 증손인 삼족당(三足堂) 김대유(金大有)와 함께 세상에서 김씨 삼현(金氏三賢)으로 일컬어진다. 김제환은 곧 김대유의 후손이다. 아버지 김영태(金榮泰)는 처음에 청주(淸州)의 이정(梨亭)에 거주하였다.

김제환은 고종 정묘년(고종4, 1867)에 태어났다. 어려서는 과거공부에 힘을 쏟았으나 얼마 지나지 않아 성리학과 관련된 서적에 심취하였다. 그는 남당(南塘) 한원진(韓元震)을 큰 스승으로 여겨 사람과 사물의 성이 같다는 주장을 강력히 배척하였다. 그는 항상 "학문을 하지 않았으나 기절(氣節)이 있는 사람은 절의가 있는 선비이고, 학문은 하였으나 기절이 없는 사람은 거짓 학문이다."라는 구절을 외우며 말하기를

"나는 초야에 묻혀 사는 선비로 조정에 나아가 세도(世道)를 담당한 일이 없지만 이것은 남당 선생의 바꿀 수 없는 주장이다. 지금 중화

의 명맥과 성인의 가르침이 사라지느냐 마느냐 하는 시기이니, 이 두 가지 가운데 한 가지도 그만 둘 수 없다."
라고 하였다. 그는 항상 이 말을 가슴에 새기고 두 가지에 힘써 상승효과를 통해 발전시켜 나가는 바탕으로 삼았다. 그렇기 때문에 경술년(1910)의 변란[1] 이후에 그의 집안이 의리를 지켜 일본의 호적에 이름을 올리지 않았다.

계축년(1913) 봄에 김제환이 호적에 이름을 올리지 않았다는 사실을 안 일본인들이 그 까닭을 따져 물었다. 김제환이 말하기를

"고려가 망할 때에도 부조현(不朝峴) 두문동(杜門洞)에 숨었던 분들이 있었다.[2] 내가 호적에 이름을 올리지 않은 것은 부족하나마 이분들의 의리 정신을 따르려는 것이다."
라고 하였다. 일본인들이 말하기를

"당신의 절의가 이와 같다면 대한제국과 일본이 합병될 때 어찌하여 죽지 않았는가."
라고 하였다. 김제환은 다음과 같이 말하였다.

"옛날 오랑캐인 원나라가 송나라를 멸망시켰을 때 호구를 조사하였는데 산골짜기에 사는 백성들 가운데 많은 사람들이 그 조사에 포함되지 않았다. 만일 이러한 예를 나에게 적용해 준다면 나는 마땅히 산에서 나무하고 물에서 고기잡으며 남은 삶을 마칠 것이다. 그러나 반드시 나를 너희의 호적에 강제로 기입하고자 한다면 죽을 수밖에 없다."

며칠 뒤에 일본인들이 너라고 하는 것을 듣고 김제환이 크게 꾸짖어 말하기를

"나는 너희 나라 국민이 아닌데 어찌하여 나에게 너라고 하느냐."
라고 하였다. 일본인들은 김제환이 보안을 위반[3]했다고 하여 그를 감

옥에 가두었다. 이에 김제환은 죽음으로 자신의 절의를 지키겠다고 마음먹고 마침내 단식하여 거의 죽을 지경이 되었다. 일본인들이 미음과 계란, 우유 등을 가져다가 기계를 이용해 항문과 입에 억지로 넣어 주었다. 한 달 여 동안 예닐곱 차례나 이렇게 하였으므로 김제환은 마침내 죽지 못하였다. 또 한 달간 금고형에 처해졌다. 그가 풀려날 때 신문에서는 김제환을 백이·숙제와 같은 인물이라고 보도하였다.

그 뒤에도 김제환은 예전처럼 부역에 응하지 않았고 세금도 내지 않았다. 일본인들이 토지조사를 실시하자 김제환은 또 그들을 꾸짖어 몰아냈다. 경축일마다 깃발을 내걸고 사람이 죽거나 태어나면 모두 관청에 신고해야 했지만 김제환은 이런 일을 모두 하지 않았다. 양잠(養蠶)과 묘적(墓籍) 등에 대해서도 모두 일본의 지시를 위반하였다. 그리고는 마침내 문도들과 함께 학문을 논하고 의리를 강마하여 해마다 한두 차례씩 모임을 가졌다. 당시에 사람들은 김제환을 의리의 주인이라고 일컬었는데 이 때문에 일본인들에게 미움을 샀다.

병진년(1916)에 김제환은 다시 체포되어 머리를 깎였다. 또 40대의 매질을 당하고 풀려났다. 이때 신문에서는 다시 완고하고 정신 나간 사람이라고 보도하였다.

집으로 돌아온 김제환은 가묘(家廟)에 고하여 영결하였다. 아버지의 행장을 짓고 딸을 출가시킨 다음 선영의 아래에 집을 짓고 삶을 마칠 곳으로 삼았다. 총독부에 글을 보내

"나는 죽어서 천둥 벼락과 큰 우박이 되어 너희 종자를 모조리 없앨 것이다."

라고 하였다. 또 자신의 아들인 김규헌(金奎憲)을 경계하여

"일본 놈들은 임금의 원수이다. 그들이 원수라는 사실을 잊고 네가

저들이 하는 말을 듣는다면 천지 사이에 용서받지 못할 죄인이 될 것이다."

라고 하였다. 또 글을 보내 문도들을 권면하여

"쇠 같은 마음과 돌 같은 창자[4]를 가져야 하고, 타지 않는 것은 오직 옥이다.[5]"

라고 하였다. 그리고는 드디어 다시 단식하였다. 날마다 김선홍(金善弘), 신태영(申泰永), 신학석(申學錫) 등과 함께 경서와 예에 대해 토론하였다. 또 벽 위에 "인을 이루고 의를 취하는 것이 성현의 지극한 가르침이다. 만 길 우뚝 솟아 유가의 도가 빛난다.〔成仁取義, 聖賢至訓. 壁立萬仞, 吾道有光.〕"라는 열여섯 글자를 크게 써 두었다.

10월 5일에 마침내 산속에 있는 집에서 타계하였다. 김제환은 체구가 작고 살갗은 옥과 눈처럼 깨끗하였다. 성품은 굳세고 또 물욕이 없었다. 효성이 지극하여 아버지가 병에 걸리자 손가락을 잘라 피를 먹여 드렸다. 만년에 두 아들을 낳았으나 모두 일찍 죽었다. 아들 김규헌은 아우 김성환의 소생이다. 이에 앞서 옥중에서 다음과 같은 시를 지었다.

우리나라도 옛날에는 오랑캐 풍속이었지만 吾東舊俗亦夷人
조선에 이르러 문물이 새롭게 되었네 逮自本朝文物新
만 리에 퍼진 수레와 책이 모두 소중화의 문물 이루었고 萬里車書小中華
백 년 동안 우로의 은택으로 태평성대 되었네 百年雨露太平春
여러 선현들이 공자와 주자의 학문을 열었고 諸賢克闡孔朱學
선대왕들이 요순의 인을 대대로 이으셨네 列聖相傳堯舜仁
후대에 태어나 이런 세상 만나지 못했으니 生晩未逢如此日
원통함 품고 장차 죽은 귀신 되리라 含冤將作死囚神

김제환의 아우 김성환은 자가 순소(舜韶), 호가 정당(定堂)이다. 김제환이 체포되어 구금되자 김성환은 밖에 있다가 경찰서에 들어가

"이러한 의리는 나도 우리 형과 다를 것이 없다. 그러니 나도 함께 조사하라."

라고 하였다. 그러자 일본 놈들이 합방할 때의 조서를 내보이며

"지금 이 조서의 지시를 따르지 않는다면 너희들은 일본의 적일뿐만 아니라 너희들의 황제에게도 죄를 짓는 것이다."

라고 하였다. 김성환이 말하기를

"이것은 우리 황제의 본의가 아니다. 어찌 그 조서의 뜻을 따르겠는가."

라고 하였다. 일본 놈들이 화를 내며 뺨을 때리자 김성환은 그들을 난신적자(亂臣賊子)라고 꾸짖으며

"어서 나를 죽여라."

라고 하였다. 이에 체포되어 그 형과 함께 옥고를 치렀다. 김제환이 죽자 평소의 행동을 형이 살아 있을 때와 같이 하였다. 그러다가 또 체포되어 일본 놈들의 관청으로 가게 되었다. 이때 김성환은 글로 일본 놈들의 죄를 따져 지적하고 그들의 칼을 빼앗아 죽으려고 하였다. 일본 놈들이 크게 놀라 치료한 다음 보내주었다.

김선홍(金善弘)의 자는 치원(穉遠)으로 김제환의 족친이다. 변영인(卞榮寅)의 자는 경빈(敬賓), 본관은 초계(草溪)이다. 신태구(申泰求)의 자는 윤종(允宗), 본관은 고령(高靈)이다. 박시양(朴時陽)의 자는 시중(時中), 본관은 반남(潘南)이다. 이종만(李鍾萬)의 자는 경헌(敬憲), 본관은 전의(全義)이다. 신학석(申學錫)의 자는 열향(悅鄕), 본관은 아주(鵝州)이다. 이명

구(李明求)의 자는 덕준(德峻), 본관은 한산(韓山)이다. 이상의 일곱 명은 모두 김제환의 문인이다. 김제환이 체포되었을 때 이들은 끊임없이 김제환에게 다녀왔고 일본인들이 묻고 꾸짖어도 한결같은 말로 대항하였으며 조금도 거짓으로 변명하지 않았다. 그러자 일본인들은 그들을 일본을 배척하는 무리로 지목하여 혹은 옥에 가두고 혹은 매질하였다. 그 과정에서 갓과 옷이 찢어지기도 하고 머리와 얼굴에 상처를 입기도 하는 등 비교할 수 없을 정도의 곤욕을 당했다. 게다가 후진들을 가르치지도 못하게 하였다. 이종만이 일본인들을 보고 주먹을 불끈 쥐고 크게 꾸짖기를

"네 놈들이 이미 우리 국모를 시해하고 우리나라를 멸망시켰는데 우리들이 모여 공부하는 것조차 막으니 이렇게 한다면 주자가 말한 '원한을 품고 통분을 참아서 절박하여 마지못한다.〔含冤忍痛, 迫不得已.〕' 라는 여덟 글자를 어찌 잠깐이라도 잊을 수가 있겠느냐."

라고 하였다.

1 경술년의 변란 : 1910년 8월 일제에 의해 대한제국이 멸망한 것을 말한다. 일명 경술국치라 한다.

2 고려가……있었다 : 두문동(杜門洞) 72현을 말한다. 조선 건국을 반대하고 고려의 신하로 남기를 맹세한 충신들이 모여 살던 곳이다. 이들은 절개를 지켜 만수산(萬壽山)으로 들어가 두문불출(杜門不出)하면서 고려 왕조에 대한 절의를 지켰다. 후에 그들이 넘은 고개를 부조현(不朝峴), 조의관(朝衣冠)을 걸어 둔 곳을 괘관현(掛冠峴), 함께 은둔하였던 곳을 두문동(杜門洞)이라고 불렀는데, 72현이 모두 이곳에 들어와 마을의 동,서쪽에 모두 문을 세우고는 빗장을 걸어놓고 밖으로 나가지 않은 것에서 유래되었다고 한다.

3 보안을 위반 : 1907년 7월 통감부는 집회 결사를 금지할 목적으로 대한제국정

부에 강제로 보안법을 제정하고 반포하게 하였다. 전문 10조로 이루어진 보안법은 일본의 〈치안경찰법〉에 의해 제정되었다. 보안법은 일제시기 내내 독립운동을 탄압하는 대표적인 법조항으로 작용하였다.

4 쇠……창자 : 의지가 철석과 같아 외물(外物)에 의해 동요되지 않아야 한다는 말이다. 동파(東坡) 소식(蘇軾)이 친구에게 보낸 편지에서 "나는 본래 쇠 같은 마음과 돌 같은 창자〔鐵心石腸〕를 가졌다."라고 하였다.

5 타지……옥이다 : 굳은 신념을 말한다. 주자(朱子)가 유원성(劉元城)을 칭찬하여 "은으로 된 산과 쇠로 된 벼랑에서 타지 않는 것은 오직 옥이다.〔銀山鐵壁, 不燼惟玉.〕"라고 하였다.

장기석張基錫

장기석의 자는 진여(震汝), 본관은 옥산(玉山)이다. 개옹(介翁) 장봉한(張鳳翰)의 후손으로 철종 경신년(철종11, 1860)에 성주(星州) 집곡리(執谷里)에서 태어났다. 어려서 부모를 여의고 집이 가난하여 글을 배우지 못하고 농사에 힘썼다. 결혼 후 아내는 길쌈하고 자신은 농사를 지으면서 땔나무를 저울로 달고 쌀알을 세어 밥을 지을 정도로 검소하게 생활하여 조금씩 재산을 모아 농토를 마련하게 되었다.

어느 날 부인 박씨가 장기석에게

"지금 우리가 이룬 것이 비록 큰 재산은 아니나 진실로 부지런히 힘써 죽 먹을 정도는 되었으니 전날에 비하면 부유하지 않습니까. 또 우리 집이 대대로 유학을 업으로 삼았는데 당신은 집이 가난하여 책을 읽지 못하였으니 또한 부끄럽지 않습니까. 이제부터 크고 작은 일들은 제가 직접 맡아 할 테니 당신은 글을 배우세요."

라고 하였다. 이때 장기석의 나이 38세였다. 글을 읽기 시작한 지 3년 동안 집을 나가지 않고 밤낮으로 부지런히 힘써 잠시도 함부로 쉬지 않았다. 장기석과 내외종인 여성겸(呂聖謙)이 어느 날 장기석을 찾아왔다. 박씨가 생선과 술을 내오면서

"이것은 마을의 수재(秀才)에게 설 명절 때나 주는 음식인데 남편이 불과 3년 공부하여 이런 음식을 받았으니 남편의 학문이 이 음식을

받을 정도로 충분합니까? 만일 글을 알아 남편의 학문에 도움을 줄 분이 있다면 반드시 술을 준비하여 정성껏 대접하겠습니다. 빚은 술이 없다면 술을 사서라도 드릴 것입니다."

라고 하였다. 몇 년이 안 되어 마침내 훌륭한 선비가 되자 원근에서 모두 특별한 사람으로 지목하였다. 그러나 그 정성과 노력은 박씨가 대부분을 차지한다고 생각하였다. 하루는 하급 관리가 문서를 가지고 와서

"아무 날은 메이지〔明治〕 황제의 천장절(天長節)[1]이다. 군수가 연회를 연다고 하니 그날은 일찍 모여야 한다."

라고 하였다. 장기석이

"일본 황제의 경축일에 내 어찌 참여하겠는가."

라고 하고 마침내 그 종이에

"머리는 자를 수 있지만 발을 움직일 수는 없다."

라고 썼다. 군수가 경찰서에 부탁하여 순사 대여섯 명을 보내와 성화같이 독촉하였다. 장기석이

"나는 갈 수 없다. 게다가 내일은 내 딸이 시집가는 날이라 내가 없으면 딸을 전송할 수 없다."

라고 하며 술을 내와 마시라고 하였다. 순사가 술잔을 들어 땅에 팽개치며

"나는 독촉하러 왔지 술을 마시러 온 것이 아니다."

라고 하였다. 장기석이 크게 노하여

"음식이 무슨 죄냐."

라고 하며 목침으로 내리쳤다. 일본인들이 모두 크게 놀라더니 마침내 포박하여 끌고 갔다. 서장이 손수 포박을 풀어주고 탁상에 앉아 말마다 선생이라고 칭하면서 높여주더니

"이제 합방이 되었으니 이러실 필요가 없습니다. 선생께서 소원이 있다면 우선 말씀하십시오."
라고 하였다. 장기석이
"내가 특별히 원하는 것은 없으나 만일 있다면 과연 들어줄 수 있겠소? 내가 원하는 것은 바로 당신들이 모두 당신네 나라로 돌아가고 우리 대한을 회복하는 것이요. 아니면 내가 죽더라도 당신들을 보지 않는 것이 소원이요."
라고 하였다. 서장은 장기석이 죽을까 염려하여 대구로 압송하였다.

장기석이 다부원(多夫院)에 이르러 주막집 주인을 불러
"지금 나는 죽으러 가니 이별주가 없을 수 없다."
라고 말하고는 큰 술잔을 들어 술을 흠뻑 마셨다. 이후로는 다시 아무 것도 먹지 않았다. 달성(達城) 경찰서에서 그 소식을 듣고 크게 놀라 음식을 먹이려 하자 장기석은 입을 다물고 먹지 않았다. 10여 일이 되자 거의 숨이 끊어질 정도였다. 서장이 기계로 입을 열어 마시게 하자 장기석이 알아차리고 입에 든 음식을 뿜어내고 그릇을 들어 서장을 공격하였다. 서장이 놀라 달아났다.

음식을 끊은 지 24일 만에 마침내 옥중에서 죽었다. 시신을 수습할 때 치근(齒根)을 보니 치근이 부러져 있었으며 곡할 때 흐른 피눈물이 눈자위에 마르지 않은 채 남아 있었다. 어떤 사람이 상례를 갖추어 시신을 본가로 보내고 떠났다. 이 사람의 성은 김씨요, 안동(安東) 금계리(金溪里)에 사는 학봉(鶴峯) 김성일(金誠一) 선생의 후손이라고 한다. 출발할 때 성중에 조문하는 사람들이 수만 명이나 되었다.

1 천장절(天長節) : 일본 왕의 생일을 기념하는 날이다.

장병회 張秉晦

장병회는 전남 구례군(求禮郡)에 사는 무속인이다. 어릴 적 이름은 학이(學而)이다. 19세 때 산에서 땔나무를 등에 지고 돌아오더니

"내일부터는 마땅히 독서를 하겠다. 다시는 땔나무를 지지 않겠다."

라고 하였다. 다음날 마을에 있는 글방을 찾아가 가르침을 청하였으나 모두들 장병회가 천인(賤人)이라 하여 함께 공부하려 하지 않았다. 다른 서당을 찾아갔으나 마찬가지였다. 공부를 할 수 없게 되자 장병회는

"내가 먼 곳으로 가면 사람들이 내 출신이 한미함을 모를 것이다."

라고 하고 도성 안으로 갔다. 공부한지 10년 만에 마침내 훌륭한 선비가 되었다. 집에 돌아오자 아내에게 다시는 무당 일을 못하게 하였다. 또한 자(字)를 지어 주고 매번 자를 불렀으며 평소 지내면서 손님을 대하듯 서로 공경을 다하였다. 집 뒤에 작은 건물을 짓고 날마다 그 안에서 끊임없이 글을 읽었다. 고을 사람 중에 장병회에게 와서 묻고 배우는 사람이 많았는데 모두 장병회를 공경하고 어려워하였다.

하루는 아내가 밥을 짓지 않고

"배고프면 틀림없이 공부를 그만두고 무당 일을 해서라도 생계를 도모하겠지."

라고 하며 하루 종일 음식을 내오지 않았다. 장병회는 여전히 독서에 전념하여 배고프다는 말을 한마디도 하지 않았다. 아내가 후회하며

"내가 사람을 알아보지 못하고 함부로 이런 짓을 했구나."

라고 탄식하면서 다시 전처럼 음식을 내왔다.

만약 이웃 마을에 싸워서 화목하지 않은 집이 있으면 장병회는 도포를 차려입고 그 집을 찾아가

"집안이 이 지경이면 애들이 뭘 배우겠소."

라고 하고 슬피 울며 비 오듯 눈물을 흘렸다. 이후로 장병회가 사는 곳에서는 감히 싸우는 집이 없었다. 동류 중에 혹 자식을 보내 배움을 청하면 장병회는 글을 가르치기 전에 앉고 서는 법부터 가르쳤다. 배우러 오는 사람이 있으면 꿇어앉아 머리를 긁적이거나 두리번거리지 않게 하고 걷거나 설 때 다리를 들어 비스듬히 서지 않게 하였다. 이를 따르지 않으면 가르치지 않고 모두 돌려보냈다. 날이 가물어 물을 댈 때는 비록 자기 논이 보(洑)의 앞 부분에 위치해 있어도 남이 먼저 물을 대도록 하였다.

경술년(융희4, 1910) 나라가 망한 이후, 일본의 민적(民籍)에 들거나 세금내고 부역하는 일에 참여하지 않아 일본이 하는 일에는 일체 응하지 않았다. 왜놈이 체포하여 옥에 가두고 꾸짖으면 장병회는 언제나 굽히지 않고 저항하였는데, 하는 말이 매우 분개하면서도 절실하였다. 길을 걸을 때는 항상 눈을 감고 맹인처럼 행세하였다. 누군가 그 이유를 물으면

"왜놈들을 보고 싶지 않기 때문이요."

라고 하였다. 단발하거나 검은 옷 입은 자를 보면 신분의 존비와 귀천을 가리지 않고

"너, 너."

라고 하였다. 그 사람이 화를 내며

"네 놈이 감히."

라고 하면 장병회는

"너는 왜놈의 노예인데 내 어찌 너라고 못하겠느냐."

라고 하였다. 일본 놈이 치안에 방해될까 두려워 멀리 외딴 섬으로 귀양보냈다. 장병회는 그 학문이 일찍이 항상 간재(艮齋) 전우(田愚) 공을 스승 삼았다고 한다.

송병순 宋秉珣

송병순의 자는 동옥(東玉), 호는 심석(心石)이며 연재(淵齋) 송병선(宋秉璿)의 아우이다. 공은 헌종 기해년(헌종5, 1839) 4월 10일, 정부인(貞夫人) 이씨가 열 달 전에 신성한 기운이 느껴지는 거북을 태몽으로 꾸고 임신한 뒤 이 날 태어났다. 용모가 단정하고 기골이 장대하였다. 17세에 참판공의 상을 당하였는데 예법을 준수하였다. 석 달 동안 죽을 마셨으며 3년 동안 짚으로 만든 허리띠와 흰 관을 벗지 않았다.

무자년(고종25, 1888)에 학문이 뛰어나다고 하여 의금부 도사에 임명되었으나 나아가지 않았다. 을사년(광무9, 1905) 11월에 을사조약이 강제 체결되었다는 소식을 듣고 통곡하면서

"모든 우리 백성들은 왜놈과 같은 하늘 아래 살지 않겠다고 맹세해야 한다."

라고 하였다. 이에 성토문을 지어 팔도 사람들에게 널리 고했다. 정미년(융희1, 1907)에 고종이 황제 자리를 양위[1]한다는 소식을 듣고 눈물을 흘리고 길게 탄식하면서 다음과 같이 말하였다.

"훗날 헤아릴 수 없는 재앙이 반드시 지금 이 자리에서 시작될 것이다. 을미년(1895)의 큰 변란[2]이 있은 뒤로 이미 지금의 일이 발생할 줄 알았다. 예로부터 오랑캐들이 다른 나라를 정벌한 경우가 어찌 없었겠는가. 그렇지만 지금처럼 심한 경우는 없었다. 이 일로 인해 나

라가 망할 것이며 유학도 또한 망할 것이다. 우리들이 목숨을 버려서라도 도를 지켜야 할 때가 아닌가."

그리고 "은으로 된 산, 쇠로 된 절벽에 타지 않는 것은 옥이다.〔銀山鐵壁, 不燼惟玉〕"라는 여덟 글자를 써서 벽에 걸어놓고 맹세하였다.

경술년(1910)에 일본에 나라를 빼앗겼다는 소식을 듣고 송병순은 의리상 세상에 더 이상 머물고 싶지 않아 독을 마시고 죽으려고 하였다. 그러나 집안 식구들이 항상 주위에서 지켰기 때문에 뜻을 이루지 못하였다. 또한 지팡이를 잡고 서쪽 바위로 가 북쪽을 바라보고 통곡한 뒤에 몸을 던져 자살하려고 하였는데 문인 김용호(金容鎬)가 구하여 돌아왔다. 그 뒤로 집안사람들은 두려워 그의 곁을 떠나지 않았다. 공은 문을 닫아걸고 조용히 지내면서 한 걸음도 문 밖으로 나가지 않았다. 시를 지어 자신의 감정을 나타내었다.

천 년 전 박제상의 마음 같아	徒抱千秋堤上意
깊은 밤 절벽 가 거닐며 눈물 흘리네	中霄繞壁涕流長
문천상의 옛 자취 누가 알까	文山舊跡誰能識
항복하지 않겠다고 누대에 전하는 만고의 소리	不下樓傳萬古聲

12월에 경찰서에서 공문이 내려왔는데 "지금 은사금이 위에서 경찰서로 내려왔다. 빨리 와서 받아가라."라고 적혀 있었다. 그러나 공이 가지 않자 일본 헌병이 와서 위협하였다. 이에 공은 의리에 맞지 않는다고 엄하게 물리쳤다. 다음날 또 다시 일본 헌병이 와서 협박하기를

"받지 않으려면 마땅히 경찰서에 가서 받지 마라."

라고 하자 공은 엄한 목소리로

"내 몸은 모욕을 줄 수 있지만 내 뜻을 빼앗을 수는 없다."
라고 하였다. 그들이 송병순을 욕보이려 하자 아들인 송증헌(宋曾憲)이 경찰서로 갔다. 서장이
"그대의 아버지가 시세를 파악하지 못하고 완고하게 고집을 피우고 있다. 괜히 힘들기만 하고 아무런 이익도 없을 것이니 고문할 상황이 벌어지지 않게 하라."
라고 하였다.
"저 돈을 받지 않는 것은 우리 집안의 법이다."
"너는 어리석은 백성이구나. 장차 화표(貨標)[3]를 주려고 한다."
"아버지가 받지 말라고 하셨다."
송증헌은 끝내 받지 않고 돌아왔다. 그 뒤로 여섯 번이나 그는 경찰서에 끌려가 협박을 받았는데 끌려가는 횟수가 거듭될수록 더욱 심하게 협박을 받았다.
신해년(1911) 3월에 양산 분대소(陽山分隊所)에서 일본 헌병이 와서 위협하였는데 공은 또다시 물리쳤다. 분대 소장이 왔는데 공은 엄한 말로
"너희들이 내 배를 갈라 집어넣을 수는 있겠지만 내 손으로는 받을 수 없다."
라고 하며 주판을 잡아 내던졌다. 일본 소장은 물러나 앉으면서
"만일 받지 않는다면 이 돈으로 마을의 불편한 것을 고치도록 하시오."
라고 하였다. 이에 공은 꾸짖으며
"만일 마을의 불편을 고치려 한다면 마땅히 내 돈으로 고칠 것이다. 어찌 너희 돈으로 하겠느냐."
라고 하며 안으로 들어가 버렸다. 당시 친척인 송재명(宋在命)이 그 자

리에 있었는데 몰래 통역에게 말하기를

"비록 수천 번 강요하더라도 공은 반드시 받지 않을 것이다. 또한 지금 아들이 없으니 내가 이 돈을 받아 아들이 오면 주겠다."

라고 하였다. 일본 소장은 송재명에게 도장을 받고 그 돈을 주고 떠났다. 공이 나와 그 이야기를 듣고 쫓아가 돌려주려고 하였는데 송재명은 이미 도망가 버린 상태였다. 바로 그 날 송증헌이 이 소식을 듣고 급히 돌아왔는데 약 그릇이 방 안에 있기에 그 까닭을 공에게 물었다. 이에 공은

"왜놈의 소식을 전해 들으니 어떤 나쁜 일이 벌어질 지 알 수 없다. 그러므로 미리 이것을 준비해 놓은 것이다."

라고 대답하였다. 송증헌은 크게 놀라 송재명을 뒤쫓았으나 끝내 붙잡지 못했다.

임자년(1912) 정월에 공은 경학원 강사에 임명한다는 직첩이 내려졌다는 소식을 듣고

"이제 내가 죽을 때이다. 어느 산이 백이와 숙제가 죽었던 서산이 아니며 어느 강이 동해로 흘러 들어가는 강[4]이 아니겠느냐."

라고 하였다. 14일에 면장이 와서 말하기를

"지금 강사의 직첩이 영동 군수에게 내려와 공에게 전하려 합니다."

라고 하자 공이 정색하며

"나라가 망했는데 아직 내가 살아 마침내 이런 모욕을 받는구나."

라고 하였다. 29일에 공은 부인 이씨를 장사지냈다. 2월 병신일에 공은 새벽에 일어나 부인의 졸곡을 행한 다음 안으로 들어가 집안사람을 재촉하여 밥을 내오게 하였다. 그리고 뜰에서 이리저리 거닐다가 곧 내당으로 들어가 조용히 무릎을 꿇고 앉아 있었다. 한참이 지난

뒤 연경재(研經齋)로 다시 나와 손님과 벗들을 불렀다.

"그대들이 집 떠난 지 이미 오래되었지만 근래 내가 곤란한 상황에 처했으니 이곳에서 떠나주길 바라네."

라고 하였다. 이때 송철헌(宋哲憲)과 송정헌(宋正憲)은 어머니 이씨 부인의 묘로 곡을 하러 떠났었다. 이에 공은 의관을 바르게 하고 창을 마주보며 단정하게 앉았다. 얼마 뒤에 송철헌이 묘에서 돌아왔는데 그때 공은 입었던 윗옷을 가지런히 접어 옆에 두고 망건도 또한 접어 벽에 걸었다. 오른쪽 버선을 벗고 왼쪽 소매를 걷은 다음 팔뚝을 드러내고 바르게 앉아 서쪽으로 머리를 두고 마치 취침하는 듯이 누웠다. 이에 집안사람들은 크게 놀라 큰소리로 부르기를 그치지 않았다. 그러나 끝내 공은 한마디 말도 하지 않았다. 다만 목에서 가래 끓는 소리만 들렸다. 간간이 가래를 뱉어 내었는데 전혀 신음소리를 내지 않았다. 맥박은 평상시와 같았고 다만 크게 심호흡하는 소리만 세 번 들렸다. 이에 집안 친척들과 제자들이 모두 모여 자세히 살펴보니 복어 알이 담긴 봉투가 베개 안에 있었고 아편을 포장한 작은 종이가 필통 사이에 꽂혀 있었다. 몸소 쓴 자서명(自誓銘)도 그 옆에 있었다.

소중화의 오래된 나라	小華舊邦
명나라가 살려준 나라의 백성	大明遺民
아득한 우주 안에	茫茫宇內
한 몸 둘 곳도 없구나	莫容一身
서산 산마루를 올려보고	仰西山頂
동해 바닷가를 바라보네	望東海濱
나의 스승이 있으니	自有我師
죽더라도 따라야지	死了可遵

술시(戌時)에 마침내 활산정사(活山精舍)에서 타계하였다.

다음날 일본 헌병이 와 집안의 글과 도서 등을 수색하고 노복(奴僕)과 이장(里長)을 붙잡아 갔다. 다음날 부고를 알리는 수레를 압수하고 제자 박정구(朴珽九)를 붙잡아 갔다. 다시 그 다음날은 성복(成服)하는 날이었는데 또다시 상주인 송증헌을 잡아갔다. 헌병대장이 다시 와서 평소의 학문과 조선을 빼앗긴 뒤 은사금과 직첩을 받지 않은 실상을 자세히 물은 뒤 다음과 같이 총독부에 보고했다.

"옛날 백이와 숙제가 수양산에 숨어 살면서 고사리 캐먹다 굶어 죽었다. 지금 절개를 지키다 죽은 이 사람은 아마도 그 일을 본받았을 것이다."

3월에 금산군 청학동(靑鶴洞) 유좌(酉坐)의 언덕에 장사지냈다. 그 당시 제자 가운데 상복을 입은 사람이 수백 명이나 되었다. 원근의 대단히 많은 선비들이 제문을 짓고 곡을 하였다. 발인할 때 종들과 병졸들까지도 몰려와

"오늘의 장례에 상여를 매지 못하면 한이 될 것이다."

라고 하며 다른 사람에게 뒤처지지 않으려고 다투어 상여를 매었다. 뒤에 15책의 문집이 세상에 전한다.

1 고종이……양위 : 일본은 헤이그밀사사건을 주도한 고종을 강제로 퇴위시키고 순종에게 왕위를 잇게 하였다.

2 을미년의 큰 변란 : 을미사변을 말한다. 1895년 일본공사 미우라 고로는 일본군 수비대와 낭인들을 시켜 명성황후를 시해하였다.

3 화표(貨標) : 은사금을 영수하였다는 증서를 말하는 것으로 보인다.

4 동해로 흘러 들어가는 강 : 전국 시대 진(秦)나라를 제국(帝國)으로 받들자는 신원연(新垣衍)의 건의를 받고 노중련(魯仲連)이 "나는 동해를 밟고 죽을지언정 그렇게 할 수는 없다."라고 한 데서 온 말이다. 《사기(史記) 권83 노중련열전(魯仲連列傳)》

이승칠 李承七

이승칠의 자는 두경(斗卿), 본관은 전주(全州)이며, 덕양군(德陽君) 이기(李岐)의 12세손이다. 경주(慶州) 감영장인 아버지 이지현(李之鉉)이 서울에서 보은(報恩)의 천곡리(泉谷里)로 옮겨와 거주하였다. 이승칠은 헌종 경술년(철종1, 1850)[1]에 태어났다. 앞뒤가 튀어나온 두상에다가 갸름한 얼굴이었다. 사람됨이 신중하여 말수가 적었다. 항상 같은 곳에 앉았는데 종일토록 나무를 심어놓은 것처럼 꿋꿋이 몸이 기울지 않았다.

정묘년(고종4, 1867)에 무과에 급제하였고 경오년(1870)에 주부(主簿)에 임명되었으며 경진년(1880)에 경기 도원 도찰방(京畿桃源道察訪)에 임명되었다. 임오년(1882)에는 경상 송라 도찰방(慶尙松羅道察訪)으로 옮겼고 병술년(1886)에 사헌부 감찰(司憲府監察)에 올랐다. 부임해 간 곳마다 모두 뛰어난 공적을 이루었다.

경술년(융희4, 1910) 7월에 국가의 변란[2] 소식을 듣고 죽음으로 의리를 지키고자 아편을 복용하여 거의 죽을 뻔하였으나 집안사람이 구하여 죽지 못했다.

임자년(1912)에 일본 황제 메이지[明治][3]가 죽자 창리(倉里) 분파소장(分派所長)이 조선 사람 수백 명을 사평(沙坪)에 모아놓고 상복을 입으라고 연설하였다. 모두들 조용히 아무 말도 못하고 다만 그들의 조치를 지켜 볼 뿐이었는데 이승칠만 앞으로 나서서 다음과 같이 말하였다.

"우리나라의 태황 부자께서 살아계신데 어찌하여 일본 황제의 상복을 입는가. 나는 죽더라도 상복을 입지 않을 것이니 이를 통감부에 고발하여 나를 상복을 입지 않은 죄로 속히 죽여라."

일본인이

"경고하건데 그러지 마시오. 당신은 집에 돌아가 죄를 면할 방법을 깊이 생각해보시오."

라고 하고 마침내는 설득하여 그를 돌려보냈다. 다음날 또 다시 소환해 묻기를

"어떻게 하기로 했는가?"

라고 하자 이승칠은 한결같이 저항하며 조금도 굴복하는 빛이 없었다.

일본인이

"상복을 입지 않으면 죽고 상복을 입으면 살려줄 것이다. 죽음이 두렵지 않은가?"

라고 하고 매우 심하게 협박하였다. 이승칠은 돌아와 말하기를

"우리 집안은 왕실의 가문으로서 다른 사람들과 다른데 어찌 원수의 상복을 입어 남에게 치욕을 받겠는가. 차라리 죽어 욕을 받지 않겠다."

라고 하였다. 다음날 아침 거짓으로 집안사람에게 말하기를

"내가 청주에 일이 있어 며칠 다녀와야겠다."

라고 하고 도복을 입고 떠났다.

봉황정(鳳凰亭)은 괴산(槐山) 방향 반쯤 북쪽에 있는데 그 곳 산비탈에는 천길 절벽이 있고 그 아래 또 깊은 못이 있다. 사람이 바라보면 저절로 자신도 모르게 눈이 휘둥그레지고 정신이 아찔한 곳이다.

이승칠은 그 곳 정상에 올라가 북향하여 네 번 절하고는 마침내 뛰어내려 죽었다. 봉황리 사람 김용희(金龍熙), 이만수(李萬壽) 두 사람이 그것을 보고 급히 물에 들어가 시신을 건져냈다. 때는 임자년(1912) 6월 26일이었다. 그 뒤에 집안사람이 우연히 이승칠이 평소 보던 책을 살펴보다가 두 구의 유서를 발견하였다. 거기에는 대략 다음과 같이 쓰여있다.

"원수의 상복을 입는 것은 만 대의 수치이니, 차라리 목숨을 던져 오랑캐가 되지 않으리라."

1 경술년 : 헌종이 사망한 것은 1849년 6월 6일이다. 따라서 경술년은 철종 원년이 된다.

2 국가의 변란 : 경술국치를 말한다. 한일병합조약이 공포된 것은 양력 8월 29일이므로 여기서 7월은 음력에 해당한다.

3 메이지〔明治〕: 메이지 천황(1852~1912)은 1867년 제122대 천황으로 즉위하여 메이지유신을 통해 일본 근대화를 확립한 군주로 평가되는 인물이다.

김도현 金燾鉉

김도현의 자는 명옥(鳴玉), 본관은 김해(金海)로 영양군(英陽郡) 소청(小靑)에 살았는데 강개한 절개가 있었다. 병신년(건양1, 1896)에 의병을 일으켜 여러 번 패하여 위험에 빠졌어도 의기를 꺾지 않았다. 을사년(광무9, 1905)과 경술년(1910)간 국란에 울분하여 자신을 돌아보지 않고 매번 나라를 위해 무언가를 하고자 하였으나 90세의 노친이 있어 자신의 뜻을 결행하지 못하고 항상 근심하며 지냈다. 을묘년(1915)에 부친상을 당하였다. 졸곡한 뒤에 마침내 동해로 가 다음과 같은 시를 지었다.

내가 조선 500년 말에 태어나	我生五百末
붉은 피가 배 속에 가득하구나	赤血滿腔腸
중간 19년 동안	中間十九載
머리털이 늙어서 가을 서리처럼 되었네	鬚髮老秋霜
나라가 멸망함에 눈물이 그치지 아니했는데	國亡淚未已
어버이 돌아가셔서 아픔이 더욱 크도다	親歿痛更長
고국의 푸른 산에 홀로 서서	獨立故山碧
온갖 애를 써도 방법이 없구나	百計無一方
만 리나 되는 바다에서	欲觀萬里海

언젠가는 양이 회복됨을 보고자 하니 七日當復陽
희고 흰 천 길의 물에 白白千丈水
내 한 몸 숨기기 족하여라 足吾一身藏

김도현은 바닷가 너럭바위에 앉아 곁에 있는 사람에게 시를 한 번 낭송하게 하였다. 그리고 상복을 벗어 바위 위에 두고 지팡이를 잡고 물에 들어갔다. 당시에 파도가 세찼고 아침 해가 떠오르고 있었다. 김도현은 물속을 걸어 보이지 않는 곳까지 들어갔는데 그가 죽은 곳은 알 수가 없었다. 그때 자주 빛 무지개가 돌 위에서 바다 속으로 걸쳐 떠서 반나절 동안 없어지지 않았다. 김도현의 호는 벽산(碧山)이고 그가 순국한 날은 곧 동지이다. 철종 병진년(철종7, 1856)에 태어났다.

전주(全州) 유인식(柳寅植)

김성진 金聲振

김성진의 자는 명옥(鳴玉), 본관은 선성(宣城)이다. 백암(柏巖) 선생 김륵(金玏)[1]의 후예로 대대로 영주(榮州) 동포(東浦)에 살았다. 김성진은 철종 병진년(철종7, 1856)에 태어났다. 성품이 강개하여 세상의 불의에 분개하는 마음이 있었다. 술을 좋아하여 술을 마시면 꼭 취하도록 마셨는데 취하면 농부나 천한 사람들과 함께 섞여 홍취하여 넘어지기도 하였으니 옛날 고양(高陽)의 풍취[2]가 있었다. 태황 임인년(광무6, 1902)에 혜민원[3] 주사(惠民院主事)에 임명되었다. 경술년(1910) 7월, 김성진은 변란소식[4]을 들었다. 곧바로 옷을 찢어버리고 서쪽을 향해 통곡하며 죽음으로 절의를 지키려고 수일 동안 음식을 끊었다. 어머니 권씨가

"네가 죽고 나 혼자 살면 뭐하겠느냐."

라고 하고 어머니 역시 먹지 않았다. 이에 김성진은 다시 음식을 먹으며

"지금은 비록 내가 죽지 못하지만 하늘에 있는 해를 볼 수 없다."

라고 하고 누런 갓을 쓰고 죄인처럼 집안에 틀어박혀 지냈다. 그것을 본 사람들이 장하다고 여겨 시를 지어준 이가 많았다.

임자년(1912)에 어머니 상을 당하였고 계축년(1913)에 자결하려 했으나 말리는 이가 있어서 결행하지 못하였다. 상기를 다 마치고 나서 또 자결하려 했으나 아들 김도현(金道鉉)이 멀리 떠나 돌아오지 않고

있었다. 다음해 을묘년(1915)에 김성진은 말하기를

"예전에는 어머니께서 살아계셔서 죽지 못했고 근래에는 아들이 돌아오는 것을 기다리느라 죽지 못하였으니 내가 죽을 수 있는 날이 없구나."

라고 하고 스스로 만시(挽詩) 한 수를 지어 자신의 뜻을 보이고 음식을 끊었다. 그 시는 다음과 같다.

불충 불효한 나 김명옥	不忠不孝金鳴玉
이 한 목숨 어이하여 이 세상에 오래 사는가	一命緣何此世遲
거상 중 3년은 어머니 모시는 것이 중했고	草土三年親事重
강호 천리에 간 아들은 돌아옴이 더디구나	江湖千里子行遲
망국에서 종횡하느라 누런 갓이 헤졌고[5]	縱橫楚市黃冠弊
오나라 성문의 강개함[6]에 흰 해는 더디구나	慷慨吳門白日遲
종신토록 편히 사는 것은 내 뜻 아닌데	絲穀終身非我志
여러 공들 따라 가는 것이 어찌 이리 더딘가	諸公追去奈何遲

군수 장윤규(張潤圭)와 헌병 분대장이 의원을 데리고 와서 죽지 말라고 회유하였다. 김성진은

"내 뜻은 이미 결정되었으니 더 이상 다시 말하지 말라."

라고 하였다. 의원이 또 다가와 진찰을 하자 김성진이 말하기를

"죽는 것이 편안한데 어찌 와서 나를 괴롭히는가."

라고 하며 크게 꾸짖고 물리쳤다. 시종에게 명하여 목욕하고 사람들에게 업혀 나와 북쪽을 향해 네 번 절하였다. 2월 21일 한 덩이의 피를 토하고 두 주먹을 쥔 채 죽었다.

김성진은 어렸을 때에 집이 가난하여 책을 읽지 못하였으나 재주

가 있었고 시를 잘 지었다. 호는 어야옹(於野翁)이다.

어떤 사람은

"김성진은 일찍이 우리 임금께 특별한 은혜를 받은 것이 없고 또 평소에 볼만한 행적이 없었다. 의리상 그는 죽을 만하지 않은데도 죽었으니 목숨을 함부로 한 것이 아닌가."

라고 한다. 공자께서 말씀하시기를

"아침에 도를 들으면 저녁에 죽어도 좋다.〔朝聞道, 夕死可矣〕"

라고 하셨다. 처음 김성진은 나라의 변란소식을 듣고 통곡하고서 자결하려 했으나 어머니가 계셔서 자결하지 못하였고 어머니의 상기를 마친 후에 조용히 죽음을 결행하였다. 이것은 참으로 그 의를 듣고서 저녁에 죽은 것이라 할 수 있으니 어찌 목숨을 함부로 했다고 할 수 있겠는가.

아, 무릇 우리나라 혈기 있는 사람들이 차마 경술년(1910) 7월 변란을 입에 담을 수 있겠는가. 귀천과 남녀를 막론하고 모두가 분통하고 원망한 마음에 살고 싶지 않은 지경인데, 어느 겨를에 임금께 받은 특별한 은혜와 평소의 볼만한 행적이 있는가를 따져 죽고 사는 것을 선택하겠는가.

세상에 김성진이 함부로 죽었다고 하는 자들의 평소 행동을 살펴보면 혹은 어진사람인데도 죽음에 있어서는 문득 훌륭한 절의로서 들리는 바가 없고 그 사람이 죽고 나면 며칠 지나지 않아 하찮은 모기와 같이 여겨진다.

김성진은 비록 백 대 이후라도 동포의 해안가를 지나는 사람들이 반드시 그가 죽은 것을 기억하여 "김모가 나라가 망했음에 굴복하지 않고 죽은 곳이다."라고 할 것이다.

진실로 목숨을 함부로 하여 죽었다면 비록 그가 죽은 당일에도 사람들에게 기억되지 못하거늘, 하물며 백 대 동안 오래 기억되겠는가.

1 김륵(金玏) : 1540~1616. 조선 중기의 문신으로 본관은 예안(禮安), 자는 희옥(希玉), 호는 백암(柏巖)이다. 아버지는 진사 사명(士明)이고 이황(李滉)의 문인이다. 《백암문집》이 있다. 이조 판서에 추증되었고 시호는 민절(敏節)이다.

2 고양(高陽)의 풍취 : 진(晉)나라 산간(山簡)이 양양(襄陽)을 진무(鎭武)할 때 해가 질 때까지 고양지(高陽池)에서 흠뻑 술을 마시고는 엉망으로 취하곤 하였다고 한다.

3 혜민원 : 대한제국기 가난한 백성을 구휼하고 구호하는 일을 맡아보던 관청이다. 1901년에 설치되었다가 1903년에 폐지되었다.

4 변란소식 : 대한제국이 일제에 의해 망한 것, 즉 경술국치를 뜻한다.

5 망국에서……헤졌고 : 어머니 때문에 결행하지 못하자 김성진은 하늘을 볼 수 없다 하여 누런 갓을 쓰고 스스로 죄인처럼 지냈다. 초시(楚市)는 망국의 도시를 말한다.

6 오나라 성문의 강개함 : 오나라 부차는 오자서에게 촉루(屬鏤)라는 명검을 내려 자결하도록 명하였다. 오자서는 한탄하며 문객(門客)에게 자신이 죽으면 오나라가 월나라에 멸망당하는 모습을 지켜볼 수 있도록 눈알을 도려내 동문(東門) 위에 걸어달라고 당부하고는 자결하였다. 부차가 이 소식을 듣고 격노하여 그의 시신을 말가죽 자루에 넣어 강물에 던져버렸다.

장재학 張在學

장재학의 자는 도삼(道三), 호는 지산(止山), 본관은 결성(結城)이다. 간재(艮齋) 전우(田愚)의 문인으로 충남 연기군에 살았다. 경술년(융희4, 1910) 변란[1] 후에 장재학은 아우 장재규(張在圭)와 함께 일본의 호적에 이름을 올리지 않았다. 면 서리〔面吏〕가 자기 마음대로 등재하니 장재학은 호적을 가져다가 찢어버렸다. 일본인이 이에 성을 내어 장재학 형제 두 사람을 잡아다가 문책하였다. 장재학은

"나는 대한제국의 백성인데 어찌 일본 호적에 올릴 수 있느냐."

라고 하였다. 며칠 후에 장재규는 풀어주어 집으로 돌려보냈고 장재학은 압송하여 서울 경찰서 감옥에 가두고 공문서를 훼손했다는 죄목으로 징역 1년에 처했다.

일본인이 음식을 가져다주자 장재학은 성을 내며 거부하였고 아침저녁으로 다만 송홧가루를 먹을 뿐이었다. 장재학은 집을 떠날 때 아마도 송홧가루 한 자루를 가지고 갔었나보다. 일본인이 강제로 머리를 깎으려 하자 장재학은 크게 분노하여 마침내 목을 매어 혼절하였으나 일본인이 구하여 죽지 못하였다. 이때부터 일본인은 감옥에 있는 장재학을 매우 엄격하게 감시하여 장재학은 비록 죽고자 하여도 죽을 수 없었다. 이에 사기그릇을 들고 일본인을 공격하였고 재빨리 날카로운 그릇조각 두 개를 집어 삼켜 기절하여 깨어나지 못하

였다. 온 감옥 안 사람들이 크게 놀라 급하게 기계로 장재학의 목구멍을 살펴 사기그릇 조각을 꺼냈다. 장재학은 몇 되의 피를 토하고 소생하였다.

장재학은 송홧가루가 다 떨어지자 이에 아무것도 먹지 않았다. 일본인은 기계를 가져다가 억지로 입을 벌려 음식을 집어넣었다. 서울의 인사들이 그 소식을 듣고 각자 돈을 내어 여관 주인에게 부탁하여 음식을 1년이나 제공하게 하였다.

석방되자 사람들이 다투어 장재학을 맞이하고 위로하였는데 어떤 이는 손을 잡고 눈물을 흘리기도 하였다. 그 중 어떤 사람이 장재학이 뼈만 앙상하게 남아있는 것을 보고는 자신의 집에 데리고 가 몇 개월을 보살펴준 후에 집으로 돌려보냈다.

병진년(1916) 겨울에 또 장재학 형제를 잡아다가 한 명은 남해의 금도(金島)에 가두고 한 명은 완도(莞島)에 가두었다. 장재학을 데리고 가면서 일본인은 장재학의 아들 장화진(張和鎭)을 잡아다가 말로 꾀기를

"너희 아버지가 호적에 이름을 올리지 않고 세금도 내지 않아 이렇게 섬으로 끌려가는 것이니 너는 근신하면서 편안히 일을 하고 법에서 금한 것을 어기지 말아라."

라고 하였다. 장화진은 크게 꾸짖으며 말하기를

"아버지를 사지에 몰아놓고서 그 아들에게 편안히 일을 하라고 권하다니 이 무슨 도리이냐. 말이 앞뒤가 맞지 않는구나. 이런 것으로 보면 너희들이 오랑캐임을 면하기 어렵구나."

라고 하였다. 일본인은 눈을 동그랗게 뜨고 장화진을 쳐다보고는 미치광이라고 생각하고 보내주었다.

이에 앞서 그의 아버지가 서울 감옥에 잡혀 있을 때에도 아들 장화진과 숙부 장재규 역시 호적에 이름을 올리지 않고 세금을 내지 않았

다. 일본인이 하는 일을 모두 위반하니 일본 순사는 그들을 잡아들이려고 하였다. 장화진은 꼿꼿이 앉아 움직이지 않고 말하기를

"차라리 내 머리를 자를지언정 나는 갈 수 없다."

라고 하였다. 일본 순사가 장화진을 묶어 끌고 가 심문하였다. 장화진은

"나는 대한제국의 백성이니 어찌 원수의 호적에 올려 세금을 내겠는가."

라고 하였다. 저 일본인들이 화를 내며 말하기를

"이는 난민이다."

라고 하고 무거운 법률로 다스리고자 형구를 가져다 위협하였으나 장화진은 조금도 굴복하는 기색이 없었다. 저들은 성내는 얼굴을 기쁘게 바꾸며

"네가 만약 우리의 말을 듣는다면 우리가 좋은 관직에 너를 천거할 것이다."

라고 하고 감옥에 가두었다. 장화진은

"나는 죽는 것을 두려워하지 않으며 벼슬도 바라지 않는다."

라고 하고 끝내 굴복하지 않았다. 당시 장화진의 나이 18세였다.

1 경술년 변란 : 1910년 8월 대한제국이 일제에 의해 망한 것, 즉 경술국치를 뜻한다.

박무조 朴武祚

공의 이름은 박무조, 자는 성언(聖彦), 호는 무호(無號)이다. 공은 철종 기미년(철종10, 1859) 2월 29일에 태어났다. 경술년(융희4, 1910)에 나라가 망하자 북쪽을 바라보고 통곡하였다. 그리고 민적(民籍)에 등록하지 않고 곡식은 먹지 않고 생식을 하였다. 처자들을 거느리고 동쪽과 서쪽으로 돌아다녔다. 그 해에 화산(花山)에서 선성(宣城)의 온혜(溫惠)로 옮겼다. 그의 행동거지는 당당하였으며 말은 신중하였다. 사람들이 공의 깊이를 헤아리지 못하였다. 이 때문에 원근의 많은 선비들이 그를 찾아왔다. 갑인년(1914)에 또다시 이리저리 떠돌다가 강원도 영월에 이르렀다. 정사년(1917)에 풍기(豊基)의 천전(泉田)에 숨어 지냈다. 하루는 집안사람에게 말하기를

"내가 이제 고향으로 가 선영에 절하고 여러 아우들과 친척들을 방문한 다음 돌아올 것이니 그때가 언제가 될지 모르겠다."

라고 하였다. 집안사람들은 참으로 그가 무슨 의도가 있어 그렇게 하는지 알 수 없었다. 전라도와 호서 지방에 며칠 동안 머물면서 자신의 생각을 기술하여 아우인 박응조(朴應祚)에게 편지를 몰래 보냈다. 그리고 조용히 작별한 다음 길을 떠났다. 연일군(延日郡)[1] 우목리(牛目里)에 이르러 김진우(金振宇)를 찾아가 유숙하였다. 다음날 이별할 때 천하가 진(秦)나라를 황제로 삼으려 하자 노중련(魯仲連)이 바다에 빠져

죽는 것보다 좋은 계책이 없다고 여긴 것처럼 박공도 이번 여행에 그렇게 하려고 하였다. 바닷가에 도착하니 절벽이 우뚝 서 있었다. 이에 공은 큰 글씨로 "살아서 원수를 섬기느니 바다에 빠져 죽는 것이 낫다. 조선의 숨어 지내는 박능일[與其事讎而生, 不若蹈海而死, 朝鮮逸民朴能一.]"이라는 열아홉 글자를 썼다. 그리고 몸을 던졌는데 거세고 사나운 파도도 그의 시체를 흩뜨리지 못하였으니 똑바른 자세로 갓을 바르게 하고 죽었다. 그때가 7월 20일 오시(午時)였다.

김진우가 시체를 수습하여 장사지냈고 시를 지어 애도하였다. 그리고 곧바로 풍기의 본가에 알렸다. 그러나 거리가 멀어 중간에 지체되어 12월 그믐날에야 비로소 소식이 전해졌다. 그 다음해 정월 17일 지곡(枝谷)의 묘좌(卯坐) 언덕으로 옮겨와 장사를 지냈다.

1 연일군 : 1914년 4월 경상북도 흥해군, 장기군, 청하군과 함께 영일군으로 편입되었다.

이씨 부인李氏夫人

이씨 부인은 원주 변필환(邊弼煥)의 부인이다. 결성군(結城郡)[1] 오천(鰲川)의 판문리(板門里)에 살았다. 과부 이씨는 가난하고 곤궁하여 삶을 유지하기 어려웠다. 낮에는 김을 매고 밤에는 길쌈을 하였다. 경술년(융희4, 1910)에 일본에 나라를 빼앗긴 뒤 일본인들이 과부, 홀아비, 고아, 독거노인 등에게 돈을 주자[2] 모든 사람들은 기쁘게 받았다. 그러나 이씨는 홀로 물리치면서 받지 않고 이장에게

"만일 나의 이름을 기록하면 나는 죽을 것이오. 조선 강토를 빼앗을 수 있지만 내 마음은 빼앗을 수 없소이다."

라고 하였다. 변필환은 바로 선조 때의 명신인 변양걸(邊良傑)의 후손이다.

김복한 《견문록》

1 결성군(結城郡) : 1914년 4월 홍주군과 결성군이 통합하여 홍성으로 개칭되었다.

2 일본인들이……돈을 주자 : 1910년 8월 한국을 강제 합병한 후 막대한 은사금(恩賜金)과 기로금(耆老金) 등을 주어 일제의 합병에 반대하는 민심을 회유하고자 하였다.

김씨 부인 金氏婦人

김씨 부인은 홍산(鴻山)의 조 아무개에게 시집갔는데 시아버지는 참봉 조병응(趙秉膺)이었다. 조 아무개가 외출하여 머리를 깎고 한복을 양복으로 바꿔 입고 집으로 돌아왔다. 부인은 일어나 똑바로 쳐다보며

"너는 누구인데 나의 방에 들어오느냐. 선왕의 법복(法服)을 버렸으니 너는 난신(亂臣)이다. 부모에게 물려받은 몸을 훼손하였으니 너는 적자(賊子)이다. 나는 난신적자의 처가 될 수 없다."

라고 하였다. 밤에 한글로 유서 한 통을 작성하여 통에 담아두고 마침내 자결하였다. 그녀의 나이 16세였다. 병자호란(인조14, 1636) 때 척화를 주장하던 현신(賢臣) 성옹(醒翁) 김덕성(金德誠)의 후손이다.

《 매일신보 》

조씨 부인曺氏婦人

조씨 부인은 함양(咸陽)의 선비 정순철(鄭淳哲)의 부인으로 의령(宜寧) 사람 조재학(曺在學)의 딸이다. 정순철의 친척들은 대단히 부유하였으며 대부분 신학문을 배워 머리를 깎았다. 하루는 정순철이 할아버지와 아버지를 모시고 식사하면서 다음과 같이 말하였다.

"우리 집은 빈곤하여 여러 친척들의 도움을 받아 살고 있습니다. 지금 여러 친척들이 머리를 깎고 저에게도 권유하고 있습니다. 도움을 받아 살아나가려면 어쩔 수 없는 것 같은데 어떻게 하면 좋겠습니까?"

할아버지와 아버지는 반대하지 못하고

"네가 잘 헤아려 행동해라."

라고 하였다. 조씨가 곁에서 조용히 듣다가 식사가 끝나기를 기다려 앞으로 나아가 다음과 같이 말하였다.

"저의 부모님이 당신을 사위로 고른 것은 당신의 선조와 후손들이 훌륭한 법을 지켜나가기 때문입니다. 그런데 지금 당신의 말을 들으니 장차 중이 되려는 것 같습니다. 제가 듣건대 중은 아내와 자식이 없다고 하니 저는 자결할 것입니다. 어린 아이는 당신이 낳았으니 당신이 죽이십시오."

그리고는 아이를 들어 땅에 내던지고 칼을 찾으러 다녔다. 정순철이 깜짝 놀라 잘못을 빌면서 만류하고 머리를 깎지 않겠다고 맹세하였다. 사람들은 조씨를 칭송하여 정부(貞婦)라고 하였다. 정순철은 바로 일두(一蠹) 정여창(鄭汝昌) 선생의 후손이다.

◀ 담양 전우 ▶

백성흠 白成欽

백성흠의 본관은 수원으로, 동계공(東溪公) 백광성(白光城)의 10세손이며 제주판관 백기호(白基虎)의 아들이다. 전남 장흥군(長興郡) 당곡리(堂谷里)에 살았다. 헌종 계묘년(헌종9, 1843)에 태어났다. 그는 체구가 컸다. 여든 살이 되었을 때도 안색은 소년 같았다. 어버이를 효성스럽게 섬겨 친부모와 양부모께 모두 정성을 다하였다. 이전에 아버지 판관공이 늙어 홀아비가 되었는데 이웃 마을의 처녀를 자주 거론하였다. 백성흠은 아버지의 뜻을 알았으나 여자 집에서 나이가 많다고 허락하지 않을까 걱정하였다. 여자 집에 찾아가 짚자리를 깔고 앉아 허락해줄 것을 요청하여 마침내 승낙을 받아내었다. 그는 또한 남에게 베풀기를 좋아하였는데 일찍이 여러 선조의 무덤과 팔현원(八賢院)에 토지를 떼어 제수 마련하는 것을 도왔다. 또한 토지를 친척들에게 나눠주면서

"가깝고 먼 촌수를 따지지 말고 계(稧)를 맺어 혼수에 사용하라."
라고 하였다. 뒤에 부족한 비용을 도와주었으니 앞뒤로 100여 마지기의 토지를 기증하였다.

고종조에 무과에 합격하여 선전관에 이르렀다. 경술년(융희4, 1910)에 나라를 빼앗기자 그는 자결하려고 하였으나 아들이 구하여 끝내 뜻을 이루지 못하였다. 항상 죽음으로 나라의 은혜에 보답하려고 하

였으나 그렇게 할 수 없는 상황을 한스럽게 생각하였다. 무오년(1918) 겨울에 고종이 돌아가셨다는 소식을 듣고[1] 마치 부모님을 여읜 것처럼 슬퍼하여 며칠 동안 목이 쉴 정도로 통곡하다가 죽었다. 사람들이 충성과 효도를 온전하게 하였다고 칭송하였다. 백영승(白永昇)과 백영준(白永晙) 두 아들을 두었는데 모두 무과에 합격하였다.

1 고종이……듣고 : 고종은 1919년 1월 21일에 서거하였다.

유신영 柳臣榮

유신영의 자는 경부(敬夫), 호는 하은(霞隱), 본관은 풍산이다. 경술년(융희4, 1910)에 순국한 유도발(柳道發)의 아들이다. 안동의 하회(河回)에서부터 자신의 거처를 여러 차례 옮겨 마침내 보은의 불목리(佛目里)에 정착하였다. 철종 계축년(철종3, 1853)에 태어났는데 사람됨이 호쾌하였다. 술을 즐겼으며 또한 시를 잘 지었다. 무오년(1918) 겨울 12월에 역신(逆臣) 윤덕영(尹德榮), 한상학(韓相鶴), 이완용 등이 고종을 독살하였다. 유신영은 그 소식을 듣고 너무 분해 더 이상 살고 싶지 않았다. 참봉 이인선(李仁善)을 만나 자신의 뜻을 이야기하고 국상에 참여하려 하였다. 이인선이 공의 아들인 유종묵(柳宗默)에게 이야기하자 유종묵이 한사코 만류하여 자신의 뜻을 접었다. 이에 제문을 지은 다음 유종묵에게 주어 서울로 올라가 바치라고 하였다. 그리고 자신은 마침내 약을 마시고 죽었으니 이때가 기미년(1919) 2월 2일이었다.

화령(化寧)의 오석도(吳錫燾), 이만호(李晩護), 이중기(李中夔) 세 사람이 와서 시체를 수습하였는데 두 손가락이 목을 눌러 손톱이 목을 뚫고 들어갈 것 같았다. 그것은 유공이 약을 먹다가 토할까 두려워 손가락으로 목을 눌렀기 때문이다. 관헌(官憲)이 이것저것 조사하였기 때문에 장사를 치를 수가 없었는데 8, 9일이 지나도 피부 상태는 평상시와 같아 모든 사람들이 기이하다고 여겼다. 그가 남긴 유서의 내용은 다음과 같다.

“경술년(1910) 나라를 빼앗겼을 때 아버지께서 음식을 드시지 않고 순국하셨다. 그 당시 어찌 같은 날에 죽고 싶은 마음이 없었겠는가마는 오늘까지 참고 산 것은 우리 임금이 살아 계셨기 때문이었다. 그런데 뜻하지 않게 여러 적신들이 우리 임금을 시해하였으니 슬프도다, 동쪽나라 백성이여! 얼마나 애통함이 지극하겠는가. 내가 지는 해처럼 많이 살았으니 더 이상 산다면 아버지께 부끄러울 것이다. 그러므로 인산(因山)하는 날에 지하에서 아버지를 모셔 평생 효도하지 못한 죄를 갚을 것이다.”

유종묵이 서울에 있을 때 꿈에 공이 나타나자 그날로 집에 돌아왔다. 도중에 돌아가셨다는 소식을 듣고 피를 한 되나 토하였는데 아버지 시신을 볼 때 또다시 피를 토하였다. 평소 공은 동지인 강낙형(姜樂馨), 오석도(吳錫燾), 이만호(李晩護), 이중기(李中夔) 등 여러 사람들과 시를 주고받았다. 공은 《채하록(采霞錄)》 1책을 남겼다.

김기순 金奇順

의사(義士) 김기순의 본관은 김해이다. 어릴 때부터 불의를 보면 비분강개하는 기개와 절개가 있었다. 일찍이

"장부가 세상에 태어나 무엇인가를 이루지 못한다면 이것은 인생을 헛되게 보낸 것이다."

라고 하였다. 시세가 변하는 것을 보고 분을 삭이지 못하여 이따금 문을 닫고 눈물을 흘리기도 하였다. 올해 2월 2일은 고종의 인산일(因山日)[1]이었다. 공은 벗들에게 말하기를

"내가 일찍이 지금까지 참고 숨어 지낸 것은 오직 황제가 살아계셨기 때문이었다. 그런데 지금 임금이 죽어 그의 상징인 활과 칼을 버렸으니 다시 어떻게 해 볼 희망이 없다."

라고 하였다. 그날 밤 칼로 목을 찔렀으나 죽지 않자 다시 배를 찔렀다. 집안사람들이 크게 놀라 달려와 구하려 하였으나 이미 어쩔 수 없었다. 임종할 때 자신의 형에게 다음과 같이 말하였다.

"내가 이렇게 행동한 것은 우리 황제를 위해 한번 죽으려 한 것뿐입니다. 한스러운 것은 돌아가신 아버지께서 남들보다 대단히 효성스러웠는데 조정의 정표(旌表)도 받지 못하였고 또한 당대의 어진 학자의 글을 받아 후세에 전하지 못한 것입니다."

이때 붉은 기운이 지붕위로 솟구쳐 올랐는데 새벽이 되어서야 사라

졌다. 그것을 본 사람들이 기이하게 여겼으니 바로 2월 5일의 일이다.

오호라, 우리나라가 재앙이 닥친 이후로 벼슬아치에서 일반 백성에 이르기까지 혹은 사직을 위해 죽고 혹은 임금을 위해 죽었으니 그들의 뜨거운 마음은 모두 가르칠만한 교훈이 된다. 김기순 의사 또한 그런 사람 가운데 한 명이니 어찌 우리 조선이 수백 년 동안 예의를 배양한 효과가 아니겠는가. 또한 이런 일을 통해 사람의 본성은 예나 지금이나 변함없는 것을 알 수 있다. 그러나 어떤 사람은 이처럼 자결한 것을 용기를 적절하게 발휘하지 못한 것으로 의심한다. 이런 사람들이 어찌 의사의 마음을 알겠는가. 대개 의사의 마음은 아버지가 없는 자식은 없으며 임금이 없는 백성은 없다고 생각한다. 그러므로 임금이 없는데 사는 것보다는 차라리 죽은 임금의 뒤를 따라 죽는 것이 낫다고 여긴다. 어떻게 장차 오랑캐의 지배를 받는 백성이 될 것이며 어떻게 차마 원수인 오랑캐와 같은 하늘 아래 살 수 있단 말인가. 차라리 죽어서 한편으로는 임금과 아버지를 위하고 한편으로는 중화 문명을 위하는 것이 낫다. 이 모든 것은 변함없는 지극한 정성에서 나온 것이오, 명성을 위해 그런 것이 아니며 억지로 그런 것도 아니다. 이런 지극한 마음을 어찌 이런 것 때문에 했다고 의심하는가.

의사의 자는 아무개〔某〕이다. 의사는 김이근(金理根)과 김양근(金陽根) 두 아들을 두었다. 조상 때부터 옥과현(玉果縣)[2]에 살았다.

1 고종의 인산일(因山日) : 양력으로 3월 3일이다.

2 옥과현(玉果縣) : 전라남도 곡성군 서북부에 위치해 있다.

이만규 李晩煃

이만규의 자(字)는 순칙(順則), 처음의 이름은 만효(晩孝), 호는 유천(柳川)이다. 본관은 진성(眞城)으로 예안군(禮安郡) 하계리(下溪里)에 거주하였다. 이만규는 우리나라 이학(理學)의 종장(宗匠)으로 인정받는 문순공(文純公) 퇴계(退溪) 이황(李滉)의 후손이다. 대사성을 역임한 복재(復齋) 이휘준(李彙濬)의 아들로 태어나 계부(季父)인 추관공(秋觀公) 이휘택(李彙澤)의 양자가 되었다.

헌종(憲宗) 을사년(헌종11, 1845) 9월에 이만규는 순흥부(順興府) 난곡(蘭谷)의 자택에서 태어났다. 어려서부터 재주가 뛰어났으며 학문을 시작해서는 누가 시키지 않아도 게으름 피우지 않고 열심히 노력하였다. 병진년(철종7, 1856), 아버지의 지시에 따라 이만규는 과거에 필요한 공부를 하였다. 고종 병인년(고종3, 1866)에 향시(鄕試)에 합격하고 이듬해 봄 복재공을 모시고 성시(省試)에 응시하기 위해 서울로 향했다. 장림역(長林驛)에 도착했을 때 복재공이 갑자기 병에 걸려 타계하므로 운구하여 돌아왔다. 경오년(1870)에 숙인(淑人) 송씨(宋氏)가 또 세상을 떠났다. 당시 공은 서울에 머물고 있었는데 부음을 듣고 서둘러 돌아왔다. 병자년(1876)에 추관공(秋觀公) 이휘택이 세상을 떠났다. 상기(喪期)가 끝난 뒤에 통독시험에 합격하였다. 기묘년(1879)에 생원시에 합격하고 계미년(1883)에 명경과에 갑과로 합격하였다. 이후 직장(直長)과 전적(典籍), 지평(持平) 등을 역임하였다. 당시 임금의 내외 인척들이 권력을 전횡하여 국가의 인사정책이 날로 혼탁해졌다. 이 때문에 공은 조정에서 벼슬살이하는 것을 달갑게 여기지 않아 마침내 아무 미련 없이 고향으로 돌아왔다.

갑오년(1894)에 홍문관 부교리에 특별히 임명되어 동학 교수를 겸직하였다. 6월에 일본 군대가 대궐을 침범하여 우리나라 전장(典章)과 문물(文物)이 전혀 다른 모습으로 바뀌고 말았다.[1] 경연에서 강론하는 직책에 있는 사람으로서 어떤 말도 할 수가 없었으므로 공은 개연히 슬퍼하고 한탄하였다.

을미년(1895)에 원수 같은 도적들이 황후 민씨를 시해하고 임금을 협박하여 황후를 폐위하였다. 공은 마침내 관건(冠巾)을 벗고 문을 닫아 건 채 외부와의 접촉을 끊었다. 그러다가 황후의 작위가 복위된 다음에 현에 설치된 곡반(哭班)에 나가 상복을 입었다.

병신년(1896), 예안 군수에 임명되었다. 공이 예안 군수에 임명되기에 앞서 경상도와 충청, 전라 지역에서 의병들이 일어나 일본에 복수하고자 하였다. 일본은 우리 임금에게 군대를 파견하여 의병들을 진압해 달라고 요청하였다. 이에 온 나라가 시끌시끌하였고 백성들의 마음도 부글부글 끓고 있었다. 일본은 공의(公議)에 가탁(假託)하여 사태를 진정시키고자 공을 임명하였던 것이다. 공은 곧바로 소장을 올려 사직하였다. 당시에 조정의 신하들이 임금에게 소장을 올리는 제도가 이미 없어졌으므로 마침내 내부(內部)[2]에 글을 올려 강력히 사직하였으니 맑은 의론을 지녔던 사람들이 공을 더욱 고상하게 여겼다.

을사년(광무9, 1905) 겨울에 공의 둘째 형인 향산(響山) 이만도는 이른바 을사조약이 강제 체결되는 모습을 목격하고 의리를 지키며 깨끗하게 살기 위해 곧바로 산으로 들어갔다. 공도 문을 닫고 칩거하여 살아 있는 사람처럼 행동하지 않았다.

경술년(융희4, 1910) 가을에 합방의 변이 발생하니 공은 울분에 휩싸여 통곡하였다. 그리고 다음과 같은 시를 지어 스스로 맹세하였다.

붉은 해가 애산에 지자 紅日落崖山
송나라 신하는 머물 곳이 없었네[3] 宋臣靡所處
하늘에 무슨 까닭이냐고 묻지만 問天曷故焉
아득히 끝내 말이 없어라 邈邈竟無語
저문 가을하늘 날아가는 기러기 따라 遠逐九秋鴻
높이 은하수로 날아가리 高飛雲漢去

또 다음과 같은 시를 지었다.

험한 절벽에 두 낭자가 떨어졌고[4] 絶壑竇娘墜
깊은 강물에 굴원이 빠졌네 深江屈子沈
저들에게서 확고한 의리를 볼 수 있으니 彼皆見義確
목숨과 의리 사이의 경중을 면밀히 헤아렸네 輕重細量斟
어디나 강과 계곡 있으니 隨處有江壑
어찌 예와 지금이 다르랴 何曾異古今

얼마 뒤에 향산 이만도가 청구(靑邱)의 골짜기로 옮겨 살면서 의리를 지켜 죽고자 단식에 들어갔다. 공이 서둘러 찾아가 형을 만나 손을 잡고 오열하며 말하기를

"형님께서 끝내 이렇게 하신다면 저도 마땅히 형님의 뒤를 따르겠습니다."

라고 하였다. 그러자 향산이 만류하며 말하기를

“자네는 후사를 세우지 못하였고 선조의 제사를 부탁할 사람이 없네. 임금과 부모를 섬기는 도리가 비록 한 가지라지만 상황에 맞게 잘 헤아려 대처해야 하네.”

라고 하였다. 공이 눈물을 머금으며 한참 있다가 말하기를

“형님께서 이렇게 말씀하시니 어찌 감히 제 생각을 곧바로 실행에 옮기겠습니까.”

라고 하고 억지로 음식을 먹었다. 신해년(1911)에 일본이 노인을 우대한다는 명분으로 국내의 노인들에게 돈을 나누어 주니 이것은 우리나라 사람들의 의기를 꺾으려는 의도였다. 공은

“나는 대한제국의 신하이므로 이 돈을 받을 수 없다.”

라는 내용을 써서 저들에게 보여주었다. 공이 명문가의 자손으로 의리를 지키는 사람이라는 사실을 본래 알고 있었던 일본인들은 더욱 엄격한 법을 적용하고 무기를 동원해 공을 협박하였다. 공은 화가 나서 일본인들을 꾸짖으며 물리치려 했으나 뜻대로 되지 않았다. 마침내 칼로 스스로 목을 찌르니 피가 땅에 흥건하였고 공의 숨도 끊어질 듯하였다. 일본인들도 놀라고 겁먹어 그냥 두고 가버렸다.

무오년(1918) 12월에 고종께서 갑자기 운명하였다. 그 소식을 듣고 공은 목 놓아 크게 통곡하였다. 어떤 사람이 입어야 할 복제에 대해 의심하자 공은

“우리 임금의 상복을 내가 어찌 의심하겠는가.”

라고 하였다. 이듬해 3월에 공은 병든 몸을 이끌고 임금의 장례에 참여하였다.

처음에 일본이 우리 대한제국을 병탄하고 세계 여러 나라들이 이의를 제기할까 염려하여 우리나라 사람들 스스로 합방을 원했다고 선

포하였다. 아울러 우리나라 사람들이 외국과 교섭하는 것을 금지하여 우리의 실상을 세계에 알리지 못하도록 하였다. 이때에 이르러 제1차 세계대전이 종료되고 만국평화회의가 프랑스 파리에서 개최되었다. 그 회의의 조례는 제 환공이 규구(葵邱)에서 맹세했던 뜻[5]과 대단히 유사한 점이 있었다. 이에 우리나라 사람들은 장문의 글 한 편을 지어 김창숙(金昌淑)[6]을 유림 대표로 삼아 우리나라의 사정을 폭로하게 하였다.[7] 그리고 면우 곽종석[8]과 공을 장서의 대표로 삼았다. 공이 말하기를

"우리들이 우리 스스로의 힘으로 이 사태를 바로잡아 국권을 회복하지 못하고 도리어 남들에게 도움을 요청하게 되었으니 대단히 부끄럽다. 그러나 나라에 도움이 된다면 죽음인들 마다하겠는가."

라고 하였다. 장서가 파리에 도착하였는데 일본인들이 그 사실을 파악하였다. 공은 장서에 서명한 사람들과 함께 일본에 체포되었다. 그리고 공을 성산감옥으로 가게 하니 공은 태연한 모습이었다. 심문할 때 공은 의리에 의거하여 사실대로 대답하였는데 대답하는 말과 태도가 모두 당당하였다. 경신년(1920) 12월 5일에 타계하니 향년 76세였다.

공은 효성스런 성품을 지녔다. 일찍이 숙인 송씨를 섬길 때 어머니 대신 부엌일을 담당하는 경우가 많았다. 어머니께서 타계한 후 공인 한씨는 성품이 거칠어 인자하지 못하였다. 그러나 공은 공인의 생각 하나하나를 잘 파악하여 오직 그 뜻대로 순종하였다. 특별한 음식이 있으면 반드시 가지고 와서 공인에게 드렸다. 또한 공인의 속옷과 대소변을 처리하는 그릇 등을 공이 손수 빨고 닦았다. 공인이 구운 보리를 먹고 싶어하므로 공이 직접 보리를 굽다가 수염을 태웠는데 어떤 사람이 말하기를

"어찌하여 이처럼 사서 고생하십니까?"
라고 하였다. 공이 말하기를
"어머니의 지시이니 내가 어찌 남에게 시키겠는가."
라고 하였다. 공이 몇 달 사이에 부인과 외아들을 잃었으니 창자를 도려내는 듯한 고통이 있었을 것이다. 그러나 공은 공인을 만날 때 원망하거나 슬픈 내색을 전혀 하지 않고 평소와 마찬가지로 공인의 뜻을 잘 따랐다.

갑진년(광무8, 1904)에 공인이 타계하였다. 당시 공은 예순의 나이였으나 질대(絰帶)를 풀지 않았고 초하루와 보름마다 성묘하였다. 이사하게 되면서 궤연을 평소처럼 모시지 못하게 되자 아침저녁으로 전헌하면서 반드시 백 번씩 절하였다. 중년 이후로 공이 다시 관직에 나아가지 않은 것은 어머니 봉양에 대한 걱정 때문이기도 하였다. 이러므로 사람들은 공을 순(舜) 임금, 증자(曾子), 민자건(閔子騫)과 같은 인물이라고 한결같이 칭찬하였다.

신해년(1911)에 공이 칼로 자결을 시도하였기 때문에 목에 흉터가 남아 있었다. 공이 항상 탄식하여 말하기를
"뜻을 이루지도 못하고 부모님께서 물려주신 몸만 해쳐서 온전한 몸으로 죽지 못하게 되었으니 그 죄가 무겁다."
라고 하였다. 공이 성균관에 들어갔을 때 만형인 통덕공에게 응방(應榜)[9]할 것을 요청하였으나 만형이 공의 요청을 받아들이지 않았다. 사람들은 둘 다 하기 어려운 일이라고 하였다. 향산 공은 공보다 세살 위였다. 함께 식사를 하면 공은 반드시 자리를 돌리고 먹었다. 집안의 자제들을 만나면 위엄스런 모습보다는 너그러운 모습으로 대하였다. 혹시라도 잘못을 저지르는 자제들이 있으면 말과 얼굴빛으로 꾸짖는 뜻을 내보였으나 곧바로 누그러뜨려 봄바람처럼 온화하게 대하

였다. 공은 뜻이 한결같고 확고하여 마음먹은 일이 진실로 옳다면 비록 삼군(三軍)이 몰려와도 공의 뜻을 꺾을 수 없었다.

젊어서 명경과에 대비한 공부를 하여 평생 경서의 내용을 잊지 않았다. 시험 삼아 한 구절을 외워보게 하면 마치 자기 자신의 말을 하는 것처럼 경서의 내용을 줄줄 막힘없이 외웠으니 공은 이처럼 대단히 총명하였다. 공은 머리가 똑바르고 어깨가 넓고 곧았다. 키는 8척에 미간이 넓고 눈빛이 빛났다. 앉아 있으면 마치 신령스런 거북 같았고 서 있으면 흡사 야윈 학과도 같았다. 공손히 읍하고 사양하는 등 모든 행동이 저절로 사하(肆夏)와 채제(采齊)[10]에 맞았다. 상복을 입고 죽대(竹帶)를 하면 운치가 있었다.

살피건대, 임금에 대한 충과 부모에 대한 효는 사람이 지켜야 할 큰 절목이다. 신하와 자식이 된 입장에서 충과 효 가운데 하나만 잘 지켜도 세상에서 가장 뛰어난 사람이 될 수 있다. 하물며 충과 효를 모두 잘 하는 사람은 더 말할 것이 있겠는가. 그러나 이 두 가지는 불행한 상황을 만난 뒤에야 이루어진다. 신하와 자식이 불행한 일을 만나는 경우를 자세히 살펴보면 진실로 그때가 다르지 않다. 그러나 인자하지 못한 부모님을 만나는 경우와 좋은 때를 만나지 못하는 경우는 각각 다른 점이 있다. 그러므로 순 임금이나 민자건과 같은 효성을 지니고 있으면서도 그 충성에 대한 칭송이 없기도 하고 안진경(顔眞卿)과 문천상(文天祥) 같은 충성심을 가지고 있으면서도 효성의 실체를 볼 수 없는 경우도 있다. 저 네 사람처럼 훌륭한 인물들도 충과 효를 둘 다 온전하게 실천하지는 못하였다.

오직 공의 경우에는 의(義)의 측면에서 말한다면 좋지 못한 때를 만나 작위와 봉록의 유혹과 많은 돈과 좋은 옷의 현혹과 무기를 동원한 협박과 감옥에 가두는 곤욕 등이 계속 닥쳐왔다. 이러한 것들은 사람의 눈을 휘둥그레하게 만들고 두려운 마음이 생기게 하기 마련이다. 그러나 공은 올곧은 자세로 자신의 절의를 지켜 한 번도 의지가 흔들리거나 꺾이지 않았다.

효의 측면에서 말한다면 공인 한씨는 성품이 거칠어 자애롭지 않았다. 몇 달 사이에 부인과 외아들을 잃게 된다면 사람은 누구나 창자가 끊어지는 듯한 고통을 느끼게 된다. 그러나 공은 그런 고통 속에서도 한씨를 원망하지 않고 오직 그 뜻에 순종하여 평상시와 다름없이 효성으로 봉양하였다.

아아, 공이 타고난 운명은 대단히 불행했다고 할 수 있지만 부모에 대한 효성과 임금에 대한 의리를 모두 온전하게 실천했다고 할 것이다. 이러므로 공과 같은 불행을 만일 다른 사람이 만난다면 비록 한 가지 경우에만 해당해도 주저하고 두려워하며 슬프고 답답하여 자신의 평소 신조를 잃지 않는 사람이 드물 것이다. 그러나 공은 두 가지 어려움을 직면하고도 상황이 어려우면 어려울수록 더욱 확고하게 평소의 신조를 지켰다. 그리하여 처음부터 끝까지 늠름하게 의리를 지켰고 집안을 화목하게 하여 천 길 우뚝 솟은 벽처럼 위대한 인물이 되었다. 고금의 인물 가운데 찾아본들 선생과 같은 분이 또 있겠는가. 공의 형인 향산 공은 경술년의 변에 문장과 곧은 도리를 지키기 위해 단식하다가 순절하였다. 공의 형제는 영원히 백이 · 숙제와 나란히 전해진다고 해도 전혀 손색이 없다.

1 6월에……말았다 : 일본은 친일정권을 세워 갑오개혁을 주도하면서 1894년 12월 의제개혁에 관한 칙령을 반포하고 복식제도를 개혁하였으며 1895년 3월에도 복식제도를 개혁하였다.

2 내부(內部) : 1895년에 내무아문(內務衙門)을 고친 이름이며 1910년에 폐지되었다.

3 붉은……없었네 : 남송(南宋) 경염(景炎) 3년에 단종(端宗)이 원나라 군대에 핍박을 받아 도망가 죽었다. 문천상(文天祥) 등이 단종의 아우 위왕(衛王) 병(昺)을 황제(皇帝)로 받들고 남해 중의 애산(厓山)으로 옮겼는데 문천상은 포로가 되고 다음해 육수부(陸秀夫)가 버티다가 패하여 황제와 함께 바다로 뛰어들어 죽음으로써 남송이 망하였다.

4 험한……떨어졌고 : 《소학(小學)》〈선행(善行) 실명륜(實明倫)〉에 보인다. 당나라 때 봉천(奉天) 고을에 나이가 열아홉과 열여섯인 두 자매가 살았는데 도적들이 몰려오자 욕을 당할 수 없다며 언니가 먼저 절벽 아래로 투신하여 죽었고, 동생도 투신하여 다리가 부러지는 등 큰 부상을 당하자 도적들이 내버려둔 채 가버렸다고 한다.

5 제 환공이……뜻 : B.C. 658년, 초(楚)나라가 정(鄭)나라를 침입했을 때 제(齊)나라 환공(桓公)이 이듬해 제후들을 이끌고 초나라를 물리쳤다. 환공은 그 여세를 몰아 제후들과 규구(葵邱)에서 회맹하여 패업을 성취했다. 여기서는 제후들이 회맹을 통해 상호간의 세력과 균형을 도모했던 것처럼 만국평화회의도 외교를 통해 여러 나라 사이의 세력 균형을 유지하려고 했다는 의미이다.

6 김창숙(金昌淑) : 1879~1962. 본관은 의성(義城), 자는 문좌(文佐), 호는 심산(心山)이다. 1905년 을사조약이 강제 체결되자 서울로 올라가 을사오적(乙巳五賊)을 성토하는 소장을 올렸다. 1919년 3·1운동 후 망명을 결심, 전국 유림대표들이 서명한 한국독립을 호소하는 〈유림단진정서(儒林團陳情書)〉를 휴대하고 상해로 건너가 파리에서 열리는 만국평화회의에 우송하였다.

7 이에……하였다 : 일명 파리장서사건이라고 한다.

8 곽종석(郭鍾錫) : 1864~1919. 본관은 현풍(玄風), 자는 명원(鳴遠), 호는 면우(俛宇)이다. 1905년 을사조약이 체결되자 조약의 폐기와 조약 체결에 참여한 매국노를 처형하라고 상소하였다. 1919년 3·1운동이 일어나자 전국 유림(儒林)들의 궐기를 호소하고, 거창(居昌)에서 김창숙(金昌淑)과 협의하여 파리의 만국평화회

의에 독립호소문을 보내고 옥고를 치렀다.

9 응방(應榜) : 과거 합격자 발표에 응하여 사은숙배(謝恩肅拜)하는 것을 가리킨다.

10 사하(肆夏)와 채제(采齊) : 옛날 악장의 이름이다. 행진곡 같은 음악인데 《예기(禮記)》 〈옥조(玉藻)〉에 "빨리 갈 때는 채제로 하고 행할 때는 사하로 한다.〔趨以采齊, 行以肆夏.〕"라고 하였다.

이내수 李來修

이내수의 자는 원백(源伯), 호는 양은(陽隱), 본관은 전주(全州)이다. 경술년(융희4, 1910), 부친 회천(晦泉) 이학순(李學純) 공이 은사금을 물리치고 순국한 이후로 분개하여 나라의 원수 갚는 일을 자신의 임무로 삼았다. 그리고 수차례 마을의 민적(民籍)을 탈취하여 불태웠다. 계축년(1913) 7월, 공은 이 일로 연산(連山) 경찰서에 체포되었다. 적(敵)이

"너는 왜 민적을 태웠느냐?"

라고 하자, 이내수는

"네 나라 국민이 되고 싶지 않아서이다."

라고 대답하였다. 적이

"네가 원통하고 억울한 것이 있으면 내게 호소하지 그랬는가."

라고 하였다. 이내수가

"내가 차라리 죽는 편이 낫지, 어찌 네게 호소하겠나."

라고 하자 곧바로 석방되어 돌아왔다. 몇 달 후, 다시 대전 경찰서에 체포되었는데 공은 적을 꾸짖으며 굽히지 않더니 마침내 식음을 끊었다. 서울의 감옥으로 이송된 후에도 여전히 먹지 않은 채 8일을 보냈으나 정신은 또렷하였다. 온양(溫陽) 사람 곽한일(郭漢一) 또한 국사범으로 체포되어 함께 수감되었는데 공에게 억지로라도 먹고 살아남아 의거를 꾀하자고 권하였다. 공이 비로소 음식을 먹기 시작하여 구류

된 지 50여 일 만에 돌아왔다.

공은 이후로 의병을 일으킬 것을 도모하였다. 다음해인 갑인년(1914), 종사(從事) 전용규(田容珪)로 하여금 의병 일으키는 문제를 임금께 아뢰게 하였다. 임금이 이내수의 의로움을 장하게 여겨 특별히 자헌대부 의군부 총령(資憲大夫義軍府總領)을 제수하고 그에게 전국을 통제하여 의병을 일으켜 나라를 회복하라고 하였다. 공이 감격하여 임금의 명을 받들어 의병을 일으킨 수년 간 남쪽으로는 제주도 북쪽으로는 만주에 이르기까지 모두 연결되어 호응하여 군사를 일으켰다. 임금이 또

"상을 주거나 형벌을 내리는 일은 내게 아뢰지 말고 그대가 직접 결정하라."

라고 하며 특별히 계인(啓印)과 마패를 하사하여 시종관 전용규를 시켜 전해왔다. 공은 감히 이를 받을 수 없어 임시로 전용규에게 맡겼다. 이러한 사실들이 마침내 누설되어 정사년(1918) 4월에 강경(江景) 경찰서에 체포되었다. 공의 아우 이내준(李來俊), 종사 윤병일(尹炳一), 이용규(李容圭), 이만식(李萬植), 조종국(趙鍾國) 5인도 체포되었다가 얼마 후 홍주(洪州)로 이감(移監)되었다. 적이 말하였다.

"장차 무슨 짓을 하려고 의병을 일으켰느냐?"

"나라의 원수를 갚고자 함이다."

"군사는 있느냐?"

"온 나라 백성이 모두 내 의병이다."

"무기는 있느냐?"

"만주에서 구입하려고 했다."

"군량은 있느냐?"

"전국에서 납부하는 조세가 모두 군량이다."

"그러면 우리를 대적할 수 있겠느냐?"

"포학한 진시황(秦始皇)도 망하는 날이 있었다. 하물며 하잘것없는 왜적이야 말할 필요 있겠나."

"그러면 장차 무엇을 하려는가?"

"먼저 오흉과 칠적[1]을 효수하고 다음으로 총독을 참수하고 네 나라를 멸망시켜 씨도 남기지 않는 것이 내 뜻이다."

적이 책상을 내리치며 큰소리로

"네가 그럴 수 있다고 생각하느냐?"

라고 하자 공도 책상을 내리치며 큰소리로

"하면 하지 못할게 무어냐."

라고 하니 적이 말문이 막혔다.

이때 김태영(金泰泳), 곽한일(郭漢一), 진치만(陳致萬), 최린(崔麟), 도우(屠牛) 길금동(吉金同) 등 30여 명이 함께 체포되어 공과 함께 연산 감옥에서 서울 감옥으로 이송되었다. 전용규(田容珪), 손진형(孫晉衡), 김형진(金衡鎭) 등 20여 명이 함께 수감되었다. 공이 총독부에서 국문을 당할 때 정무 총감(政務總監)이 마패와 계인을 꺼내 보이며

"너는 이걸 아느냐?"

라고 하자 공이

"우리 황상께서 주신 보물인데 네가 왜 그걸 훔쳐 갔느냐?"

라고 하였다. 적이

"네가 우리를 멸할 수 있다고 생각하느냐?"

라고 하자 공이 사납게 꾸짖으며

"못할 것도 없지 않나."

라고 하였다. 적이 화를 내며 죽장(竹杖)으로 두들겨 패자 공이 맨주먹으로 적을 때려 눕혔는데 어떤 두 우두머리가 말려서 그쳤다. 20여

일간 구류되었다가 호남 기좌도(箕佐島)[2]로 유배되었다. 이만식, 이용규, 윤병일, 전용규, 진치만, 김태영, 손진형 일곱 명은 각각 섬으로 유배되었고, 나머지 50여 명은 공이 자신이 한 일이라고 변명하여 모두 석방되어 돌아갔다.

다음해인 무오년(1918) 6월, 공이 석방되어 돌아왔다. 이해 겨울, 태황제가 피살되자 공은 슬픔이 사무쳐 통곡하면서 더더욱 복수를 다짐하였다. 기미년(1919) 2월, 동지와 더불어 서울에서 국민대회를 개최하고 중국 상해에 임시정부를 조직하였다.[3] 이에 온 국민이 떨쳐 일어나 다투어 만세를 부르지 않는 이가 없었다. 공은 이 일로 한 달여간 서울 감옥에 갇혀 있었다. 이때 윤이병(尹履炳), 이상학(李相學), 윤용주(尹容周), 최전구(崔銓九), 이헌교(李憲敎), 이용규가 함께 수감되었다. 6월에 동지 김복한(金福漢), 곽종석(郭鍾錫), 전양진(田良鎭) 등 60여 인이 왜적이 나라를 훔치고 임금을 시해하며 민중을 학살한 죄상을 일일이 들어 프랑스 파리의 만국공판석으로 장문의 글을 보내 나라의 원수를 갚으려 하였다.[4] 공이 이 일에 연루되어 한 달여간 서울 감옥에 갇혔다. 경신년(1920) 6월에 상해 임시정부와 관계되었다는 이유로 다시 나주(羅州) 경찰서에 갇혔다. 적이

"네가 상해 임시정부와 연락한 이유는 무엇인가?"

라고 하자 공이 사납게 꾸짖으면서

"내가 이가 빠지기 전에 감히 나라의 적의 육신을 씹어 먹고 싶어서이다."

라고 하였다. 이 때문에 광주 감옥에 이송되어 대략 한 달여간 수감되었다. 석방되어 돌아오자 공이 또 사람들을 모집하여 독립운동을 도모한 것이 지금까지 수년이다. 계해년(1923) 6월에 공주에서 체포되었는데 적이 공을 독립단의 우두머리 강도대장이라고 하여 10년 징역

형에 처하였다. 공이 책상을 치면서 꾸짖기를

"네가 강도인데 도리어 나를 강도라고 하느냐. 하늘이 만일 아신다면 장차 벼락을 쳐서 너의 족속을 박멸할 것이다."

라고 하면서 책상을 들어 적을 공격하자 적이 피하여 달아났다. 얼마 후 과연 적의 수도인 도쿄에 지진이 발생하였다.

공이 한 번 죽어 나라에 보답하기로 작정하고 억울함을 대중에 호소하면서 마침내 서울역에서 독약을 먹고 혼절하였다. 반시간 만에 구해주는 자가 있어 다시 살아났는데 이를 지켜본 자들이 감탄하지 않는 이가 없었다. 결국 심한 벌을 면하였으나 치안범으로 징역 2년에 처하였다가 다시 반년으로 감형되었다. 갑자년(1924) 11월, 비로소 석방되어 집으로 돌아갈 수 있었다. 이때 공은 늙고 병이 들었다. 공은 철종 경신년(철종11, 1860)생이다. 무오년(1918) 고종 승하 후[5] 제상(除喪)을 못하였다 하여 마침내 백립과 소복을 하였다.[6] 큰 아들은 이욱(李旭), 둘째 아들은 이준구(李準九), 셋째 아들은 이홍구(李泓九)이고, 큰 손자는 이희복(李喜福)이다.

1 오흉과 칠적 : 오흉은 을사오적을, 칠적은 정미칠적을 말한다.

2 기좌도(箕佐島) : 지금의 전라남도 신안군에 위치해 있다. 현재는 안좌도라고 한다.

3 서울에서……조직하였다 : 1919년 3 · 1운동 이후 국내외에서 7개의 임시정부가 수립되었는데 이 중 한성의 임시정부, 상해 임시정부, 러시아 임시정부가 가장 중심이 되었다. 특히 한성임시정부는 이교헌(李敎憲), 윤이병(尹履炳), 윤용주(尹龍周) 등이 이규갑(李奎甲)에게 임시정부의 수립문제를 제의하면서부터 시작되었다. 천도교 대표 안상덕(安商悳), 기독교 대표 박용희(朴用熙) · 장붕(張鵬) · 이규갑과

유교 대표 김규, 불교 대표 이종욱(李鍾郁) 등 20여 명이 4월 2일 인천 만국공원에 모여 임시정부 수립을 선포할 것을 결의했다. 4월 23일 서울 서진동 봉춘관에 '국민대회' 간판을 걸고 임시정부 포고문과 국민대회 취지서, 결의사항을 발표했다. 또한 이승만, 이동휘를 비롯한 임시정부 각 원과 파리 평화회의의 대표, 약법(約法)과 임시정부령 제1호 · 제2호 등도 함께 발표했다. 한성정부는 연합통신(UP)에 보도됨으로써 국제적인 선전효과를 갖게 되었고, 서울에서 국민대회라는 국민적 절차에 의해 조직되었다는 점에서 후일 상해 임시정부와 노령 임시정부와의 통합과정에서 정통성을 확보하게 되었다. 특히 한성임시정부는 전국 13도 대표로 구성된 국민대회의 명의로 조직된 정통정부라는 점에서 상해에서 통합임시정부가 구성될 때, 그 정통성을 인정받았다.

4 6월에……하였다 : 1919년 유림들이 파리강화회의에 한국의 독립을 호소하는 장문의 서한을 보낸 사건으로, 일명 파리장서사건이라고 한다.

5 무오년 고종 승하 후 : 고종이 승하한 것은 양력 1919년 1월 21일이었다. 고종 승하 후 그 죽음의 원인이 독극물에 의한 것이라는 소문이 나돌았다.

6 백립과 소복을 하였다 : 고종 승하 후 백성들은 전통 예법대로 흰 갓을 쓰려 했으나 단발령 이후 갓방이 거의 없어진 탓에 갓을 구할 수 없었다. 때문에 백립 대신 중절모나 맥고모자를 쓰기도 하였다. 이후 단발한 조선 사람들은 갓 대신 중절모를 썼다.

대한임시정부 大韓臨時政府

우리 대한제국이 적에게 병탄된 8년 뒤인 무오년(1918)에 세계대전이 종식되었고, 각국 대표는 프랑스 파리에 모여 평화회의[1]를 열었는데, 미국대통령 윌슨이 인도정의(人道正義)와 민족자결주의(民族自決主義)를 주장하였다. 이 해 11월에 특사 크레인(Charles Richard Crane)을 중국으로 보내 회의에 참가할 것을 요청하였다.[2]

여운형은 크레인 환영회에 갔다가 돌아오면서 우리 한국 역시 국제적으로 한 자리를 차지해야겠다고 생각하고 김규식(金奎植) 박사에게 청하여 우리나라 대표로 파리에 파견하고자 하였다.[3] 또 만주, 러시아, 조선으로 가 독립운동을 크게 한번 일으키려고 하였다. 그리하여 여운형은 남북만주와 러시아로 갔고 장덕수(張德秀)는 조선에 갔다가 일본에 도착하여 도쿄 유학생으로 하여금 크게 독립운동을 일으켜 대한독립만세를 부르짖게 하였다.[4]

12월 24일, 뜻있는 선비 권동진(權東鎭), 최린(崔麟) 두 사람은 돈의동(敦義洞)의 오세창(吳世昌) 집에 모여 비밀회의를 하고 있었는데 갑자기 문을 두드리는 이가 있었다.

오세창은 놀라 일어나 나가 누구인지 물었다. 그 사람은 작은 소리로 말하기를

"저는 도쿄 유학생 송 아무개[5]입니다. 동지 최팔용(崔八鏞)의 명으로

여기에 왔습니다."
라고 하였다. 오세창은 그를 맞아 들였다. 말을 다하고 나서 유학생은 사각모를 벗고 그 모자 가운데를 찢어 비단 한 폭을 꺼냈다.

"이것은 우리 유학생이 조선의 독립을 위해 작성한 선언서이니 돈 1,000원이 있어야 인쇄도 하고 만세운동도 할 수 있습니다. 자금을 마련해 주십시오."

다음날 오세창과 권동진, 최린 세 사람은 창신동(昌信洞) 상춘원(常春園)으로 가 천도교주 손병희(孫秉熙)를 만나 그 말을 자세히 전하였다. 손병희는 크게 찬성하여 운동자금 약 100만원을 곧바로 부담하였다. 또 중앙학교장(中央學校長) 송진우(宋鎭禹)에게 가 말하니 송진우 역시 크게 찬성하였다. 이 선언서는 육당(六堂) 최남선(崔南善)에게 의탁해 집필하게 되었다.[6]

다음해 기미년(1919) 2월 1일[7] 오세창과 권동진, 최린 세 사람 및 의암(義庵) 손병희, 기독교계의 이승훈(李昇薰), 불교계의 한용운(韓龍雲) 등 33인이 명월관(明月館)[8]에 모였다.

손병희를 총지휘 대표로 하고 조선독립운동을 크게 일으켜 독립만세를 높이 외쳤다.

유생 김창숙(金昌淑)은 처음에 참가하고자 했으나 연락이 늦어져 상경하지 못하여 33인에 이름을 올리지 못하였다. 33인에 이름을 올린 사람 중 다른 한 명도 회의의 때를 알지 못해 참석하지 못하였다.[9] 그러나 스스로 경찰서에 가서 말하기를

"나 역시 33인 중 한 사람이다."
라고 하여 마침내 체포, 감금되었다. 이 해 4월 16일, 전국 13도의 대표들이 경성에서 은밀히 모여 국민대표를 뽑고 임시정부를 설립하여[10] 세계에 공표하였다.

여기에 참여한 간부 여러 사람이 일본의 감옥에 간혔고 임시정부가 조선에서는 유지할 수 없었기 때문에 할 수 없이 이에 상해로 옮겨갔다.[11] 처음에는 비록 재원이 어느 정도 있었지만 시간이 한참 흐른 뒤 재원이 고갈되어 임시정부를 온전히 지탱하기가 매우 어려웠다. 다행히 해외 하와이 동포의 열성적인 힘 덕분으로 근근이 20여 년을 버텼다.

일본이 중일전쟁(1937)을 일으킨 것을 분통해 하고 우리 임시정부와 중국 국민정부는 함께 중경(重慶)으로 임시정부를 옮겼다.[12]

이후로 정치적, 경제적 원조는 장개석(蔣介石) 총수의 힘에만 의지하여 지금까지 이르렀다. 임시정부가 본국으로 돌아옴에 미쳐 장개석 총수의 승인을 이미 받았는데도 오히려 미국 대통령은 여전히 우리 정부를 승인하지 않았다.[13] 비록 오늘날의 사태에 이르게 되었으나 머지않아 우리들이 단결하여 요구한다면 미국 대통령도 양해하지 않을 리 만무하다. 그렇게 되면 장차 국제사회에서 우리가 온전히 바라는 바를 얻을 수 있을 것이다. 또한 먼저 38도의 해결정책[14]이 반드시 순조롭게 진행되어야 할 것이다. 이러한 점은 어려울 것이 없으리라 확신한다.

또 임시정부가 지금까지 유지된 것은 장개석 총수의 전후의 끊임없는 조력이 있어서이다. 또한 김구(金九) 주석 및 여러 동지들이 몇 번의 힘들고 어려운 고통을 겪고 참아내며 변하지 않았던 일편단심의 공로 덕분이다. 이것으로 미루어 살펴본다면 김구 주석은 우리 민족을 위하여 밤낮을 가리지 않고 노력하고 이끌었다.

오늘날 우리가 해야할 책무는 마땅히 사심을 버리는 것이다. 우리가 마음을 함께하고 힘을 합한다면 오래지 않아 반드시 독립할 수 있을 것이다. 각기 파당을 없애버리고 성공을 기다리는 것이 또한 마땅하지 않은가. 그러나 여러 해 동안 해외에서 자유를 얻지 못하다가 지금 동지들과 함께 고국으로 돌아왔으니 참으로 기쁘고 다행스러운 일이다. 하지만 동지 몇 사람은 대업을 이룬 날에 불행히 저승사람이 되었으니, 안타까운 마음을 어찌 말하겠는가.

1 평화회의 : 파리강화회의를 말한다. 1919년 1월부터 6월까지 제1차 세계대전의 전후처리를 위해 프랑스 파리의 베르사이유에서 30여개 국가의 대표들이 참여한 가운데 파리강화회의가 열렸다. 회의의 원칙은 휴전협정 체결의 전제조건으로 독일정부가 수락한 윌슨의 14개 조항이었다. 민족자결주의는 이 14개 항의 평화교섭 조건에 들어 있었다.

2 이 해……요청하였다 : 1918년 11월 제1차 세계대전 휴전이 성립되자, 미국은 특사 크레인을 중국에 파견하여 전후의 강화회의에 대한 미국의 입장을 설명하게 하였다. 크레인의 임무는 중국의 대표가 파리강화회의에 참가하도록 하는 것이었다. 이는 미국이 중국을 등장시켜 일본을 견제하기 위해서였다.

3 여운형은……하였다 : 파리강화회의에 대표를 파견하기 위해 결성된 단체는 신한청년당이었다.

4 만주……하였다 : 파리강화회의를 독립운동에 활용하려는 움직임은 신한청년당에 의해서 두 갈래로 전해졌는데, 하나는 선우혁을 통한 평안도지역 기독교 계통이었으며, 다른 하나는 일본 유학생의 2 · 8독립선언에 자극을 주었다. 도쿄 유학생의 독립만세는 2 · 8독립선언을 말한다.

5 송 아무개 : 송계백을 가리킨다. 송계백이 2 · 8독립선언서 초안을 가지고 권동진 등 천도교 간부들을 방문하자 이에 큰 자극을 받은 천도교측은 본격적으로 3 · 1운동 거사를 준비하기 시작하였다.

6 이 선언서는……되었다 : 3 · 1독립선언서 작성은 천도교측이 담당하기로 하였다. 천도교 측의 최린은 최남선에게 선언서의 기초를 의뢰하였다. 최남선은

2월 초순부터 초안 작성에 착수하고 2월 11일경 선언서를 완료하여 최린에게 전해주었다.

7 기미년 2월 1일 : 본문의 2월 1일은 음력으로, 양력으로 환산하면 3월 2일이다. 원래 3·1운동의 거사일자는 고종의 국장일인 3월 3일이었다. 그러나 고종의 국장일에 거사하는 것은 불경스럽다고 생각하여 피하였고, 3월 2일은 적합하기는 하지만 일요일인 까닭에 기독교 측에서 반대하였으므로 3월 1일 토요일로 정해진 것이다. 따라서 본문의 2월 1일은 1월 29일이 되어야 맞다.

8 명월관(明月館) : 민족 대표 33인이 모인 곳은 태화관(泰和館)이다. 태화관은 일제시기 유명한 요리집으로 명월관의 부속건물이었다. 태화관은 원래 이완용의 별장이었는데, 이완용이 이사하며 요리집이 개점하였다. 모체인 명월관은 1910년 경술국치로 실직한 궁중요리사들에 의해 시작되었다.

9 33인에……못하였다 : 민족대표 33인 가운데 선언서 낭독 당시 길선주, 김병조, 유여대, 정춘수 네 명을 제외한 29명이 집결하여 선언서를 낭독하였다. 그러나 저녁 늦게 도착한 길선주는 자진 경찰에 출두하였다. 여기서 한 사람이란 바로 길선주를 가리킨다.

10 임시정부를 설립하여 : 이는 한성임시정부를 말한다. 임시정부는 3·1운동 이후 국내를 비롯하여 해외 각지에서 선포되었는데, 그 중 한성 임시정부, 상해 임시정부, 러시아 임시정부가 가장 대표적이다.

11 상해(上海)로 옮겨갔다 : 1919년 4월 대한민국임시정부는 13도 대표회의로 결성된 한성 임시정부의 법통을 계승하고, 상해 임시정부와 러시아 임시정부를 통합하여 1919년 9월 정식으로 대한민국임시정부로 출범하였다. 청사는 상해에 마련되었다.

12 중경(重慶)으로 임시정부를 옮겼다 : 중국 국민정부는 중일전쟁 이후 일본에 패배를 거듭하고 수도 남경(南京)마저 일본군에 함락 당하자 수도를 중경으로 옮겨 결사항전을 표명하였다. 이에 대한민국임시정부 역시 중국 국민정부를 따라 1940년 중경으로 이전하게 되었다.

13 미국……않았다 : 1945년 8월 16일 중국 중경에서 일본의 항복 소식을 전해들은 임시정부 요인들은 귀국을 서둘렀다. 그러나 남한에 진주한 미 군정이 임시정부의 법통성을 인정하지 않은 까닭에 임시정부는 사실상 해체되었고 김구 역시 뒤늦게 12월 개인 자격으로 귀국하였다.

14 38도의 해결정책 : 해방 후 북한지역에는 소련이, 남한지역에는 미국이 점령하였다. 이후 모스크바 3상회의와 6 · 25전쟁으로 인해 한국은 지금껏 분단상태에 있다. 여기서 38선이란 한국전쟁 후 체결된 휴전협정에서의 휴전선이 아니라 소련과 미국의 협상으로 그어진 38도선을 말한다.

이승만 李承晩

이승만 박사의 본관은 전주(全州)이다. 고종 을해년(고종12, 1875)에 황해도 평산(平山)에서 태어났다. 16, 7세 무렵에 아버지를 따라 한양으로 와서 거주하였다. 그 뒤 양녕대군의 후손에게 입양되었다. 성품이 열정적이고 재주가 뛰어났다. 일찍 한문(漢文)을 성취하고 신학문에 뜻을 두었다. 배재학당에 들어가 영어를 배웠다. 정유년(광무1, 1897) 무렵에 서재필 박사가 미국에서 귀국하여 독립신문을 발간하였다. 이승만은 신문사에 들어가 논설기자가 되었다. 또한 만민공동회를 설치하여 독립협회라고 이름 지었다.[1] 이것은 최근의 조선에서 유일하게 설립된 민간 정당이다. 이 박사는 독립사상을 고취시키고 민간 사회를 혁신하며 궁중과 부중(府中)을 맑게 하자고 주장하여 열심히 활동하였다. 당시 이 박사의 나이는 22세였다. 이때 이른바 황국협회(皇國協會)가 설립되었는데 그 배경은 다음과 같다. 즉 좌우의 신하들이 고종에게 만민공동회를 헐뜯으며

"저 이른바 민간 정당이라는 것은 그 세력이 팽창하게 되면 장차 황실에 불리해질 것입니다."

라고 하였다. 이에 무례한 보부상의 무리들에게 명령하여 당을 설치하고 황국협회라고 이름 지었다. 그리고 민간이 세운 정당과 대립하게 하였다.

그 다음해 무술년(1898)과 기해년(1899) 사이에 보부상은 병정(兵丁) 및 불량한 사람들과 세력을 규합하니 그 숫자가 수천 명이나 되었다. 그들은 각각 흉기를 들고 새문[2] 밖에서부터 정동의 대한문 앞으로 이동하여 민간이 설립한 정당과 서로 격투를 벌였다. 이 박사는 혼자 몸으로 죽음을 두려워하지 않고 용감하게 앞으로 나아갔다. 그러나 적은 많고 이쪽 편의 숫자는 적어 상대할 수가 없었기에 결국 패하고 말았다. 동지 김정식(金貞植), 이상재(李商在), 유성준(兪星濬) 등 10여 명이 모두 감옥에 갇히게 되었다. 이 박사는 화를 참지 못하고 재외 동지들과 몰래 연합하여 육혈포를 구하여 옥리를 쏜 다음 탈옥하여 달아났다. 그러나 곧 체포되어 종신형을 선고받아 종로 감옥에 갇히게 되었다. 대략 7년 정도를 감옥에 갇혀 고생하였다.

을사년(1905)에 일본과 러시아의 전운이 감돌았다.[3] 이 때문에 그는 감옥에서 나와 미국으로 망명하였다. 문학과 철학, 그리고 신학을 배워 박사학위를 취득하였다. 경술년(융희4, 1910) 이후에 마침내 귀국하여 종로의 청년회관[4] 학감으로 잠시 서울에 있었다.[5] 얼마 지나지 않아 감리교 연차 대회가 미국에서 열리게 되었는데, 감독인 해리스가 청년회로 찾아와 이 박사와 함께 그 대회에 가게 되었다.[6] 도착하여 해리스의 친일 행태를 보게 되자 이 박사는 조선을 위해 반박하고 그의 말이 옳지 않은 것을 밝혔다. 이 일로 그는 귀국하지 않고 미국에 머물면서 동포들을 교육하고 인재를 양성하여 조선을 위해 힘을 다했다. 매번 국제회의가 열리면 이 박사는 항상 참여하여 외국인들과 교류하였다. 일본과 러시아가 전쟁을 벌인 뒤 평화회담이 포츠머스에서 열렸는데 또다시 참여하여 조선인의 생각을 당당히 밝혔다.[7] 제1차 세계 대전이 끝날 즈음 소약속국동맹회의가 미국에서 열렸는데 이 박사는 한국 민족을 대표하여 참여하였다.[8] 기미년(1919) 3·1운동이 일어난 뒤 국내의 뜻이 있는 여러 사람들이 비밀리에 임시정부를 설립하고 이 박사를 대통령으로 추대하였다. 그러나 그는 사임하고 대한민국임시정부 주미외교위원회 위원장을 맡았다.

만주사변(1931)이 일어나자 국제연맹이 제네바에서 열렸다.[9] 이 박사는 임시정부의 대표로 참여하여 조선을 독립시킬 것을 제안하였다.[10] 그는 소련과 유럽의 각국을 두루 시찰한 뒤 다시 미국으로 돌아갔다. 독립운동을 시작한 지 어언 50여 년이 지나자 이 박사의 머리에도 백발이 희끗희끗하였다.

이 박사는 외아들이 있었는데 그 아들도 미국에 있을 때 불행하게도 일찍 죽었다.[11] 지금은 혈혈단신으로 해외에서 분주하게 활동하고 있는데 그의 사상은 항상 급진파의 성격을 보였다. 독립협회에서 활동했을 때 그는 공화정치 체제를 주장하였다. 그 뒤 미국에서 조선으로 돌아와 기독교청년회관에서 다음과 같이 연설하였다.

"지금 세 가지 통쾌한 일이 있습니다. 하나는 임금이 없다는 것이며 또 하나는 양반이 없다는 것이며 마지막은 상투를 하지 않는 것입니다."

이 때문에 한 때 이에 대한 서울 안의 평들이 분분하였다. 을유년(1945) 가을 8월 15일에 미국 사람들이 일본을 항복시켰다. 이에 우리 대한(大韓)도 마침내 해방을 맞게 되었다. 포츠담 선언(1945. 7), 카이로 회담(1943. 11), 샌프란시스코 회의(1951. 5) 등에서도 여러 나라들이 모두 독립을 인정하였다. 중국의 장개석(蔣介石) 총통은 다음과 같이 주장하였다.

"조선의 문제는 우리 중국이 미국과 소련, 그리고 영국 등과 빠른 시일 안에 합의하여야 하는데 미국 대통령이 충분히 이해하지 못하고 있다. 그러나 우리가 단결해 원만히 결정하여 미국에게 요구한다면 미국 대통령도 이해하지 못할 이유가 없다. 각 국가가 자신의 요구를 관철할 수 없지만 38도선의 해결책에 대해서는 각 국가가 조정하여 진행시켜야 한다."

9월 7일 여운형과 허헌(許憲) 등은 전조선 각계각층의 인사들을 초청하여 전국인민대표회의를 열고 건국준비위원을 선정하였다. 그리고 국호를 조선인민공화국으로 정하였다. 15일 위원들은 이승만 박사를 주석으로 추대하고 내각을 짜서 부서를 정하여 조선이 어엿한 독립국이 되게 하려고 하였다. 그러나 여러 당파가 설립되어 각각 기치를 높이 내걸어 알력을 일삼으니 진정한 독립은 요원하였다.

50여 년 전에 이 박사는 협성회 회보와 매일신문의 주필로 있었을 때,[12] 부패한 정치와 고루한 대신 때문에 나라의 형세가 위태로운 것을 보고 기탄없이 논박하여 감옥에 갇히게 된 적이 있었다. 12월 25일 전국 신문 기자단이 독립과 언론 자유에 대하여 대회를 열어 즉각적으로 보도한다는 내용으로 모두 협약을 맺었다. 이 박사는 단상에 올라가 다음과 같이 열변을 토하였다.

"신문 보도는 나라를 세울 때 중요한 일이다. 그 책임은 가볍지 않고 중요하다. 대개 신문은 다만 널리 알리는 것을 위주로 해야 하지만 또한 마땅히 곧고 바르게 써야 한다. 일찍이 일본 놈들에게 얽매어 있을 때는 하고 싶은 말도 감히 할 수 없었고 쓰고 싶어도 감히 쓸 수 없었다. 만약 보도한 내용이 조금이라도 그들의 비위를 건드리면 반드시 쓴 내용을 지워버리거나 감옥에 가두었으니 사실대로 쓰지 못한 세월이 36년이다. 지금부터 피할 것도 꺼릴 것도 없으니 벌어진 상황에 따라 사실에 기초하여 자신이 하고 싶은 말을 다 쏟아내면 신문을 펼쳐보는 사람들은 모두 반성하게 될 것이다. 이로 인해 임금과 신하가 바르게 되고 국론이 바르게 되면, 백성들도 모두 바르게 될 것이다. 그대들은 힘써 노력해야 한다. 내가 옛날에 기자로 활동할 때, 일본 놈에게 아부하지 않아 감옥에 들어가기도 하였다. 그러나 지금은 사실대로 쓴다 해도 누가 위협하겠는가."

그리고 네 가지 토의할 조목을 거론하였다.

1. 일본의 압제에 돌아가신 선배들에 대한 추도회를 마땅히 열어야 할 것
2. 민족 통일에 대한 결의
3. 북위 38도 문제에 대한 결의
4. 우리 민족은 당연히 태평양연합군 최고사령관에게 해방에 대한 감사를 표시해야 하는 문제에 대한 결의

이 당시 서울에는 네 개의 주요한 정당이 있었다. 그것은 국민당, 건국준비위원회, 공산당, 한국민주당 등이었다. 이 박사는 각 당수에게 다음과 같이 말하였다.

"지금의 이른바 독립은 일본인의 굴레에서 벗어난 것뿐이다. 만일 참된 독립을 이루려면 민족통일을 해야 한다. 그러나 지금 각 당을 보면 모두 명리(名利)와 권세를 차지하려는 데 혈안이 되어 있다. 각자 자기 당의 주장을 내세우는 것도 시간이 부족하여 서로 단결하지 않는다. 그러므로 소련군 사령부에서는 '조선민족은 부르주아혁명을 한 것 같다.'라고 하고, 미군 사령관은 '조선은 자신의 독립을 염원한다.'라고 한다. 지금은 민족통일이 하루라도 먼저 이뤄야 할 가장 시급한 문제이다."

이에 네 당의 당수는 우리 한국의 독립은 민족통일에 있다고 생각하게 되었다. 그들은 1945년 10월 22일에 조선호텔에서 이 박사와 만

났다. 이 박사가

"우리 한국의 독립은 국내 문제에 그칠 뿐 아니라 대외적인 문제이기도 하다. 민족을 통일한 뒤 정당을 통일하지 못하면 진정한 독립을 이룰 수 없다."

라고 하였다. 안재홍(安在鴻)이

"그렇다면 독립촉성중앙협의회(獨立促成中央協議會)를 열자."

라고 하여 23일로 날짜를 정하고 각 당의 대표를 초청하기로 하였다. 23일 각 대표 가운데 이 모임에 참여한 사람은 모두 128명이었다. 이 박사는 일어나 다음과 같이 연설하였다.

"오늘의 회합은 다만 우리 3천만 동포가 기대하는 것 뿐 아니라 각국에서도 주시하고 있습니다. 이 자리에 참여한 형제들은 나의 말을 거짓이라고 여기지 마시고 모두 허심탄회하게 경청해 주시기를 바랍니다. 지금 조선에 50여 개의 정당이 있으니 그 많은 숫자에 나는 놀라며 군정 당국 또한 놀라고 있습니다. 각 정당이 만약 하나로 합치되지 않는다면 독립은 헛된 일이 될 것입니다. 어찌 낭패스런 상황이 아니겠습니까. 지금 내가 하는 말은 다만 정당의 통일만을 바라는 것이 아닙니다. 장차 우리 임시정부의 정통성을 유지하려는 것입니다. 우리 임시정부는 27년 간 재외동포들이 목숨을 걸고 투쟁하면서 지켜왔습니다. 그런 사실은 우리 국민과 외국 사람도 다 알고 있습니다. 이런 까닭에 지금의 군정 당국은 절대로 임시정부를 인정하려는 뜻을 조금도 바꾸지 않을 것입니다. 한편 김구 주석에 대해 말해 보겠습니다. 이 분은 한평생 죽음을 두려워하지 않고 다만 국권을 회복하려 노력하였습니다. 그런데 지금 우리나라에 돌아오지 못하고 있으니, 그 이유는 아마도 연안(延安)에서의 문제 때문일 것입니다. 그러나 얼마 있지 않으면 그 분은 반드시 돌아올 것입니다.[13] 지금 이 자리에 오신 그대들께서 소승적인 견해를 버려 자기가 소속된 단체의 이익을 앞세우지 말고 오직 대승적인 정신으로 목숨을 버릴 수 있는 희생을 해야 합니다. 이런 마음이 없는 사람은 이 자리에 앉아 있을 필요가 없습니다. 원컨대 그런 분들은 이 자리에서 나가십시오. …….”

1 만민공동회를……지었다 : 만민공동회는 1898년부터 서울에서 지식인층을 비롯하여 시민 등이 국정 현안에 대해 토론하던 오늘날의 대규모 민중집회였다. 처음에는 독립협회 주최로 개최된 만민공동회는 점차 대중 중심으로 성격이 변화하였다. 이러한 모임은 군주제를 지향하던 고종의 미움을 받게 되었고 결국 고종은 황국협회를 동원하여 독립협회가 중심이 된 만민공동회를 강제 해산하였다.

2 새문 : 오늘날의 광화문 사거리에서 서대문 방향으로 가는 신문로 일대이다.

3 일사년에……감돌았다 : 을사년은 갑진년(1904)의 오기로 보인다. 러일전쟁은 1904년 2월에 일어났으며, 이승만은 1904년 8월 석방되어 그해 11월 유학을 목적으로 미국으로 떠나 12월 31일 워싱턴에 도착하였다.

4 청년회관 : 오늘날의 YMCA를 가리킨다.

5 서울에 있었다 : 1910년 10월 10일 귀국한 이승만은 1912년 3월까지 황성기독교청년회(오늘날의 YMCA)에서 총무로 일하였다. 이때 옥중 동지였던 이상재, 김정식, 이원긍, 유성준 등이 황성기독교청년회의 요직을 맡고 있었다.

6 감독인……되었다 : 이승만이 미국 미네아폴리스에서 개최되는 국제감리교대회(5월)에 참석한다는 명목으로 서울을 떠난 것은 1912년 3월 26일이었다. 이 당시 국내에는 일제가 105인사건 등으로 국내인사들을 대대적으로 체포하였는데, 이승만 역시 위험에 처하자 감리교 동북아시아 총책이었던 해리스 감독이 일본을 압박하여 활로를 열어 이승만을 평신도 대표로 출국시킨 것이다.

7 평화회담이……밝혔다 : 포츠머스조약은 1905년 9월 러일전쟁을 끝내기 위해 미국 뉴햄프셔 주에 있는 군항도시 포츠머스에서 체결되었다. 이승만은 포츠머스

회담에 참가한 사실은 없고, 다만 포츠머스회담 직전인 8월 테오도르 루스벨트 대통령을 만난 적은 있다.

8 이 박사는……참여하였다 : 소약속국동맹회의는 1917년 10월 29일부터 31일까지 뉴욕 맥알핀 호텔에서 개최되었다. 이 대회에 한국 대표로 참석한 것은 박용만이었다. 박용만의 참석은 사실상 이승만과 하와이지방총회장 안현경이 비밀리에 자금을 모금하여 파견한 것이었다.

9 국제연맹이 제네바에서 열렸다 : 일제는 1931년 9월 18일 유조구(柳條溝) 사건을 조작해 만주침략전쟁을 감행하였는데, 이를 만주사변이라고 한다. 그리하여 1931년 말에는 소련과 국경을 이루는 동북3성 전역을 장악하고 1932년 3월 괴뢰 만주국을 수립하였다. 이에 중국이 국제연맹에 제소하자, 국제연맹은 리턴조사단을 파견하고 조사보고서를 채택하여 일본군의 철수를 권고하였다. 그러나 열하성(熱河省)마저 점령한 일본은 이를 거부하고 1933년 3월 국제연맹을 탈퇴했다. 만주침략으로 세력을 강화한 일본 군부와 우익은 정국을 장악하고 일본을 파시즘 체제로 전환시키는 한편 1937년에는 중일전쟁, 1941년에는 태평양전쟁을 일으켰다.

10 이 박사는……제안하였다 : 1932년 11월 임시정부는 이승만을 국제연맹에 한국 독립을 탄원할 전권대사로 임명하였다. 이승만은 1932년 12월 23일 뉴욕을 출발하여 1933년 1월 파리를 거쳐 제네바에 도착하였다. 당시 그는 중국 대표 등을 만나 도움을 요청하였다. 그러나 주요 의제가 만주국의 지위문제였으므로, 한국문제의 정식 의제 상정은 실패로 끝났다.

11 그 아들도……죽었다 : 이승만은 1891년 박승선(朴承善)과 결혼하여 1894년 첫 아이를 낳았으나 곧 사망하였고, 1898년 12월 외아들 태산(泰山, 일명 鳳秀)을 낳았다. 이승만 도미후 의형제였던 박용만은 1905년 태산을 미국으로 데려갔으나, 1906년 2월 필라델피아에서 디프테리아로 사망하였다. 박승선은 1949년까지 호적상으로 이승만과 부부관계를 유지하였다.

12 이 박사는……있었을 때 : 원문에는 협동회보와 매일신보로 되어 있다. 이승만은 1894년 과거제도가 폐지되자 1895년 배재학당에 입학하였는데 배재학당 시절인 1896년 미국에서 귀국한 서재필이 협성회(協誠會)를 조직하자 이에 참여하여 대중연설가로 훈련을 쌓았다. 이때 발행한 주간잡지가 협성회 회보이다. 또한 유영석, 최정익(崔正益) 등과 함께 1898년 4월 협성회 회보의 후신인 일간지 매일신문을 창간하며 언론활동을 전개하였다. 다만, 매일신문은 후일의 대한매일신

보나 총독부 기관지 매일신보와 구분해야 한다.

13 그 분은……것입니다 : 김구가 돌아오지 못한 것은 미군정이 임시정부를 인정하지 않았기 때문이다. 그리하여 김구는 후일 임시정부 주석이 아닌 개인 자격으로 귀국하게 된다.

노백린 盧伯麟

노백린은 황해도(黃海道) 풍천(豊川)에 거주하였으며, 고종 을해년(고종12, 1875)에 태어났다. 장신(長身)에 얼굴이 컸고 목은 짧고 눈이 작았다. 성품은 호탕하면서도 생각이 깊었으며 평생 남들에게 지지 않았다. 그의 이름을 백린이라고 지은 것은 사람들 가운데 호걸이 되고 동물 가운데 기린 같은 인물이 되라는 의미였다. 이러므로 그의 부모를 비롯하여 같은 지역의 사람들은 노백린이 훌륭한 인물이 될 것이라고 기대하였다. 뒤에 노백린은 서울 계동(桂洞)으로 이사하여 스스로 호를 계원(桂園)이라고 하였다.

을미년(1895) 봄에 내무대신 박영효(朴泳孝)가 고종 황제의 칙령을 받아 전국 각 도에서 뛰어난 인재 120명을 선발하여 일본으로 유학보냈다.[1] 당시 노백린은 21세였는데 황해도에서 추천되어 관비 유학생에 선발되었다. 그리하여 이갑(李甲), 유동열(柳東說), 윤치성(尹致晟), 이조현(李祖鉉) 등과 함께 일본 게이오기주쿠〔慶應義塾〕로 가 보통과(普通科)에서 공부하였다.

이 해 8월에 박영효가 일본 놈 미우라 고로〔三浦梧樓〕와 함께 황후 민씨를 시해하였다.[2] 12월에 고종이 러시아 공관으로 파천(播遷)하자 박영효는 망명길에 올랐다. 이로부터 관비 유학생들은 역적의 무리라는 이름이 붙여져 관비 지급이 중단되었다. 노백린은 더욱 의지를 굳건히 다져 학문을 그만두지 않고 3년 뒤에 뛰어난 성적으로 학업을 마쳤다. 윤치성 등 10여 명과 함께 일본 육군 예비과(豫備科) 세이조 학교〔星成校〕[3]에 입학하였다. 광무2년(1898) 무술년에 다시 사관학교 보병과에서 수학하였다. 여러 학생들이 모의 전투를 할 때마다 노백린이 항상 주모장이 되었다.

이때에 고종이 인천(仁川) 감리(監理) 하상기(河相驥)에게 명령하여 역당들을 체포하게 하였으므로 배가 오갈 때마다 매우 엄격한 감시가 이루어졌다. 이 때문에 일본에 유학한 여러 학생들은 그 뒤 신축년(광무5, 1901)에 이르기까지 5년 동안 일본에 머물며 귀국하지 못하였다. 이에 유학생들은 계획을 세워

"윤치성은 명문가의 자제일 뿐만 아니라 관계(官界)에도 줄이 닿는 사람이 많으니 모험삼아 그를 귀국시켜 역당(逆黨)이라는 이름을 벗을 수 있도록 주선하게 하자."

라고 하였다. 비로소 돌아오니 고종은 노백린이 군사학과 한학을 모두 배워 익혔고 또 위엄이 있다고 판단하여 그를 육군 참위에 임명하였다. 얼마 뒤에는 육군 무관학교 교관에 올랐다.

광무8년 갑진년(1904)에 일본과 러시아가 전쟁을 시작하였다. 국가에서는 노백린을 관전사(觀戰使)로 임명하여 일본군 위문사 군부대신 권중현(權重顯)을 따라 만주의 대련(大連)과 여순(旅順)의 203고지로 가게 해 전쟁터에서 일본군 장교 노기 마레스케〔乃木希典〕 사령관과 윤치성을 만나게 하였다. 노백린이 임무를 마치고 돌아오자 부위(副尉)에 임명하였다. 이후 여러 번 자리를 옮겨 정위(正尉)와 참령(參領), 부령(副領), 정령(正領), 육군무관학교장(陸軍武官學校長), 헌병대장(憲兵隊長), 육군연성학교장(陸軍硏成學校長) 등이 되었으니 군인들 가운데 전례를 찾을 수 없을 만큼 요직을 거쳤다.

정미년(융희1, 1907)에 적신(賊臣) 이완용이 고종을 협박하여 황제의 자리를 물려주도록 하고 군대를 해산하였다.[4] 그러면서 연성학교도 문을 닫게 되었다. 여러 학생들이 일본으로 건너가는 것을 목격한 노백린도 관직을 그만두었다. 뒤에 다시 군부 교육국장이 되었다.

이때에 이르러 나랏일이 날마다 잘못되어 가는 것을 본 노백린은 더 이상 꼭두각시 노릇을 할 마음이 없었다. 드디어 윤치성과 함께 피혁회사를 설립하고 그 가운데 양화점을 내서 운영하였다. 그러나 4, 5년 사이에 수십 만 금의 손해를 보게 되어 집안 살림이 어려워졌다. 나라가 위기일발의 상황에 처하게 되자 노백린이 탄식하며 말하기를

"장부(丈夫)가 이 세상에서 장차 무엇을 하겠는가."

라고 하며 결연히 고국을 버리고 강을 건너 중국으로 갔다. 무오년(1918)에 노백린은 이승만, 안창호 등과 함께 중국 상해에서 대한민국임시정부를 세워 대한독립을 꾀하였다.[5]

노백린은 항상 세상 사람들을 비웃었다. 그는 세상 사람들을 내려다보며 무시하였다. 이러므로 세상일에 대해 말하는 사람이 있으면 노백린은 항상 비웃으며 무시하는 태도로

"다 그만 두어라. 내가 할 것이다."

라고 하여 혼자 다 하려는 기상이 있었다. 당시 대한민국임시정부는 재정이 빈약하였고 임시정부 요원들의 뜻과 견해도 각각 달라 상호간에 알력이 있었다. 이른바 정국(政局)이라는 것도 엉망이 되고 말았으나 노백린이 국무총리가 되어 혼자 지탱하여 온전할 수 있었다. 그가 중국에 머문 4, 5년간 노백린은 가족이 없었다. 그는 죽은 아내를 생각하여 재혼하지 않았다. 항상 자녀들에게 말하기를

"오늘날 너희들은 이 아비를 믿어 의지하려는 마음을 가져서는 안

된다. 나도 너희들을 믿고 의지하려는 마음을 갖지 않을 것이니 너희들은 모두 각자 알아서 살아가거라."

라고 하였다. 노백린은 자전거 타기를 좋아하여 특별한 일이 없는 날에도 자전거를 타고 사방을 돌아다녀 집에 머물러 있지 않았다. 친구를 방문하였다가 친구가 방에 있으면 항상 말하기를

"어쩌자고 이렇게 답답하게 방에만 있는가."

라고 하며 손을 잡아끌고 술집으로 가 회포를 풀었다. 노백린은 잘 웃고 술을 잘 마셨으며 의리와 기운이 있었다. 매번 우스갯짓을 하여 웃겼으므로 사람들이 보기에 빈둥거리며 노는 사람의 풍모가 있었다. 사람들과 어울려 놀 때 내 것과 네 것을 따지지 않았고, 돈이 있으면 반드시 술을 마셨는데 맥주는 한 번에 서너 박스를 마셨다. 또 요리를 대단히 좋아하여 한식과 일식, 양식 등 여러 식당에 자주 가 배불리 먹곤 하였다. 친구를 만나면 돈이 없어도 반드시 실컷 마셔서 완전히 취한 다음에 돌아왔다. 날짜가 지나도 외상 술값을 갚지 않는 경우가 있었으나 술집 주인은 변함 없이 계속 그에게 술을 팔았다. 병인년(1926) 상해에서 향년 52세로 타계하였다.

노백린이 일찍이 고향에 머물 때 그 자제들을 가르쳤는데 학도들과 함께 농부가를 잘 불렀다. 처음에 블라디보스토크 공산당이 스찬[6]으로 옮겼는데 을축년(1925) 윤4월에 각 단체에서 노백린을 총대표로 삼아 마침내 러시아로 들어가게 되니 사람들이 그를 대단히 주목하였다.

1 을미년……보냈다 : 1895년 관비 유학생 파견은 2월 2일 고종의 교육에 관한 조칙으로부터 시작되었다. 이 조칙에서 고종은 학교의 설립과 인재의 양성을 지시하였다. 고종의 조칙이 내려지자 학부대신 박정양은 8도에 총준자제를 모집한다는 방문(榜文)을 내걸고 유학생 선발에 나섰다. 당시 박영효 등 갑오개혁을 주도한 내각의 핵심인물들은 관비유학생을 유수한 양반가문의 자제들 가운데에서 선발하려 하였다. 이는 이 시기 유학을 했던 김형섭, 어담 등이 선발된 과정을 볼 때 박영효, 김윤식, 어윤중 등 개화파 내각의 대신들을 통해 이루어졌다는 점에서 확인된다. 그리하여 1차에 114명이 선발되어 그중 113명이 유학길에 올랐다. 이들이 관비유학생 제1기 출신이다.

2 이 해……시해하였다 : 1895년 음력 8월 20일 일본공사 미우라 고로〔三浦梧樓〕가 일본군 수비대와 낭인들을 시켜 명성황후를 시해한 사건을 말한다.

3 세이조 학교〔星成校〕: 일본 육군유년학교를 가리킨다. 이 학교는 육군 장교후보 양성을 준비하기 위한 학교로 육군사관학교의 전 단계이다. 프로이센 왕국의 군사 교육 제도를 본떠 만들었다. 1870년 오사카에 유년학사가 설치된 것이 육군유년학교의 시초이다. 이듬해에는 육군과 해군이 분리된 후 도쿄로 이전하였고, 1872년 유년학교로 독립하였다. 1897년부터는 도쿄의 학교가 육군중앙유년학교가 되고 다른 여러 지역에 육군지방유년학교가 설치되었다. 대한제국 황태자 이은을 비롯하여 대한제국 출신 유학생들이 이 학교를 거쳐 육군사관학교에 진학하였다. 대한제국에서는 육군유년학교를 모방하여 같은 이름의 육군유년학교를 설립하기도 했다.

4 정미년에……해산하였다 : 헤이그밀사사건을 계기로 이토 히로부미는 고종을 강제 퇴위시킨 데 이어 7월 14일 정미조약을 체결하여 대한제국에 대한 내정간섭을 한층 강화하였다. 이어 1907년 8월 1일에는 대한제국 군대를 해산시켜 대한제국의 국방력을 무력화하였으나, 군대 해산을 계기로 의병전쟁에 돌입하였다.

5 무오년에……꾀하였다 : 임시정부가 수립된 것은 1919년의 일이다.

6 스찬 : 러시아연방 극동지방 프리모르스키 지구에 있는 도시로 현재는 파르티잔스크로 불린다.

여운형 呂運亨

여운형은 양평군(楊平郡) 양서면(楊西面) 신원리(新院里)에서 살았는데 집이 용문산(龍門山) 맞은편에 있었다. 고종 병술년(고종23, 1886)에 태어났다. 인물이 호방하고 쾌활하여 거리낌이 없었으며 신장이 5척 7촌이었고 양쪽 눈동자에 흰 티가 있었다. 어려서 한문을 배웠다. 20세도 안되어 아버지가 돌아가시자 어린 동생 여운홍(呂運弘)과 함께 효성으로 어머니를 모셨다. 성장한 뒤에 서울로 가 흥화(興化) 학교와 우체(郵替) 학교[1]에서 공부하였다. 갑진년(광무8, 1904)에 향리로 돌아가 광동(廣東) 학교[2]의 교원이 되었고 이어서 강릉(江陵) 의숙[3]에 몸담았다. 이즈음 기독교가 홍성하는 것을 보고 기독교 신자가 되었다.[4] 미신이라 하여 신주를 땅에 묻자 친척과 향당에서 모두 성내어 꾸짖었지만 여운형은 개의치 않았다.

정미년(융희1, 1907)에 고종이 선위하자 여러 적들이 군대를 혁파하였다. 망국의 순간에 처하자 사방에서 의병들이 봉기하였다. 수양하는 선비들 또한 의병을 일으켜 여운형에게 맹주가 되어달라고 청하였으나 보탬이 되지 못할 것이라는 이유로 사양하였다. 다음해에 서울로 이사하여

"구미(歐米)의 선진 문명을 수용하려면 서양의 언어를 알아야 한다."

라고 하며 영어 공부에 더욱 진력하기 위해 인사동 장로회의 중앙예배당을 찾아가 전도사가 되었다.

경술년(1910)에 천하의 대세가 이미 기울어진 것을 보고

"오늘날 우리가 할 수 있는 것은 조선혼(朝鮮魂)을 고취하여 다음 기회를 기다리는 일에 불과하다."

라고 하며 사방을 왕래하면서 청년들을 모아 연설을 일삼았다. 이때에 평양에 어떤 미국인이 신학교를 세웠다는 소식을 듣고 찾아가 신학을 공부하였다.[5] 당시 구미에 마침 전운이 크게 일었다.[6] 여운형은

"이번 세계대전이 종식되면 세계는 틀림없이 평화롭게 되고 압박을 받던 민족들에게는 장차 좋은 기회가 될 것이다."

라고 하며 아우 여운홍을 미국으로 유학 보내 그곳의 대세를 살피게 하였다. 갑인년(1914) 가을에 가족을 이끌고 중국 금릉(金陵)[7]으로 가 대학에 입학하였다. 이는 단지 금릉의 대학 수준이 조선보다 높을 뿐만이 아니라 서양인이 조선에서 선교할 때 조선인을 기준으로 선교하지 않고 완전히 서양인 생각 위주로 하였기 때문이다. 여운형이 이 점을 싫어하여 중국에서 공부하여 조선의 기독교를 개선하고자 하였다. 그곳에 도착하여 보니 금릉대학에는 신학과가 없었다. 3년간 영어를 배우고 상해로 갔는데 미국인이 경영하는 협화서국(協和書局)에서 여운형을 판매주임으로 삼았다. 얼마 후 동방(東方) 대학의 영어 교원으로 초빙되었다.

무오년(1918) 8월에 터어키에 청년당이 있음을 알고 동지 조동호(趙東祜), 김철(金澈), 선우혁(鮮于赫), 한진교(韓鎭教) 등과 상해 프랑스 조계[8] 패륵로 길익리의 장덕수(張德秀)의 집에 모여 하나의 당을 조직하였다. 이름을 신한청년당(新韓青年黨)[9]이라 하고, 서무(庶務), 교제(交際), 재무(財務)의 3부를 설치하여 국권회복을 도모하였는데 여운형은 교제부 이

사가 되었다. 이 해에 세계대전이 끝나고 각국의 대표들이 프랑스 파리에 모여 평화회의[10]를 개최하였는데 미국대통령 윌슨은 인도정의와 민족자결을 주창하였다.

11월에 미국에서 특사 크레인(Charles Richard Crane)을 중국에 보내 회의에 참석하게 하자,[11] 중국 유지 천여 명이 칼튼카페에 모여 크레인을 환영하고 인도(人道)와 정의(正義)를 거론하며 국제적 오해에 대하여 장황하게 말하였다. 이하 묵판이다. 이에 세계의 사조가 모두 풍미(風靡)[12]하였다. 당시 우리 동포로는 여운형이 홀로 참석하여 그 말을 듣고 더욱 감격하였다. 회의가 끝나자 여운형이 크레인에게 잠시 만나자고 청하여 소회(所懷)를 피력하였다. 이하 두 판이 묵판이다. 밤에 여운형이 돌아와 당원들과 조선의 4천년 역사와 고유문화[13]를 매우 확실하게 거론하였다. 그리고 조선이 극동 정국에서 차지하는 중요한 위치와 오늘날의 상황을 영문으로 써서 독립청원서 두 통을 기초하였다. 장덕수, 조동호 등이 여운형에게 '신한청년당 총무 여운형'이라고 쓰게 하였다.

기미년(1919) 1월 10일, 김규식(金奎植) 박사에게 청하여 조선대표로 삼아 파리에 파견하려 하였다. 당시 중국은 상해 평론잡지 주필 밀러드(Millard)를 대표로 하였다. 이때에는 김규식이 아직 상해에 도착하기 전이었는데 여운형이 먼저 밀러드를 찾아가 청원서를 갖다 주며[14]

"공이 지금 파리로 가시니 만일 조선대표가 출석하지 못하거든 공은 이 문서를 가지고 한 부는 미국 대통령에게 올리고 한 부는 회의에 제출하여 우리 조선이 국제사회의 일원이 되게 하기 바란다."

라고 하였다. 여운형과 장덕수가 또 만주, 러시아, 조선, 일본에서 일대 운동이 일어나게 하고자 하였다. 장덕수는 조선에 도착하자 손병희(孫秉熙), 이상재(李商在)를 만나 그 의의를 알리고 다시 일본으로 가 여러 동지를 만났다. 여운형은 남북 만주와 러시아를 두루 다니다가 다음해 3월 15일에 봉천(奉天)에 도착하였다.

일본 유학생들이 도쿄에서 처음으로 일어나 소리 높여 독립만세를 불렀다.[15] 그리고 3월 1일에 조선에서도 경성을 시작으로 향읍에 이르기까지 모두 일어나 소리 높여 만세를 부르니 그 소리가 천지를 진동하였다.

상해에 도착하니 현순(玄楯), 최창식(崔昌植), 신익희(申翼熙)는 조선에서, 신규식(申奎植)은 중국 항주(杭州)에서, 여운홍은 미국에서, 이광수(李光洙)는 일본에서 상해로 왔다.[16] 여운형이 여러 사람들과 상해 프랑스 조계 하비로 정회소(定會所)로 가 조선 내외에서 모은 자금 10만원을 3·1운동에 지출하고 영문 잡지를 통하여 이 사실을 천하에 선포하여 조선을 세계 각국에 소개하였다. 그리고 파리의 김규식과 미국의 이승만(李承晩)에게 이 사실을 알렸다.

4월 1일에 여운형, 현순, 최창식, 윤현진(尹顯振), 신익희, 이시영(李始榮), 이동녕(李東寧), 이광수, 조성환(曺成煥), 신석우(申錫雨), 조동호, 김철, 신규식, 조용은(趙鏞殷)[17] 외 5인이 하비로의 모국인(某國人) 집에 모여 전국 팔도 대표를 선발하고 위원제로 독립당을 조직하려 하였는데 모두 임시정부[18] 위주로 하였다. 이때 여운형, 최근우(崔謹愚), 최창식이 경기도 대표가 되었다.

10일, 대표들이 모여 회의를 열어 헌장을 제정하고 정부의 명칭을 대한민국임시의정원이라고 하고 부서를 정하였다. 여운형은 외교총장이 되어 정부의 명령으로 프랑스 영사 윌덴(Wilden)[19]을 찾아가 조선독립에 관한 문제를 프랑스 정부에 알렸다.

5월, 안창호(安昌浩)가 미국에서 돌아오자 모두 크게 기뻐하였다. 6월에 관제를 고쳐 부서를 확대하고 이승만을 대통령으로 추대하였다.

이때에도 여운형이 외교부장에 임명되었다. 여운형이

"내가 만일 외교부장직을 맡으면 활동하기에 불편하다."

라고 주장하여 교민단장 및 신한청년당 총무로 삼았다. 이때 이동휘(李東輝), 김립(金立), 김만겸(金萬謙), 김한영(金漢永) 등이 상해로 들어왔다. 애초에 이들이 러시아에 있으면서 고려사회당(高麗社會黨)[20]을 조직한 적이 있었다. 그러므로 임시정부에 비로소 공산주의 일맥이 있게 되었다.

경신년(1920) 1월, 임시정부에서 한형권(韓馨權), 여운형, 안공근(安共根)[21]을 소비에트 러시아로 보내 국교를 맺으려고 하였다. 전에 이동휘가 임시정부의 여러 사람과 향기로운 풀과 구린내 나는 풀이 한 그릇에 있는 것처럼 뜻이 서로 맞지 않았는데 이때에 외교사절을 보낸다는 소식을 듣고

"한형권이 일찍이 러시아 수도를 왕래하였으니 이번 사절은 한형권 한 사람이면 충분하다."

라고 주장하자 임시정부에서 이동휘의 말에 따라 한형권만 보냈다. 당시에 우리나라 사람들 다수가 시베리아에 있었다. 한형권이 러시아에 도착하여 러시아 사람을 시켜 시베리아에 전보를 보내 독립을 알리게 하였다. 그리고 러시아에서 200만 루블을 빌려 한형권이 먼저 60만 루블을 가지고 돌아가려 하였지만 무거워서 그렇게 할 수 없었다. 그러자 20만 루블을 떼어 임시로 소비에트러시아에 맡기고 40만 루블을 휴대하고 돌아갔다. 중도에 치타에 도착하였는데 김립이 와서

"나는 공산당 대표로 파견되어 여기에 왔다. 공이 러시아에서 얻은 돈을 장차 공산당을 위해 쓸 것인가? 정부를 위해 쓸 것인가? 공과 나는 모두 당원이니 공산당을 위해 쓰기 바란다."

라고 하였다. 한형권이 그 돈을 김립에게 주어 먼저 돌려보내고 자

신은 다시 맡긴 돈을 찾으려고 모스크바로 떠났다. 김립은 돈을 손에 넣자 동지 박진순(朴鎭淳)과 함께 반씩 나눠 사사로이 거의 다 써 버렸다.

5월에 제3국제공산당〔코민테른〕 지부에서 그들의 주의를 중국, 조선, 일본에 선전하려고 보이친스키[22]를 위원으로 삼아 상해에 파견했다. 보이친스키 위원은 김만겸에게 임시정부원과의 만남을 주선하게 하였다. 이에 여운형이 가서 보이친스키를 만났다. 보이친스키 위원은

"조선 독립은 국제공산당이 마땅히 최선을 다해 도울테니 공께서 입당하기를 바란다."

라고 하였다. 여운형이 동지 조완구(趙琬九), 신채호(申采浩), 안병찬(安秉瓚), 이춘식(李春植), 조동호, 최창식, 양헌(梁憲), 선우혁, 윤기섭(尹琦燮), 김두봉(金枓奉) 등과 함께 입당하고, 이동휘, 김립 등과 다시 고려공산당[23]을 조직하여 여운형은 번역부 위원이 되었다. 당시에 임시정부 교통위원 양헌이 중국 안동현(安東縣)[24]에 있었는데, 여운형이 부하린의 《공산주의(共産主義)》, 어떤 영국인의 《직접행동(直接行動)》, 마르크스의 《공산당선언(共産黨宣言)》 등의 책을 번역하여 양헌을 통하여 만주와 조선에 배포하게 하였다.

8월에 미국 의원단이 동양을 시찰하기 위해 중국에 왔다. 임시정부에서는 여운형을 북경으로 보내 미국 의원단 외교부장 포터를 만나 조선 독립을 호소하고 미국 정부의 원조를 요청하게 하였다. 여운형이 또 임시정부의 명에 따라 조동호, 윤현근과 함께 중국인 황종한(黃宗漢, 황홍의 부인), 주창추(周創秋), 황경완(黃警頑)을 찾아가 중한호조사(中韓互助社)[25]를 결성하여 프랑스 조계 포석로(浦石路)를 모임 장소로 하고, 중국인 오산(吳山)을 의장, 여운형을 부의장으로 삼아 중국혁명과 조선독립에 상호 협력한다는 내용으로 선언서 수만 부를 작성하여 중국

과 만주에 배포하였다.

12월에 김립이 상해에 와

"내가 치타에 갔을 때 극동공화국 총리 크라스노쇼코프를 만났는데 총리가 '모스크바에는 지금 갈 필요가 없다.'라고 하고 돈 1만 루블을 주기에 돌아오는 길에 일부는 쓰고 지금 7,000루블만 남았다."

라고 말하였다.

신유년(1921) 봄에 정부에서 비로소 김립이 러시아돈 8만 루블을 선전비 명목으로 중국, 조선, 일본에 보낸 사실을 알고, 김립과 이동휘를 탄핵하니 여론이 분분하였다. 김립, 이동휘, 현정건(玄鼎健)이 모두 탈당하여 주종건(朱鍾健), 유진희(兪鎭熙), 이봉수(李鳳洙) 등과 함께 다시 고려공산당을 조직하였다. 이것이 바로 상해파이다. 또한 여운형, 안병찬, 고창일(高昌一), 한명세(韓明世), 최고려(崔高麗), 유동열(柳東悅), 김하석(金河錫) 등이 이르쿠츠크에 모여 또한 고려공산당을 조직하였다. 이것이 바로 이르쿠츠크파이다.

안병찬이 상해로 돌아와 김만겸, 여운형, 조동호, 김단야(金丹冶), 임원근(林元根), 박헌영(朴憲永), 최창식, 김원경(金元慶), 양헌, 안공근과 함께 지부를 설치하여 김만겸을 위원책임자로 삼고 여운형·조동호를 위원으로 삼아 매주 김만겸 집에 모여 공산당의 발전과 정부의 후원 문제를 의논하였다. 당시 상해파는 선전비가 충분했으나 이르쿠츠크파는 궁핍하여 활동조차 어려웠다. 여운형이 러시아 특사 보이친스키를 찾아가 매달 선전비 100루블씩을 얻어 《공산주의독본(共産主義讀本)》과 《공산당선언》 등 각종 서적 수천 부를 구입하고 상해에 도서실을 설치하여 계급의식을 고취하며 교양, 선전을 위해 노력하였다. 몇몇 종류의 서적을 나누어 양헌을 시켜 조선의 김시현(金始顯)에게 보내게 하였다. 이즈음 고려공산당이 마침내 양분되었고 김립 사건 이후로 국제공산당이 모두 불신하여 다시는 비용을 지급하지 않았다. 이때[26] 일본의 하라 다카시(原敬) 내각이 임시정부에 관한 말을 듣고 그 실상을 파악하고자 척식국장 고가 렌조(古賀廉造)[27]를 통하여 여운형을 도쿄로 초청하였다. 정부에서 그 말을 듣고 모두들 분연히 안 된다고 하였다. 여운형은

"한번 일본으로 가서 그들의 실상을 살펴보는 것도 나쁘지 않다."
라고 하여 마침내 도쿄를 방문하기로 결정하였다. 혹시 변고가 있을까 하여 영국, 미국, 프랑스 총영사를 만나 보호를 요청하였다. 배를 타고 출발할 때 동지 장덕수가 마침 제주(濟洲)에 유배되었는데 여운형이 알선하여 유배를 풀고 장덕수와 함께 덕적도(德積島)로 가 사촌동생 여운일(呂運一)을 만났다.

일본에 도착하여 여러 신문기자들이 제국호텔에 모이자 여운형이 조선독립을 들어 한바탕 연설하였다. 그곳에 모인 자들이 모두 당황하여 어쩔 줄 몰라 하고 관헌들도 감히 어쩌지 못했다. 여운형이 간다(神田)에 도착하자 100여 명의 유학생이 조선청년회관에 모였다. 여운형이 또 독립을 거론하여 연설하며 시간을 보냈다. 여운형이 도쿄에 2주 간 머무는 동안 조선총독부 정무총감 미즈노 렌타로(水野練太郎), 도코나미 다케지로(床次竹二郎), 다나카 기이치(田中義一)가 여운형을 찾아와 만났다. 다나카 기이치가 육군을 거느리고 와 위협하였으나 여운형은 조금도 두려워하지 않았다. 며칠 뒤에 고가 렌조가 여운형을 만나

"공이 해외운동에 관여하지 않고 조선에서 자치를 하고자 한다면 우리 일본정부가 30만 원을 주겠으니 그럴 마음이 있는가?"
라고 하며 설득하자 여운형이 받아들이지 않았다. 고가 렌조가

"공이 남북 만주로 가 개척에 종사한다면 일체의 사무를 위임할 테

니 그럴 마음이 있는가?"
라고 하자 여운형이 받아들이지 않았다. 고가 렌조가

"공이 만일 귀순한다면 청도(青島)의 총영사를 종신토록 맡길 테니 그럴 마음이 있는가?"

라고 하자 여운형이 역시 받아들이지 않았다. 고가 렌조가 여운형을 더욱 중히 여겼다. 일찍이 도쿄에는 이른바 신주쿠교엔〔新宿御苑〕[28]이 있었는데 국빈이 아니면 갈 수 없는 곳이었다. 하루는 고가 렌조가 여운형을 데리고 그곳에 가자 이때부터 일본의 귀척들이 이를 문제 삼았고 박열(朴烈) 사건 때처럼 일시에 정계의 여론이 분분하였다. 이에 밀정들이 다투어 여운형을 체포하려 하였으나 뜻을 이루지 못했다. 당시 우리나라 사람인 선우 아무개[29]가 밀정 노릇을 잘하여 도쿄에서는 그를 귀재라고 불렀다. 여운형이 상해로 돌아오자 선우 아무개가 자청하여 상해로 쫓아와 여운형을 체포하기 위해 온갖 계책을 다 썼다. 하루는 대동공사 3층 누대 위에서 도리어 여운형에게 농락당하여 비밀서류를 모두 빼앗기고 겨우 목숨만 건질 수 있었다. 이에 앞서 임시정부가 두개 파로 나뉘어 서로 알력이 있어 통일을 이루지 못하였다.[30] 여름에 안창호, 여운형, 김규식 등이 북경의 박건병(朴健秉), 만주의 김진산(金震山)을 불러 국민대회를 열어 조정하려 하였으나 자금이 없어 시행하지 못하였다.

임술년(1922) 11월에 제3국제공산당이 극동의 약소민족들을 청하여 모스크바에 모이게 하였다. 이것이 바로 이른바 극동피압박민족대회[31]이다. 이때 대한민국정부 대표 김규식, 고려공산당청년회 대표 임원근, 김단야, 박헌영, 애국부인회 대표 김원경, 권애라(權愛羅) 등 수십인이 출석하였다. 여운형은 신한청년당 대표로서 한편으로는 국제공산당의 실제주의를 살피고 한편으로는 조선독립을 실행하기 위해서는 당연히 국제사회에 선전해야 한다고 생각하여 또한 대회에 참석하였다. 중국, 몽고(蒙古), 자바〔呱蛙〕[32], 일본 대표들이 각자 의장을 선출하였고 우리나라도 여운형을 조선 의장으로 선출하였다. 각국이 '조선 계급운동은 시기상조이니 후원하여 단일 운동전선을 구축하는 것이 낫다.'라고 하였다. 여운형은 레닌을 만났다. 이하 7줄이 묵판이다. 돌아오는 길에 여운형, 엄창헌(嚴昌憲)[33], 조동호, 최석순(崔錫淳), 이유필(李裕弼), 김구(金九) 등이 프랑스 조계 하비로 보강리(寶康里) 조상섭(趙尙燮)의 집에 모여

"만일 독립하려면 만 명의 군사를 길러야 하고 군사를 기르려면 군비 100만 원이 필요하다."

라고 하며 한국노병회(韓國勞兵會)[34]를 조직하여 경리, 교육, 노공(勞工), 군사 4부를 두었는데 여운형은 교육부장직을 맡았다.

12월에 국제공산당이 이르쿠츠크파와 상해파 두 파의 갈등을 보고 이르쿠츠크파의 강경선(康景善), 장건상(張健相)과 상해파의 현정건을 불러 베르프네우딘스크에서 만나 조정하였으나 알력이 더 심하여 개회도 못한 채 그만두었다.[35] 또 조선대표로 윤자영(尹滋英)과 조봉암(曺奉巖)을 모스크바에 불러 조정하였으나 윤자영은 상해파를 두둔하고 조봉암은 이르쿠츠크파를 두둔하여 마침내 갈등을 조정하지 못하였다. 국제공산당은

"해외에 있으면서 당쟁만 하니 조선으로 돌아가 다시 신공산당을 조직하는 것이 낫다."

라고 하며 고려공산당에 해산을 명하였다. 같은 달에 한형권과 윤해(尹海)가 20만 루블을 갖고 러시아에서 돌아왔다. 이에 이르쿠츠크파도 마침내 재용에 여유가 있게 되었다.

계해년(1923) 1월 3일에 여운형과 안창호가 두 파의 반목을 걱정하

여 김위택(金偉宅), 박건병, 윤현진과 프랑스 조계 포석로 서병호(徐丙浩)의 집에 모여 국민대표대회를 열고 내외 각 민족주의단체 대표 114인을 불러 민국로(民國路) 미국인 예배당에 모여 5개월에 걸쳐 조정하려 하였으나 또한 갈등을 조정하지 못하였다. 여운형이 김만겸과 조동호에게

"지금 고려공산당이 해산되었으니 마땅히 사람을 국내로 보내 조선공산당을 조직해야 한다."

라고 하고 김단야, 임원근, 박헌영을 경성으로 보내 공산청년회를 조직하게 하였다.

4월에 동지들이 교외에 있는 우원로(愚園路) 옥수화원(玉嫂花園)의 어느 찻집에 모여 노병회의 회헌(會憲)과 회원 및 군비에 관한 각 조항을 정하였다. 그리고 안창호·남형우(南亨雨)·김철·박건병, 만주의 김무대(金茂大)·이진산(李震山)·김동삼(金東三)·김웅섭(金雄燮)·이청천(李青天), 하와이의 이강(李剛)[36], 미국의 안병조(安秉祚)[37]와 더불어 상해 프랑스 조계 미국인 예배당에 모여 정부개조 문제를 논하였다. 모인 자들이 모두 한결같이 독립에 뜻을 두었으나 파당마다 의견이 달랐는데 만주는 새로운 정부를 만들어 윤해를 중심으로 하자며 끊임없이 현 임시정부를 공격하였다. 정부 내에도 급진파와 완화파가 나뉘어 간부측은 개조를 주장하고 종무성은 인도와 의리를 주장하니 또한 서로 화합하지 못하고 개회한지 3개월이 되었으나 마침내 성과가 없었다.

갑자년(1924) 7월에 여운형, 이유필, 조상섭, 송병조(宋秉祚), 이강(李剛), 윤기섭(尹基燮), 조완구, 조덕진(趙德津), 김명준(金明濬), 이규홍(李圭弘), 윤자영 등이 포석로 안창호 집에 모여 정부파인 노백린(盧伯麟)·이동녕·이시영·김구, 반대당인 박건병·장건상·윤세훈(尹世勳)과 함께 한국독립시사촉진회를 조직하여 서로 융합하려 하였으나 또한

뜻을 이루지 못하였다. 이 때문에 정부가 힘을 발휘하지 못하였다.

을축년(1925) 봄에 여운형이 손중산(孫中山)[38] 추도회에 참석하였다. 이때 중국 국민정부 고문관 보로딘[39] 부인도 참석하였다. 여운형이 송경령(宋慶齡, 손문의 부인)을 통하여 보로딘 부인을 만났다.

4월에 여운형이 북경으로 가 보로딘 부인의 소개를 받아 러시아 대사 카라한을 접견하였다. 대사가 장작림(張作霖), 오패부(吳佩孚), 풍옥상(馮玉祥)과 국민정부에 대해 물었다. 여운형은

"장작림은 삼성(三省)[40]을 차지하고 일본이 후원하고 있어 그 세력이 막강하다. 오패부는 원래 완고하여 공산당에 반대하니 손을 잡을 수 없다. 그나마 가망성이 있는 자는 풍옥상 한 사람뿐이다. 국민정부의 경우 그 안에 공산당이 있다고는 하나 그 세력이 아주 미약하여 볼 만한 것이 없다. 또한 중국은 공업이 발전하지 못하여 노동자와 전위분자(前衛分子)[41]가 전국적으로 많지 않아 이들과 혁명을 하려면 개미가 태산을 흔드는 것과 같으니 어렵지 않겠는가? 내가 보기에 공산당과 국민정부가 서로 손을 잡은 후에 무기와 탄약을 공급하여 혁명을 도모한다면 해낼 수 있을 것이다."

라고 대답하였다. 카라한이 크게 기뻐하며

"……. 이하 일곱 줄이 묵판이다. 쇼와5년 양력 3월 11호"

다음날 대사가 여운형을 불러

"전 상해 부영사 월떼[42]가 지금은 러시아 타스통신사에 있는데 공이 중국 각 신문사에 기재한 전공(戰功), 정치, 공산, 노동, 청년, 농민, 여성 등 7개 조항에 대한 주장을 입수하고 영어로 번역하여 월떼에게 보내기 바란다."

라고 하였다. 여운형이 생각 끝에

"조선이 장차 독립하려면 중국이 먼저 혁명해야 한다."

라고 말하고는 상해로 돌아가 월떼를 만나 마침내 통신사에 부탁하였다. 이에 앞서 김단야, 박헌영, 임원근이 경성에 도착하여 조선공산당을 조직하고 승인을 받으려고 조봉암을 모스크바에 보냈다. 같은 달, 조봉암이 먼저 상해에 도착하였다. 여운형은 보이친스키를 만나 조봉암을 소개하고 조선공산당을 승인받았다. 또 부영사 위르레[43]를 만나 여권을 얻어 조봉암을 보냈다. 그 후 국민당 수령 왕조명(汪兆銘)이 여운형을 정치고문으로 삼았다. 이때 괴걸(怪傑) 보로딘이란 사람이 있었는데 바로 중국 혁명운동가였다. 이에 여운형이 국제공산당 및 민정당의 사이에서 보로딘과 함께 활약하였다.

10월에 조선공산당이 유학생 권오직(權五稷) 등 17인을 상해에 보냈다. 여운형이 위르레에게 이들을 러시아 선박에 태워 블라디보스토크로 보내 조선공산당을 위해 연락하도록 알선해 줄 것을 요청하였다.

병인년(1926) 1월, 국민당 제2대회가 광동(廣東)에서 열렸다. 여운형은 왕조명의 초청으로 광동으로 가 왕조명과 함께 보로딘을 만나 국민당 지도책을 의논하였다. 18일에 여운형이 대회에 참석하여 '국민당이 중국에서 혁명한다면 나는 죽음도 불사하겠다.'라고 생각하고 이것을 연제로 일장 연설을 하자 듣는 이들이 모두 갈채를 보냈고 이로 말미암아 여운형이 광동에 한 달 동안 머물렀다.

7월에 여운형과 안창호가 정부에 재정이 부족한 것을 알고 동지 100여 인과 함께 프랑스 조계 삼일당(三一堂)에 모여 정부후원회를 조직하여 각자 낸 돈 400여 원을 정부에 헌납하였다.

11월에 민국정부가 북쪽으로 무창(武昌)을 공격하여 점령했을 때 보로딘이 여운형에게 전보를 보내 먼저 무창으로 가 두루 살펴보게 하자 여운형이 바로 달려갔다. 12월에 무창에서 환영회가 있었다. 이때 참석자가 수천 명이었다. 여운형이 내빈으로서 축사를 하여 국민군(國民軍)에게 사기를 북돋워주었다.

다음해(1927) 3월에 국민군이 저장성(浙江省)에 침입하였다. 여운형이 위르레, 중국공산당대표 구추백(瞿秋白)[44], 러시아 군사고문과 함께 뉴영달(鈕永達) 집에 모여 국민당으로 하여금 노동자, 학생 등과 편의대를 조직하여 총파업하고 제3소동을 일으켜 손전방(孫傳芳)을 몰아내게 하였다.

4월에 여운형이 갹출한 돈을 헌납하지 않았다는 이유로 정부후원회가 여운형을 제명하였다. 이때 장개석이 손전방과 한번 싸우지도 않고 상해를 점령하였다. 이는 모두 중국공산당과 국제공산당 두 당의 공이었으나 장개석은 편의대에 명하여 무장 해제하고 공산당을 잡아 죽였다. 이 때문에 여운형도 활약하지 못하고 다시 타스통신사로 가 김종상(金鍾商)에게 각 영자 신문을 가져오게 하였다. 그리고 암암리에 직접 번역하여 생업으로 삼았다. 당시 일본인이 노동자 한 명을 죽였다. 이 때문에 중국이 마침내 배일(排日)하게 되었고 중국과 일본이 서로 충돌하여 학생과 노동자 수십 명이 또 살해되었다. 여운형이 월떼에게 가 국민당 대표 명력자(命力子) 및 구추백과 의논하기를

"지금 배일(排日)하려 한다면 가까운 곳에 위치한 일본이 군사를 일으킬 경우 중국에 반드시 어려움이 있을 터이니 일본 대신 영국을 배척하는 편이 낫겠다."

라고 하자 모두 옳게 여겨 마침내 영국을 배척하였다.

5월 30일에 크게 운동을 일으키자 6월에 장개석(蔣介石)이 러시아 대사관을 수색하여 퇴거명령을 내렸다. 이 때문에 국민당내의 좌파가 모두 세력을 잃었고 타스통신사 또한 따라서 폐지되었다. 여운형은

부득이 매주 100원을 받으며 복단(復旦) 대학 영어교원이 되었고 또 사회에 종사하여 민족운동을 하였다.

기사년(1929) 5월에 여운형이 야구단을 이끌고 남양(南洋)[45]의 여러 섬나라를 순행하며 7일 간 머물렀는데 필리핀 마닐라에 갔을 때 수백 인을 모아놓고 백인들의 침략을 거론하며 네 차례나 연설하였다. 영국 경찰이 여운형을 미워하여 여권을 빼앗고 감옥에 가두자 현지 인사들이 여론을 일으켜 항의하여 마침내 석방되었다. 상해로 돌아올 때 영국과 일본 양국의 경찰들이 상해 부두로 나가 체포하려 하자 동지 하나가 먼저 사람을 보내 이 사실을 알렸다. 여운형이 중도에 이르러 목선을 타고 가 마침내 무사할 수 있었다.

6월 4일에 일본 큐슈[九州] 대학 야구단이 상해 구락부와 대마로(大馬路) 경마장에서 만나 경기할 때 여운형도 가서 관람하였는데 일본 경찰이 여운형을 체포하였다. 프랑스 사람이 여운형을 위해 일본 경찰을 꾸짖고 동포 청년들이 구하려고 맞서 싸웠다. 일본 경찰은 영국 경찰의 지원을 받아 마침내 여운형을 체포하였고 청년 40명도 모두 체포되었다. 광동정부에서 이 소식을 듣고 두개의 조목을 들어 국제사회에

"여운형은 정치범이고 중국에 귀화한 사람이다."

라고 항의하였으나 소용이 없었다.

9일에 나가사키로 압송되었는데 여운형이 극동부 책임자로서 신의주(新義州) 제1차 공산당과 조선의 각 사회에 모두 관련이 있고 혁명후원회 즉 모플[46]로서 활약이 대단하다고 하여 총독이 조선으로 보낼 것을 청하였다. 11일 밤에 마침내 경성에 도착하였다. 여운형이 기자들에게

"내가 해외에서 15년 동안 지내면서 하나도 성공하지 못하고 이렇

게 귀국하였다. 우리 사회에 대하여 실로 면목이 없는데도 인사들이 모두 나를 이처럼 위로하니 진실로 몸 둘 바를 모르겠다."

라고 하였다. 경기도 경찰부장 사카모토(坂本)가

"내가 나가사키로 가 여운형을 만났는데 말도 없고 웃음도 없이 굳건히 차안에 앉아 있는 모습이 태산처럼 장중하여 내가 저절로 위압감을 느꼈다. 여씨는 정말 대인이다. 죄인을 압송할 때 모두 수갑을 채우는 것이 통례이나 지금 내가 수갑을 채우지 않았으니 이렇게 하기는 여씨가 처음이다."

라고 하였다. 조선일보 기자가

"공이 중국의 극좌파와 깊이 관련이 있어서 장개석파가 모두 미워한다는데 그렇습니까?"

라고 물었다. 여운형이

"내 일찍이 왕조명의 고문이었기 때문에 이런 말이 있었던 듯합니다. 그러나 국민정부 우파 또한 나를 좋아하는 자가 적지 않으니 틀림없이 이런 이치는 없을 것입니다."

라고 하였다. 기자가

"무슨 근거라도 있습니까?"

라고 물었다. 여운형이

"지난 번 남양을 두루 돌아다닐 때 나는 영국과 미국 등 자본주의 나라 사람들이 약소민족에 대하여 비할 수 없을 정도로 잔학하게 착취하는 것을 보았습니다. 그래서 이번 가을에 다시 남양으로 가 장차 아시아 약소민족대회를 조직하여 단결하려고 합니다. 장개석이 이 소식을 듣고 사람을 보내 함께 일하기를 청하였으나 내가 왕조명과 이미 약속했기 때문에 허락하지 않았습니다."

라고 하였다.

12일에 경기도 경찰부 고등과 다나베〔田邊〕와 신의주 가야네〔茅根〕 두 경부(警部)가 공동으로 취조하여 16일에 검사국으로 보냈는데 그 조서는 300매에 불과했다.

7월 2일에 법원검사 나카노〔中野〕, 복심법원 검사장 구사마〔草間〕, 고등법원 검사장 나카무라〔中村〕가 서로 협의한 뒤에 제령(制令)[47]과 치안유지법[48] 위반으로 예심에 회부했다.

경오년(1930) 음력 3월 12일에 공판이 열렸다. 검사 이토〔伊藤〕가

"여운형은 네 가지 죄가 있다. 첫째, 신한청년당, 둘째, 임시정부, 셋째, 고려공산당, 넷째, 노병회 사건이다. 이 네 사건은 모두 치안을 방해하고 제령을 위반하였다. 치안유지법에 관한 것은 예심에서 비록 공소를 면했으나 임시정부와 노병회의 일은 그 죄가 치안유지법과 제령에 관계된다."

라고 하며 5년형을 구형하였다. 여운형은 체포되기 전후에 늘 태연하였으나 공판에 이르러 두 눈에 눈물이 줄줄 흘렀으니 무슨 감정에서 그랬는지 알 수 없었다. 판결에 이르러 재판장 가네가와〔金川〕가 다만 제령위반으로 3년을 언도하였으니 미결일수가 통산 150일이었다. 검사정 카사이〔笠井〕가 치안유지법 위반을 적용하지 않은 것에 노하여 갑자기 공소하였다. 애초에 여운형이 형기가 길지 않음을 보고 복역하려고 생각하였으나 그렇게 할 수 없었다. 여운형은 수감 중에 신경이 쇠약해져 초췌한 모습이었고 가는귀가 먹어 심문하면 매번 귀를 기울였다. 아침 일찍부터 방청하러온 자들이 400여 명이나 되자 공안에 방해된다 하여 가족과 특별한 사람들만 입장이 허가되었다. 특별한 사람이란 법원장 오가와〔小川〕, 복심법원장, 검사장, 재판소 판검사, 경성제국대 교수 등이었다. 공판에서 제령과 치안유지법 두 가지 법을 모두 적용하여 역시 3년형을 언도하였다.

살피건대, 우리 임금은 나라에 있어서 같은 부모가 아니며 우리 백성은 나라에 있어서 같은 형제가 아니겠는가? 그러나 남들은 모두 부모가 있는데 우리만 홀로 부모가 없으며 남들은 모두 형제가 있는데 우리만 홀로 형제가 없구나. 자양(紫陽)[49]의 《강목(綱目)》에

"왕망(王莽)이 한(漢) 왕조를 빼앗자 광무제(光武帝)가 한나라를 중흥하였으며 조비(曹丕)가 산양공(山陽公)을 폐함에 소열제(昭烈帝)가 황제의 자리에 올랐다. 진(晉)나라의 회제(懷帝)와 민제(愍帝)가 나라를 망치자 진나라 원제(元帝)가 나라의 기반을 이었다. 송나라의 휘종(徽宗)과 흠종(欽宗)이 몽진(蒙塵)하자 송나라 고종(高宗)이 왕통을 계승하였다."

라고 하였다. 지금 상해 임시정부는 여운형, 장덕수 등과 같은 지사들이 군적(群賊)들이 나라를 망친 것을 보고 울분이 쌓여 해외에 대한민국정부를 설치하여 조국을 위해 힘을 다하는 터전으로 삼은 데 불과하다. 이것은 중흥이나 천조라고 할 수 없으며 사기(嗣基)나 찬통(纘統)이라 할 수도 없으나 수 년 이래 볼 수 없었던 대한이라는 두 글자를 다시 세상에 드러냈으니 4천 년 역사상 유례를 찾을 수 없는 기쁜 일대 사건이 아니겠는가?

그러나 당당한 대한으로서 우리 고국에서 나라를 계승하지 못하고 다만 남의 조계(租界)에 의탁하였다. 슬프다, 우리 형제, 백성, 모든 벗들은 기꺼이 혼란에서 벗어날 것을 생각지 않고 두려워만 하는구나. 오직 나와 네가 고국으로 돌아가 조국을 회복해야 하는데 저 이동휘와 김립의 무리는 대의를 잊고 작은 원한만을 생각하여 타국의 조계에 자리 잡은 대한마저도 없애려 한다. 옛사람의 "어느 시대인들 현자가 없겠는가."라는 말은 이를 두고 한 말인가 보다.

예로부터 국가가 융성할 때에 일찍이 차이가 없지 않았으나 마음이 하나로 공(公)을 위하였고, 국가가 쇠할 때에 일찍이 차이가 없지

않았으나 마음이 천 갈래 만 갈래로 사(私)를 위하였다. 경쟁심을 부추기고 이기려는 기세를 고무하여 모두 자신은 낮추지 않고 마침내 앞서려고만 한다. 이는 국가의 명맥에 관련된 일이라 사람들을 잘 인도하여 설득하고 서로 좋은 관계를 맺을 수 있도록 조정해야 하는데 지금 그 적임자가 없는 것이 한스럽다.

동포여, 동포여! 가슴속에서 사(私)라는 한 글자를 지워버리고 힘을 합쳐 단결하자. 국권을 회복하고 독립하여 조계를 옮겨 고국으로 돌아간다면 틀림없이 우리에게도 부모 형제가 있게 될 것이다. 아, 우리 동포들은 이런 것은 생각지 않고 서로 끊임없이 싸워 스스로 망하는 데 빠지려 하니 이는 불인한 것이며 생각지 않는 것이로다. 또한 김립은 일찍이 공산당에 몸담은 자로서 러시아 자금을 횡령하여 대업을 위해 쓰지 않고 다만 사적으로 써버렸으니 공산주의란 과연 이런 것인가. 여운형은 일본에 갔을 때 일본에서 30만 원을 주는 것도 받지 않았으며 한형권은 러시아 수도에 갔을 때 60만 원을 갖고 있으면서도 사적으로 쓰지 않았으니 저 김립은 도적으로서 말할 가치조차 없다. 만일 해외 동포들이 모두 한형권과 여운형 두 사람만 같다면 독립은 틀림없이 어렵지 않을 것이다. 그러나 우리 동포가 다년 간 해외에서 생사를 돌아보지 않고 주야로 고심하는 것은 일본을 배척하고 복수하는데 불과하다. 평소 고심하여 일본을 배척하기를 여운형처럼 하는 자는 우리 힘이 미치지 못하면 남의 손을 빌리는 것도 괜찮으니 일본인이 중국 노동자를 죽인 이번 기회가 실로 천재일우의 좋은 기회가 아니겠는가. 따라서 여운형이 만약 종용(慫慂)을 잘해서 중국과 일본이 전쟁하게 하고 그 틈에 계책을 세워 중국이 승리하게 한다면 크게는 어부지리를 얻을 수 있고 작게는 남의 손을 빌려 복수할 수 있는데 여운형이 배영(排英)을 주창하고 배일하지 않음은 어째서인가?

중국의 입장에서 보면 일인은 노동자를 죽였으나 영국인은 노동자를 죽이지 않았고, 우리의 입장에서 말한다면 일인은 원수 중의 원수요, 영국인은 원수진 것이 없으니 우리나라의 입장이나 중국의 입장에서 일본을 배척할 의리는 있어도 영국을 배척할 일은 없다. 여운형은 다만 중국이 일본의 침략을 받게 하려면 마땅히 일본을 배척해야 하는데 배척하지 않았고 영국을 배척하지 말아야 하는데 배척하였다. 일본이 군사를 동원하지 않는다면 중국에게는 좋은 계책이지만 여운형에게는 실책 중의 실책이 아니겠는가?

'천금을 훔쳐 달아난 자는 사형에 처한다.'라는 말은 진실로 유래가 있다. 우리에게도 그런 법이 있으니 김립이 러시아 자금을 횡령하고 대업을 돌아보지 않은 것을 통렬하게 다스렸어야 한다. 공산주의자가 비록 하루라도 빨리 공산화를 하려 해도 자본주의자를 죽이지 못하지만 먼저 김립 같은 무리를 죽이는 것은 가능하다.

1 우체(郵替) 학교 : 통신원 부설 우무학당(郵務學堂)을 말한다.

2 광동(廣東) 학교 : 여운형이 기독교 학교인 광동학교를 설립한 것은 1907년으로 알려져 있다.

3 강릉(江陵) 의숙 : 강릉 의숙은 강릉의 초당의숙이며 여운형이 초당의숙 교사로 초빙된 것은 1910년으로 알려져 있다.

4 기독교 신자가 되었다 : 여운형은 1906년 양평에 교회를 설립하여 문중 일족에게 전도한 것으로 알려져 있다.

5 신학을 공부하였다 : 1911년 여운형은 평양의 장로교 신학대학교에 입학하였다.

6 당시……일었다 : 1914년 일어난 제1차 세계대전을 뜻한다.

7 금릉(金陵) : 지금의 남경(南京)이다.

8 프랑스 조계 : 19세기 후반 영국, 미국, 일본 등 8개국이 중국을 침략하는 근거지로 삼았던 개항 도시의 외국인 거주지이다.

9 신한청년당(新韓靑年黨) : 1918년 상해에서 여운형을 중심으로 결성된 민족운동단체이다. 이 단체는 1차 세계대전 종결과 함께 국제질서 재편기회를 살려 외교에 의한 독립을 실현하고자 하였다. 그리하여 1918년 12월 미국의 윌슨대통령에게 독립청원서를 전달하였으며 1919년 1월에는 김규식을 파리로 파견하여 조선의 독립을 요구하였다.

10 평화회의 : 파리강화회의를 말한다. 1919년 1월부터 6월까지 제1차 세계대전의 전후처리를 위해 프랑스 파리의 베르사유에서 30여개 국가의 대표들이 참여한 가운데 파리강화회의가 열렸다. 회의의 원칙은 휴전협정 체결의 전제조건으로 독일정부가 수락한 윌슨의 14개 조항이었다. 민족자결주의는 이 14개 항의 평화교섭 조건에 들어 있었다.

11 크레인을……하자 : 1918년 11월 제1차 세계대전 휴전이 성립되자 미국은 특사 크레인(1858~1939)을 중국에 파견하여 전후의 강화회의에 대한 미국의 입장을 설명하게 하였다. 크레인의 임무는 중국의 대표가 파리강화회의에 참가하도록 하는 것이었다. 이는 미국이 중국을 등장시켜 일본을 견제할 목적이었다.

12 풍미(風糜) : 원문의 '糜'는 '靡'의 오류인 듯하다. 풍미(風靡)는 바람에 초목이 쓰러진다는 뜻으로 어떤 사회적 현상이나 사조 따위가 널리 사회에 퍼짐을 이르는 말이다.

13 고유문화 : 원문에는 고화유문으로 되어 있으나 국편본에 따라 고유문화로 고쳤다.

14 여운형이……주며 : 여운형이 중국고문 밀러드에게 준 청원서는 일본을 경유하던 도중 가방을 분실하는 바람에 잃어버리고 말았다고 한다.

15 도쿄에서……불렀다 : 일본 도쿄에서 전개된 2·8독립선언이다.

16 상해에……왔다 : 3·1운동 직후 상해에서 임시정부가 수립되자 여운형 등 민족운동가들은 임시정부에서 활동하기 위해 상해로 모여들었다.

17 조용은(趙鏞殷) : 조소앙을 말한다. 본명은 용은이며, 소앙(素昻)은 호이다.

18 임시정부 : 원문에는 '假政府'로 되어 있다. 당시 일제는 임시정부를 가정부라

고 칭하였다.

19 윌덴 : 원문에는 월톤으로 되어 있으나 영문명은 Henry A. Wilden이다.

20 고려사회당(高麗社會黨) : 한인사회당을 말한다. 1918년 4월 이동휘 등은 러시아 하바로프스크에서 한인사회당을 결성하였다. 한인사회당은 1920년 7월 이후 이동휘, 김립 등이 배제된 채 새로운 당 중앙위원회를 결성하였고, 당 중앙위원회는 1921년 5월 이르쿠츠크에서 고려공산당을 창당하였다. 한편, 상해로 가 임시정부 국무총리로 활동하던 이동휘는 이르쿠츠크파의 당 중앙위원회에 대항하여 김립 등과 함께 1921년 1월 대표회를 열고 당명을 고려공산당으로 개칭하였다. 이후 고려공산당은 이르쿠츠크파 고려공산당과 이동휘 계열의 상해파 고려공산당으로 나뉘어 활동하였다.

21 안공근(安共根) : 안공근의 한자명은 安恭根이다.

22 보이친스키 : 원문에는 의르친스키로 되어 있으나 활동상 보이친스키로 보인다. 보이친스키는 1893년생으로 1913년 도미하여 1918년 귀국한 뒤 입당하여 시베리아에서 활동하다가 1919년 러시아 백군에 체포되어 사할린에 유형되었다. 1920년 코민테른 극동국 서기로 중국에 파견되어 여운형과 김만겸과도 밀접한 접촉을 가진 바 있다. 그는 중국의 이대교, 진독수, 손문 등과 긴밀한 관계에 있었으며 중공당의 결당에 직접 참여하기도 하였다. 제1차 국공합작 시대에 중공당을 이면에서 지휘한 것도 바로 그였다.

23 고려공산당 : 상해파 고려공산당을 말한다.

24 안동현(安東縣) : 오늘날의 단동(丹東)이다. 중국 요녕성(遼寧省) 남동쪽에 있는 도시로 압록강을 사이에 두고 북한 신의주를 마주보고 있다. 이 지역이 안동현으로 불린 이유는 당나라 당시 이 지방에 안동도호부가 설치된 데서 유래된 것이다. 3·1운동 직후인 1919년 5월 임시정부는 안동에 교통국을 설치하였는데, 그 사무실의 위치가 바로 영국 국적의 아일랜드인 조지 쇼(Show G. L.)가 경영하는 무역회사인 이륭양행 내에 있었다. 때문에 안동현은 독립운동가들의 거점이 되었다.

25 중한호조사(中韓互助社) : 한중호조사라고도 한다. 1921년 중국 각지에서 한국 독립운동가들과 중국인들이 한중 친선과 한국의 독립 지원을 목적으로 결성한 단체이다.

26 이때 : 1919년 11월로 알려져 있다.

27 고가 렌조〔古賀廉造〕: 원문에 古賀廉助로 되어 있으나 古賀廉造가 맞다.

28 신주쿠교엔〔新宿御苑〕: 황족 나이토〔內藤〕 가문의 저택이었던 곳을 1906년 황실의 정원으로 조성하였다고 한다.

29 선우 아무개 : 선우갑(鮮于甲)을 말하는 듯하다. 평양 출신으로 일본경찰 고등계 형사로 일했다. 형인 선우순은 친일단체 대동동지회 회장을 지내는 등 친일언론인으로 유명하다. 1919년 2·8 독립 선언 당시에 도쿄에 파견되어 유학생들을 감시하는 역할을 하였다. 송계백 및 최팔용 등 이 사건의 주동자를 밀고하여 체포하는데 큰 공을 세웠다. 이후 일제의 큰 신임을 받으며 상해에서 활동하다 김구에게 붙잡혔으나 잘못을 빌고 풀려난 뒤 도망쳐 이후에도 계속 밀정으로 활동하였다. 이후 미국 등 외국에 기자로 파견되어 해외 독립운동을 감시하고 국제 여론을 조선 독립에 부정적인 쪽으로 유도하는 일을 맡아 한 인물이다.

30 임시정부가……못하였다 : 임시정부 수립 직후부터 임시정부의 외교노선 견지와 대통령 이승만의 대미위임청원사건 등으로 외교노선에 반대하는 세력을 중심으로 반임정세력이 결집하였고 이들을 중심으로 국민대표회의 소집을 요구하게 된다. 이후 임시정부는 창조파와 개조파 등 임시정부의 개편 방향을 놓고 기나긴 논쟁에 들어간다.

31 극동피압박민족대회 : 일명 극동인민대표대회라고도 한다. 1922년 1월 21일부터 2월 2일까지 모스크바에서 열린 코민테른 국제대회로 중국, 한국, 일본, 몽고, 자바 등 피압박민족 대표들이 참가하였다. 그러나 일본에서 대표가 참석하자 일본이 피압박민족이 아니라는 이유로 대회 명칭이 인민대표대회로 바뀌었다 한다. 한국 대표단은 23개 단체 대표 53명으로 구성되었으며 여운형이 대회의장단에 선출되었다.

32 자바〔呱蛙〕: 원문의 고와(呱蛙)는 인도네시아의 자바를 말한다. 瓜桂, 呱蛙, 沙巴, 闍婆로 표기하기도 한다. 《고려사》에는 瓜蛙로 되어 있다.

33 엄창헌(嚴昌憲) : 내용상으로 독립운동가 나창헌(羅昌憲, 1896~1936)의 오기이다.

34 한국노병회(韓國勞兵會) : 1922년 10월 28일 중국 상해에서 창립되었다. 총회에서 이사장에 김구, 이사에 이유필·손정도·김인전·여운형·나창헌·조상섭 등 여섯 명이, 회계감사원에 조동호·최석순 등 두 명이 각각 선출되었다. 한국노병회는 조국광복을 위해 앞으로 10년 이내에 1만 명 이상의 노병을 양성하고 100만 원 이상의 전쟁 비용을 조성하는 데 목적을 두고 이러한 목적이 이루어질 때는 이사회의 제의와 총회의 결의로서 독립전쟁을 개시하기로 하였다. 한국노병회의

독립노선은 독립운동의 장기화에 대비하여 10년을 독립전쟁 준비기간으로 설정하여 세운 준비론이었다.

35 12월에……그만두었다 : 1921년 11월 코민테른은 상해파와 이르쿠츠크파의 통합을 위해 양파로 구성된 임시연합간부를 구성하게 하고 임시연합 간부들은 양파의 파쟁 청산과 국내외의 광범위한 혁명세력을 소집하여 통일대회를 열기로 하였다. 1922년 11월 고려공산당연합대회가 개최되자 상해파의 이동휘 · 윤자영(尹滋瑛) · 현정건(玄鼎健) 등과 이르쿠츠크파의 한명서 · 김만겸(金萬謙) · 장건상(張建相) 등이, 국내에서는 정재달(鄭在達) · 조봉암(曺奉巖) · 정태신(鄭泰信) 등 주요 사회주의자들이 대부분 참가하였다. 그러나 이 대회는 대표자격 문제를 둘러싸고 파탄되면서 실패로 끝났다. 이에 코민테른은 양파의 해체를 지시하였고 고려공산당 해체 이후 해외의 한인 공산주의운동은 코민테른의 극동총국에 소속된 코르뷰로(高麗局)가 담당하게 된다.

36 이강(李剛) : 원문에는 李綱으로 되어 있으나 본래 한자명은 李剛이다.

37 안병조(安秉祚) : 송병조(宋秉祚)의 오기로 보인다.

38 손중산(孫中山) : 손문(孫文)을 가리킨다. 손문의 호는 중산(中山), 자는 일선(逸仙)이다.

39 보로딘 : 1884~1951. 1906년 미국으로 이주하였다가 1917년 볼세비키혁명이 성공한 뒤 러시아로 돌아와 코민테른 소속 정보요원으로 유럽에서 활동하였다. 1923년 중국으로 건너가 손문의 정치자문역을 맡았다. 그는 국민당 이념이나 조직의 개편, 군대 조직까지 영향력을 행사하였고 이러한 그의 노력으로 국민당은 최대 정당으로 발돋움할 수 있었다. 1925년 손문이 사망하자 군사시찰을 마치고 소련으로부터 돌아온 장개석(將介石)이 당과 군부를 영도하게 되었으나 1927년 공산주의 세력에 대한 탄압에 착수함에 따라 보로딘은 중국을 떠났다.

40 삼성(三省) : 동북3성을 뜻하며 과거 만주로 불렸던 지역이다. 행정구역상으로는 요녕성, 길림성, 흑룡강성을 가리킨다.

41 전위분자(前衛分子) : 공산주의운동에 앞장서서 적극적으로 활동하는 사람을 말한다.

42 월떼 : 전 상해 부영사라는 표현으로 보아 월덴으로 보이나 확실하지 않다.

43 위르레 : 월떼와 동일인으로 보이나 확실하지 않다.

44 구추백(瞿秋白) : 원문에 적백추(翟白秋)로 표기된 것은 오류이다.

45 남양(南洋) : 남태평양, 즉 동남아시아 일대를 말한다.

46 모플 : 혁명후원회와 모플은 같은 의미이다.

47 제령(制令) : 일제 시대 조선 총독이 법률을 대신하여 발포한 명령을 통칭한다.

48 치안유지법 : 1925년 5월 시행된 치안유지법은 사회주의 및 무정부주의운동 등을 탄압하기 위해 제정된 법률이었다. 이 치안유지법위반은 보안법위반과 함께 독립운동가를 탄압하기 위한 대표적 법률이었다.

49 자양(紫陽) : 주희(朱熹)의 호이다.

이시영 李始榮

이시영은 호가 성재(省齋)로, 임진년(선조25, 1592) 중흥공신(中興功臣) 백사(白沙) 이항복(李恒福) 선생의 후손이며 판서(判書) 이유승(李裕承)의 다섯째 아들이다. 이시영은 고종 무진년(고종5, 1868)에 서울 저동(苧洞)[1]의 집에서 태어났다.

어려서부터 남달리 총명하였으며 학문과 문장을 일찍 성취하여 당시에 뛰어난 다섯 재주 있는 인물 중 한 사람이라고 일컬어졌다. 성장하여서는 김홍집(金弘集)의 사위가 되었다. 겨우 스무 살 즈음에 별시에 급제하였고 여러 청요직(淸要職)을 거쳐 조금 있다가 당상관(堂上官) 2품에 올랐고 좌우승선(左右承宣)에 이르렀다.

을미년(1895) 8월, 일본은 황후 민씨를 시해하고 김홍집을 승진시켜 총리대신(總理大臣)으로 삼았다. 김홍집은 개혁을 이루고자 단발령을 시행하였는데 민비가 살해되는 큰 변란 이후라서 온 나라가 흉흉하였고 일본을 지지하는 일당에 대한 원망이 깊었다.

이에 이범진(李範鎭)과 러시아 공사(公使) 베베르가 함께 김홍집을 살해하고 종로에 머리를 내걸었다. 이런 일 때문에 이시영은 꺼리어 조정에 나가지 않았다. 날마다 문인, 지사들과 함께 고금의 일을 강론하여 연구하고 신구(新舊) 서적을 탐독하여 신선술과 도교에 이르기까지 모두 섭렵하였다.

광무8년 갑진년(1904)에 러일전쟁이 발발하자 정국이 크게 달라졌다. 이시영은 다시 출사하여 교섭 국장(交涉局長), 민사 국장(民事局長) 및 한성 재판소 판사에 임명되었다. 그러나 국사가 날로 그릇됨을 보고 높은 벼슬에 오르려는 마음이 없었다.

경술년(1910) 가을에 우리나라가 일본과 마침내 합병되자 이시영은 조선에 살고 싶지 않았다. 이에 창의문(彰義門)[2] 밖 세검정(洗劍亭)으로 집을 옮겼는데 사람들이 이시영이 이때부터 세상일을 거부하여 자연에 묻혀사는 처사가 될 것이라고 여겼다.

다음해 신해년(1911) 봄에 다섯 형제[3]는 만주 성경성(盛京省) 통화현(通化縣) 합니하(哈泥河)로 들어가 동지들과 함께 신흥학교(新興學校)와 경학사(耕學社)[4]를 설립하고 교육과 산업을 함께 이룰 수 있는 정책을 연구하였다.

당시 중국혁명당의 항성(項城) 원세개(袁世凱)가 공화정부(共和政府)를 설립[5]하였고, 또 1차 세계대전으로 세계가 매우 혼란하였다. 이시영은 이때가 우리 대한독립을 위해 좋은 기회가 될 수 있다고 여기고 북경과 만주 사이를 왕래하며 독립운동을 시작하였다.

기미년(1919) 봄에 3·1운동이 국내 각지에서 일어났다. 이때 상해의 동지들은 대한민국임시정부를 설립하고 이시영을 재무총장(財務總長)으로 불렀다. 이시영은 이 소식을 듣고 분연히 가서 7년 동안 성심껏 직분을 다하였다. 그러나 재정은 항상 부족하였고 우리나라의 독립은 기약이 없었다. 이에 이시영은 만주로 다시 돌아와 생업에 종사하였으나 이 또한 자산이 없어서 뜻대로 할 수 없었다. 이시영은 사람됨이 단아하였고 체구는 작아 오리(梧里) 이원익(李元翼)과 같았다.[6]

꼿꼿이 바로 앉아 하루 종일 한마디를 하지 않았지만 그가 주장하는 바는 만 명의 장부도 꺾지 못하였다. 그러나 고집불통의 폐단은 없었다.

지조는 빙벽(氷蘗)[7]과 같았으나 사람을 대할 때는 대단히 온화하였다.

이시영은 세 명의 자식을 두었는데 장남 이규봉(李圭鳳)은 총명하여 보성중학교(普成中學校)를 마치고 아버지의 일을 물려받아 집안일을 돕는 경우가 많았고 나머지 아들은 모두 어리다.

살피건대, 왜적이 난립하고[8] 윤리도덕이 땅에 떨어지니 세상 사람들은 모두 임금을 버리고 어버이를 등져 헌 짚신 보듯이 하였다. 한편 원수를 섬겨 적에게 아첨하는 일은 마치 다반사처럼 쉽게 하였다. 이러한 사람들은 충효의 본질이 무엇인지를 알지 못한다. 그러나 오직 이시영의 경우에는 옛날 임진왜란 당시에 그의 조상 백사 이항복이 일본을 토벌하여 국가를 중흥하게 하였고 지난 번 경술국치(1910)의 변란에 또 이시영 자신이 집안을 이끌고 만주로 가 대한 독립을 위해 힘썼다. 이것으로 살펴보면, 충효 두 글자는 이시영 집안에 전해오는 좋은 전통이 아니겠는가.

그러나 가만히 생각건대, 독립은 필부가 하기에는 일은 크고 힘은 미약하니 참으로 성공하기가 쉽지 않다. 몇 년 동안 외국에서 지내면서 독립운동에 힘써 몸이 다 쇠하도록 그만두지 않았으니 이것은 제갈공명이 죽기 전에 오직 한나라를 위해 힘쓴 것이나 같다. 진실로 그 목적을 달성했다면 성대한 공렬은 말할 수 없이 많았을 것이지만 비록 독립이라는 목적을 이루지는 못했더라도 만고의 큰 인륜을 밝혔고 또한 천년의 대의를 드높였으니, 천하에 칭찬할 말이 있을 것이다.

1 저동(苧洞) : 지금의 명동과 충무로 사이 영락교회 부근지역이다.

2 창의문(彰義門) : 서울 종로구 창의동에 있는 성문으로 조선 태조 5년(1396)에 세운 사소문 가운데 남아 있는 유일한 것이다.

3 다섯 형제 : 이시영의 형제는 본래 7형제와 2자매였으나, 여섯째 소영은 1903년에 사망하였다. 건영, 석영, 철영, 회영, 시영, 호영 등 6형제 50여 명의 가족이 전부 만주로 망명하였다.

4 신흥학교(新興學校)와 경학사(耕學社) : 이회영 일가 6형제와 이동녕 등은 1910년 7월 중국 유하현 삼원보 추가가에 무관학교인 신흥강습소를 설치하고 자치기관인 경학사를 조직하였다. 그러나 1911년 가을 대흉작으로 경학사는 해체되고 1912년 가을 새로이 한인자치조직인 부민단(扶民團)을 조직한 뒤 신흥강습소는 통화현 합니하로 이전하였다. 신흥강습소는 1913년 신흥중학으로, 1919년 다시 신흥무관학교로 개칭되었다. 또한 부민단도 1919년 이후 한족회로 개편되었다. 일본 육사 출신인 이청천, 김경천 등도 신흥무관학교에 입교하여 군사훈련을 받았으며, 신흥무관학교 출신들은 청산리대첩을 비롯하여 의열단 등 독립운동단체의 지도자로 성장하여 1920년대 무장투쟁의 선봉이 되었다.

5 공화정부(共和政府)를 설립 : 신해혁명 직후 손문(孫文)이 이끄는 남경(南京)의 중화민국 정부는 중화민국을 수립하였으나 당시 상황을 고려하여 보수와 혁명세력을 아우르는 인물로 원세개(袁世凱)를 선임하여 초대 대총통으로 선임하였다.

6 오리(梧里) 이원익(李元翼)과 같았다 : 오리재상이라고도 불리는 이원익은 1547년 경기도 시흥에서 태어났다. 그의 키는 3척 3촌(약 1m)이었다고 한다. 그가 젊었을 때 한 치(3cm) 정도 되는 나막신을 신고 다녔는데 어느 날 유명한 점쟁이가 관상을 보고 "아깝다, 아까워! 더도 말고 키가 한 치만 작았으면 영의정이 될 관상인데."라고 하였다. 그러자 이원익은 신발을 벗어 던졌고 점쟁이는 영의정 나리라며 절을 했다는 일화가 전한다. 여기에서는 이시영의 체구가 이원익처럼 매우 작았음을 뜻한다.

7 빙벽(氷蘗) : 얼음물을 마시고 황벽나무를 식용으로 한다는 말로, 청고(淸苦)한 생활을 하며 절조(節操)를 지켜 온 것을 뜻한다.

8 왜적이 난립하고 : 수제조적(獸蹄鳥迹)이란 짐승의 굽과 새의 발자취를 말하는 것으로, 곧 천하가 혼란(混亂)하여 금수가 횡행함을 뜻한다.〔獸蹄鳥跡之道交於中國〕《맹자 등문공 상(鄧文公上)》

이석영李石榮

이석영의 호는 수석(潄石)으로, 임진년 중흥공신(中興功臣) 백사(白沙) 이항복(李恒福)의 후손이다. 판서(判書) 이유승(李裕承)의 차남으로 백부 이유원(李裕元)에게 출계하였다. 이유원은 바로 가오실(嘉吾室) 대신[1]이다. 철종 을묘년(철종6, 1855)에 이석영은 서울의 저동(苧洞) 집에서 태어났다. 을유년(고종22, 1885)에 문과에 급제하여 한림(翰林)과 승지(承旨)를 지냈다.

갑오년(1894)에 동학란으로 인해 청일전쟁이 조선에서 크게 일어났고 이 때문에 나라의 형편이 크게 변하였다. 이석영은 벼슬에 나아갈 뜻이 없어서 마침내 벼슬을 사양하고 고향으로 돌아와 세상에 나가지 않았다.

경술년(1910) 8월에 우리나라가 일본에 합방되는 것을 보고 조선에 살고 싶지 않아 이석영 형제 다섯 사람은 집안을 거두어 창의문(彰義門) 밖 세검정으로 이사하였다. 사람들은 이석영 형제들이 이때부터 세속을 사양하고 자연에 묻혀 사는 은둔처사가 될 것이라고 여겼다.

다음해 신해년(1911) 봄, 국경을 넘어 만주 성경성 통화현 합니하(哈泥河)로 갔다. 동지 이동녕(李東寧) 등과 함께 경학사(耕學社)와 강습소를 세우고 교육과 산업을 함께 발전시키는 일에 종사하면서 독립운동을 하였다. 그러나 마침내 독립운동의 일은 실패하게 되고 집안의 재산

을 다 탕진하였다.[2]

무진년(1928)에 상해 프랑스 조계 아남배로(亞南培路) 서씨집 창고에 살면서 근근이 지냈다. 또 참혹한 변란을 거듭 만나 나라가 망하고 집안이 망하니[3] 이석영은 원통함과 근심으로 병이 생겼다.

계유년(1933)에 병으로 인해 하혈하였고 갑술년(1934) 봄에 마침내 일어나지 못하고 사망하였으니[4] 나이 80세였다.

당시 아우 이시영은 항주(杭州)에 있었고 이호영(李頀榮)은 북평(北平)[5]에 있었다. 이들은 모두 독립운동을 하느라 집에 있지 않았다. 다만 부인 박씨가 이석영의 지인들 도움으로 홍교(虹橋) 공동묘지로 가서 초라하게 장사지냈다.[6]

공은 독립운동을 하느라 남, 북 만주와 호녕(滬寧)[7]을 24년 동안 떠돌아다녔다. 이시영은 고종 무진년(고종5, 1868)에 태어났고 어려서부터 매우 총명했다고 한다.

살피건대, 옛날 임진왜란(선조25, 1592) 때에 백사 이항복 선생이 국가의 위급한 때를 도와 나라를 중흥시켰는데 이석영은 바로 그의 후손이다. 불행히 경술년(1910)에 나라가 망하여 이때 모든 이들이 임금을 버리고 어버이를 뒤로 하기를 다반사처럼 쉽게 하며 원수를 섬기고 적에게 아첨하여야 살 수 있다고 생각하였으니 충효의 본질이 무엇인지를 알지 못했다.

그러나 오직 이석영 등 다섯 형제는 분하고 원통함을 이기지 못하고 대한 독립에 뜻을 품고 집안을 거두어 만주로 가 목숨을 바쳐 독립운동을 하였다. 이로써 살펴보면 충효 두 글자는 그 집안에 전해지는 좋은 전통이 아니겠는가. 가만히 생각건대 독립은 필부가 하기에는 일은 크고 힘은 미약하니 참으로 성공하기가 쉽지 않은데, 몇 해 동안 해외에서 지내면서 몸이 다하도록 희생하였으니 이것은 제갈량이 죽기 전까지 한나라에 힘을 쓴 것과 같다.

만고의 큰 인륜을 밝히고 천추의 큰 대의를 드높였으니 또한 천하에 칭찬할 말이 있을 것이다.[8]

1 가오실(嘉吾室) 대신 : 이유원(1814~1888)으로 본관은 경주, 호는 귤산(橘山) 또는 묵농(默農)이다. 고종 초 함경도 관찰사를 거쳐 좌의정이 되었으며, 1873년 흥선대원군이 실각하고 고종이 친정(親政)하자 영의정이 되었다. 1874년 일본과 국교 단절을 할 수 없다고 진언하여 일본과 외교관계를 맺는 등 흥선대원군의 쇄국정책에 반대하였다. 1859년 46세 때 지금의 남양주시 화도읍 수동면 가곡리 마을에 자리한 가오곡(嘉梧谷)으로 거처를 옮겨 장서각(藏書閣)과 다옥(茶屋)을 짓고, 만년 은거의 계획을 세웠다. 가오실은 가오곡의 다실이란 의미에서 스스로 붙인 이름으로, 그의 호 귤산이 제주의 귤화차를 즐긴데서 지은 것과 마찬가지로 보인다. 경기도 평택군 진위면 가곡리 일대는 백사 이항복의 사패지였기에 그 후손들인 경주이씨가 대대로 살았다. 이 가곡리가 변하여 '가오실'로 불렸다는 설도 있다.

2 탕진하였다 : 이회영 일가의 독립운동자금은 지금 돈으로 600여 억 원에 이른다고 한다. 그런데 이 자금의 대부분은 출계한 이유원의 재산을 물려받은 이석영이 제공한 것이었다. 당시 이석영은 6형제 중 으뜸가는 재산가였다. 때문에 서간도로 망명할 때 만여 석의 농토를 팔아 모든 식구들의 생활비는 물론 경학사와 신흥무관학교 창설 자금, 그리고 이동녕 등 독립운동 지사들에게 땅과 집을 사주는 등 거의 모든 운영비와 독립운동가의 생활비를 전담하다시피 하였다. 이런 희생으로 간도 지역에 독립군기지 건설의 초석이 놓이게 되었다. 후일 어떤 기자는 신흥무관학교의 유일한 공로자는 이석영이라고 평하였다.

3 집안이 망하니 : 이석영가 6형제 중 해방 후 유일하게 살아남은 사람은 이시

영뿐이었다. 이석영의 장남 규준은 30세도 되지 않은 나이에 병사하였고 차남 규서는 숙부 이회영을 죽음에 이르게 한 밀정으로 밝혀져 처형당하는 등 이석영이 사망했을 때는 단 한 명의 혈육도 한 푼의 재산도 남아 있지 않았다.

4 사망하였으니 : 이석영은 상해에서 먹을 것이 없어 두부 비지 등으로 목숨을 연명하다가 끝내 숨을 거두었다.

5 북평(北平) : 북경(北京)의 옛 이름이다.

6 초라하게 장사지냈다 : 이석영이 숨을 거두었을 때에는 대가 끊긴 상태였으므로 프랑스 조계 안의 공동묘지에 묻힐 돈조차 없어 중국의 하층민이 묻히는 공동묘지에 겨우 매장되었다고 한다.

7 호녕(滬寧) : 상해에서 남경까지를 말하는데 이는 이석영이 상해를 비롯하여 봉천(奉天), 천진(天津), 북경 등을 떠돌아다녔기 때문에 이렇게 표현한 것 같다.

8 생각건대……것이다 : 이 안설(按說) 부분은 형제였던 이시영 조와 대동소이하다.

신규식 申圭植

예관(睨觀)은 신규식의 호이고, 충북(忠北) 청주(淸州)에서 태어났다. 어려서부터 영특하고 재주가 영민하였으며 아이들과 전쟁놀이 하는 것을 좋아하였다.

을미년(1895, 고종32) 신규식의 나이 16세 때에 명성황후가 일본인에게 시해되자[1] 영남의 의병이 봉기하였다. 신규식 역시 소년대를 조직하여 의병에 참여하고자 하였으니,[2] 그 뛰어남이 이와 같이 남달랐다. 그 뒤에 어학교에 입학하여 중국어를 배우고 이어 군사학을 익혔다. 학업을 마치고 부위(副尉) 벼슬에 올랐다.[3]

을사년(1905)에 늑약이 성립되자 신규식은 분하여 죽으려고 마침내 자결을 시도하였으나 집안사람이 구하여 죽지 못하였고 이 때문에 사시가 되었다.[4] 호를 예관(睨觀)이라고 한 것은 사실의 모습을 표현한 것이다.

신규식은 이때부터 밤낮으로 도모하여 나라를 위해 충성을 다하였다. 경술년(1910) 이전에 학회를 조직하여 《공업계(工業界)》라는 잡지를 발행하고 자강회(自彊會)[5], 대한협회(大韓協會)[6] 등의 정치단체에 참여하였다. 그러나 당시 형편으로는 이 단체들이 국권을 회복하는 일을 하기에는 부족하였다.

기유년(1909), 신규식은 나이 30세에 대종교(大倧敎)를 신봉하여 홍암

(弘巖) 나철(羅喆)에게서 인정을 받았다. 대종교 제1세 도사교(都司敎)[7] 나철, 호는 홍암이다. 그 후 16년 동안 심(心)과 행(行)을 모두 대종교로써 귀의처로 삼았다.

신해년(1911), 신규식의 나이 32세 때 당시 마침 중국 혁명[8]이 성공하였다. 신규식은 마침내 은밀히 바다를 건너 상해로 가 중국 국민당 요인과 교류하였다. 현재 중국의 유명하고 명망 있는 원로들 대다수가 신규식과 함께 어려운 상황에서 절친한 벗이 되었는데 그 중에 진영사(陳英士), 호전당(胡展堂), 대수도(戴秀陶), 서계룡(徐季龍), 장정강(張靜江), 여천민(呂天民), 당소천(唐少川), 백열무(柏烈武) 등은 신규식과 특별히 깊은 우의가 있었다.[9]

신규식은 상해에서 여러 동지들과 함께 동제사(同濟社)[10]를 창설하였는데 동제사는 '한 배를 타고 함께 건너간다.〔同舟共濟〕'라는 뜻이다. 박달학원(博達學院)[11]을 세워 상해로 오는 청년 동포들을 지도하였고 또 항주(杭州)의 고려사(高麗寺)를 중수하여 고려 왕자의 유적을 선양하였다.

신규식은 중국 남북의 문인, 지사들을 두루 찾아다녔는데 자신의 처지가 곤궁하고 어렵고 방해요인이 있어 하는 일마다 좌절되자 독립운동을 진작시키지 못할 것 같았다. 신규식은 9년 동안 온갖 고생을 물리치며 독립운동의 형편이 어려울수록 더욱 분발하여 후일 중국 남북에 있는 우리나라 사람들의 독립활동의 기초를 쌓았다. 기미년(1919) 신규식의 나이 40세에 국내에서는 3 · 1운동이 일어났고, 대한민국임시정부가 상해에서 수립되었다. 신규식은 임시정부의 사법총장(司法總長)이 되었다.

다음해 경신년(1920) 겨울, 이승만(李承晩)이 미국에서 상해로 와 대통령을 맡게 되었다. 총리 이동휘(李東輝)가 이승만과 마음이 서로 맞지 않아 이승만을 배제하고자 했지만 일이 뜻대로 되지 않자 마침내 이동휘는 총리직을 사퇴하였다. 신규식은 총리직을 대리하게 되었고 겸하여 외교를 담당하였다.

다음해 여름, 신규식은 광동(廣東)의 비상정부[12]에 특사로 파견되어 대총통 손일선(孫逸仙)[13]에게 국서를 전했다. 이것이 중국이 우리나라 정부를 승인한 최초의 일이다.

신규식과 손문, 오질용(伍秩庸)[14]은 오랫동안 알고 있는 사이여서 환례를 받으면서 우호조약을 체결하였다.

그해 겨울에 신규식은 상해로 돌아왔다.

다음해 임술년(1922)에 각 파당의 동지들은 서로 의견이 맞지 않아 대한민국임시정부는 전복될 지경에 이르렀다. 중국 광동정부도 정변이 있어 오정방은 죽었고 손문은 신규식의 집으로 피신하였다. 마음에 기약하며 기대하는 일들이 모두 한갓 수포로 돌아가자 신규식은 마침내 병이 들었다. 가을 9월 25일에 생을 마쳤으니 당시 나이 43세였다.

이 일에 앞서 한국의 지사들은 각각 파가 나뉘고 다투어 배척하여 판세가 기괴하게 되었고 광복을 이루려는 정신은 염두에 없었다.

생각 있는 사람이라면 누구나 당시 상황을 매우 가슴 아프게 여겼거늘 하물며 당시 그 사태를 당하여 바로잡으려고 한 책임 있는 이가 어찌 애통하여 병이 되지 않았겠는가.

신규식은 지극한 정성으로 다른 일은 안중에 없었고 이러한 상황을 만회하여 파국을 바로잡으려고 했으나 자신의 힘으로는 어쩔 수가 없었다. 원통함을 억누르다가 자신이 병들어 눕게 되었으니 병중에도 늘 통탄하는 말을 하였다. 게다가 절식한지 25일 만에 생을 마감하였으니, 애통하다.

1 시해되자 : 1895년 음력 8월 20일 일본공사 미우라 고로〔三浦梧樓〕가 일본군 수비대와 낭인들을 시켜 명성황후를 시해한 사건이다.

2 소년대를……하였으니 : 시전(施展, shīzhǎn)은 중국어로서 본뜻은 여러 가지의 기이하고 신비스러운 동작이나 일 따위를 펼쳐 보이는 것이다. 다시 말해 실력이나 재주 등을 충분히 발휘한다는 뜻이다. 신규식은 의병투쟁에 동조하고자, 기숙사 학우들을 이끌고 스스로 소년대인 동년군(同年軍)을 조직하여 밤낮으로 조련하였는데 이것을 시전으로 표현한 것이다.

3 부위(副尉) 벼슬에 올랐다 : 부위가 된 것은 1906년 4월 제1연대 제3대대에 배속된 후 진급한 것이다.

4 사시가 되었다 : 이는 오른쪽 눈의 시신경이 마비되었기 때문이라고 한다.

5 자강회(自彊會) : 대한자강회를 말한다. 1906년 3월 장지연, 윤효정 등이 발기하여 조직한 애국계몽단체이다. 1907년 8월 일제에 의해 강제 해산되었다.

6 대한협회(大韓協會) : 대한자강회의 후신으로 1907년 11월 남궁억, 오세창, 장지연 등이 대한협회를 조직한 계몽단체이다. 1909년 이후 일진회와 연합하는 등 친일적 성격을 띠었으며 1910년 경술국치 후에 해체되었다.

7 도사교(都司敎) : 대종교에서 사교(司敎) 가운데 가장 덕망이 높은 사람으로서 그 교를 주장(主掌)하는 교직(敎職)을 말한다.

8 중국 혁명 : 신해혁명을 말한다.

9 깊은 우의가 있었다 : 이들 대부분은 신규식과 동제사에서 활동한 인물로서 손문 등과 함께 신해혁명을 주도한 인물들이다.

10 동제사(同濟社) : 1912년 7월 상해에서 신규식과 박은식 등의 주도로 조직되었다. 동제사는 독립운동의 활성화를 위해 1913년 12월 박달학원을 설립하였고 독립군 양성을 위해 중국의 군사학교에서 한인 청년들을 교육받게 하였다. 1912년 말에는 신해혁명의 주도세력인 진기미 등과 신아동제사를 창설하였다. 이 세력들은 1915년 북경의 독립운동가와 연계하여 신한혁명당을 결성하였으며 1917년에는 조선사회당으로 개칭하였다. 또한 1918년에는 소장파를 중심으로 신한청년당을 결성하였고 임시정부 수립 이후에는 정책방향과 활동에 중추적인 역할을 담당하였다.

11 박달학원(博達學院) : 동제사가 독립운동의 활성화와 청년교육을 위해 설립한

교육기관이다.

12 광동(廣東)의 비상정부 : 1921년 5월 진형명(陳炯明)의 지원 하에 광동에서 손문(孫文)을 대총통으로 하는 정부를 말한다. 제2차 광동정부, 광동 중화민국정부라고 하기도 한다.

13 손일선(孫逸仙) : 일선(逸仙)은 손문의 호이다.

14 오질용(伍秩庸) : 광동정부 외교총장 오정방(伍廷芳)의 아들이다.

김창숙 金昌淑

김창숙의 자는 문좌(文佐), 본관은 문소(聞韶), 오는 심산(心山)이다. 그의 시조는 의성군(義城君) 김석(金錫)이며, 동강(東岡) 김우옹(金宇顒) 선생의 13세손이다. 김창숙의 집은 성주의 대가면(大家面) 칠봉동(七峰洞)에 있었다. 그는 고종 병자년(고종13, 1876)에 태어났다. 어린 나이에 학문을 배우기 시작하였는데 남들보다 매우 총명하여 문장을 일찍 성취하였다. 성품이 강직하고 과단성이 넘쳤다. 옳고 그름을 엄격하게 분별하니 좋지 않게 여기는 사람들이 많았다. 15세에 아버지 상을 당하였다. 아버지가 돌아가실 때 김창숙의 손을 잡고

"우리 조상 가운데 동강 선생은 조선의 대현(大賢)이 아니냐? 너는 그분의 종손(宗孫)이다. 지금 세상이 어지러우니 너는 마땅히 천하에서 제일가는 인물이 되어 너의 조상을 빛내도록 하라."

라고 하였다. 김창숙은 그 말을 가슴에 새겨두었다.

성인이 되어 김창숙은 선비의 갓과 옷을 차려 입고 학문에 뜻을 두었다. 곡학(曲學)으로 세상에 아첨하는 더러운 선비나 시무(時務)를 알지 못하는 막힌 학문은 멀리하였다. 그러므로 김창숙은 외구(外寇)가 조선에서 으스대며 국세(國勢)가 날로 약해지는 것을 보고 조선을 위해 의미 있는 일을 하고자 하였다. 이에 성주에 학교를 설립하여 영재를 교육하였는데 가산을 다 쏟아 부었다. 친척과 친구 몇몇이 그를

파락호로 지목하여도 김창숙은 개의치 않았다.

을사년(1905) 간에 소장을 올려 나라를 팔아먹은 을사 오흉(五凶)과 칠적(七賊)[1]을 처단하라고 주장하였다. 처음에 일본은 우리 조선을 독립국으로 존중하였으나 경술년(1910)에 마침내 조선이 합방되자 김창숙은 항상 마음이 좋지 않았다.

기미년(1919) 봄에 세계 각국이 프랑스 파리에 모여 강화조약[2]을 맺었다. 미국 대통령인 윌슨이 민족자결주의를 제창하였다. 우리나라 사람들은 그 소식을 듣고 독립만세 운동을 일으켰다. 이에 김창숙은 분연이 궐기하여 경상남북도에서 100여 명의 선비들을 규합하였다. 이들은 연명으로 청원서를 만들어 파리에 제출하려 하였다. 4월 1일 김창숙은 집안 사당에 절을 올리고 길을 떠나 상해를 향해 출발하였다. 이 당시 동지들은 모두 그 사실을 알고 있었는데 부인 장씨만 모르고 있었다.

김창숙이 어느 곳에 이르러 어떤 사람과 같이 잠을 자게 되었다. 그 사람의 말과 행동을 살펴보고 이것저것 물어보니 호서(湖西)의 선비들도 또한 경상도의 선비처럼 파리에 청원서를 제출하는 일을 모의하였는데 그 사람을 뽑아 상해로 보내게 되었다는 것이다. 이에 김창숙은 숨김없이 자세하게 자신에 대해 말하였다. 그 사람은

"평소의 논의가 기호(畿湖)와 영남이 비록 서로 다르지만 의로운 이 일은 영호남이 같이 추진합시다."

라고 하였다. 김창숙은 그와 함께 청원서를 들고 상해에 도착하였다. 거기서 곧바로 파리로 떠나려고 하였으나 그렇게 하지 못하고 강화회의에 그 문서를 우편으로 보냈다. 그리고 중국 상해에 있는 프랑스 조계 내 하비로(霞飛路)에서 수백 명의 동포들과 대한민국임시의정원을 조직하여 전주 이씨인 이승만을 대통령으로 추대하고 자신은 대의

원이 되었다. 이 당시 김창숙은 날마다 전에 보냈던 연명으로 보낸 문서에 대한 소식을 기다렸으나 끝내 대답을 들을 수 없었다. 김창숙은 독립은 외국 사람의 도움을 믿을 수 없으며 만주와 몽고 사이의 황무지를 조차(租借)하여 개간한 뒤 수십 년 동안 병사를 육성한 뒤에 독립운동을 할 수 있으리라 생각하였다. 이에

"둔전(屯田)을 마련하여 병사를 육성하려면 먼저 자금을 모아야 한다. 땅을 조차하려면 마땅히 중국의 정계와 결탁하여야 한다."

라고 주장하였다.

이 당시 중화민국정부 수령 손문(孫文)이 상해에 머물고 있었다. 이에 김창숙은 손문에게 만나자고 연락하였다. 7월에 손문을 만나 20만원의 자금을 요청하였다. 손문은 그를 광동(廣東)으로 보냈는데 거기서 김창숙은 군 정부원인 능월(凌鉞)과 이흔(李俒)을 만나 10만원을 얻었다. 김창숙은 상해로 돌아와 손문에게

"지금 비록 거액을 얻었지만 조차지를 개간하려면 아직도 부족합니다. 그러므로 내가 지금 조선으로 떠날 테니 원컨대 이 돈을 내가 돌아올 때까지 보관해 주시오."

라고 하였다. 이에 손문은

"돈을 마련하는데 알선하는 일은 내가 할 수 있지만 보관은 어렵소."

라고 하며 자신의 부하인 이문치(李文治)를 추천하였다. 김창숙은 그에게 보관을 맡겼으나 그는 돈을 가지고 도주하였다.

한편 파리로 보낸 문서를 일본인이 보고 전보로 조선에 알렸다. 이에 영남과 기호의 선비인 곽종석(郭鍾錫), 이만규(李晩煃), 장석영(張錫英), 김건영(金建永), 권상익(權相翊), 안병찬(安秉燦), 김순영(金順永), 김덕진(金悳鎭), 권상두(權相斗), 정태진(丁泰鎭), 김택진(金澤鎭) 등이 모두 체

포되어 대구 감옥에 갇혔다. 한 달 정도 지나 홍성의 김복한(金福漢)이 병든 몸으로 공주 감옥에 갇히게 되었으니 이것이 바로 제1차 유림단 사건(第一次儒林團事件)이다.

경신년(1920) 12월에 김창숙은 광동에서 낭패를 당하고 상해로 돌아왔다. 이 당시 해외에 있던 동포들은 비록 독립을 목적으로 활동하였지만 각각 당(黨)을 수립하여 서로 으르렁대며 제멋대로 날뛰는 상황이었다. 김창숙은 그것을 염려하여 박은식 등 20여 명과 함께 선언서를 포고하여 각 당을 통합하려 하였으나 끝내 무산되었다. 신유년(1921) 1월에 김창숙은 북경으로 가 신채호, 김정묵(金正默), 박순병(朴純秉) 등과 함께 한문으로 된 잡지를 발간하여 《천고(天鼓)》라고 이름 지었다. 이를 중국에 널리 배포하여 지원을 요청하였다. 이 일 때문에 김창숙은 북경에 7개월 동안 머물렀는데 상해로 돌아올 때 중국 부호인 임택풍(林澤豊)의 후원을 얻게 되었다. 이에 박은식, 박병강(朴炳疆) 등과 함께 일간신문과 사민일보(四民日報)를 발행하여 독립사상을 고취하였다. 뒤에 다시 북경으로 가 마신묘(馬神廟)의 대동공(大同公)의 집에 머물렀다.

임술년(1922)에 동지 정수기(鄭守基)가 북경에 오자 김창숙은 그와 자금을 모으는 방법에 대해 상의하였다. 계해년(1923) 2월에 정수기를 조선으로 돌아가게 하고 손후익(孫厚翼)과 함께 군자금을 모았다. 4월에 만주에 있던 동지들이 서로군정서(西路軍政署)를 조직하고 김창숙을 군사선전 위원장에 임명하였다. 갑자년(1924) 3월에 주만독립군(駐滿獨立軍) 군사 고문(軍師顧問)이 되었다. 이 무렵 김창숙은 독립운동을 할 때 선전이 중요하다는 것을 알고 배천택(裵天澤) 등과 잡지를 발간하여 선전하였으니 《천고(天鼓)》를 발행했을 때와 의미가 같다. 때마침 소약국민족대회가 벨기에의 수도인 브뤼셀(Bressel)에서 열렸다. 김창숙은 조선의 대표로 출석하였다. 이 당시 일본인들의 억압이 매우 심하여 우리 조선인들은 신문과 기사 그리고 통신을 자유롭게 이용하지 못하였다. 회의가 시작되자 김창숙은 일본의 이런 행위를 들어 사자후처럼 크게 소리내어 탄핵하였다. 그러나 이 회의는 제국주의에 반대하는 국제회의였기 때문에 일이 불리하게 되어 마침내 그만두고 말았다. 이에 김창숙은 화를 내면서 회의에서 나와 유럽 각국을 돌아다녔다.

을축년(1925) 봄에 중국의 신진(新進) 정객들과 제휴하였으며 동지를 규합하여 독립운동을 지속하였다. 이 당시 송영호(宋永祜), 김화식(金華植) 등이 북경에 유학하고 있었는데 김창숙은 진사 권상수(權相銖)를 통해 송영호를 만났다.

"우리나라의 독립은 대세(大勢)이지만 실제 힘이 없으면 불가능하다. 그러므로 만주와 몽고 사이에 200일경(日耕)[3] 정도의 땅을 조차하려고 한다. 해외 동포들이 모두 이곳에 모여 땅을 개간하고 가축을 길러 전초기지를 만든 뒤에 독립운동을 한다면 참으로 완전하게 대비할 수 있다. 그렇게 하려면 수십만 원을 모금하여야 하는데 자네가 그 일을 맡을 수 있는가."

김창숙이 이렇게 말하자 송영호는 그렇게 하겠다고 하였다.

6월에 김창숙은 송영호에게 먼저 조선에 들어가라고 하고 8월에 서울에 들어왔다. 12월에 대구로 내려가 송영호, 김화식(金華植), 정수기, 손후익, 이재락(李在洛), 이종흠(李棕欽), 이봉로(李鳳魯), 이우락(李宇洛), 이영로(李泳魯), 이원태(李源泰) 등을 만나 함께 돈을 모금하였다. 병인년(1926) 1월에 김창숙은 이재락을 양산(梁山)의 정순모(鄭舜謨)에게 보내 자금을 보태달라고 요청하였다. 김창숙은 대구에 석 달을 머물렀는데 한 번도 집으로 가지 않았다. 그래서 집안사람들은 김창숙이 조선에 들어왔는지도 몰랐다. 조선에 들어오기 전에 김창숙은 생각하기를 '나에게 선비 몇 명의 친구가 있고 또한 그들은 유림의 대표가 될 만하며 영남의 거부들은 대부분 나의 친척이나 친구이므로 10여만 원을 얻기는 그리 어렵지 않을 것이다.'라고 여겼다. 그러나 8월부터 그 다음해인 정묘년(1927) 2월 사이에 그가 얻은 것은 3,500여 원에 불과했다. 김창숙은 다시 계획을 세워 손후익, 이재락 등과 함께 동래의 범어사로 갔다. 서로 의논하여

"조선의 사정을 감안해 보면 파괴하거나 암살하는 등 극단적인 수단을 써서 온 세상 사람을 놀라게 하지 않으면 쉽게 돈을 모을 수 없다."

라고 하고 마침내 모험을 감행할 경우 의열단이 아니면 불가하다는 결론을 내렸다. 이에 그들의 손을 빌리려고 하였다. 이 아래도 29글자가 지워졌다.

이 당시 국경의 경비가 매우 엄격하였는데 김창숙은 그것을 고려하여 손익후를 시켜 마산의 큰 장사치 김창탁(金昌鐸)을 불러오게 하였다. 김창숙은 김창탁에게

"그대는 비록 돈을 지니고 국경을 넘어도 아무런 방해를 받지 않을 것이다. 이 돈을 봉천(奉天)으로 옮겨 달라."

라고 하였다. 22일 김창탁은 밀양의 삼랑진(三浪津)으로 와 김창숙과 함께 기차를 탔다. 다음 달 6일 봉천에 도착하여 돈을 전달한 다음 다시 조선으로 김창탁을 돌려보냈다. 3월에 김창숙은 상해에 도착하여 의열단장 약산(若山) 김원봉(金元鳳)과 간부인 유우근(柳友瑾), 한봉근(韓鳳根) 등을 만나

"지금 우리 동포는 모두 독립운동의 선봉이 되려 하는데 모두 죽음이 두려워 감히 앞장서지 못합니다. 오직 그대 의열단만이 죽는 것을

깃털처럼 가볍게 여겨 위험한 일을 마치 평범한 일처럼 생각합니다. 그런데 근래 들어 한 가지 의거도 없으니 혹시 사람이 없어서입니까?"

라고 물었다. 이에 김원봉은

"우리 단체에 나석주(羅錫疇)란 자가 있는데 그 사람의 능력은 암살과 파괴 공작을 충분히 수행할 수 있습니다. 어찌 사람이 없다고 하십니까? 다만 자금이 없습니다."

라고 대답하였다. 김창숙이 다시

"만약 그런 사람이 있다면 어찌 지원할 돈이 없겠습니까? 내가 저번 달에 조선에서 오면서 약간의 돈을 가져왔으니 한번 거사를 일으키는 데 충분합니다."

라고 하며, 한봉근과 유우근에게 처음에 67원을 주고 다시 400원을 주면서 권총 일곱 자루와 실탄 490발을 구입하였다. 4월에 유우근과 함께 천진(天津)의 불조루(佛照樓)에 도착하여 나석주를 만났다. 김창숙이

"오랫동안 그대의 훌륭한 이름을 듣고 특별히 그대를 찾아 왔소. 선생은 조선은행과 척식회사를 아시오? 지금 왜 이것을 목표로 암살과 파괴를 하려는지 아시오? 내가 조선에 갔을 때 나라 빼앗긴 재앙이 극심하였소. 동포들은 모두 죽을 지경에 몰렸소. 그런데 부자들은 벌어진 상황을 편안하게 여기면서 다만 재물 모을 줄만 알고 의리에 대해서는 돌아보지 않고 있으니, 만일 우레 같은 폭탄을 투척하여 건물을 파괴하고 사람을 죽여 그 소리가 동아시아 대륙을 진동시킨다면 왜적들은 두려워하게 되어 날카로운 원기를 잃을 것이며 부자들은 자신을 돌이켜보면서 이 일에 대해 동정할 것이오. 나 김창숙은 그들이 이리저리 눈치 살피는 꼴을 더 이상 볼 수가 없소이다."

라고 하자 나석주가 비장한 목소리로

"사기(士氣)가 이 정도까지 꺾였단 말입니까? 제가 마땅히 폭탄을 투척하여 독립의 봉화를 먼저 들겠습니다."

라고 하였다. 이에 김창숙은 크게 기뻐하여 유우근을 시켜 폭탄 세 개를 나석주에게 전달했다. 나석주는 동지 이화익(李化翼)과 함께 거사를 추진하기로 맹세하였다. 6월 15일 김창숙은 북경으로 돌아와 폭탄 두 개를 구입한 뒤 다시 천진으로 가 나석주와 이화익에게 나눠 주었다. 그리고 정세호(鄭世鎬)를 시켜 유우근, 나석주, 이화익에게 자금을 나눠 주게 하였다. 이 아래 부분에 30글자가 지워졌다. 그 내용은 조선보(朝鮮報)[4] 무진년(1928) 10월 23일의 기사이다.……

12월에 나석주는 조선에 잠입하여 서울 대낮에 폭탄을 투척하니 그 소리는 마치 천둥 같았다. 이에 세상 사람들이 모두 동요하였다. 이 사건으로 송영호가 체포되었고 또 권상익, 김동진(金東鎭), 김헌림(金憲林), 하겸진(河謙鎭), 김한식(金漢植), 김창근(金昌根), 김홍기(金鴻基) 등도 체포되어 대구로 끌려가 어떤 이는 죄수로 감옥에 갇혔고 어떤 이는 구류(拘留)되었다. 이것이 바로 제2차 유림단 사건이다. 이 때문에 일본 경찰은 밀정을 상해와 만주 그리고 러시아의 수도 모스크바로 보내 김창숙을 체포하려 하였으나 끝내 잡지 못하였다.

정묘년(1927) 4월에 김창숙의 삼종(三從)인 김창간(金昌侃)이 대구에 밀고하였는데 구보다〔久保田〕 검사정(檢事正)[5]이 상해영사관 경찰에게 명령을 내려 체포하게 하였다. 이 당시 김창숙은 치질을 앓고 있었는데 공동 조차지의 어떤 병원에서 요양하던 중이었다. 14일 체포되어 나가사키〔長岐〕를 거쳐 18일 대구에 도착하였는데 곧 경북 경찰부 고

등과에 압송되어 취조를 받았다. 그의 죄는 모두 일곱 가지로 제령(制令) 위반, 치안유지법 위반, 폭발물취체령 위반, 거주침입, 살인미수, 살인방조, 공갈 등이었다.

무진년(1928) 8월에 예심이 끝나면서 12월 24일 공판 날짜가 결정되었다. 그러나 19일 갑자기 재판이 열렸는데 사람들이 이 날 재판이 열릴 줄 몰랐다. 김창숙은 시 한 수를 지어 변호사인 손치은(孫致殷)과 김용무(金用茂)에게 보냈다.

병든 나는 구차하게 살고 싶지 않았지만	病夫非是苟求生
어찌 지난 해 달성에 잡혀올 줄 알았으리	豈料經年繫達城
어머니와 아이 죽고 집은 이미 무너졌으며	母死兒亡家已覆
아내는 울고 며느리 통곡하니 꿈에서도 놀라 깨네	妻啼婦哭夢猶驚
기구한 사방득은 도망간들 어찌 즐거울까	岐嶇枋得逃何樂
강개한 문천상은 죽었기에 영광스럽네	慷慨天祥死固榮
화복과 궁통은 원래 운명이 있으니	禍福窮通元有命
병든 나는 구차하게 살고 싶지 않구나	病夫非是苟求生

또한 〈귀거래사〉와 아들 김찬기(金燦基)에게 주는 〈권학문〉, 그리고 생질 이태환(李泰桓)에게 주는 편지를 지어 보냈다. 하루는 한 통의 편지가 왔는데, 김창숙은

"편지와 시는 매우 심오하여 알기 어렵구나. 다시는 그렇게 하지 마라."

라고 하였으니 그 안에 혹시 암호가 있을까 의심해서이다. 김창숙은 이즈음에 치질이 심해져 맹장염으로 발전하였다. 공판하는 날에는 서지 못할 정도여서 재판관이 의자에 앉으라고 명령하자 그제야 앉았

다. 방청객은 다만 가족만 허락되었다. 어린 딸은 김창숙을 보고 크게 '우리 아버지'라고 부르며 통곡하였다. 보는 사람들이 모두 눈물을 삼켰다. 김창숙은 홀로 의연하게

"너는 어찌 차분하지 못하느냐? 못난 짓 하지 마라."

라고 하며 꾸짖었다. 전체 조서의 내용은 모두 4,000장에 가까울 정도로 많았다. 나석주와 관련된 것은 모두 400여 장이나 되었고 사진은 50장이었다. 김창숙은 체포된 뒤로 경찰서와 검사 그리고 예심 등 세 번에 걸쳐 취조를 받았는데 그가 진술한 말은 처음부터 끝까지 한 번도 다르지 않았다. 그의 남다른 총명을 이를 통해 알 수 있다.

김창숙은 출입할 때 항상 권총을 소지하였다.

"독립이 뜻대로 되지 않으면 나는 마땅히 이것으로 자살하여 하늘의 태양을 바라보지 않겠다."

라고 하였다. 이때에 이르러 영남 일대에서는 김창숙을 심산 선생이라고 일컫고 이름을 부르지 않았다. 공판이 끝나 검사는 무기(無期)를 구형하였는데 14년 형으로 판결이 났다.

김창숙은 3남 2녀를 두었는데 장남은 김환기이고 차남은 김찬기(金燦基)이며 막내와 나머지 두 딸은 아직 어리다. 김환기는 병인년(1926)에 중국으로 가 아버지를 뵙고 돌아왔는데 경찰서에서 그를 소환하였다. 20일을 경찰서에서 조사받다가 돌아왔는데 병을 얻어 죽었다. 동강 김우옹 선생은 벼슬이 이조 참판에 올랐으며 시호는 문정(文正)이다.

정수기(鄭守基)는 경주 신평리(新坪里)에 살았다. 무진년(1928)에 정수기는 31세였다. 임술년(1922)에 정수기는 북경으로 가려 했으나 한스

럽게도 여권이 없었다. 그 당시 경주 아화(阿火) 주재소 순사인 이홍석(李洪錫)이 일본 순사에게 돈을 주고 여권을 얻어 보내주었다. 정수기는 북경으로 가 김창숙을 만난 다음 함께 살았다. 1923년 1월에 김창숙이 정수기를 특파원으로 삼아 조선에 보내 자금을 모으게 하였다. 돌아와 경주에서 이홍석을 만났는데 그날 날씨가 매우 추웠다. 이홍석은 값이 70원이나 되는 자신의 외투를 벗어 주었다. 정수기는 약 반년 동안 모은 돈을 모두 10차에 걸쳐 이홍석을 통해 김창숙에게 전달하였다. 5월에 김창숙이 수정 도장을 파서 그의 공로에 감사하였다. 병인년(1926) 4월에 유림단(儒林團)이 모두 체포되자 이홍석은 최광수(崔光洙)와 하동필(河東弼)에게 그들의 집에 정수기를 숨겨 주게 하였으며 또한 그의 가족을 보호하였다. 뒤에 정수기와 이홍석은 차례대로 체포되어 2년형을 받았다. 정묘년(1927) 4월에 이홍석은 풀려났다. 이 일이 일어나기 전에 이홍석은 도(道)의 순사였으며 양잠업에 종사하고 있었다.

송영호(宋永祜)는 경북 영주군(榮州郡) 장수면(長壽面) 호문리(好文里)에 살았다. 그의 본관은 양주(楊州)이다. 그는 고종 임인년(광무6, 1902)에 태어났다. 갑자년(1924) 7월에 북경으로 유학을 떠났는데 원래는 미국으로 가려고 하였으나 북경에서 멈춘 것이다. 다음해(1925) 4월에 김창숙, 김화식(金華植), 이봉로(李鳳魯) 등과 처음으로 북경의 서성(西城)에서 만났다. 하루는 김창숙이 송영호에게

"내가 장차 만주와 몽고 사이의 황무지를 개간하려고 한다. 그대는 조선으로 가 자금을 모집하기를 바라니 함께 이 일을 시작해보는 것이 어떻겠는가?"

라고 하자 송영호는 그렇게 하자고 하였다. 6월에 서울에 도착하여 김창숙에게 보고하기를

"지금 영남의 선비인 이길호(李吉浩), 하재화(河載華), 손후익(孫厚翼) 등이 모두 서울에 모여 면우 곽종석의 문집을 간행하고 있습니다. 만약 지금 서울에 온다면 찾아다니지 않아도 모두 만날 수 있습니다. 빨리 귀국하여 이렇게 좋은 기회를 놓치지 마십시오."

라고 하였다. 그리고 여비 600원을 선무문 밖 영광사(永光寺) 거리의 윤동매(尹東梅) 여사에게 보내 김화식에게 전하게 하고 권총과 《독립혈사(獨立血史)》[6]를 가져오도록 요청하였다. 김창숙은 김화식과 함께 서울에 도착하여 송영호를 불렀다. 9월에 송영호는 서울로 가던 도중 김화식을 만나 함께 김창숙에게 갔다. 김창숙이 여비를 부탁하자 송영호는 집으로 돌아왔다. 10월에 400원을 가지고 다시 서울로 올라갔다. 그 당시 김창숙은 대전 유성(儒城) 이원태(李源泰)의 집으로 가고 서울에 없었다. 송영호도 또한 유성으로 가 이원태에게는 50원만 주고 나머지는 김창숙에게 주었다. 후에 다시 서울로 올라가 돈을 주었으니, 그동안 준 돈이 모두 5,800냥(1,400원)이었다. 그 즈음 김창숙은 여러 동지들과 돈을 모금하였는데 성공할 때도 있었지만 때로는 실패하였다. 12월에 김창숙은 대구로 가 송영호와 만나고자 하였다. 송영호는 김창숙을 찾아갔는데 김창숙은 권총을 속옷 안에 감추고 다녔으며 출입할 때는 홍순철(洪淳喆)에게 지키게 하였다. 송영호가 위험하여 좋지 않다고 자주 말하였으나 김창숙은 듣지 않았다. 병인년(1926) 1월에 송영호는 김창숙의 편지를 가지고 달성의 최해윤(崔海潤)에게 찾아갔다. 그리고 집으로 돌아와 박제형(朴齊衡)을 시켜 김창숙의 편지를 정후섭(丁厚燮)에게 전달하게 하였다. 2월에 아우 송재호(宋在祜)와 함께 서울에 다녀왔는데 3월 5일에 아우만 돌아왔다. 상주에 이르렀을

때 일본 헌병이 송재호를 송영호로 오인하였다. 이에 그를 붙잡아 끌고 가 고문하였다. 송재호는 분통을 터트리며 목을 찔러 자결하려 하였으나 잘못 찔러 죽지는 않았다. 이에 송영호, 김화식, 손후익, 이종흠 등 12명이 차례대로 체포되었다. 정묘년(1927) 3월 15일에 처음 공판이 열렸는데 가나가와〔金川〕 재판장이

"을축년(1925) 6월에 피고는 북경으로 떠났는데 도중에 중국 만두 한 개를 사는 척하며 검거 상황을 탐색하여 알려주었느냐?"

라고 묻자 송영호는

"나는 학생이다. 분명히 그대가 말한 것처럼 장사치로 행동하며 검거 상황을 알려주지 않았다. 만두를 산 건 사실이지만 도중에 먹고 갔다. 한 번도 김창숙에게 편지를 전하지 않았다"

라고 대답하였다.

"통지는 하였는가?"

"그렇다."

"피고는 대한의 독립을 어떻게 생각하는가?"

"만약 독립이 된다면 우리 대한 사람 치고 누가 기쁘지 않겠는가. 그러나 지금 상황을 보면 독립하기 쉽지 않을 것 같다."

이봉로(李鳳魯)는 달성군 해안면(解顔面) 하산동(霞山洞)에 살았다. 뒤에 북경 서성(西城)의 사반사(捨飯寺)로 가 머물렀다. 병인년(1926)에 그의 나이는 26세였다. 재판관이

"을축년(1925) 5월에 김창숙이 피고를 상해의 정원(鄭遠)에게 보내 권총 두 자루와 탄환 25발을 구입하게 하였는가?"

라고 물었다.

"그렇다."

"8월 1일 북경의 서성으로 돌아갔는데 김창숙이 조선으로 올 때 피고를 북경에 남게 하여 외부와 연락하게 하였는가?"

"그렇다."

"피고는 대한의 독립을 어떻게 생각하는가?"

"나도 대한 사람이다. 물론 갈망한다."

김화식(金華植)은 봉화군(奉化郡) 법전면(法田面) 소천리(召川里)에 살았다. 그도 또한 북경 유학생이었다. 재판관이 물었다.

"나무 상자를 구입하여 그 안을 2층으로 만든 다음 권총과 탄환을 보관하였는가?"

"그렇다."

"서울의 원동(院洞)으로 가 임현중 집에 보관하였는가?"

"그렇다."

"권총을 소지한 것은 무슨 의미인가?"

"돈을 모금할 때 간혹 사용하거나 또는 해외에서 활약할 때 이것으로 내 마음이 변함없는 것을 증명하기 위해서이다."

"을축년(1925) 9월 2일 송영호와 함께 왔는가?"

"그렇다."

"피고가 서울에 갔을 때 《독립혈사(獨立血史)》를 가지고 가 김창숙에게 전하려고 했던 것인가?"

"그렇다."

"7월에 서울로 가 박 아무개와 김창숙을 찾아갔는가?"

…중략…

"1월 15일 김창숙이 피고에게 권총 한 자루를 가지고 약목역(若木驛)으로 가 정수기에게 주게 하였는데 정수기가 '내가 인동(仁同) 각산(角山)의 장석영(張錫英)의 소개로 성주(星州)의 이 아무개를 찾아가게 되었는데 그대도 함께 가겠는가.'라고 하였다. 그러므로 피고도 그곳으로 갔다가 이번 달 그믐날에 대구에 도착하였는가?"

"그렇다."

"12월에 김창숙이 대구에 왔을 때 피고에게 울산과 진주로 가 돈을 모금하는 것을 감독하게 하였다. 병인년(1926) 1월 4일에 피고 김화식은 울산으로 가 손후익과 이재락을 만났다. 그리고 단성군(丹城郡) 우체국으로 가 권총을 찾고 산청의 김우림(金祐林)의 형 김인상(金仁相)을 찾아가 그와 함께 진주로 가 하재화(河載華)와 하장환(河章煥)을 만났다. 그들에게 자금을 지원해줄 것을 요청하였으나 하재화가 응하지 않자 김화식은 권총을 꺼내 위협하였다. 그러나 또다시 응하지 않자 대구로 돌아와 김창숙에게 보고하였다.……"

1926년 체포되었을 때 그의 나이는 25세였다.

이재락(李在洛)은 울산군 웅촌면(熊村面) 석천리(石川里)에 살았다. 재판관이

"피고는 일찍이 경상남도 평의원을 지내지 않았는가?"

라고 물었다.

"그것뿐만이 아니다. 면협 의원(面協議員), 학무 위원(學務委員), 군농회 부회장(郡農會副會長), 학교조합 평의원(學校組合評議員) 등도 지냈다."

"임술년(1922)에 피고의 장남이 김창숙의 사위가 되었는가?"

"그렇다."

"김창숙이 일찍이 모금한 돈이 수십 만 원이 되면 무관학교를 설립하여 독립운동을 하려한다고 말하였는가?"

"해외에 있는 동포들을 모두 그곳에 모이게 하여 황무지를 개간하고 가축을 길러 이삼십 년이 지나면 무관학교를 설립한다고 하였다.……"

그 당시 그의 나이는 34세였다.[7]

이우락(李宇洛), 이영로(李泳魯), 이종흠(李棕欽), 이원태(李源泰) 등의 자술서는 송영호의 그것과 대략 비슷하다. 이우락과 이영로 두 사람은 머리를 깎지 않고 유학자의 갓과 옷을 입었으며 고고(高古)한 기풍을 숭상하였다. 을축년(1925) 10월에 이종흠은 정수기를 통해 김창숙이 조선에 들어왔다는 소식을 들었다. 그 뒤에 정수기가 이종흠에게 권총 한 자루를 주면서

"이것은 김창숙이 그대에게 영양(英陽) 석보(石保)의 이현병(李鉉秉)에게 가 돈을 모금하라고 보낸 것입니다."

라고 하였다. 이종흠은 영양으로 가 그의 외숙인 이현병에게 자금을 지원해 달라고 요청하였으나 그의 외숙은 허락하지 않았다. 병인년(1926) 3월에 또다시 이현병에게 가 요청하였으나 그는 응하지 않았다. 이종흠은 대의를 위해서는 친한 사람을 죽일 수 있음을 들어 권총을 꺼내 위협하였다. 그제야 이현병은 허락하였다. 이종흠은 안동군 도산면 토계리(吐溪里)에 산다. 체포될 당시 나이는 27세였다.

김동식(金東植)은 김화식의 형이다. 재판관이 물었다.

"피고는 김화식이 사는 곳으로 가 기름 종이에 쌓여진 권총을 보았는가?"

"송영호가 나에게 '김화식이 어떤 물건을 자신에게 맡겼다.'라고 하여 내가 가 본 것이다."

"화가 미칠까 두려워 북악(北岳)에 묻었는가?"

"그렇다."

공판이 끝나자 야마자와〔山澤〕 검사는

"모든 피고들은 강도와 다르지 않습니다. 송영호와 김화식은 5년을 구형합니다. 이봉로와 이종흠은 3년, 이재락과 이우락은 2년, 이원태와 김창택은 1년, 김동식과 홍순철은 8개월을 구형합니다."

라고 하였다.

정묘년(1927) 3월 29일 가나가와〔金川〕 재판장은 다음과 같이 언도하였다.

"송영호와 김화식은 3년을 선고하는데 그동안 갇혀 있던 50일을 합산한다. 이봉로는 2년, 손후익은 1년 6개월을 선고하는데 집행유예 3년이다. 이종흠은 1년을 선고하며 60일을 합산하는데 집행유예 4년이다. 이재락은 1년을 선고하는데 집행유예는 2년이다. 이원태는 10개월을 선고하는데 집행유예 2년이다. 이우락과 이영로는 8개월을 선고하며 100일을 합산하는데 집행유예 2년이다. 홍순철은 벌금 70원, 김동식은 30원이다."

손후익(孫厚翼)은 울산군 범서면(凡西面) 입암리(立岩里)에 산다. 체포되었을 때 손후익은 40세, 이우락은 47세였다. 이원태는 대전군(大田

郡) 진잠면(鎭岑面) 학하동(鶴下洞)에 사는데 24세였다. 이영로는 고령군(高靈郡) 영산면(榮山面) 상곡리(上谷里)에 사는데 44세였다.

살피건대, 동방에 사는 백성들은 일찍이 조선에서 삶을 유지하였다. 그러므로 오늘날 독립운동을 하면서 어찌 저와 나, 나이가 많고 적음을 따지겠는가. 사회단체와 교회로부터 혁명당과 공산당에 이르기까지 각각 모두 떨쳐 일어나 한 목소리로 독립을 해야 한다고 주장한다. 그러나 오직 우리 유림(儒林)만 전후 수십 년 동안 아무런 소리도 들리지 않았다. 그런데 김창숙이 나와 비분강개하며 유림대표로 우뚝 섰다. 서쪽 중국으로 가 독립운동을 수행하면서 무한한 어려움을 겪고 끝도 없는 심혈을 쏟아 부었다. 아, 그의 비분강개한 의지와 우뚝한 절개는 비록 옛날의 충신과 의사에게도 부끄럽지 않을 것이다. 그러나 대세(大勢)가 어긋나면 조각배 같은 작은 힘으로는 불가항력이다. 김창숙이 오랫동안 해외에서 활동하더라도 끝내 우리 조국을 회복하지 못하였다. 그러나 파리에 청원서를 보내고 브뤼셀에서 연설을 하였으며 나석주가 폭탄을 투척하고 대구 감옥에 갇힌 것 등이 천하로 하여금 조선에 유림이 있는 것을 알게 하였다. 그렇다면 500년 배양한 효과가 김창숙으로 맺어진 것이 아닌가. 만약 진(秦)나라와 월(越)나라 사람이 같은 배에 탔다면 한 마음으로 노를 저을 것이다. 지금 우리 대한 사람은 모두 다 역류하는 거센 파도 위의 작은 배에 탄 것과 같다. 나석주, 이화익, 정수기, 송영호 등 여러 사람과 김창숙은 진나라와 월나라 사람이 같은 배에 탄 것과 같다. 독립운동을 함께 하면서 어려움을 같이 나누어 혹은 죽게 되더라도 마다하지 않았으며 혹은 감옥에 갇히더라도 두려워하지 않았다. 다만 김창간은 김창숙과 삼종간(三從間)이니 둘 다 월나라 사람과 같은데 김창숙을 죽이려고 하여 왜놈에게 밀고하였다. 이 사람은 도대체 무엇이란 말인가. 이름난 선조의 후손이 되어 그렇게 할 수 있단 말인가. 참으로 어질구나, 김창간이여.

1 을사 오흉(五凶)과 칠적(七賊) : 을사오적은 1905년 을사조약 강제 체결에 가담한 다섯 명으로, 박제순(외부대신), 이지용(내부대신), 이근택(군부대신), 이완용(학부대신), 권중현(농상공부대신)을 말하며, 정미칠적은 1907년 7월에 체결된 한일신협약 조인에 찬성한 내각 대신 일곱 명으로, 이완용(총리대신), 송병준(농상공부대신), 이병무(군부대신), 고영희(탁지부대신), 조중응(법부대신), 이재곤(학부대신), 임선준(내부대신)을 말한다.

2 강화조약 : 파리강화회의는 1919년 제1차 세계대전의 승전국들이 연합국과 동맹국 간의 평화조약을 협의하기 위해 개최된 국제회의이다.

3 일경(日耕) : 토지 측량 단위로서 하루에 땅을 갈 수 있는 면적이다.

4 조선보(朝鮮報) : 조선일보를 가리키는 듯하다.

5 검사정(檢事正) : 일제강점기 지방재판소 검사국의 우두머리를 이르던 말로 지금의 검사장에 해당한다.

6 《독립혈사(獨立血史)》 : 3 · 1운동 당시 33인의 대표 중 한 명인 김병조가 1924년 중국 봉천에서 간행한 것이다. 원문에서 말하는 《독립혈사》가 김병조의 책을 말하는 것인지 아니면 1920년 간행된 박은식의 《독립운동지혈사》를 말하는지는 불분명하다.

7 34세였다 : 국사편찬위원회 본은 34세로 되어 있고, 내용상 34세가 맞는 것 같다.

박은식朴殷植

박은식의 호는 백암(白庵)이다. 달리 겸곡(謙谷)이라고도 하였다. 그는 철종 신유년(철종12, 1861)에 황해도(黃海道) 은율군(殷栗郡)에서 태어났다. 혹은 해주(海州)에서 태어났다고도 한다. 박은식은 중간 정도의 체구에 이마가 조금 튀어나왔으며 수염과 머리털이 가늘고 듬성듬성하였다. 그는 성품이 너그럽고 후덕하며 소탈해서 얼굴에 항상 미소를 띠고 있었다. 박은식은 일찍이 서울에서 지냈는데 글을 잘 짓는다는 평판을 들었다. 그러므로 판서 민병석(閔丙奭)[1]이 박은식을 글방 선생으로 맞아들였다.

광무 연간에 황성신문(皇城新聞)[2]이 처음으로 발간되었다. 박은식은 석농(石農) 유근(柳瑾), 위재(韋齋) 장지연(張志淵)과 함께 황성신문의 주필(主筆)이 되었다. 그 뒤에 면우(俛宇) 곽종석(郭鍾錫)과 함께 경학원(經學院) 강사가 되었다. 얼마 뒤에 정3품에 해당하는 통정대부(通政大夫)에 임명되었다. 또 사범학교 교원, 서북학회(西北學會) 회장, 서북협성학교장(西北協成學校長), 황성신문 사장을 역임하였다.

경술년(1910) 변란[3] 이후 박은식은 조선광문회(朝鮮光文會)[4]에 몸담고 있으면서 저술활동으로 생업을 삼았다. 이때에 이르러 나라가 망하는 것을 보고 자신의 뜻을 이루지 못해 답답하게 여겼다. 그러던 어느 날 결연한 의지로 압록강을 건너 간도의 환인현(桓仁縣)으로 가 거주하였다. 환인현은 곧 옛날 발해의 서경(西京) 압록부(鴨綠府) 부근에 위치한 지역이었다. 환주(桓州)와 풍주(豊州) 등 여러 지역에는 고구려 환도성(桓都城)의 성터, 용산과 동명왕 두 왕릉이 있었다. 박은식은 고전(故典)을 보고 감상문 한 편을 지었다. 단애(丹崖) 윤세복(尹世復)과 함께 자신이 저술한 《조선고대사고(朝鮮古代史考)》, 《동명왕실기(東明王實記)》, 《명림답부전(明臨答夫傳)》, 《천개소문전(泉蓋蘇文傳)》, 《발해태조실기(渤海太祖實記)》, 《몽견금태조(夢見金太祖)》 등의 책을 간행하였다. 상해에 있을 때 또 《안의사중근전(安義士重根傳)》과 《한국통사(韓國痛史)》를 저술하였으며 그 아래에 저자를 태백광노(太白狂奴)라고 썼다. 중국의 청년들이 이 책을 많이 읽었으며 읽고 나서는 모두들 주먹을 쥐며 분하게 여기는 마음이 있었다.

당시에 예관(睨觀) 신규식(申圭植)[5]과 벽초(碧初) 홍명희(洪命憙)[6] 등이 동제사(同濟社)를 조직하고 박은식을 총재로 추대하였다. 그 뒤에 홍콩에 거주하는 동포들이 《향강잡지(香江雜誌)》를 출간하면서 박은식에게 편집인이 되어 달라고 요청하였다. 이 잡지는 4호까지 발행되었는데 원세개(袁世凱)의 전제정치(專制政治)를 비평했다가 마침내 폐간되었다. 박은식은 뒤에 상해의 프랑스 조계 백이부로(白爾夫路)로 돌아와 중국인의 집에서 거주하였다. 그 집의 사람들은 박은식과 같은 솥에 밥을 지었을 뿐만 아니라 밥상도 함께하여 식사하였다.

기미년(1919)에 박은식은 독립신문(獨立新聞) 사장이 되었다. 갑자년(1924) 봄에 대한민국임시정부에서 박은식을 대통령으로 추대하였다. 이 소식을 듣고 어떤 사람은 폴란드 대통령 페페레프스키를 연상하기도 했고, 또 피아노 대가(大家) 대통령이라고도 했다. 피아노는 서양의 음악가이다. 사람들은 이러한 말에 대해 마땅하지 않다고 생각하였다. 지금 박은식은 학자 대통령이니 조금이라도 그들과 같은 점이 있는가.

박은식은 일을 할 때 죽더라도 태도를 바꾸지 않는 기상을 지니고 있었다. 이러므로 만일 조선에 이로운 일이 있으면 비록 대단히 어렵고 즐겁지 않은 일이라도 마다하지 않았다. 평상시 밖에 나다닐 때 중국옷을 입고 다녔다. 박은식은 소탈한 성격이라 옷의 앞과 뒤가 단정하지 않았다. 그 모습을 보는 사람마다 모두들 비웃었지만 박은식은 전혀 개의치 않았다.

박은식은 술을 좋아하였다. 또 왕양명(王陽明)의 학설을 좋아하여 날마다 왕양명의 《전습록(傳習錄)》을 외우고 다녔다. 그의 문장은 비록 학자의 글다운 심도 있는 맛은 없었지만 글이 매끄럽고 자신의 주장이 뚜렷하게 표현되었으니 비록 당세의 가장 뛰어난 문장가라고 평가해도 사실 지나치지 않다. 일찍이 장지연, 유근, 그리고 백당(白堂) 현채(玄采) 등과 사이좋게 지냈는데 이들의 문장은 모두 박은식의 수준에 미치지 못했다.

박은식은 중국의 보황당(保皇黨) 수령(首領)인 남해(南海) 강유위(康有爲, 캉유웨이)의 진취적 모습을 좋아하여 그의 문인이 되었다. 강유위는 박은식이 지은 《한국통사》의 서문을 지어 주었다. 박은식의 벗인 정인보는 다음과 같이 말하였다.

"어떤 사람들은 선생이 강유위의 제자가 되었다고 한다. 내가 생각하기에 선생은 문장 수준이 남해에게 뒤지지 않고 성품도 같지 않다. 선생은 의지가 굳고 행실이 깨끗한 반면 남해는 명예와 금전에 마음을 두었던 인물이다. 선생은 중국인 장병린(章炳麟)과 유사하다고 해도 괴이할 것이 없는데 남해의 문도가 되었으니 그 이유를 모르겠다. 선생은 비록 나라를 사랑하는 늙은 지사였지만 나라를 경영하는 큰 방도에 대해 그 분이 가지고 있는 생각은 또한 알지 못하겠다."

박은식은 병인년(1928)에 상해에서 운명하였으니 향년 66세였다. 아들 박창세(朴昌世)는 지금 남해 강유위의 문하에서 지낸다고 한다. 박은식이 상해에 있을 때 지은 책으로는 《독립운동지혈사(獨立運動之血史)》가 있다.

1 민병석(閔丙奭) : 1858~1940. 충청남도 회덕군 출신으로 여흥 민씨 가문의 일족이다. 1882년 임오군란 때 명성황후를 호위하여 총애를 받게 되었고 1883년 승지가 되면서 이후 명성황후의 후원으로 출세 가도를 달렸다. 그러나 1889년부터 5년간 평안감사를 지내면서 백성들의 원망이 높아 조병세의 탄핵을 받을 정도로 악정을 폈쳤다. 명성황후 시해 이후 일제의 세력이 강성해지자, 이완용과 함께 친러파에서 친일파로 전향하는 등 친일파의 거두로 활동하였다. 1910년 경술국적 중 1인으로 일본정부로부터 한일합병에 공로를 세운 점을 인정받아 조선귀족인 자작 작위를 받았다. 이완용은 그의 처내종으로 사돈지간이자 절친한 친구 사이였으며, 그의 처 심경섭은 친일단체 애국금차회 간사를 지내는 등 1910년 경술국치 후 부부가 모두 친일파로 활약하였다.

2 황성신문(皇城新聞) : 원문에는 황성신보로 표기되어 있으나 이는 황성신문을 말한다. 황성신문은 대한제국기인 1898년 9월 창간되었다.

3 경술년 변란 : 1910년 8월 일제에 의해 대한제국이 멸망한 것을 말한다. 일명 경술국치라고 한다.

4 조선광문회(朝鮮光文會) : 1910년에 만들어진 한국 고전(古典) 간행기관이었다. 우리나라의 숨겨진 고전을 발굴하고 가치를 재인식시키기 위한 노력의 일환으로, 《동국통감》, 《해동역사》, 《대동운부군옥》, 《경세유표》 등의 고전을 간행, 보급하였다.

5 신규식(申圭植) : 1879~1922. 본관은 고령, 자는 공집(公執), 호는 예관(睨觀), 여서(余胥), 일민(一民), 청구(靑丘), 한인(恨人)이다. 동제사 등을 결성하여 독립운동에 매진하였으며 1919년 대한민국임시정부 수립 이후 법무총장, 총리 대리, 외

무총장 등을 역임하며 임시정부 통합에 매진하였다.

6 홍명희(洪命憙) : 1888~? 호는 벽초(碧初), 가인(可人)이다. 신간회에 참여하였으며, 광복 후 조선문학가동맹 중앙집행위원장을 지내고 월북하였다. 소설 《임꺽정》의 저자이다.

서왈보徐曰甫

서왈보는 평안도 사람이다. 계유년(1933)의 47년 전인 병술년(고종23, 1886)에 태어났으며 본래 농부의 아들이다. 서너 살 쯤에 가정 형편으로 원산(元山)으로 가서 거주하였다. 13세에 일본이 운영하는 소학교(小學校)를 졸업하였다.

이때 독립사상이 전국의 민중을 분발시켰다. 당시 서왈보는 비록 어린 나이였지만 또한 독립사상에 흥분하여 집안의 힘든 형편을 전혀 고려하지 않은 채 평양으로 가 안창호(安昌浩)를 만났다. 대성학교(大成學校)에 입학하여 17세에 우수한 성적으로 졸업하였다. 같은 해에 안창호와 이갑(李甲)[1] 등 몇몇 늙은 선비들이 국외로 떠나 러시아에 이르렀다. 안창호와 이갑 등은 사관학교를 세워 청년들을 모아 교육시킴으로써 독립운동을 전개하고자 하였다. 서왈보도 그들을 따라 일을 도모하였으나 끝내 뜻대로 이루지 못하고 말았다.

24세에 북경으로 가 육영학교(育英學校)에 입학, 공부하였다. 26세에 유동열(柳東悅)과 함께 몽고 등으로 가 독립운동을 도모하였으나 역시 뜻대로 되지 않았다. 28세 이후로는 북경에서 영어를 공부하였다. 이듬해 관립(官立) 보정보육군사관학교(保定堡陸軍士官學校)에 입학하여 30세에 졸업하였으며 중국 육군 대위가 되었다.

이 해 기미년(1919) 봄에 독립운동이 크게 일어났다. 조선인들 가운

데 해외로 탈출하여 독립단(獨立團) 활동을 하던 사람들이 모두 크게 기뻐하며

"때가 왔다, 때가 왔어."

라고 하였다. 그들은 동분서주하며 각자 활동하였다. 서왈보도 이러한 대중의 움직임을 보고 크게 기뻐하며 남만주로 가 활동하였다. 그러나 여의치 않음을 보고 다시 북경으로 돌아와 육군항공학교에 입학하여 1년 만에 수업을 마치고 해당 학교의 교원이 되었다. 이로 인해 오패부(吳佩孚)[2]에게 신뢰와 사랑을 받아 그에게 많은 은혜를 입었다. 중국 군대가 혁명을 일으켰을 때 서왈보가 전선에 나가 싸운 것도 한두 번이 아니었다.

서왈보가 비행기를 조종하다가 추락한 것은 모두 세 차례였다. 두 번째 추락사고 때는 함께 탔던 학생이 참담하게 죽었으나 서왈보는 무사하였다. 이를 본 동지들이 다들 "신왈보(神曰甫)는 불사신이다."[3] 라고 하였다. 무진년(1928) 가을에 이탈리아의 어떤 비행사가 중국을 방문하여 북경에 도착하였다. 서왈보는 이탈리아 비행사가 타고 온 비행기에 시승하여 비행하다가 추락하여 죽으니 향년 43세였다.

서왈보는 웅대한 지략을 지닌 인물이었지만 끝내 그 뜻을 실현하지 못하였다. 아, 조선인 비행사 가운데 비행기 제조에 관한 천재적 기술을 지닌 사람이 누구냐고 묻는다면 조선은 물론이고 외국 사람들까지도 반드시 안창남(安昌男)[4]이라고 대답한다. 그러나 비행만을 가지고 말한다면 서왈보는 안창남보다 몇 년이나 앞서 비행을 배웠다. 또 그 명예가 수억 중국인들을[5] 한번 깜짝 놀라게 하였다. 그러므로 조선인 천재 비행가라는 명성이 심지어 아이들과 병사들의 입에서도 끊이질 않았다. 이러한 명성을 들었던 사람은 영국도 프랑스도 미국도 청나라도 아닌 바로 조선 사람 항공 용사 대림(大林) 서왈보 군이다.

이러므로 만주 동포들 사이에는 조선 독립 비행사라는 별명으로 통하였다.

1 이갑(李甲) : 1877~1917. 본명은 휘선(彙璿), 호는 추정(秋汀)이다. 한국육군무관학교를 졸업한 뒤 1904년 일본 육군사관학교를 졸업하였다. 1904년 9월 육군참위로 한국군으로 복무하였으며 1905년 12월 군부대신 부관이 되었다. 1906년 10월 양기탁, 박은식, 유동열 등과 함께 계몽운동단체인 서우학회(西友學會)를 조직하여 학교설립과 민족의식 고취에 노력했다. 1907년 4월 안창호, 양기탁, 이동휘, 전덕기 등과 함께 국권회복을 위한 비밀결사인 신민회(新民會)를 창립했다. 1910년 4월 신민회의 계획에 따라 독립군기지와 무관학교 설립을 위해 중국으로 망명하였다. 그 뒤 시베리아의 대한인국민회 시베리아지방총회에서 독립운동을 전개하다가 병사하였다.

2 오패부(吳佩孚) : 1873~1939. 오패부는 1917~1924년에 북경을 지배한 중국의 군벌이다.

3 신왈보(神日甫)는 불사신이다 : 원문은 신왈보시사신(神日甫是死身)이다. 서왈보의 성을 바꾸어 신왈보(神日甫) 즉 귀신 왈보라 불렀다는 것이며, 시사신(是死身)은 불사신(不死身)의 오기(誤記)라고 생각된다.

4 안창남(安昌男) : 1918년에 일본으로 건너가 비행기 제조법과 조종술을 배우기 시작한 인물이다. 이어 1921년에는 일본에서 최초로 실시된 비행사 시험에서 1등으로 합격하였다. 이 밖에도 여러 다른 비행대회에서 최우수상을 차지하였으며, 독립운동가로 활동하였다.

5 수억 중국인들을 : 원문이 사만만지중국(四萬萬之中國)으로 되어 있는데, '사(四)'가 '사(使)'의 오기로 보인다. 그럴 경우 '수억 중국인들을'로 풀이된다. 해석은 이를 따른다.

전협 全協

전협은 경성(京城) 남대문(南大門) 밖에 살았다. 그는 고종 무인년(고종15, 1878)에 태어났다. 21세에 농상공부 주사(農商工部主事)에 임명되었고 얼마 뒤에는 제주 군수(濟州郡守)에 임명되었다. 뒤에 일진회(一進會) 평의장(評議長)이 되었는데 회장 이용구(李用九)의 추천으로 부평 군수(富平郡守)가 되었다. 어떤 운동에 사용할 공금 150만원을 개인적으로 만들려다가 징역(監禁) 3년형을 받았는데 사면되어 5월에 출옥하였다.

전협이 감옥에 있을 때 홍성(洪城)에 거주하던 최익환(崔益煥)을 알게 되었다. 처음에 최익환은 공소원(控訴院)[1]에 근무하였는데 보관하던 돈을 훔친 혐의로 징역 3년형을 받았다가 사면되어 출옥한 인물이다. 출옥하게 되자 두 사람은 모두 자신들이 옥살이한 것에 불평불만을 품고 함께 서간도(西間島)로 이주하였다. 이를 계기로 상해와 만주 사이를 떠돌게 되었다.

이때에 이르러 미국 대통령 윌슨이 파리에서 평화회의를 개최하고 민족자결주의를 주창(主唱)하였다. 이 소식을 듣고 전협은 동지들과 국권회복을 도모하여 활발한 운동을 전개하였다. 그러면서 이 일은 마땅히 주령(主領)인 이승만(李承晩)과 공모해야 한다고 판단하였다. 상해로 가 임시정부 경무국장(警務局長) 김중호(金重浩)와 이원일(李元一)을 만나 미국으로 건너가려고 논의하였으나 실현하지 못하였다.

기미년(1919) 2월에 경성으로 돌아왔다. 손병희(孫秉熙)가 만세를 부르고 독립선언서를 발표하였다.[2] 전협은 이러한 때에 마땅히 한 가지 일이라도 거행해야 한다고 판단, 최익환과 한 단체를 조직하고 말하기를

"사회적으로 지명도 있는 사람이 있어야 힘이 실릴 수 있다."

라고 하고 김가진(金嘉鎭) 남작을 총재로 추대하였다. 그리고는 '손병희가 발표한 독립선언은 일부 계급에 해당하는 말에 지나지 않는다.' 라고 판단하고 사회 각계각층을 통일하고자 하는 의미에서 자신들의 단체를 대동단(大同團)[3]이라고 명명하였다. 정남용(鄭南用)에게 종교단을, 이기연(李起淵)에게 유림단(儒林團)을, 양정(楊楨)에게 상공단(商工團)을, 유경근(劉景根)에게 군인단(軍人團)을 모집하게 하였다. 김상설(金商說)에게는 노인층을, 여사 이신애(李信愛)에게는 부인층을 담당하여 회유하도록 하였다.

4월에 김가진에게 말하기를

"장차 독립하고자 한다면 총독부를 없애야 합니다. 만일 일본이 승인하지 않는다면 우리 민족은 마땅히 혈전(血戰)을 감행해야 합니다."

라고 하였다. 이때에 이르러 최익환이 권태석(權泰錫)에게 300원을 빌려 선언서를 인쇄하고 이를 전국 각지에 배포하다가 5월에 체포되었다.

전협은 정남용에게 일을 맡기고 자신은 외교를 담당하였다. 김용환(金用煥), 김봉양(金鳳陽) 등과 함께 임시정부에 협조를 요청하고 이를 성원하기 위해 종교단과 유림단을 하나로 합하였다. 전협이 김가진과 의논하기를

"지금 상해에서 도움을 주고 있지만 거리상 너무 먼 곳에 있습니다. 그러므로 임시정부에서는 우리에 대한 의구심을 품고 도와주지

않고 있습니다. 이럴 바에는 공께서 상해로 들어가 대동단 본부를 그곳에 두고 이강(李堈)[4] 공을 설득해 수령으로 삼아 안팎에서 보조를 맞추는 것이 더 좋겠습니다. 그렇게 하면 공께서 화를 면할 수 있을 뿐만 아니라 사람들의 관심을 모으고 자금을 마련하는 데도 상당한 효과가 있을 것입니다."

라고 하였다. 김가진이

"좋다."

라고 하고 전협과 함께 임시정부 국무총리인 안창호(安昌浩)에게 서신을 보내 자신들의 뜻을 전달하였다. 안창호는 크게 기뻐하고 이종욱(李鍾郁)을 경성으로 파견하여 협력하도록 하였다.

김가진이 이강 공에게 서신을 보내 자신이 상해로 간다는 사실을 통보하였다. 이강 공의 처남인 이춘기(李春基)를 시켜 이강 공이 상해로 가도록 설득하게 하였다. 이강 공이 자신의 뜻을 내비치며

"자금 10만원이 있으면 마땅히 일을 도모할 수 있다."

라고 하였다. 김가진은 전협에게 이강 공을 설득하여 상해까지 수행하도록 위임하였다. 전협은 정운복(鄭雲復)과 이강 공의 사이가 좋다는 말을 듣고 설득하고자 참판 한석동(韓錫東)의 대리인 이민하(李敏河)라고 사칭하였다. 이호(李浩)를 시켜 정운복을 중화요리 식당으로 불러오게 하고 말하기를

"내가 들은 바에 의하면 이강 공의 어장이 경상도 통영에 있다고 하던데 당신은 그 사실을 알고 있습니까? 내가 그 어장을 빌리려 하니 당신이 도와주었으면 합니다."

라고 하였다. 며칠 뒤에 정운복이 '선급금 3만원을 내면 이강 공께서 대여해 준다고 하셨습니다.'라고 기별해 왔다. 전협이 말하기를

"내가 이강 공과 직접 만날 수 있도록 주선해 주면 1만 5천원을 당

신에게 소개비로 주겠소."
라고 하였다. 정운복이 매우 기뻐하며 이강 공에게 말하기를
"전주(錢主) 한석동이 공을 만난 다음에 돈을 넘겨주겠다고 합니다. 공께서 내일 밤 모처(某處)로 가주셨으면 합니다."
라고 하였다. 이강 공이 정운복, 그리고 수레꾼 김삼복(金三福)과 함께 10일 밤에 모처로 갔다. 전협과 이재호, 정남용, 한기동, 양정, 동창율(董昌律), 나창헌(羅昌憲), 김종옥(金宗玉) 등이 이강 공을 맞이하였다. 차를 다 마시고 나자 김종옥이 권총을 가지고 정운복을 위협하며
"이강 공을 이곳으로 유인한 것은 어장을 임대하려는 목적이 아니라 전하를 모시고 상해로 가 독립운동을 하려는 것이다. 만약 이 사실을 누설한다면 이강 공을 해칠 것이다."
라고 말하였다. 상황이 위급한 것을 안 정운복은 마침내 허락하였다. 전협이 먼저 이강 공을 모시고 걸어서 북문 바깥에 있는 세검정(洗劍亭)에 도착하였다. 나창헌과 김종옥은 정운복을 묶어 인력거에 싣고 정남용은 이강 공과 함께 온 수레꾼을 감시하다가 차례로 세검정에 도착하였다. 그들은 전협과 함께 고양(高陽) 지역의 산속에 도착하여 이강 공을 어떤 집에 모셔 놓고 자신들이 하는 일의 이유를 설명하였다. 이강 공이 말하기를
"나도 해외로 한 번 나가 일본의 속박을 벗어나는 것이 평소 뜻하던 바이다. 그러나 지금 여비가 없으니 어찌한단 말인가?"
라고 하였다. 전협이 500원을 내어주며 정남용, 이을규(李乙奎)로 하여금 이강 공을 모시게 하고 수색(水色)에 도착하여 전송하였다.

이에 앞서 이종욱이 상해에서 와서 두 번째 만세운동을 전개하도록 한 일이 있었다. 이때에 이르러 전협이 이강 공을 상해로 떠나보내고 마침내 이신애와 함께 자동차 세 대를 빌려와 약속하기를

"한 대는 정규식(鄭奎植)이 타고 조선은행 앞으로 가고, 한 대는 이정(李政)이 타고 정동(貞洞)에 있는 배재학당 앞으로 가고, 한 대는 동서(東署)[5]로 가 각각 선언서를 배포하고 모두 종각(鍾閣) 대로에 모여 연설을 하며 소리 높여 만세를 부르자."
라고 하였다. 그러나 약속한 날짜에 이르러 결국 계획대로 되지 않았다. 밤에 전협이 나창헌, 이신애와 함께 다시 상의하기를

"내일 정규식은 태극기를 소지하고 이신애는 독립기를 가지고 안동(安洞) 4가로 가 만세를 부르자. 여사(女史) 박정선(朴貞善) 등은 안국동(安國洞)으로 가 만세를 부르자. 김상설은 노인층을 선동하여 명월관에 모여 만세를 부르자."
라고 하였다.

이때에 이강 공은 중국 안동현에 도착했는데 일행들과 함께 모두 체포되어 경성으로 돌아왔다. 전협 등도 모두 체포되어 그들의 계획은 실패로 돌아갔다. 공판이 마무리될 때 검사는 이들을 정치범으로 간주하여 전협은 징역 3년, 최익환은 8년, 정남용은 6년, 유경근·이재호·동창율·한기동·이신애 등에게는 4년, 권태석(權泰錫)·양정·김상설 등에게는 각각 1년을 구형하였다. 항소심에서 전협은 10년, 최익환은 6년, 송세호·한기동·이신애는 3년이 선고되었는데, 미결수로 감금되어 있던 200일이 형기에 포함되었다.

정묘년(1927) 7월 9일에 전협은 병으로 보석(保釋)이 허가되었다. 그는 병원에 입원하여 요양하고 10일에 퇴원하였다. 다음날 창신동(昌信洞)에 위치한 종약소(宗約所)[6]에서 운명하니 향년 50세였다. 슬하에 4남 2녀를 두었다. 14일에 종약소의 임원들과 친구들이 연합으로 장례를 치르려고 하였으나 일본이 금지시켰다. 게다가 영결식은 물론 조문(弔文) 및 조기(弔旗)도 허락하지 않았다. 그러므로 부인 변화(卞和)가 친척

및 동지 몇몇과 함께 이태원(梨泰院)에 장사하였다. 장례를 마치고 돌아오는 길에 종로서(鍾路署)에 이르러 독립만세를 소리 높여 부르니 당국이 병풍(病風)으로 여겨 돌려보냈다.

1 공소원(控訴院) : 항소 법원의 이전 용어이다. 한국의 사법제도는 구재판소, 지방재판소, 공소원, 고등법원의 4급 3심제를 채택하였다.

2 기미년……발표하였다 : 1919년 3 · 1운동을 말한다.

3 대동단(大同團) : 1919년 전협, 최익환 등이 서울에서 조직한 독립운동 단체이다. 대동신문(大同新聞)을 비밀리에 발간하였고, 의친왕(義親王) 이강(李堈)을 임시 정부의 지도자로 추대하고자 상복(喪服)으로 변장하게 하고 상해로 탈출시키려다 실패하였다.

4 이강(李堈) : 1877~1955. 조선 고종의 다섯째 아들로 호는 만오(晩悟)이며, 의왕(義王), 의친왕(義親王), 의화군(義和君)이라고도 한다. 1895년 특파 전권대사로 유럽 여러 나라를 방문하였고 1899년 미국에서 유학하였으며 이 해 의왕에 봉해졌다. 국권 강탈 후 독립운동가와 접촉하고 1919년에 상해(上海) 임시 정부로 탈출하려다 만주 안동현(安東縣)에서 일본 관헌에게 발각되어 송환되었다.

5 동서(東署) : 조선 시대(朝鮮時代) 서울 안 오부(五部)의 하나인 동부(東部)를 관할(管轄)하던 경무관서(警務官署)이며 1895년에서 1910년까지 존속하였다.

6 종약소(宗約所) : 종약(宗約)의 집행, 관리 등을 맡은 종중(宗中)의 사무소이다.

김마리아 金瑪利亞

김마리아[1] 여사는 황해도(黃海道) 송화(松禾) 사람으로 나중에 서울 연지동(蓮池洞)으로 옮겨와 살았고 기독교신자이다. 4세에 아버지를 잃고 14세에 또 어머니를 여의었다. 그녀의 어머니는 돌아가실 때 장녀 김함라(金含羅)와 차녀 김미염(金美艶)에게

"지금 시대는 여자라도 꼭 배워야만 하니 마리아를 외국으로 유학시켜 내가 바라는 바를 이루어다오."

라고 하였다. 이 때문에 함라 자매는 마리아를 정신(貞信) 여학교에 보냈고 거기서 마리아는 교사생활을 하였다. 그 후에 일본 도쿄로 가 여자학원 대학부 영문과에 입학하였다.

기미년(1919) 봄, 김마리아는 3·1운동이 크게 일어났다는 소식을 들었다. 그녀는 졸업할 날이 며칠 남지 않았는데도 귀국하여 동지 황에스더〔黃愛施德〕와 함께 독립운동을 하다가 체포되어 서대문감옥에 수감되었다가 7월에야 석방되었다. 애초에 독립만세를 외친 사람들은 대부분 기독교 신도들이었다. 이 때문에 4월 명신여학교(明信女學校) 교사 오현숙(吳玄淑)[2]은 그녀의 동생 오현관(吳玄觀)[3], 간호사 이정숙(李貞淑)과 함께 수감된 신도들을 위해 사식을 넣어주고 그들의 가족을 보호하고자 경성에 애국부인단(愛國婦人團)[4]을 설치하였다. 그녀는 여사 이병수가 주도하는 대조선애국부인단(大朝鮮愛國婦人團)[5]과 서로 협조관

계를 맺고 있었다.

청년외교 총무 이병철(李秉澈)은 오현주(吳玄洲)를 설득하여 두 단체를 합하여 대한민국애국부인회(大韓民國愛國婦人會)로 하고 오현주를 회장으로 삼았다. 김마리아는 그 소식을 듣고 황에스더와 함께 입회하여 부인들을 규합해 조직을 확장하려고 하였다. 그러나 오현주에게 문제되는 일[6]이 있어 협회가 제대로 이루어지지 못하였다.

김마리아는 크게 분개하며

"나라를 위해 죽는다면 비록 죽더라도 무슨 한이 있겠는가."

라고 하였다. 9월에 모든 지부에 편지를 보내고 미국인 선교사 부인의 집에 모였다. 이때 이혜경(李惠卿), 황에스더, 신의경(辛義敬), 박인덕(朴仁德), 오현관(吳玄觀), 이정숙(李貞淑), 윤진수(尹進遂), 이성관(李誠寬), 백신영(白信永), 장선희(張善禧) 등 20명이 모였다. 김마리아는 대한독립을 거론하며 연설을 했는데 다른 때보다 말투가 더욱 비장했다. 이에 모인 사람들이 김마리아를 회장으로 추대하였고 서울에 본부를 두고 각 도와 군에 지부를 두었다. 사람을 상해로 보내 임시정부의 원조를 얻었다.

하와이 호놀룰루에도 우리 애국부인회가 있었는데 그 성격은 이 단체와 상통하는 것이었다. 10월에 하와이로부터 2,000원의 보조금이 왔는데 김마리아는 임시정부 이승만에게 독립자금으로 보냈다. 11월 대구 지부장 이금례(李今禮)가 또 은밀히 군자금과 회원을 모았는데 경북 경찰서 제3부가 그것을 알아채고 서울의 이병규(李炳奎) 집을 수색하여 증거를 잡았다. 김마리아 등 20여 명을 체포하고 혹독한 고문과 심문을 하였는데 김마리아는 뇌출혈로 피가 귀와 코, 입에서 용솟음쳤다. 재판장은

"너희들의 협회를 조직한 것이 다이쇼[大政][7] 몇 년이냐?"

라고 하자 김마리아는

"나는 다만 서력(西曆)만 알지 일본연호는 모른다."

라고 하였다. 또

"조선 사람이 조선의 독립을 위해 운동을 하는 것이 어째서 안되는가? 남자들도 독립운동을 하는데 우리 여자가 어찌 독립운동을 못하겠는가."

라고 하며 조금도 굴복하지 않았다. 가와무라〔河村〕 검사는

"조선인이라도 이미 합병이 되었으면 모두 일본 백성입니다. 지금 김마리아는 망령됨이 지나치고 오만함이 매우 심합니다. 이러한 대역부도한 사람을 엄중한 형벌로 징계하지 않으면 치안이 유지될 수 없습니다."

라고 하고 5년 형을 구형하였다.

처음에 김마리아는 비록 여자일지라도 일찍이 외국에 유학을 가 마치 높은 하늘의 새나 큰 바다의 물고기처럼 활발하게 마음대로 활동하여 전혀 구속이 없었다. 그러나 하루아침에 새장이나 그물과 같은 감옥에 갇혀 자유롭지 못하게 되었으니 극형이 아니더라도 병에 걸리기가 쉬웠다. 하물며 여러 차례 세상에 비할 바 없는 모진 고문을 당해서는 어떠했겠는가. 이 때문에 김마리아는 병이 들어 고통스러워하였고 뼈만 앙상해졌다.

공판 때에 김마리아는 중병으로 수레에 실려 법정에 나왔다. 고미〔五味〕 재판장은 법정에서 나가라고 명하였다. 김마리아는 모포로 몸을 감싸고 흰 수건으로 얼굴을 두른 후 수레에 누운 채로 법정에 나왔다. 방청객들이 시체 같은 그녀의 모습을 보고서 모두 눈물을 흘리니 법정은 갑자기 눈물바다가 되었다. 복심법원[8] 재판장 하라다〔原田〕가 3년형을 판결하였다. 김마리아는 경신년(1919) 4월 그믐, 보석으로

석방되었다.

비상악골층[9]은 한방에서는 치료가 되지 않았다. 때문에 그녀는 서울의 서양 의료원 세브란스병원으로 가 치료하였으나 큰 효험이 없었다. 10월에 다시 한양의원(漢陽醫院)에 입원하였다. 이 때문에 김마리아는 3년형을 선고받았지만 복역하지 않았다.

그 중간에 체포령이 내려서 곧 그녀를 수색하였으나 신유년(1921) 6월, 김마리아는 이미 퇴원하여 상해로 가버린 후였다.

그 해 봄 3월에 김마리아는 애초에 퇴원하면서 이름을 근포(槿圃)로 바꾸고 시외 성북동(城北洞)으로 가 잠복하여 달아날 계획을 미리 준비하였다. 단장 윤응념(尹應念)은 해외로 달아날 것을 권유하였고, 김마리아는 곧장 달아나려 했으나 모든 준비가 갖춰지지 않아 오래 머물면서 떠나지 못하고 있었다. 김마리아는 의심받을까봐 다시 세브란스병원에 입원하였다. 6월에 또 퇴원하였는데 그녀는 양산으로 얼굴을 가리고 중국 요리점으로 갔다. 밤에 중국옷을 입고 변장해 인천에 도착하여 상해로 달아나려고 했으나 차멀미로 인천에서 7일을 머물렀다. 김마리아는 임시정부 요원 군사국장(軍事局長) 도인권(都仁權)의 부인과 군무참사(軍務參事) 김긍준(金兢俊) 및 최원효(崔元孝) 등의 가족 일곱 명, 청년혁명가 두 명과 함께 중국 배편을 사서 밤을 틈타 중국으로 출발하였다. 배가 움직이자 모두들 눈물을 흘렸는데 유독 김마리아는 비로소 자유를 얻어서 마치 새장과 그물에서 벗어난 것처럼 속시원했다.

잠깐 만에 배는 석도(席島)[10]에 도착하였는데 바람 때문에 그곳에서 3일을 머물렀다. 황해의 송화는 김마리아가 태어나 자란 곳이다. 김마리아는 뱃머리에서 송화를 바라보며 마침내 노래를 지어 자신의 마음을 표현하였다.

김마리아는 여러 날 배를 타고 가느라 또 배멀미를 했다. 그리하여 네댓 차례 모르핀 주사를 맞았다. 배안 사람들은 모두 김마리아를 위해 어떤 사람은 하늘에 기도하고 어떤 사람은 펑펑 울기도 하면서 한결같이 정성을 다하며 매일 김마리아 곁에서 떠나지 않았다.

중국으로 가는 항로 중에 혹 바람이 없으면 해상에 배가 서서 꼼짝달싹 못하는 경우도 여러 날이었다. 이 때문에 매일 밤 뱃사공이 바람이 불기를 기도하는 소리가 들렸다. 마치 살 수 없을 것 같다가도 해가 뜬 것을 보고 비로소 살아 있다는 것을 알았다.

8일이 지나 위해위(威海衛)[11] 근처에 도착하였는데 김마리아는 묵은 병이 다시 심해져 배를 탈 수가 없었다. 이에 그녀는 일행을 먼저 보냈다. 홀로 객창에 누우니 사방에 그녀를 돌봐줄 사람은 아무도 없었기에 그녀는 살 수 없을 것 같았다. 그러나 마침 어떤 한 여사가 그녀를 지극 정성으로 간호하여 다행히 그 덕분에 8일이 지나고 깨어났다. 이에 서병호(徐炳浩)가 상해에서 와서 김마리아를 데리고 갔다. 김마리아는 상해에 도착하여 항상 두통이 있었고, 머리카락이 없으면 혹 두통에 도움이 될까 하여 머리를 잘랐다.

김마리아는 또 심장이 아파 포석로(蒲石路) 모병원으로 가 치료하였다. 늦가을이 되어서야 비로소 상태가 양호해졌다. 대략 3, 4개월을 치료하였다.

퇴원 후, 임시정부는 그녀를 황해도 대의사(代議士)에 임명하였다. 상해에도 애국부인회가 있었는데 김마리아에게 간부가 되어달라고 청하였다. 김마리아는 주야로 임시정부와 애국부인회에서 부지런히 힘써 두 가지 업무를 하나라도 소홀히 하지 않아 보는 이들이 모두 칭찬하였다. 김마리아는

"우리 동포를 구원하는 것은 정치에만 달려 있는 것이 아니라 교육

에도 달려 있다."
라고 하였다. 그녀는 미국으로 유학을 가기 위해 남경(南京)의 금릉대학(金陵大學)에서 먼저 공부하였다.

계해년(1923) 6월 21일에 이윽고 배를 탔다. 태평양은 세상에서 가장 험한 바다로 미국의 서쪽에 있는데 거리가 몇 천만 리인지 알 수 없다. 상해에는 김마리아의 고모부인 김규식(金奎植), 서병호 두 분이 있고, 또 고모가 있으며 동지도 있었다.[12] 따라서 상해는 그녀에게 고국이라고도 할 수 있는데 김마리아는 아득하게 먼 바다를 건너야 하는 고생길을 마다하지 않았다.

7월 11일, 그녀는 샌프란시스코에 도착하였다. 배를 탄 지 22일이나 되었기 때문에 그녀는 열병이 심해져 캘리포니아주에서 1년 동안 머물렀다. 그곳은 풍토가 적합하였고 동포 또한 많아 그녀에게 객지 같지 않았다. 그러나 가져온 돈도 점차 떨어져 학비를 마련할 대책이 없었다. 김마리아는 시냇가에서 낚시도 하고 공장에서 일도 하였다. 이러한 일들은 건강한 몸이 자산인데 이윽고 옛날의 지병이 또 재발하여 켄사시 모 병원으로 가 치료하였다.

병이 좀 나아지자 갑자년(1924) 9월에 미주리주 파크빌에 있는 파크대학교 문과부에 입학하였다. 마리아는 학자금이 없어서 반나절만 공부했으나 총명하여 학업성적도 항상 뛰어났다. 교장 이하 모든 이들이 김마리아를 아끼고 사랑하였다. 10월에 어떤 신문에 김마리아에게 불명예스러운 기사가 났다. 동시에 그 기사에 대한 시비가 분분했다. 후에 교장 F·W 하올리 씨의 말을 들어보니 사실무근이었다.

정묘년(1927) 가을에 중외보(中外報)[13] 기자 이정섭(李晶燮)[14]이 미국으로 와 김마리아를 만났다. 그는 얼굴이 크고 검은 두 눈에 수염이 덥수룩하여 인상이 좋지 않았다. 그러나 눈매와 눈동자는 애교가 넘쳐

났다.

당시 김마리아는 시카고대학 도서실에서 신문 정리를 하였다. 매일 시간이 있을 때마다 열심히 공부하여 보는 이들이 모두 감탄하였다. 김마리아는

"몇 년 후에는 귀국하고 싶지만 사법국이 나를 어떻게 처리할지 매우 걱정스럽습니다."

라고 하였다. 또

"고국 여성계의 사상이 더욱 진보하고 있는데 내가 너무 늦게 귀국하는 것은 아닐는지……."

라고 하였다. 이정섭은

"세월은 꽃을 위해 머물지 않습니다. 어찌 시집가지 않습니까?"

라고 하였다. 김마리아는

"선생님은 왜 그런 말을 하십니까?"

라고 하며 웃었다. 당시 김마리아의 나이는 36세였는데 그때까지 미혼이었다.

살피건대, 세상에서 어떤 이는 애국부인회를 '아녀자가 신분에 맞지 않게 나랏일을 걱정한다.'[15]라고 기롱한다. 그러나 우로(雨露)의 혜택으로 적셔주고 함육하여 준 대한제국의 은혜는 여자도 남자와 똑같이 받았다. 지금 나라를 잃은 상황에서 망국의 한은 알지 못하고 어찌 나라를 망하게 하는 노래[16]나 부르는 장사치 여자처럼 하겠는가?

나는 김마리아가 곧 중국광복단의 여성혁명가 추근(秋瑾)[17] 정도의 인물이라고 생각한다. 김마리아는 죽지 않고 추근은 잡혀 죽었기에 그 생과 사의 결과는 비록 다르다. 그러나 김마리아가 심문 받을 때

에 두개골에서 검붉은 피가 귀와 코, 입에 흘러내릴 정도였으니 그 형벌은 거의 죽음에 이를 지경이었다. 하지만 말은 더욱 비장하여 조금도 굴복하지 않았으니 그녀의 애국심은 추근과 비교하여 대등하다고 할 것이다.

세상 남자들의 애국심이 모두 김마리아와 같았다면 우리나라는 반드시 오늘날과 같은 치욕은 없었을 것이다. 부인이라는 이유로 그 공을 과소평가 할 수 있겠는가.

1 김마리아 : 본명은 김진상이고, 마리아는 세례명이다. 고향은 황해도 장연군 송천리(소래마을)로 우리나라 최초의 기독교 집안으로 알려져 있다.

2 오현숙(吳玄淑) : 오현주(吳玄洲)의 오기로 보인다. 본문의 오현숙은 모두 오현주로 수정하였다.

3 오현관(吳玄觀) : 동생이 아니라 오현주의 언니이다. 오현관은 재령의 명신학교 교사로 근무하였으며, 오현주는 군산의 메리블덴여학교에서 근무하였다.

4 애국부인단(愛國婦人團) : 정식 명칭은 혈성단애국부인회이다.

5 대조선애국부인단(大朝鮮愛國婦人團) : 정식 명칭은 대조선독립애국부인회이다.

6 문제되는 일 : 오현주는 곧 남편 강낙원의 권유로 조직에서 손을 뗀 뒤 남편과 함께 김마리아 등 옛 동지들을 밀고하였다. 이 일로 김마리아 등 관련자들은 모두 체포되었다. 김마리아가 추후 《삼천리》에 기고한 바에 따르면, 오현주는 애국부인회 회원들이 투옥되어 있는 동안 이 단체의 공금을 가로챘다고 하며 이와는 별도로 일본 경찰로부터 밀고한 공을 인정받아 상금을 받았다는 소문도 돌았다. 해방 후인 1949년 오현주는 남편과 함께 반민특위에 체포되어 조사를 받았으나 반민특위 해체로 별다른 처벌을 받지 않았다.

7 다이쇼〔大政〕: 일본 제123대 천황으로 1912년 7월 30일 메이지천황〔明治天皇〕의 뒤를 이어 즉위하였다. 따라서 다이쇼 원년은 1912년이다.

8 복심법원 : 일제시기 지방법원의 재판에 대한 공소 및 항고에 대하여 재판을 행하던 곳으로 오늘날의 고등법원에 해당한다. 복심법원은 서울, 평양, 대구 등 세 곳에 있었다.

9 비상악골층 : 현재의 축농증과 비슷한 질환인 듯하다.

10 석도(席島) : 황해남도 과일군에 속한 섬이다. 군의 북부 비파곶에서 북쪽으로 약 3km 떨어진 지점에 있다.

11 위해위(威海衛) : 중국 산동반도 북쪽 연안에 있는 항구도시이다. 청나라 말기 군항으로 정비되어 북양함대의 기지가 되었고 청일전쟁 뒤에는 일본이 점령하였다. 1922년 워싱턴회의 결과 중국에 반환되었다.

12 고모부인……있었다 : 김규식의 부인으로 상해에서 독립운동을 전개하였던 김순애 여사가 셋째 고모이고, 신한청년당에서 활동하였던 독립운동가 서병호의 부인인 김구례 여사가 첫째 고모이다. 또한 안창호와 의형제를 맺고 세브란스의전을 졸업하고 만주에서 독립운동을 전개한 김필순은 그녀의 셋째 삼촌이며, 한국 YWCA의 창설자로 알려진 김필례 역시 그의 고모이다.

13 중외보(中外報) : 중외일보이다.

14 이정섭(李晶燮) : 1895년에 태어났으며 호는 경곡(鏡谷), 본적은 함남 함흥군 주서면이다. 1919년 보성중학교를 졸업한 뒤 프랑스로 유학하여 1926년 3월 프랑스 파리대학교를 졸업했고 같은 해 7월 귀국하였다. 1927년 신간회(新幹會) 발기인으로 참여했으며 중외일보 논설위원이 되었다. 7월 2일 세계 일주를 떠났으며 7월 21일 미국 샌프란시스코에서 최린과 합류하였다. 아마 이때 김마리아와 만난 것으로 보인다. 그해 10월 중외일보에 〈세계일주기행〉을 연재하였으나 기행문이 독립운동을 고취하였다는 이유로 1928년 11월 경성복심법원으로부터 징역 6월, 집행유예 2년을 선고받았다. 그러나 1933년 친일단체 시중회 간사를 시작으로 이후 친일파 언론인의 길을 걷기 시작하였다. 한국전쟁 당시인 1950년 7월 납북되었다.

15 아녀자가……걱정한다 : 칠실지우(漆室之憂)란 노(魯)나라 칠실(漆室)이란 고을의 과년(過年)토록 시집가지 못한 한 처녀가 나라 일을 근심하였다는 고사에서 나온 말이다. 칠실이란 춘추 시대(春秋時代) 노(魯)나라의 읍명(邑名)인데 한 고을

이 겨우 일곱 집이라는 뜻이다. 《열녀전(烈女傳)》에 노나라 칠실의 여자가 기둥에 기대어 울고 있어 이웃 사람이 시집을 못가 우느냐고 물으니, 여자가 "사람을 너무 모른다. 임금은 늙고 태자는 어리니 그것이 걱정되어 운다."라고 하였다. 그 사람이 웃으면서 말하기를 "그것은 대부(大夫)들이나 할 걱정이다."라고 하자, 그녀는 "그렇지 않다. 지난날 객의 말이 고삐가 풀려 우리 아욱 밭을 밟아 1년 내내 내가 아욱을 먹지 못하였다. 노나라에 환란이 생기면 군신(君臣) 부자(父子)가 다 그 해를 입게 되는데 부녀자가 유독 피할 수 있겠는가?"라고 대답하였다. 여기에서는 제 신분에 맞지 않는 근심을 가리키는 뜻으로 쓰였다.

16 나라를……노래 : 후정화(後庭花)란 남조(南朝) 진(陳)나라의 후주(後主)가 지어 불렀다는 옥수후정화(玉樹後庭花)를 가리키는 것으로, 모두 후주가 총애하던 장귀비(張貴妃)와 공 귀빈(孔貴嬪)의 미색을 찬미한 내용이라고 한다. 후주가 이 노래를 부르며 놀다가 수(隋)나라의 침공을 받고 경양궁(景陽宮)의 우물 속에 숨었다가 수나라 군사에게 사로잡혔다. 그래서 이 노래를 망국의 노래라고 한다.

17 추근(秋瑾) : 1877～1907. 근대 중국의 민주혁명가이다. 감호여협(鑑湖女俠)으로도 불리며 절강성 산음(山陰 : 지금의 소흥) 사람이다. 1904년 일본으로 유학하여 공애회(共愛會), 십인회(十人會), 홍문천지회(洪門天地會) 등에 참가하면서 혁명 활동을 했고 1905년 초 중국으로 돌아와 광복회에 가입했다. 7월에 다시 일본으로 건너가 중국동맹회에 가입하여 절강성 책임자로 선출되었다. 1907년 1월 상해에서 중국여보(中國女報)를 창간하고 여권신장과 혁명을 부르짖었다. 후에 소흥으로 가 대통(大通) 사범학당을 운영했다. 또한 광복회와 연락을 맺고 광복군을 조직하여 서석린(徐錫麟)과 함께 절강성과 안휘성에서의 거사를 준비했다. 그러나 1907년 7월 6일 서석린이 안경(安慶)에서 체포되어 봉기는 실패하고 말았다. 추근도 7월 13일에 체포되어 15일 사오싱의 헌정구(軒亭口)에서 처형되었다. 저서로 《추근집(秋瑾集)》이 있다.

송현근 宋賢根

송현근은 평안남도(平安南道) 강서군(江西郡) 반석면(斑石面) 상사리(上四里)에 살았는데 기독교 목사이다. 기미년(1919) 3월, 송현근은 친구 김병주(金炳疇) 등 몇 사람과 함께 독립운동을 모의하였다가 일본 주재소[1]에 잡혔다. 이날 저녁에 송현근은 석방되었으나

"내가 김병주와 함께 잡혔다가 지금 혼자 풀려난 것은 의리가 아니다."

라고 하고, 여러 신도들을 선동하여 독립운동을 고취하니 많은 이들이 모였다. 그는 밤에 무리들을 이끌고 사천(沙川)으로 가 크게 만세를 불렀다. 그리고 주재소로 들어가 김병주를 구출하려고 하자 상등병 사토 마코토[佐藤實]와 헌병보조원 등이 총을 쏴서 무리들을 흩어지게 하였고 이에 여러 사람이 잡혔다.

다음날 아침, 송현근은 원장리(院場里)로 갔다. 당시 원장리에는 만세 운동을 하는 사람이 매우 많았다. 송현근은 사천으로 가 만세운동을 하자고 설득하고 최능현(崔能賢), 임이걸(林利杰) 등과 함께 독립선언서를 낭독하였다. 그는 연설에서

"우리들은 지금 각자 온 힘을 다해 독립운동을 해야 한다."

라고 하고 사천으로 향해 떠났다. 중간에 송현근과 최능현은 신도들에게 말하기를

"이전에 원장리에서 행한 만세운동은 정해진 규율이 없었다. 그러나 지금 사천으로 가 만세운동을 하는 행렬은 엄정하지 않으면 안된다. 수감된 동지들을 꼭 구출해야 하니 청년들은 앞에 서고 학생, 부녀, 노인들은 뒤에 서서 헌병이 비록 발포를 해도 조금도 피하지 말고 목숨을 바쳐 죽을 각오로 해야 한다."
라고 하고 사천으로 향해 갔다.

사토 및 헌병 박요섭(朴堯燮), 김성규(金聖奎), 강병일(姜炳一) 등이 각자 총기를 들고 흩어지라고 경고하였으나 모두들 듣지 않자 한바탕 육박전이 펼쳐졌다. 그 기세가 매우 급박해지자 헌병은 행렬 무리를 향해 발포하였다.

이에 윤상열(尹相說), 이혜준(李兮俊), 서영석(徐永錫), 임원걸(林元杰), 임이걸(林利杰), 차정신(車廷信) 등이 송현근, 최능현과 함께 사토를 쫓아 주재소로 가 거의 죽을 정도로 그를 때렸다.

또 안상익(安相益), 이현(李鉉), 김선항(金善恒) 등이 헌병 강병일을 죽이려고 하자 강병일은 급박함에 산을 넘어 달아났고 여러 사람들이 그를 추격해 살해하였다.

이준배(李俊培), 양희언(梁希彦), 차병규(車炳奎) 등은 만세행렬 무리들을 이끌고 일본 헌병 박요섭, 김성규를 쫓았다. 박요섭 등은 사토의 처[2] 사토 스스무〔佐藤右〕와 함께 한바탕 총을 발포하였다.

송현근, 최능현은 조정규(趙鼎奎)의 집에 불을 질렀다. 헌병 박요섭 등도 모두 달아났다. 이규승(李奎昇) 등 여러 사람들이 일본 헌병 김성규를 쫓아가 죽이고 윤상열이 박요섭을 쫓아가 양지동(陽地洞)에서 죽였다. 또 황재운(黃在雲), 이혜준, 최능현은 주재소장 사토 마코토를 죽였다. 소장 이하 모두 네 명을 살해하였다.

살피건대, 우리가 또한 이와 같이 승세일 때가 있었는가. 명월관[3]에서 독립만세가 시작된 이후부터 온 나라가 만세를 부른 것이 500여 곳이나 된다. 죽기를 각오하고 모두 송현근 일파와 같이 했다면 반드시 대한독립을 지금까지 이루지 못하지는 않았을 것이다.

1 주재소 : 일제시기 헌병 또는 순사가 사무를 맡아보던 말단 기관이다.

2 사토의 처 : 사토의 처를 발견 당시 어린 아이를 안고 있어서 송현근 등이 약한 아녀자를 살해하는 것은 옳지 않다고 하며 살려 주었다. 그러나 사토의 처가 사건을 일본헌병대에 알리는 바람에 시위에 참여한 400여 명이 붙잡혀 고문을 당하였다. 이때 송현근을 비롯한 최능현, 임이걸, 지석용은 검거를 피해 만주로, 차정신은 상해로, 조진탁과 백이옥은 국내로 망명 또는 피신하였다.

3 명월관 : 민족대표 33인이 독립선언서를 낭독하던 곳이다.

송진탁 宋振鐸

송진탁[1]은 평안남도(平安南道) 강서군(江西郡) 성대면(星台面) 현곡리(峴谷里) 사람이다. 기미년(1919) 3월 3일, 동지들과 함께 평양으로 가 독립운동단원을 만났다. 그들과 같이 대동군(大同郡)으로 가 동지 수백 명과 함께 주재소[2]를 습격하였다. 5일에는 강서군(江西郡) 사동(沙東) 소재 헌병주재소로 가 또 습격하여 식도로 헌병 한 명을 죽이고 독립만세를 크게 외쳤다. 피 묻은 옷을 벗어 버린 채 도주하였다. 일본경찰은 매우 삼엄하게 포위망을 펼치고 수사하였으나 송진탁이 교묘히 피신하여 체포할 수 없었다.

신유년(1921), 송진탁이 원산부(元山府) 상리(上里) 1동 소사(召史)[3] 신씨 집에 잠복해 있다는 소식을 듣고 순사 사토〔佐藤〕 부장이 원산(元山) 경찰서에 알려 마침내 송진탁을 체포하였다. 살인범으로 취조하여 검사국에 송치할 것이라고 한다.

1 송진탁 : 독립유공자사업기금운용위원회 편, 《독립운동사》 제2권 414면에는 송진탁이 아니라 조(曹)진탁으로 되어 있다.

2 주재소 : 일제시기 헌병 또는 순사가 서무를 맡아보던 말단 기관이다.

3 소사(召史) : 양민의 아내나 과부를 이르는 말이다.

김승현 金昇鉉

김승현은 31세로, 평안남도(平安南道) 강서군(江西郡) 함종면(咸從面) 송동리(松洞里) 사람이다. 그는 심문에서 다음과 같이 진술하였다.

"우리 피고들은 평상시에 일찍이 일본을 배척하는 생각이 있었고 어느 때라도 기회만 있으면 조국의 독립을 위해 운동을 하려 하였다."

기미년(1919) 7월, 김승현은 윤석용(尹錫用), 곽대민(郭大珉), 곽원상(郭元相) 등 다섯 명과 만나, 상해 임시정부를 위해 비밀결사 함종 청년단(咸從青年團)을 조직하였다. 이들은 인장을 새기고 단원증서를 다수 발행하여 동지들을 모집하였다. 개인이 달마다 1원을 내서 독립운동자금으로 상해에 보냈다.

12월에 곽대민은 권총을 지니고 독립운동 자금을 모집하려고 사방을 돌아다니며 부잣집을 협박하였으나 결국 일이 잘못되어 목적을 달성할 수 없었다. 이러한 사실 때문에 평양 지방법원(平壤地方法院)에서 제1심 공판을 받았는데 하야타[早田][1]검사는 곽대민에게 강도죄로 감금 3년을 구형하였다. 나머지 다섯 명은 제령[2]위반(制令違反)이라는 혐의로 각 1년을 구형받았다. 김승현이 이 청년단 단장이다.

1 하야타(早田) : 하야타 외에도 와다, 소다, 하아다, 와사다로도 읽힌다.

2 제령(制令) : 일제시기 조선 총독이 법률을 대신하여 발포한 명령이다. 제령위반은 보안법위반과 함께 독립운동을 탄압하던 대표적 악법이었다.

김준관 金俊寬

김준관은 평안남도(平安南道) 강서군(江西郡) 쌍룡면(雙龍面) 산경리(山慶里) 사람이다. 나이 53세이고 북장로파(北長老派) 기독교 목사[1]이다.

기미년 3월에 상리(上里) 사천(沙川) 시장으로 가 수천 명의 군중을 거느리고 독립만세를 크게 외쳤다.

일본 헌병분견소의 사토(藤憲) 헌병 상등병과 헌병보조원들을 습격하여 모두 살해하였다. 또 장사치 조정규(趙鼎奎)의 집에 불을 지르고 김종표(金鍾表)의 집으로 달아나 몰래 숨어 지냈다. 신유년(1921) 1월 17일, 강서 경찰서 순사에게 체포되어 살인방화죄로 평양 지방법원 검사국에 송치되었다고 한다.

1 기독교 목사 : 원문에는 '사(師)'라고만 되어 있어 정확히 그가 전도사인지 목사인지는 알 수 없다. 문맥상 목사라고 보았다. 김준관이 참여한 사천 만세시위는 본 책 송현근의 만세시위와 동일하다.

이용갑李容甲

이용갑은 나이 38세이고, 평안북도(平安北道) 용천군(龍川郡) 읍동면(邑東面) 동상동(東上洞) 사람이다. 병진년(1916)에 유하현(柳下縣) 삼원보(三源洑)로 가 배일운동을 하고 은양학교 교사가 되었다. 8월에 우리나라 사람들이 독립을 표방하여 마침내 부민단(扶民團)을 조직하였는데 이용갑은 회계를 맡아 배일운동에 전력을 다하였다.

그 후 기미년(1919) 3월에 조선의 모든 도에서 처음으로 독립운동이 있었다. 이에 부민단을 한족회(韓族會)로 고치고 독립 후원본부[1]가 되었다. 이용갑은 변함없이 회계 일을 맡았다. 평상시 이탁(李鐸), 조맹선(趙孟善), 홍식(洪植) 등과 만나 비로소 독립운동에 참가하였다.

경신년(1920)부터는 동지들이 검거되는 일이 매우 많았는데 이때에 일본군이 또 독립운동가들을 토벌한다는 소식이 들렸다. 이용갑은 잡힐 것을 우려해 관전현(寬甸縣)으로 가 피신하였다.

그 후, 안동현(安東縣)에 잠입하여 은밀히 경계를 살피고 매번 유하현 본부에 첩보를 보냈다. 그러다가 신의주(新義州) 쇼목 형사에게 체포되어 심문을 받게 되었다. 도 협의원 우성원(禹成員)은 신의주 경찰서 장(張) 경부(警部)[2] 및 박(朴) 경부보(警部補)와 함께 유하현에 근거지를 두고 독립단의 활동을 방해하였다. 이용갑은

"이 두 사람을 죽이지 않으면 안된다."

라고 강개하게 말했다고 한다.

1 후원본부 : 책원(策源)이란 전선(戰線)의 작전부대에 대해 보급과 정비 등의 병참 지원을 행하는 후방기지를 말한다. 곧 책략의 근원이 되는 곳을 의미한다.

2 경부(警部) : 경시(警視 : 총경에 해당하는 계급) 아래의 판임 경찰관이다. 경부보는 경부 아래, 순사부장 위의 직급이다.

김성조 金聖祚

김성조는 동래군(東萊郡) 고등보통학교[高普][1] 학생이다. 기미년(1919) 봄, 김성조는 독립만세를 외치며 시위운동을 하다가 마침내 체포되었다. 감옥에 있을 때 고문으로 병이 생겨 1년 동안 고초를 겪다가 병이 날로 심해지자 다음해 2월에 가석방되었다. 김성조는 병을 치료하려고 했으나, 고문을 너무 심하게 당하여 병이 뿌리깊이 고질화되어 결국 죽고 말았다.

온 나라의 인사들이 모두 가엽게 여겼고 각지에서 모인 부의금으로 장례를 치렀다. 장사 지낼 때에 수천 명이 조문을 하였고 애도하는 글과 조기(弔旗)가 수백이나 되었다. 같은 학교의 학생들은 특별히 그 마음을 표하고자 만장에 붉은 색으로 글씨를 써 장대에 높이 매달고 행렬하여 상여를 따랐다. 김성조의 나이 19세였고 동래(東萊) 구포면(龜浦面) 범일동(凡一洞)에 살았다.

살피건대, 김성조는 젊은 수재였다. 만약 만세를 제창하는 일이 없었다면 그의 죽음은 아주 작은 슬픔에 불과했을 것이다. 그러나 장사를 지낼 때 애도하는 글로 조문한 사람이 이와 같이 많았던 것은 역시 그가 만세운동을 했기 때문이 아니겠는가.

염초의 폭발과 우레, 천둥의 격렬함이 썩은 흙에 화하여 중음(重陰)의 밑에 있는 경우[2]와 마찬가지이다. 작년 만세운동은 김성조만 홀로 제창한 것도 아니고 그 죽음도 병 때문이었다. 그러나 사람들이 김성조를 애도함이 이와 같았던 것은 우리 동포들이 의리를 좋아하는 마음이 지금 썩은 흙과 중음(重陰)에서 오랫동안 억눌려 있었기 때문이다.

1 고등보통학교〔高普〕: 일제시기 보통학교를 졸업한 한국 학생을 대상으로 중등교육을 실시하던 4, 5년제 학교이다. 1940년에 중학교로 변경되었다.

2 염초의……경우 : 이는 《주역》 64괘(卦)의 하나인 〈복괘(復卦)〉를 설명한 것이다. 곤괘(坤卦)가 위에 있고 진괘(震卦)가 아래에 있는데, 우뢰가 땅속에서 움직이기 시작함을 형상한 것으로 기운이 다시금 생동하여 순환함을 의미한다.

기려수필의 정본화 및 번역 연구진

연구책임자 이향배(충남대학교 한문학과 교수)
공동연구원 김상기(충남대학교 국사학과 교수)
변주승(전주대학교 역사문화콘텐츠학과 교수)
박민영(독립기념관 한국독립운동사연구소 선임연구원)
강원모(충남대학교 한자문화연구소 선임연구원)
정만호(충남대학교 한자문화연구소 선임연구원)
전임연구원 김도훈(국민대학교 국사학과 문학박사)
이재숙(충남대학교 한문학과 강사)
연구보조원 이관성(충남대학교 한문학과 강사)
이송희(충남대학교 한문학과 강사)
안정은(성균관대학교 대학원 한문학과 박사과정)

기려수필 2

송상도 지음
강원모 김도훈 이관성 이재숙 정만호 옮김

2014년 8월 30일 초판 1쇄 발행

펴낸곳 도서출판 문진 | 등록 2002. 5. 6. 제2006-000011호
주소 대전광역시 유성구 대학로 31 한진리조트오피스텔 2004호
전화 042-933-6510 | 팩스 042-367-5510
출력 현대그래픽스 | 제본 은정제책사
표지한글제자 여산 이성배

값 30,000원

ISBN 978-89-92229-73-9 94900
978-89-92229-71-5 (세트)

이 도서의 국립중앙도서관 출판예정도서목록(CIP)은 e-CIP 홈페이지(http://seoji.nl.go.kr)와 국가자료공동목록시스템(http://www.nl.go.kr/kolisnet)에서 이용하실 수 있습니다. (CIP제어번호: CIP2014025749)